俄罗斯宪法

КОНСТИТУЦИОННОЕ ПРАВО РОССИИ

第 4 卷

［俄］С.А.阿瓦基扬（С.A. Авакьян）／著

王雅琴／译

上海社会科学院出版社
SHANGHAI ACADEMY OF SOCIAL SCIENCES PRESS

本书由中国—上海合作组织国际司法交流合作
培训基地资助出版

中文版序言

尊敬的读者，呈现在您面前的是一部规模宏大的科学教程的中文译本，它就是《俄罗斯宪法》教程。本教程于2005年在俄罗斯首次出版，此后，经过了多次再版。本次翻译的是2010年版本。当然了，在过去的时日里，俄罗斯宪法也经过了修改。这些修改并没有在本教材的大纲和内容上反映出来。我希望，在下次出版时，过去几年里俄罗斯联邦宪法那些重要的修改变化能够得以呈现。

但是，本教程的内容已经足够详细地展现了俄罗斯当代规范性法律基础和立宪主义的状况。1993年俄罗斯联邦宪法是本教程的依据。宪法规范在最近的立法中得以发展。总体而言，俄罗斯已经形成了宪法制度、市民社会、公民的权利与自由，以及由国家权力机关、地方自治机关、选举法和定期举行的选举、宪法监督和司法机关代表的公权力组织等组成的足够稳定的结构。

俄罗斯出版了为数众多的宪法方面的教科书和教学参考书，其中的大多数都具有较强的实用性，对研究立法和顺利通过大学及其他教育机构的考试都有所帮助。

本教程的特点在于，这是一部学术性的教科书。在很大程度上，本教程不仅希望帮助读者，首先是大学生，掌握规定了俄罗斯宪法制度、公民的权利与自由、权力机关体系等那些规范性法律文件的内容。这当然非常重要。但更为重要的是，帮助读者理解包括俄罗斯国家和社会当代民主体制、权力的本质、个人地位、财产和经济关系、国家的联邦结构、联邦主体和中央相互关系的原则、直接民主制度(包括公开性、公开讨论法律草案、观点多元等)的基本思想。

正是由于这一特点,本教程成了著名的学术著作。尽管规模宏大,但却引起了广大读者的兴趣。而且,特别令人高兴的是,本教程在学生中,尤其是在那些勤于思考、善于分析并探寻俄罗斯立宪主义完善路径的学生中,获得了良好的口碑。

我希望,本书也能在那些对国家和社会发展的良好民主路径感兴趣的中国读者那里产生共鸣,因为邻居的经验也是知识的来源之一。

C.A.阿瓦基扬
莫斯科国立罗曼诺索夫大学法律系宪法与行政法教研室主任
法学博士、俄罗斯联邦功勋科学活动家
俄罗斯联邦功勋法律人
(龙长海译
内蒙古大学法学院教授
法学博士、法学博士后)

序　一

（一）

自从事宪法学教学与研究以来，应学生和部分作者之邀，我写了不少序。因为写序对我来说也是一种获取新知识的过程。要写序，首先需要认真阅读书稿，把握作者的学术脉络，对书中的核心观点进行客观评价，感受作者的学术情怀。可以说，写序是与作者的学术对话，也是进行学术批评与交流的重要形式。在知识的海洋里，无论写得再好的书，在有限的主观认知与无限的知识世界里，总会存在着某种局限性，或者留下需要商榷的观点。这种意义上，写序对我来说并不是一件轻松的事情。

去年12月，我接到《俄罗斯宪法》译者之一的王雅琴教授和哈书菊教授的电话和短信，请我为之写序时，心情是复杂的。我觉得这不是一般的写序。因为最初提议翻译《俄罗斯宪法》的学者是已故的刘春萍教授。她是我的学界同事，也是我最欣赏的学生，一位充满学术理想、追求学术真理、具有跨文化学术视野的优秀学者。她于2002年入学，在繁忙的教学、科研之余，完成博士学位论文，于2005年5月顺利通过答辩，获得博士学位。我还记着，通过答辩后我们聚在一起，庆贺她通过博士论文。当时她讲了自己未来的学术规划，包括对俄罗斯宪法著作的系统研究与翻译。获得博士学位是一个人学术成长的新起点，作为导师，我对她的学术是充满期待的，也开始在学术领域的合作。她组建了俄罗斯法律问题研究所,系统地开展俄罗斯法律,特别是公法制度的研究,推出了系列研究成果。2014年9月,当她追寻自己的学术理想,实现自己的学术规划时,无情的病魔夺走了她的学术梦想,英年早逝,让导师和学界朋友们感到惋惜。她离开我们快10年了,但她留下了宝贵的学术作品,让我们在学术研究中时常感受到她的学术生命仍在延续,特别是在俄罗斯公法领域的学术成果迄今也是我们必读的作品。

(二)

春萍是一位宪法学教授,在研究俄罗斯宪法时,她注重历史主义的路径,把苏联宪法学对中国宪法学的影响作为分析中国宪法学历史逻辑的重要元素。她写了多篇有关苏联宪法学与新中国宪法学历史关联性的论文,提出完整的分析框架与方法论。当学界出现否定"苏联法学"移植的历史时,她以历史事实、实证资料与严密的逻辑强调宪法学历史的客观性,呼吁学界客观地认识20世纪50年代新中国宪法学与苏联宪法学的历史渊源。

宪法与行政法具有共同的学术使命与范畴,都属于公法领域。但如何把宪法与行政法理念加以融贯起来,形成逻辑的自洽性?当时学界仍存在着价值与事实分离的倾向,宪法与行政法要么"分家",要么"融合",两种倾向都不利于维护宪法行政法知识体系的自主性。她注意到这种研究范式存在的问题,在研究宪法学时,将行政法纳入宪法学体系,寻求宪法行政法的价值与规范基础,以宪法视角研究俄罗斯行政法基础理论。她发表的《俄罗斯行政法理论基础转换的政治动因》《俄罗斯行政法理论基础转型的经济动因》《"控权—平衡"俄罗斯联邦行政法的理论基础》等论文展现了她综合的公法观,虽以俄罗斯为例,但对我们思考宪法行政法关系提供了有益的学术思路。另外,她在研究宪法行政法问题时,也善于把公法的学术命题提升为法治国家、法治原则的高度,探寻宪法的哲学价值。她发表的《论宪法职能与实现法治国家》《法治原则在中国宪法文本中的嬗变》等系列论文体现了她宪法哲学的思考,力求将公法原则上升为法治国家原则,以提炼其价值命题。

春萍善于把阶段性研究与体系化思考结合起来,以低调内敛的学术风格把相对熟悉的命题加以体系化,希望较完整地展现自己的学术思考,其代表性著作是以其博士论文为基础出版的《俄罗斯联邦行政法理论基础的变迁》。这本书系统地考察了从苏联到当代俄罗斯行政法理论基础的变迁过程,提出了当代俄罗斯行政法理论基础的要素与逻辑结构,论证了影响当代俄罗斯行政法理论基础转换多样化的社会背景与原因。在论证俄罗斯行政法理论基础的变迁过程中,作者注重从行政法与社会变迁的相互关系中分析行政法功能的发展,突出了行政法的社会功能。苏联解体后,俄罗斯的政治制度、经济制度均发生了巨大变革,法律体系也与此相应进行了革新与重构。俄罗斯行政法从结构体系到具体内容与苏联时期相比出现了新特点。通过行政法发展过程的实证分析,作者提出了值得学术界认真思考的重要学术命题,即当代俄罗斯行政法是继续保持其"管理法"的模式不变,还是转向英美的"控权法"模式,或者创立出新的模式?作者的基本结论是:当代俄罗斯行政法既没有简单沿袭苏联的"管理法"模式,也没有效仿英美的"控权法"模式,而是选择了既保留"国家管理"理论中的合理部分,又借鉴"控权"理论中有益因素的"控权—平衡"模式作为行政法的理论基础。俄罗斯行政法理论基础"控权—平衡"模式的形成是处于转型期的俄罗斯宪制、经济、政治、思想等多种因素影响的结果,有其存在的必然性和必要性。同时,对俄罗斯行政法理论基础的研究,对反思中国行政法的理论基础并分析行政法治发展的规律,具有极其重要的启示意义。特别是,本书体现了作者一贯主张的宪法与行政法融贯的思考与方法论。

春萍从宪法与行政法关系的角度,比较系统地分析了俄联邦行政法理论基础变迁的宪制因素。近代意义的行政法从其产生时起,就具有规范和控制行政权的功能。可以说,没有对行政权的监督与制约,就不存在实质意义的行政法;行政法的产生又是以出现法治和宪法理论作为前提的。法治与宪法既有联系又有区别，法治是宪制的核心和基础，宪制以宪法的有效实施作为其外在表现。法治的基本精神在于限制权力，宪制的最高追求在于保障人权，二者在内涵上既有重合又各有侧重。将俄罗斯行政法理论基础的变迁置于宪制背景下，正是基于宪制与法治的包容关系。这样，宪制理论和法治理论所体现的控制权力与保障权利的观念，直接影响了俄罗斯行政法理论基础"控权—平衡"模式的形成。强调宪制价值对行政法发展的指导功能，主张两者功能上的互动是本书的一个重要特色。作者认为，当代俄罗斯行政法理论基础是在宪制理论的指导下形成的，具体表现为：法治国家原则是俄罗斯行政法理论基础形成的基本前提；人权保障原则是俄罗斯行政法理论基础追求的终极目的；分权原则是俄罗斯行政法理论基础转换的制度基础。

中国与俄罗斯行政法在历史上具有一定的渊源关系，当代俄罗斯行政法理论基础所发生的变迁对中国行政法理论基础的发展和定位具有一定的启示意义。春萍提出的学术观点，迄今对于反思中国行政法发展的历史，科学地预测未来的发展趋势具有一定的参考价值。

早在2009年，春萍教授就以敏锐的学术眼光提出翻译阿瓦基扬教授的著作《俄罗斯宪法》的建议。当时中国法学界，包括宪法学界，还是普遍偏重西方国家法制的经验与知识来源，对俄罗斯公法的研究缺乏关注，特别是与中国宪法学发展具有历史渊源的俄罗斯宪法的观察是不够的。作为长期研究俄罗斯公法的学者，刘春萍教授以学者的使命感提出拓展中国比较宪法领域的想法，并组织本领域的专家王雅琴、哈书菊、龙长海、周珒等国内从事俄罗斯法研究的学者，共同把宏大的《俄罗斯宪法》翻译成中文。当时翻译的书还不能算作学术成果，无论是评职称、评奖还是各类学术评价中，翻译作品的评价并不客观。但几位译者在春萍教授的协调下，本着学术责任与专业精神，开始翻译这部著作，持续十多年，付出了艰辛的努力。

据译者们介绍，这套书的翻译经历了艰辛的过程。2014年，春萍教授不幸因病去世,该书出版进程受阻,但春萍教授在临终前将该书的翻译出版事宜托付给了黑龙江大学的哈书菊教授。哈书菊教授接手后,联系几位译者再接再厉,终于完成全书的翻译工作。内蒙古大学的龙长海教授积极与俄方联系,办理了在国内翻译出版的版权手续。时任黑龙江大学法学院院长的胡东教授,也为该书的出版给予了大力支持。在胡东教授支持下,该书得到了2017年度"中国—上海合作组织国际司法交流合作培训基地专著出版资助项目"的资金支持。

虽然出版过程有周折,出版周期长,但译者们始终没有放弃,继续翻译工作,最终完成了翻译与出版。这是很不容易的事情,我真诚地向他们表示敬意。当然,这套书的翻译出版,完成了已故刘春萍教授未竟的学术事业,她的在天之灵也会感到欣慰的。这套书的出版是对春萍教授最好的纪念。

(三)

俄罗斯著名宪法学者、莫斯科国立罗曼诺索夫大学教授阿瓦基扬著的《俄罗斯宪法》是理解当代俄罗斯宪法的经典,体系庞大,内容丰富,方法多元,体现了作者对当代俄罗斯宪法学体系深邃的理论思考。

这本书初版于2005年,再版于2010年,本次翻译是以2010年版本为基础的。虽然本书是以教材体例撰写的,注重知识体系的完整性,但与一般的教材不同,在制度介绍与知识的梳理中穿插学理的分析与学界不同的观点,是一部学术专著性的教材,为学习、研究当代俄罗斯宪法体系及其运行提供了完整的框架与立宪主义原理。

本书作为当代俄罗斯宪法制度的著作,在知识框架上体现了其完整性。第1卷系统地诠释宪法学基础性理论,包括部门法与科学的宪法关系,探寻作为科学的宪法应具有的品质。特别是通过对宪法学说演变的系统梳理,给读者展示了宪法学说与思想的历史脉络,将宪法概念体系塑造为一种思想性的学说与学说史。在这一脉络下,作者详细介绍宪法、宪法渊源、宪法作用、宪法制定、宪法规范等基础性概念,并从人民性、现实性与稳定性等视角概括宪法的特征。第2卷系统地探讨宪法制度基础,从人民主权、民主制度、社会制度、民主原则、公民社会等原理出发,解读俄罗斯宪法蕴含的宪法制度内在机制。在解释国家、社会与个人关系时,作者以"人"的尊严与价值为最高哲学,对宪法文本上的人和公民宪法地位进行分析,区分了人、个人与公民的边界,其分析是非常细腻的。第3卷国家结构中,作者将选举制度作为国家机构成立的基础,从选举民主入手对主权与国家、总统制、议会制的相关原理与程序进行分析。在第4卷中,作者延续第3卷的分析框架,从原理出发系统地分析俄罗斯联邦执行权力活动与组织程序、司法权,以及对宪法法院体制展开理论论证,使读者能够在清晰的框架中了解俄罗斯富有特色的宪法体制。

作者始终以1993年俄罗斯联邦宪法文本为基础,在历史、文本与实践的三位一体中解读俄罗斯宪法图景。作者把复杂的宪法体制以"宪法基础"概念加以类型化,构建了基于文本的宪法教义学的框架。这也是俄罗斯宪法学的基本特色,强调文本在理论演变与现实运行中的作用,将多样化的政治、经济、社会与文化变迁纳入宪法文本中,以文本的解读回应现实对宪法治理的基本要求。

从宪法运行过程看,作者注重运行中的宪法,强调实践性对宪法学的意义。如第4卷宪法法院制度部分,作者以历史的视角梳理宪法监督制度演变的过程,客观地评价设立宪法法院前不同形式的宪法监督机制存在的问题,并从宪法与国家关系中论证宪法法院机制的正当性、权威性与有效性。在作者看来,宪法制度的设计与实践,必须关照其实效性,不能满足于体制本身的构建。基于这种思考,作者运用相关案例、立法以及政治文献,力求使宪法运行不脱离政治现实,包括国际政治对宪法发展的影响。

当然,一部宏大的宪法学教材无法囊括所有的宪法制度与实践活动,作者的学术风格与兴趣也会影响教材内容的取舍。另外,本书的翻译是以2010年版为基础的,有些领域未能充分反映近10年俄罗斯宪法的新变化。近10年国际政治秩序发生了深刻的变化,俄罗斯也处于国际秩序的演变之中,其宪法制度也面临新的挑战。

中俄两国山水相邻。无论是在历史上,还是在今天,对俄罗斯的法律制度,尤其是对宪法制度的系统了解,有助于我们正确认识中国宪法制度的历史方位与渊源,有助于以历史为观照,构建中国宪法学自主的知识体系。

韩大元
中国人民大学法学院教授、博士生导师
全国人大常委会香港基本法委员会委员
中国宪法学研究会名誉会长
全国港澳研究会副会长
中国法学会法学教育研究会常务副会长
2023年

序 二

莫斯科国立罗曼诺索夫大学法律系宪法与行政法教研室主任阿瓦基扬教授主编的《俄罗斯宪法》一书，已经由黑龙江大学法学院哈书菊教授、国家法官学院王雅琴教授、内蒙古大学法学院龙长海教授和周珩副教授译成中文。该书出版之际，四位译者托我作序，我欣然应允。

新中国的法制建设与苏联存在着密切联系。新中国成立伊始便借鉴了苏联法制建设的经验，聘请了苏联法学专家帮助新中国制定法律、传播社会主义法律理论。正是在苏联法学专家的帮助下，新中国培养出了第一批社会主义的新型法学人才。自此，新中国的法制建设和法学教育逐渐发展起来。但是，中苏关系恶化、法律虚无主义等一系列原因，刚刚起步的新中国法制建设，更多地关注了20世纪50年代前的苏联法制经验，而对50年代后期苏联成熟的立法和法学理论了解较少。20世纪80年代初，我国实行改革开放，法制建设与法学理论界开始关注英国、美国、德国、日本的法律理论。尽管中苏两国自20世纪80年代末期便恢复了外交关系，苏联解体后俄罗斯第一时间便与中国建立了正式外交关系，但法学界却已经极大降低了对俄罗斯法制建设的关注力度。不仅如此，法学界甚至一度掀起"去苏俄化"的浪潮，有学者不加区分地将苏俄和当今的俄罗斯混为一谈，还有许多学者戴着"有色眼镜"去评判苏俄和俄罗斯的法制实践与法学理论。在全面推进法治中国建设的进程中，我们需要秉持客观中立的立场去审视当今俄罗斯的法制与法学。

苏联解体后，俄罗斯走上了资本主义道路。俄罗斯的法制已经与苏联时期迥异。但是，无论法律制度如何变化，作为冷战时期世界一极的苏联，其法学理论和法制建设的经验，已经被当今的俄罗斯所继承、扬弃。尽管在苏联解体之初的一段时间内，俄罗斯法学界出现过"一边倒"的苏联法制否定论，今天俄罗斯法学界在评判苏联法律制度时，已经少了些许情绪，多了几分理性，能够客观地评价苏联法制建设和法学理论的成败得失。从这个意义上讲，当今俄罗斯学者对苏联法律制度的研究成果更值得我国学界所关注。

苏联时期共通过了四部宪法，分别是在1918年、1925年、1937年和1978年。这几部苏联时期的宪法是与当时特定的政治和社会背景相适应的。法律不能脱离社会生活而存在，任何一项法律制度的制定和实施都需要与特定的社会环境相适应，脱离了法律赖以存在的社会基础，我们将无法理解法律制度因何而立与缘何而变。经济基础与上层建筑的关系，在从昨日苏联到今日俄罗斯的社会转型过程中被展现得淋漓尽致。戈尔巴乔夫的激进改革，导致了苏联的解体。苏联解体引起了俄罗斯宪法制度的改革。苏联解体后的俄罗斯，宪法制定过程就是由一幕幕的政治斗争汇成的。不同思想、不同政党、不同社会力量和利益团体的相互角力，决定了俄罗斯宪法的走向。

俄罗斯现行宪法是由叶利钦主导制定的1993年俄罗斯联邦宪法。尽管当今俄罗斯的宪法法律制度是建立在西方"权力分立、权力制衡"理念之上的，但由于俄罗斯独特的历史文化传统，这种宪法构架在如今的俄罗斯有所调整，这一点从俄罗斯宪法对俄罗斯总统、政府和俄罗斯议会上下两院职权的规定上可以看得出来。从西方宪法理念在俄罗斯的实践看，尽管俄罗斯曾经试想照搬西方的宪法制度，但法律制度的制定和运行需要现实社会的基础，需要特定法律文化背景的支撑，离开了相应的法治土壤，法律制度在移植过程中，便可能会水土不服，正所谓"橘生淮南则为橘、生于淮北则为枳"。俄罗斯当今的宪法规范和实践，恰恰值得我国学者更多地予以关注，为我国的宪法实践提供经验和教训，毕竟中国和俄罗斯都曾经深受苏联法制建设的影响。在中国法治建设的过程中，我们既要借鉴国外的经验和做法，又要考虑到我们的特殊国情和独特的文化传统，应当在坚持走中国特色社会主义法治道路的前提下吸收借鉴外国的有益经验，做到以我为主，为我所用。

《俄罗斯宪法》一书的作者阿瓦基扬教授，是当今俄罗斯著名的宪法学者，而这本专著式教科书是俄罗斯宪法教科书中的精品，在俄罗斯多次再版，备受俄罗斯学界和实务界推崇。这部教科书在立足于现行俄罗斯宪法的同时，对宪法理论学说、俄罗斯宪法的历史沿革和当今俄罗斯宪法实践，进行了详细的阐释，可谓理论与实践兼备，是系统了解当今俄罗斯宪法的佳作。该书的作者在阐述当今俄罗斯宪法规范过程中，特别关注了苏联时期的宪法法律。这为我们了解当今俄罗斯宪法学者对苏联时期宪法规范的态度提供了便利条件，为我们认识苏联解体前后的俄罗斯宪法观念的变化打开了一扇窗户。

黑龙江大学法学院充分利用黑龙江大学的俄语优势，组织本院懂俄语的老师研究俄罗斯法律问题，并将俄罗斯法律研究作为学院的一个特色。1999年，黑龙江大学法学院便建立了俄罗斯法律研究项目组，并在该项目组的基础上，于2001年成立了黑龙江大学俄罗斯法律问题研究所，2014年更名为黑龙江大学俄罗斯法研究中心，至今已有20年的历史。经过多年的发展，黑龙江大学法学院在俄罗斯法律问题研究方面已经获得了8项国家级课题，出版了23部学术著作，发表了231篇学术论文，获得了20项省部级以上科研奖励，为社会提供了大量的涉及俄罗斯法律事务的咨询和建议，组织召开了七届"俄罗斯法制与法学"国际研讨会，在国内外产生了重要影响并赢得了普遍的赞誉。

在国家"一带一路"倡议下，在中国、蒙古、俄罗斯三国共建"中蒙俄经济走廊"的时代背景下，相信黑龙江大学法学院必将继续发挥俄罗斯法律研究方面的优势，充分利用其在俄罗斯法研究方面的雄厚师资力量,加强对俄罗斯法制与法学的研究,为国家向北开放战略、为发展中俄全面战略协作伙伴关系贡献新的力量。

《俄罗斯宪法》最早是由黑龙江大学俄罗斯法律研究所前任所长刘春萍教授领衔翻译。遗憾的是,在该书的翻译过程中刘春萍教授不幸因病去世。刘春萍老师的离去,是黑龙江大学法学院乃至中国的法学界的巨大损失。刘春萍教授去世后,在黑龙江大学法学院的大力支持下,由哈书菊教授继续组织翻译出版工作。经过四位译者的共同努力,终于完成了该书的翻译工作。该著作的翻译出版,既是对刘春萍教授的深切怀念,也是对她在天之灵的慰藉!参与该著作翻译工作的四位译者均是对俄罗斯法律制度有着深入研究的国内一线教学科研人员,都兼具深厚的法学功底和精湛的俄语修为,这也为本书的翻译质量提供了保障。

该书能够顺利出版,要特别感谢上海政法学院的大力支持。上海政法学院负责的"中国—上海合作组织国际司法交流合作培训基地专著出版资助项目"为本译著的出版提供了经费支持,黑龙江大学法学院也为本书的出版提供了部分经费支持。

作为一名从事宪法、行政法教学科研的法学工作者,为《俄罗斯宪法》在我国的顺利出版深感欣慰,相信该书能够为我国学者了解俄罗斯宪法制度提供帮助,为我国宪法学的教学科研工作助力,也必将为我国宪法法律的发展提供有益的借鉴。

是为序!

胡 东

黑龙江大学法学院教授

目　录

中文版序言……………………………………C.A.阿瓦基扬　1
序一……………………………………………………韩大元　3
序二……………………………………………………胡　东　10

第八编　联邦会议——俄罗斯的议会……………………………1

第二十六章　通往现代议会之路及俄罗斯人民代表制形成的特点……3
第一节　议会在国家机关体系中的地位……………………3
第二节　常务原则……………………………………………5
第三节　代议机关的属性和职能问题………………………10
第四节　议会两院的内部机构、设立程序和相互关系问题……16

第二十七章　俄罗斯联邦联邦会议议院的职权和权力行使程序……32
第一节　联邦委员会职权……………………………………32
第二节　国家杜马的职权……………………………………51

第二十八章　联邦会议两院内部结构和工作组织…………………75
第一节　联邦委员会…………………………………………75
第二节　国家杜马……………………………………………114

第二十九章　联邦会议的立法程序…………………………………151
第一节　俄罗斯联邦法律类型和立法程序的概念…………151

第二节　立法过程的主要阶段……………………………………158

　第三十章　联邦委员会成员和国家杜马议员的宪法法律地位……193

　　第一节　宪法法律地位的一般原则………………………………193

　　第二节　联邦委员会成员和国家杜马议员的主要权力和

　　　　　　活动保障…………………………………………………198

第九编　联邦执行权力机构组织与活动的宪法原则………………205

　第三十一章　俄罗斯联邦国家权力执行机构体系的一般特征……207

　　第一节　概念问题…………………………………………………207

　　第二节　联邦执行权力机构的体系………………………………209

　第三十二章　俄罗斯联邦政府………………………………………216

　　第一节　俄罗斯联邦政府地位的宪法法律基础与

　　　　　　其在国家权力机构体系中的地位………………………216

　　第二节　俄罗斯联邦政府的组成及其形成方式…………………223

　　第三节　俄罗斯联邦政府的职能和行为…………………………227

　　第四节　俄罗斯联邦政府的活动组织……………………………229

　　第五节　俄罗斯联邦政府活动的保障……………………………232

第十编　俄罗斯联邦司法权与检察长地位的宪法基础……………237

　第三十三章　俄罗斯联邦司法权的宪法基础………………………239

　　第一节　司法权的宪法法律性质与实质…………………………239

　　第二节　俄罗斯联邦法院体系的宪法法律基础…………………241

　　第三节　俄罗斯联邦诉讼的宪法基本原则与类型………………245

　　第四节　俄罗斯联邦法官地位的基础……………………………249

　第三十四章　俄罗斯联邦检察机关地位的宪法基础………………255

第一节　检察机关与检察监督的宪法法律本质和意义……255
　　　第二节　检察机关的体系……260

第十一编　俄罗斯联邦宪法法院……263

第三十五章　俄罗斯宪法监督的本质及其建立的特点……265
　　　第一节　推行宪法监督制度之路……265
　　　第二节　苏联宪法监察委员会……268
　　　第三节　俄罗斯苏维埃联邦社会主义共和国宪法法院的建立……270

第三十六章　俄罗斯联邦宪法法院……278
　　　第一节　俄罗斯联邦宪法法院活动的规范性法律基础……278
　　　第二节　俄罗斯联邦宪法法院权限及其实现问题……281
　　　第三节　俄罗斯联邦宪法法院法官职务的任命程序和地位……291
　　　第四节　俄罗斯联邦宪法法院活动的组织和结构……299
　　　第五节　俄罗斯联邦宪法法院的一般诉讼规则……302
　　　第六节　俄罗斯联邦宪法法院的判决：形式、通过、法律效力……309

第十二编　俄罗斯联邦主体的国家权力机关……317

第三十七章　俄罗斯联邦主体国家权力机关体系的建立……319
　　　第一节　俄罗斯地方权力机关体系形成简史……319
　　　第二节　俄罗斯联邦各主体国家权力机关的现行体系、规范性法律原则、对组织与活动的一般要求……329

第三十八章　俄罗斯联邦主体的国家立法（代表）机关……335

第一节 俄罗斯联邦主体国家权力立法(代表)机关的
地位、形式、结构的一般原则……………………………335
第二节 俄罗斯联邦主体权力立法(代表)机关的
主要权力……………………………………………………344
第三节 俄罗斯联邦主体代表机构的内部组织与活动………347

第三十九章 俄罗斯联邦主体的行政权力机关……………………353
第一节 一般原则……………………………………………………353
第二节 俄罗斯联邦主体的最高公职人员…………………………354
第三节 俄罗斯联邦主体最高国家权力执行机构的
活动原则……………………………………………………363

第四十章 俄罗斯联邦各主体的宪法(宪章)法院…………………367
第一节 地位和权力范围的基础……………………………………367
第二节 组成与组织活动……………………………………………370

第十三编 俄罗斯联邦地方自治的宪法原则……………………373

第四十一章 俄罗斯联邦地方自治的形成与发展概要……………375
第一节 地方自治概念………………………………………………375
第二节 革命前俄罗斯的地方国家管理、地方与城市自治………376
第三节 苏联时期的地方权力组织…………………………………380
第四节 向地方自治制度的过渡……………………………………383

第四十二章 俄罗斯联邦地方自治……………………………………388
第一节 地方自治组织的本质和基础………………………………389
第二节 市政机构的权限……………………………………………395
第三节 居民直接实行地方自治与参与地方自治的形式…………401
第四节 地方自治的机构与公职人员………………………………406

第五节　地方自治的经济基础…………………………………414

第六节　城市间的合作……………………………………………419

第七节　地方自治机构与公职人员的责任……………………421

第八编

联邦会议——俄罗斯的议会

第二十六章
通往现代议会之路及俄罗斯人民代表制形成的特点

俄罗斯议会即联邦会议自1993年12月12日起存在至今。这一天还进行了现行俄联邦宪法草案的全民投票和联邦会议两院——联邦委员会和国家杜马——的第一次选举。

1993年俄联邦宪法第94条规定:"联邦会议——俄罗斯联邦会议是俄罗斯联邦立法代议机关。"联邦会议同总统、政府和法院共同行使国家权力(第11条),即俄罗斯联邦国家权力的代议机关。

第一节 议会在国家机关体系中的地位

采取哪种模式组建议会和代表机关决定了议会和整个代表机关在国家中的作用。所以,俄罗斯面临第一个问题就是,哪个方案更加适合。而这些方案各不相同。

本书第三编阐述分权时指出,有一个原则众人皆知,被称为代表机关至上原则(委员会至上原则)。他们有权审议全国或者相应地区管辖内的任何问题。其他国家机关大部分都由代表机关组建,向代表机关报告工作。1917年十月革命以后至90年代以前,这种模式一直是俄罗斯代表制度和整个国家制度的宪法基础。

如1936年苏联宪法规定：劳动人民代表委员会构成苏联的政治基础（第2条）；苏联的一切权力都属于以劳动人民代表委员会为代表的城乡劳动者（第3条）。1977年苏联宪法（第2条）和1978年的俄罗斯苏维埃联邦社会主义共和国宪法（第2条）均规定，苏联、俄罗斯苏维埃联邦社会主义共和国的一切权力都属于人民，人民通过构成苏联和俄罗斯苏维埃联邦社会主义共和国的政治基础的人民代表委员会行使权力。所有其他国家机关受人民代表委员会的监督，向其报告工作。根据苏联宪法第108条，国家权力的最高机关——苏联最高苏维埃"有权决定一切本宪法认为属于苏联管辖的问题"。在对待俄罗斯苏维埃联邦社会主义共和国最高委员会的态度上，俄罗斯苏维埃联邦社会主义共和国宪法（第104条）将此表述拿过来再次进行宣示。俄罗斯苏维埃联邦社会主义共和国人民代表大会成立（1989年）后，这一规则被确定下来。

代表机关的另外一种模式是以分权原则为基础的。本书的第三编对此原则也有论述。关于这种代表机关模式，在此做以下几点分析：

首先，宪法未规定代表机关具有某种特别的至上地位，包括与其他机关的关系。代表机关不能对国家范围内的一切问题进行审议，无权代替其他机关处理根据法律本属于该机关的事项。因此，代表机关审议和处理的仅是其自身权限内的问题，即国家机关之间以职权分开为基础，因此取名"分权"，这也是该原则的原始形态；

其次，在这种模式下，代表机关用自己的方式影响其他机关，首先影响的就是执行机关。他们有权监督执行机关执行法律的情况，同时其他机关也通过某种方式影响代表机关，这样就产生了制衡体系。

分权思想在俄罗斯激进的宪法政治改革时期得到很多人的拥护。如前所述，分权思想是俄罗斯宪法政治体制的基础之一。1993年宪法第10条规定："俄罗斯联邦的国家权力根据立法权、执行权和司法权分立的原则来实现。立法权、执行权和司法权的机构是独立的。"

但是，那种"典型的"（如果说可以将其称为某种制度的话）国家权力机关地位平等的情况并没有达到。指针偏向了另一方：总统对联邦会议的议院和俄联邦主体立法权机关的影响力变得非常大，甚至在分权制度内部对于代表机关或者具体地说就是联邦会议来说处于领导地位。

然而，联邦会议以及联邦会议各议院履行属于他们的职能、不具有优于其他国家机关的地位，都成为俄罗斯国家权力和联邦会议新模式的基础。

第二节 常务原则

应当解决的另一个问题是：代表机关，尤其是全国性的代表机关，应该是什么样的——是定期召开会议还是常设性工作呢？

在苏维埃国家时期，"苏维埃就是工作单位"的理论盛行。这种模式的意思是：

第一，苏维埃具有代表机关的职能，很大程度上又履行着执行机关的职能。因为在地方一级苏维埃，专门的执行机关属于苏维埃体系（组织结构），而到了中央一级，执行机关就与最高代表机关分开了。执行机关不具有代表机关特有的管理权（如将资金从预算的一个项目划拨到另一个项目中，职务任命，等等）。

第二，苏维埃的代表们自己既要做出决定，又要付诸实施，还要监督执行过程。为此，他们就不能脱离人民，将他们的代表职能与工作活动相结合，即不能脱离其本职工作。因此，对于大多数代表来说，只能在代表机关里面以常设（职业化）的形式行使职权。

代表们参与执行决议的思想本身就很有建设性意义。这取决于该思想如何实现，又在何种程度上实现。世界上很多国家的地方代表机关议员都不是专职的，他们在市或者其他地方会议（代表机关）履行职责的同时还不放弃本职工作。对于更高地区（州、省等等）级别的代表机关来说，也不是所有代表都在代表机关从事常设性的工作。

因此，与其说这涉及代表机关及其理念是否带有社会主义色彩的问题，不如说是一个合理性的问题。通常，在联邦制国家的主体立法会的层面上，甚至在全国层面上，代表们都是专职履行职责，即转到议会，在议会拿工资（某些国家称之为补偿、报酬），不能从事其他有偿工作，教学、科研和创作活动除外。

在1989年以前，苏联最高苏维埃的代表，以及1990年以前俄罗斯苏维埃联邦社会主义共和国最高苏维埃的代表就不是这样的。委员会的会期一般是一年两次，每次2—3天。当然，后10年（1977年苏联宪法通过后）大约在例行会议前的一个月就开始聚集，常设的委员会（这样的委员会越来越多）也开始工作。高级权力机关的代表们会得到一些与代表工作相适应的费用补偿，数额不多（差不多相当于一名普通劳动者的工资），但都是固定的，另外还有出差费用——车费、宿费和补助费（补助费要比一般人的出差费用稍高一些）。

在苏维埃时期，苏联（在俄罗斯苏维埃联邦社会主义共和国也是这样）理论上也无法拒绝采用常设性的全国议会。就是在工作单位的模式上，高级代表机关可以经常开会，会期也比较长。

当时的代表机关，包括国家议会，存在许多不足。当时很多重要的事项需要代表机关解决，或者要由代表机关监督，尤其是在全国范围内。没有常设性的议会不意味着就不需要处理这些事项。一部分问题以非正常的方式解决了，还有一部分问题则是由共产党的机构处理，或者党的机关授权其他国家机关处理，这都反映了当时的负面因素。

议会机关此时的地位低于代表机关，因为代表机关是工人、农民、妇女、青年人和社会其他阶层依据严格程序组建的。没有一个常设性机关能像代表机关这样影响全国。

遗憾的是，在俄罗斯的议会制思想发展的同时，还伴随着自由主义的其他思想。俄罗斯代表机关产生以后，自20世纪初的国家杜马开始就表现出很多不足。

需要说明的是，不管议会制在哪个国家产生，都有它的不足：议会中代表们都是来自工人、农民、劳动型知识分子（教师、医生、普通工程师等等）这样社会地位较低的阶层；资本家代表占多数，由此滋生腐败；代表们在官僚机构面前无能为力，使得议会变成没有权力的讨论俱乐部；等等。议会制的这些不足挡住了它的优点——而这些优点恰恰在俄罗斯都没有体现出来，比如在及时颁布法律、批准预算、对国家管理机关和官员的监督、广泛征求社会意见等方面都有欠缺。

议会制有这么多缺点，俄罗斯本身又缺少议会传统，追求社会主义的代表机关而不要资本主义的议会制也就情有可原了。对于普通百姓来说，他们更认同社会主义的代表机关，因为本身它就是由工人、农民和与他们相似的其他劳动阶级组成的。既然这样的机关既要做出决定，又要将决定付诸实施，那就不需要专业性太强——更何况当时的人们都认为参与国家管理是一件很容易学会的事情。

列宁在他的《国家与革命》中写出下面一段话时，对他的真诚不容置疑："每隔几年决定一次究竟由统治阶级中的什么人在议会里镇压人民、压迫人民，——这就是资产阶级议会制的真正本质。"按照列宁的观点，新社会应该保留代表机关，这里不要那种把立法工作和执行工作分开、代表具有特权地位的特殊的议会制。"没有代表机关我们就没有民主，也就没有无产阶级民主，没有议会我们却可以有民主，也应该有民主。"

尽管议会制的思想没有受到来自各方的批评，但是作为资产阶级国家的一种模式，始终还是没有什么威信的。由于在组织结构、工作方式、议员的学历偏低以及不能履行相应的职能等原因，人民代表制的新机关工作效力很低。

总之,"议会"这个词还是跟资本主义体制相联系的,也就很少被采用。从20世纪六七十年代开始,偶尔也使用这个词,但都是加了引号,并强调,我们的代表机关和苏联、俄罗斯苏维埃联邦社会主义共和国及其他加盟共和国的最高委员会与资本主义的议会是完全不同的。

但渐渐地又出现这样一种观念,即权力的代表机关职能,尤其是全国代表机关的职能,应该逐步实施,而不论人们对此是否情愿。

成立长期工作的代表机关是苏联在社会转型和民主时期戈尔巴乔夫发起的政治改革迈出的重要一步。

在第二编宪法改革的历史中我们已经说过,1988年12月1日在苏联成立两个机关——苏联人民代表大会和苏联最高苏维埃来代替原来的苏联最高苏维埃。苏联宪法规定,代表大会是苏联国家权力的最高机关,它有权审议并处理属于苏联管辖的任何问题(第108条)。这样,从本质上来说,代表大会成为前最高苏维埃的承继者;前最高苏维埃由1 500名代表组成,而代表大会由2 250名代表组成(750名从地区选区选出,750名从民族地区选区选出,750名由社会组织选出)。还规定,代表大会的例会一年召开一次(1990年3月14日宪法政治改革后改为一年至少召开一次)。

苏联最高苏维埃保留着原来的名称,又分成两个议院——联盟苏维埃和民族苏维埃,从地位和工作组织来讲都是一个全新的机关。宪法规定,苏联最高苏维埃是苏联国家权力常设的立法、管理(1990年3月14日宪法特别规定)和监督机关。两个议院人数相等。最高苏维埃两个议院的总人数有540多人。这个数字让苏联最高苏维埃更加接近世界上很多国家的议会(或者议会的下院),主要是这些人从事的都是常设性工作。根据宪法第112条,苏联最高委员会每年召开"春季和秋季例会,会期通常为每次3—4个月"。会议有分组会议和全体会议,在分组会议和全体会议中间间隔的期间还有议院的常设委员会会议和苏联最高苏维埃的委员会会议。如前所述，苏联最高苏维埃的权力在扩大，很多从前由苏联最高苏维埃主席团或者苏联部长委员会管辖的问题现在都由苏联最高苏维埃管辖。

1989年10月27日俄罗斯苏维埃联邦社会主义共和国进行宪法政治改革时成立了人民代表大会——最高苏维埃。新的最高苏维埃是代表大会机关（俄罗斯宪法规定与联盟宪法规定相比的特点就在于此），是俄罗斯苏维埃联邦社会主义共和国国家权力常设的立法、管理和监督机关（第107条）。俄罗斯苏维埃联邦社会主义共和国最高委员会首次设置两个议院的结构（共和国委员会和民族委员会）。正如本书第五编中指出的，在此之前，尽管俄罗斯苏维埃联邦社会主义共和国是联邦国家，但最高苏维埃还只有一个议院。

俄罗斯苏维埃联邦社会主义共和国新的最高苏维埃的组成人数有250多个代表，还有200名左右的代表参加委员会的工作，但他们不属于最高苏维埃的成员。从最开始，俄罗斯苏维埃联邦社会主义共和国的最高苏维埃就从事常设性工作，仅除去度假和代表外出去大区与选民见面的时间。但这不意味着所有的代表都是专职的。一部分代表——最高苏维埃的成员，尤其是民族委员会的成员，他们都还保留着原来地方上的职务（领导职务居多），尽管这些代表长期工作在最高苏维埃、最高苏维埃的委员会和议院委员会。也有很多人民代表之前不是最高委员会的成员，放弃原来的职务到最高委员会从事常务性工作。

俄联邦宪法规定，国家杜马议员的工作性质是常设的、职业性的；他们不能担任国家机关职务，不能从事其他有报酬活动，教学、科研和其他创作活动除外（第97条第3款）。第一届（1993—1995年）的时候是个例外——俄联邦政府成员可以同时担任国家杜马议员（1993年俄联邦宪法第二部分第9项）。

联邦委员会在第一届（1993—1995年）的时候由俄联邦主体选举出来的代表组成（每个主体选出两名）。议员们可以根据非常设性原则行使职权（俄联邦宪法第二部分第9项）。自1995年起，俄联邦主体执行权机关和代表权机关的具有领导职务的人成为上下两院的成员，他们在主体中保留职位，所以他们客观上只能在非常设的基础上行使职权。2000年的联邦法律联邦委员会成立程序法规定，俄联邦主体立法权机关选举一名代表，主体的首脑任命第二名代表。两名代表在议院都在职业性的常设基础上工作，因此取得一定的报酬，没有权利从事其他有偿活动，教学、科研和创作活动除外。

第三节　代议机关的属性和职能问题

俄罗斯代表机关应该主管什么问题，最主要的是议会应行使什么职权？这是政治和宪法领域中最重要的问题之一。

起初，俄罗斯联邦还有一个问题需要解决——就是需要几个代表机关来行使议会职权。

以前在苏联，后来在俄罗斯联邦都建立了人民代表大会制度——最高苏维埃。

在人民代表大会制的观念中，掺杂着各种几乎完全不同的思想。"人民代表大会制"的拥护者让人想起了罗斯时代的"大会"，当时一方面是把人们聚集起来，然后把居民中的各阶层最优秀的代表派去权力机关，由其解决一些国家和社会现在及未来面临的一些重要问题。因此，在人民代表大会中，人民的智慧通过他们的优秀代表"融入"到国家发展路径的历史决定中去。

通过前面提到的三种途径选举产生的（地区、民族地区选区选举产生和全联盟社会组织的领导机关产生的代表）、由2 250名代表组成苏联人民代表大会，一批新的进步政治家走上政治舞台，他们对于国家民主进程的确立和巩固做出了不小的贡献。

同时,在成立苏联最高苏维埃时,人民代表大会就像是一个"筛子",通过人民代表大会,那些长期在莫斯科开会通过大量法律和其他重要决议的代表加入其中,并从中挑选出对苏联共产党和国家忠诚的拥护者。但结果并不尽如人意。这些代表进入最高苏维埃以后,首先就表现出对领导们采取的步骤和方式持批判态度。

成立"双头"议会,引发了人民代表大会和最高苏维埃的关系问题。

在法律上代表大会高于最高苏维埃。宪法规定,一些重要问题的处理都属于代表大会管辖;并且,代表大会可以审议属于苏联管辖的任何问题。但是一年一次的会议不利于国家的发展进程。在第一次代表大会上,部分民主派代表就提出这样一个问题:如果已经预见到代表大会会成为一个摆设,议会的主要职能可能会由最高苏维埃掌控,那代表大会就应该完全掌握政权。但同时,还有一个困难,就是找不到那么多可以在常设性议会中工作的代表。

俄罗斯苏维埃联邦社会主义共和国是加入苏联的15个加盟共和国中唯一一个成立人民代表大会——最高苏维埃的国家。相较于联盟层面,俄罗斯人民代表大会和最高苏维埃之间的关系还是比较缓和、积极的。但是两个议会机关也有矛盾且从一开始就存在。因为,根据宪法,人民代表大会不仅可以审议属于其管辖的俄罗斯联邦范围内的一切问题,还可以撤销最高苏维埃的决定。法律可以由最高苏维埃通过,也可以由人民代表大会通过。所以,"谁更重要"的问题这里并没有解决。

在制定俄联邦新宪法草案的时候,从最开始就作出了一个决定——俄罗斯将只有一个全国性的议会机关。俄罗斯苏维埃联邦社会主义共和国人民代表大会于1990年6月成立宪法委员会,起草了俄联邦宪法草案,该草案经过人民代表大会多次讨论,对这个问题没有原则上的分歧。这样,注定了要成立由两个机关组成的联邦会议。

因此,1993年俄联邦宪法规定,联邦会议自己就是俄罗斯联邦的议会。

另一个问题更加重要：在我们说的议会中反映哪些特点和职能，这整套制度要具备哪些因素，才能被称为"议会制"？

说到代表机关，即由人民（居民）直接选举出来的人组成的集体制机关。被选出来的人有一个共同的名称——议员（也可能有其他名称——代表、顾问等）。

代表制有很多种。比如，人民选出的总统也是人民的代表。但不能把总统称之为代表机关，不仅是因为他只是一个人不是集体制，还因为他的职权。

还有一种代表制选自联邦主体或者地区。这样的代表——比如，是地区执行权机关的最高职务领导——可以组建集体制机关，包括总统下设的集体制机关（如俄联邦国家委员会）或者政府，但这类机关的目的是进行咨询协商。

联邦主体的代表，高级行政区划单位的代表可以组成参与全国性立法活动的机关。但能不能把这样的机关称之为国家议会的第二个议院（上议院）——这还是个问题，因为代表不是人民选出的，而是由联邦主体和行政区划单位的相应机关选出的或者任命（派遣）的。例如，根据这一原则，由国家政府确定的人员组成的德意志联邦共和国的联邦参议院。联邦参议院参与联邦立法程序，只能从形式上将其称之为德意志联邦共和国议会的上议院。通常该国官方将联邦议院称之为议会。而相反，美国的国会由众议院和参议院组成，参议院成员代表各州，但不是立法会议委派，也不是由州长提供，而是由选民选举产生。所以，整个国会就是国家统一的议会。

根据1977年宪法，在苏联最高苏维埃曾设有联盟委员会——全民代表院（代表由地区选区选举产生）和民族委员会——来自加盟共和国和自治地区的代表院（代表根据加盟共和国地域内成立的民族地区、自治共和国、自治州和自治地区选举产生）。两个议院的代表都是居民直接选举产生的。

如前所述,俄罗斯苏维埃联邦社会主义共和国最高苏维埃,根据1989年宪法的新规定,有两个议院。这两个议院是——共和国委员会和民族委员会——由居民按照地区和民族地区选举产生的人民代表组成的人民代表大会——俄罗斯苏维埃联邦社会主义共和国的每个共和国有3名代表,每个自治州和自治区有1名代表(共63名代表),还有63名代表来之边疆区、州及莫斯科和列宁格勒(圣彼得堡)直辖市。

1993年宪法规定,联邦会议整体被称作代议机关(第94条)。宪法通过的时候,因为1993年12月12日联邦会议的两院(国家杜马和联邦委员会)由人民选举产生,所以根据宪法,这一届的两个议院的议员可以被称作代表。

但当时就已经知道,将来针对联邦委员会的情况可能会有变化。宪法将进入这个议院的人称之为联邦委员会"成员"是有一定原因的。如前所述,1995年联邦法律联邦委员会组成程序法规定,俄联邦主体立法权和执行权的职务首脑组成联邦委员会。2000年联邦法律规定联邦委员会的组成中,有两种代表,一种是立法权机关选举产生的,一种是俄联邦主体首脑任命的。上述两种方案没有一种是通过人民直接选举产生联邦会议的这个议院。

总之,必然会出现几种学说:

要么必须改变联邦代表机关的观念,承认一个议院可以由俄联邦主体委派的代表组成;

要么承认国家杜马是俄罗斯人民的代表机关,它就是议会;而联邦委员会是俄联邦主体代表机关(应该认为是国家的机关),有权参与联邦立法程序,保护这些主体的利益。1994年5月8日的联邦法律联邦委员会成员和国家杜马议员地位法对此解释了原因——其认为议员是人民的代表,而联邦委员会成员是俄联邦主体的代表;

要么由俄联邦主体居民直接选举联邦委员会成员。

需要注意的是：联邦一级的立法权由俄联邦主体执行权的领导人行使，而现在由组成联邦委员会一般成员的俄联邦主体的代表行使，这不正常。2004年12月主体执行权首脑任职程序的修改使得情况更加复杂：现在的候选人由俄联邦总统提出，俄联邦主体立法权机关批准。现实中，执行权的首脑首先应是俄联邦总统的人（实际上也是总统在俄联邦主体的代表），某种程度上是主体立法权机关的人。这相应地反映在俄联邦主体执行权代表在联邦委员会的作用上。2004年秋季总统曾有过让联邦主体国家权力首脑"回归"联邦委员会的想法，但直到现在也没有采取什么行动。关于组建联邦委员会的程序，我们在下一节阐述。

也就是说，代表机关的存在，即由议员组成的机关，还不是议会。根据1936年和1977年苏联宪法，1937年和1978年的俄罗斯苏维埃联邦社会主义共和国宪法，议员虽然在最高苏维埃，但是一年只聚在一起两次，一共只有几天，他们还不是议会。

议会制应该是：

（1）议员不再履行其基础性的生产劳动职责，其基本工作都集中在代表机关；

（2）议员作为一种职业、一种社会地位，拿议员的薪水（报酬）作为其物质生活的主要来源，因为禁止其有其他的工资收入，教学、科研或者创作活动除外。现代俄罗斯的议会制正是选择了此种模式，最开始的时候只针对国家杜马，现在也用于联邦委员会；

（3）代表机关有特定的事务管辖范围。议会的职责就是通过法律，批准国家预算，确定国家的收入和支出（通过法律确定国家的税收体系和税收种类），影响国内外政策的实施以及其他国家机关相对应的措施，组成相应国家机关，实现议会对特定机关和国家事务的监督；

（4）有固定的工作形式、方法和模式。工作方式有集体讨论制、全体会议、委员会和党团等，并且采用一些在长期实践中积累下来的工作方式，包括辩论、讨论、质问（质询）、询问、表决等等。

议会制的特征就是成立议员委员会、专门小组、党团和工作小组,有着相当复杂的立法程序,如议会听取程序、监督程序,包括政府成员回答议员问题的时间,信任投票(不信任投票)程序,等等,以及议员的政治化,与选民、新闻媒体、社会舆论打交道。

只有上述列举的条件都具备了——即实行代表制;议员的工作是常设性的、有报酬的,并具有一定的社会地位;有一定的职责、职权和事务范围;特定的工作形式、方法和模式——才能说实行了议会制。

指出了议会制的基本特征后,就可以更准确地回答:议会应该履行什么职责?在规定了职业化的议会以后,俄罗斯新宪法的制定者们对此还是很保守的,对新成立的议会——联邦会议的职权作出限制。如宪法中规定的,如果是代议机关,那么就应该有两个职能——代表人民和通过法律,但不能再多了。联邦会议的议院不应该再管理其他事务。

但是如果认为,议会尤其是杜马无权过问国家政治各种问题——那就是错的。议会及其议院不能停留在国家对内和对外生活的众多问题的一个方面,因为议会是国家权力机关,这也正是它代表属性的表现。

总之,俄罗斯联邦会议应该履行下列职责:

(1)团结人民并代表人民的利益;

(2)履行立法职责,即通过最能反映人民意志、在宪法之下效力高于其他规范性法文件的法律;

(3)在某种程度上参与国家事务的最高领导,特别是:影响国家对内、对外政策的制定和实施;批准国家预算;审议国家生活各个方面的情况和问题,做出评价,提出建议。俄联邦总统每年向联邦会议"提出关于国内形势、国家内外政策基本方针的年度咨文"(俄联邦宪法第84条e项);

(4)组建或者参与组建某些俄罗斯联邦的国家机关;

(5)在其权限内以其特有的形式对国家建设、其他机关的工作、预算执行等领域进行议会监督;

（6）在特定的范围内，以特定的形式对下级代表机关给予团结、促进和组织方法帮助，但要保留下级代表机关的独立性。

第四节　议会两院的内部机构、设立程序和相互关系问题

一、议会的内部结构和设立

就议会的内部组成来说，有一院制和两院制（设更多院的情况就非常少了）。联邦制的国家多采用两院制的最高代表机关。苏联自成立之初其中央执行委员会（成立于1922年）就由联盟院和民族院组成，而苏联最高苏维埃（根据1936年苏联宪法）由联盟院和民族院组成。

1918年俄罗斯苏维埃联邦社会主义共和国宣布为联邦制国家，其最高代表权力机关此前一直采用一院制。在苏联最高苏维埃民族院中，有来自俄罗斯苏维埃联邦社会主义共和国的代表，来自自治共和国、自治州和自治地区的代表，自治共和国、自治州和自治地区都是俄罗斯苏维埃联邦社会主义共和国的组成部分。只是在1989年10月27日宪法改革的时候，俄罗斯苏维埃联邦社会主义共和国的最高苏维埃改为由共和国院和民族院组成的两院制结构。

根据俄联邦宪法的规定，联邦会议，也就是俄罗斯的议会，有两个院——联邦委员会和国家杜马。

根据俄联邦宪法第95条规定，俄联邦的每个主体有两名代表参加联邦委员会：国家权力代表机关和国家权力执行机关各1人。因为我们最初有89个俄联邦主体，因此联邦委员会的成员就有178人。现在俄联邦主体的数量缩减为83，相应地就有166名联邦委员会成员。

如前所述，联邦委员会经历了三次组建改革。联邦委员会的第一届

组成人员是由俄联邦主体的居民选出的——每个主体选出两名（当时称为代表）。从1995年开始，俄联邦主体立法机关的负责人和执行权的首脑是联邦委员会的成员。从2000年开始，俄联邦主体权力的立法机关选出一名联邦委员会成员，俄联邦主体的最高公职人员任命另一名成员；联邦委员会的两名成员现都担任常设性、职业性的议院工作。

现行的2000年8月5日联邦法律《俄罗斯联邦联邦会议联邦委员会组建程序法》对主体派向议院的人提出一定的要求，即：年满30岁，根据俄罗斯联邦宪法有国家权力机关选举权和被选举权的俄罗斯联邦公民可以被选为（任命为）联邦委员会成员；这部法律以及1994年的联邦委员会成员和国家杜马议员地位法都规定，议员不得担任其他国家职务和市政职务。

但逐渐又增加了新的要求。一部分要求是针对全部议会成员的，包括联邦委员会的成员不应该具有外国国籍或者在外国具有永久居留权（2006年7月25日增补）。另一部分要求只涉及联邦委员会的成员。比如，就有这样的异议，联邦委员会的很多成员都与俄联邦主体没什么关系，只是被联邦主体派去议院的政治家（莫斯科的居多）。如何纠正这种情况？于是2007年7月21日法律中增加了一条规定：联邦委员会成员必须在将其派往联邦委员会的联邦主体领域内居住10年以上。当然，2007年的法律（2008年10月2日修订）还规定，如果议院的成员是在法律生效当天选出（任命）的，或者由于俄联邦主体的合并而成立了新的俄联邦主体，由该新主体选出的成员，或者服兵役及其他专门职务10年以上的人，不适用该条规定。

但是，梅德韦杰夫总统在2008年11月5日向联邦会议作国情咨文时指出："联邦委员会应当只由联邦主体权力代表机关选出的人和地方自治议员组成。所谓的对联邦委员会成员提出的在特定地区居住特定年限的要求，应该取消。最后，参加公选程序的，有选民工作经验的，不仅代表联邦主体权力机关的，还直接代表其居民的公民可以在联邦委员会工作。"

2009年2月14日的联邦法律终于又对组建程序法进行了修改。其第1条自2011年1月1日起生效,规定为:"俄罗斯联邦主体国家权力立法(代表)机关的议员或者处于俄联邦主体地区的市政代表机关的议员可以成为联邦委员会的选举(任命)候选人,由该俄联邦主体国家权力机关选举(任命)他为联邦委员会的候选人。当选(被任命)的联邦委员会成员应当在本联邦法律确定的期限内辞去俄联邦主体国家权力立法(代表)机关议员的职务或者市政代表机关议员的职务。"因此,自2011年1月1日法律有关候选人必须在该俄罗斯联邦主体居住10年的规定停止适用。

现在,联邦委员会成员——俄联邦主体国家权力立法(代表)机关的代表是由该机关在其权力期限内选出的,通过转换组建俄联邦主体立法(代表)机关——选出的该机关议员任职一次。联邦委员会成员,也就是俄联邦主体两院制立法(代表)机关选出的代表由每个院依次选出,任期为相应议院权力期限的一半。选举自相应机关职权开始或者联邦委员会上任代表职权终止之日起3个月内举行。

一院制立法(代表)机关提出的联邦委员会代表候选人要由该机关主席审议。两院制立法(代表)机关提出的候选人由该机关的两个议院主席轮流审议。俄联邦主体国家权力立法(代表)机关议员总数1/3以上的议员可以提出联邦委员会代表的差额候选人由该机关审议。

立法(代表)机关关于选举联邦委员会代表的决议以无记名投票的方式通过并形成该机关的命令,如果是俄联邦主体国家权力两院制立法(代表)机关作出的决议,则形成两院联合命令。

联邦主体的国家权力执行机关派向联邦委员会的代表由俄联邦主体最高公职人员在其权力期限内任命。该联邦委员会成员应该自俄联邦主体最高公职人员就职之日起最迟不超过3个月任命,包括联邦主体的执行权前首脑提前终止权力的情况,以及相应的联邦委员会成员提前终止权力的情况。

根据2000年法律第5条规定,俄联邦主体最高公职人员委任联邦委员会代表的决议形成联邦主体最高公职人员的命令。该法第5条第3款规定,该命令在3日内送达俄联邦主体国家权力立法(代表)机关。如果在俄联邦主体国家权力立法(代表)机关的例会或者临时会议上,议员总数2/3以上不反对向联邦委员会委任该代表,则该命令生效。但是,自2011年1月1日起,这条规定就失效了。

联邦委员会代表的选举(委任)候选人应当向相关的俄联邦主体国家权力立法(代表)机关或俄联邦主体的最高公职人员提交:(1)候选人在当选(被委任)的前一年的收入来源和收入情况;(2)候选人的财产状况;(3)俄联邦主体立法机关或者市政代表机关(位于该俄联邦主体地区内)的证明其议员身份的介绍信;(4)声明在当选(被委任)为联邦委员会成员的情况下,解除议员的职权并终止其他与联邦委员会成员地位不相适应的活动。

联邦委员会成员当选(被委任)的决议通过后,通过决议的俄联邦主体国家权力机关应当在决议生效后最迟不得超过第二天以电报的形式通知联邦委员会决议已经做出以及决议生效的日期,并自生效之日起最迟不超过5日将决议发往联邦委员会。

同时,当选的(被委任的)联邦委员会成员根据2011年1月1日前的规定,自其当选(被委任)的决议生效之日起5日内向联邦委员会发送解除与联邦委员会成员地位不相符的职务的命令(等文件)的副本,或者向联邦委员会发送证明其3日内提交解除该职务申请的证明文件副本。

根据2009年2月14日通过、2011年1月1日生效的新规定,新当选的(被委任的)联邦委员会成员自其当选(被委任)的决议生效之日起10日内,向联邦委员会发送俄罗斯联邦主体国家权力立法(代表)机关或者市政代表机关的关于因议员当选(被委任)为联邦委员会成员而提前终止议员职务的文件副本,或者证明其在3日内提交解除议员职权的文件副本,以及解除与联邦委员会成员地位不相符的其他职务的命令副本或者证明其在3日内已经提交解除相关职务的申请的文件副本。

2000年法律第9条第1款最初的规定是,联邦委员会成员的职权自其当选(被委任)的决议生效之日起开始,自新的联邦委员会成员当选(被委任)的决议生效之日起终止。这就表示,法律的规定让联邦委员会的成员完全受制于联邦主体的机关——联邦主体机关不仅向联邦委员会选举(委任)人员,还能提前终止其权力,并且法律没有对这样做的动机作出任何规定。对于联邦委员会来说,它的作用就是对新来的议院成员进行"登记"罢了。

2004年12月16日修订的法律规定,联邦委员会成员的地位和议院的地位提高了。法律规定,联邦委员会成员的权力自联邦委员会批准该权力的决议作出之日起开始,自联邦委员会批准新成员的权力的决议通过之日起终止。这就说明,对于俄联邦主体机关作出终止联邦委员会成员权力的决议,包括提前终止,相关规定没有什么变化。只有联邦委员会通过决议承认这一代表的权力时,他才能以代表的身份行使职权,而前一代表权力的终止也采取这种方式。

但是,根据2009年2月14日的联邦法律,相应的规定自2011年1月1日起又有变化了。即规定联邦委员会成员的职权自相应的俄罗斯联邦主体国家权力机关将其选出(委任)之日起开始。当选(被委任)的联邦委员会成员自联邦委员会批准收到文件之日起开始行使职权,关于这一点前面已经提过了。联邦委员会成员的职权自新成员——该俄罗斯联邦主体选举国家权力机关的代表——(被委任)之日起终止。因此,可以说,俄联邦主体权力机关的地位在联邦委员会成员权力的开始和终止方面再次提高了。

还有一条新规定是对此项内容的确认。2004年11月16日对1994年5月8日的联邦法律联邦委员会成员和国家杜马议员地位法作了补充规定,联邦委员会成员的职权可以根据联邦委员会主席的建议,由选举(委任)他的俄联邦主体国家权力机关按照选举(委任)的程序提前终止。这样的话,联邦主体机关仅凭自己的提议不能提前终止相关人员的职权。确实,法律也规定,俄联邦主体国家权力机关有权不审议联邦委员会主席提出的建议。

但是2009年2月14日关于联邦委员会主席提议的规定从地位法中删掉了,第4条第2款是这样规定的:"联邦委员会成员的职权可以由选举(委任)他的俄罗斯联邦主体国家权力机关依照选出(委任)联邦委员会成员的程序提前终止。"并且,过去职权的终止要形成联邦委员会命令,在命令中写明权力终止的日期。现在规定,联邦委员会成员权力终止的决议除了形成相关的命令外,同时要说明终止的理由。对于俄联邦主体权力机关做出决定终止的情况,2009年2月14日的新规定是:作出终止联邦委员会成员职权决议的俄联邦主体国家权力机关在同一天通过电报通知联邦委员会已经作出决议,并自决议生效之日起最迟不超过5日将决议发往联邦委员会。

关于提前终止联邦委员会成员的其他原因,联邦法律《俄罗斯联邦联邦会议联邦委员会成员和国家杜马议员地位法》作出了相关规定,本教程第二十九章将进行论述。

国家杜马由450名议员组成,目前这450名议员都是根据政党名单选出的。

根据宪法,一个人不能同时进入联邦会议的两个议院。国家杜马议员不能是其他国家权力代表机关的议员,也不能是地方自治机关的议员。此规定对于联邦委员会成员也适用。所有议员都是专职的,从事常设性质的工作,并因此获得薪酬。

再次说明,届——这是一个时间段(期限)。在此期限内,议会(西方差不多的词是立法机关,尽管经常用这个词表示代表机关)或者议会的议院被选出。2007年12月2日进行了最近的一次国家杜马选举,按照顺序,这是第五届——2007—2011年。

联邦委员会现在没有权力期限,也就意味着联邦委员会没有届的含义。这个议院是常设性的职能机关,组成人员根据工作进程发生改变。

二、议会两院的关系

两院制议会在组织形式上有两种不同的原则:议院平等原则;上下议院原则(关于界定术语的标准,稍后阐述)。

苏联和俄罗斯原先的最高代表机关都是以议院平等原则为基础进行工作的,如:对于俄罗斯联邦最后的最高苏维埃来说,宪法明确规定,共和国院和民族院的组成人数相同、权利平等(第107条)。

平等原则意味着:

(1)议院中议员的数量相等(或者大约相等);

(2)议院在同一期间内工作,另外,代表机关(议会)的会期由议会的全体会议开始,或者同时分别举行开幕式,相对应地会期也采取这样的方式结束;

(3)一个议院提出的具有共性的问题要纳入另一个议院的会议日程当中,即议会有一个统一的议事日程(此处指的是主要问题,尤其是有关法律通过的问题,同时,各院还有自己专门的管辖和内部事项);

(4)两院常常一起开会,讨论共同的问题,通过法律(尽管可能分开投票,也可能每个院分别计算选票);

(5)一起工作的时候,保障两院享有平等机会和利益对等(如,保证两院的主席轮流主持全体会议,保证两院议员按顺序发言等);

(6)两院成立共同的机关——或者是常设的,或者是临时的——都是在均等的基础上成立的(即通常向该机关派遣相等人数的代表)。比如,在两院制的俄联邦最高苏维埃的议院当中有一些常设委员会,委员会会议是整个最高苏维埃的机关;

(7)在两院之间有专门解决冲突的机制,两院可以寻求共同的解决方案,也可以同时解散并进行重新选举议员或者改组两院。如果两院上面有人民代表大会的话,将争议问题交由代表大会解决。

因此,在两院平等的情况下,议会可以作为一个统一的整体(个别组织问题的解决除外)。

如果是上下两院制原则的,上述列举的几个方面的内容则正好相反:

(1)两院不在一起工作——俄联邦宪法第100条规定,联邦委员会和国家杜马分别开会;两院可以举行联席会议以听取俄罗斯联邦总统咨文、俄罗斯联邦宪法法院咨文、外国领导人的演说(对于在联席会议上讨论咨文或者演说,法律没有进行规定);

(2)根据宪法,每个院都有自己的职权;任何人无权干涉其权力的行使,除非两院的决议在法律后果上有密切联系;

(3)每个议院都有自己的议事日程,议事日程中可能会有相同的问题,但是每个院都在自己的权限内审议并处理问题。只有一种情况,联邦委员会可以要求国家杜马审议其立法动议权——向其提出法律草案(宪法第104条第1款);同样,国家杜马通过法律后,联邦委员会也要将该法律纳入自己的议事日程进行表决——赞成或否决。也就是说,一个议院可以向另一个议院提出某个问题,但是法律不应该要求在议院会议上必须审议,只是实践中互相给予对方必要的关注;

(4)议院可以同时工作,也可以在不同的时间工作,这不重要;

(5)两院不设立共同的常设机关(根据宪法,两院共同成立检查厅,但是检查厅的相关联邦法律规定,检查厅是进行国家财政监督的常设性机关,由联邦会议组建,并向联邦会议报告工作;法律没有规定检查厅是联邦会议的机关,并且,检查厅在组织和职能上都具有独立性);如果杜马通过的法律没有获得联邦委员会同意的话,可以由两院的议员共同成立临时协商委员会。

当然,2005年12月27日通过的《俄罗斯联邦联邦会议的议会调查法》，使议会监督领域两院共同工作已成趋势。该法规定，保护俄联邦宪法保障的人和公民的权利和自由；联邦会议两院监督俄联邦政府、俄联邦主体执行机关、其他国家机关以及地方自治机关的工作，找出引起议会调查的事实情况产生的原因和条件，是该法的立法目的。根据法律，对粗暴或者聚众侵犯公民权利和自由的行为，以及一些自然灾害突发或造成一定后果的情况，都要受到议会调查。进行议会调查的决定由联邦会议的两院作出。进行调查的议会委员会对于两院来说是共同的，由国家杜马议员和联邦委员会成员在平等的基础上组成。委员会的最终报告要经过议会两院的审议和批准，否则不产生法律效果；

两院的人数不同（国家杜马有450名议员，联邦委员会有166名成员）。

"上下议院原则"的表述是如何产生的？为什么联邦委员会是"上"院，而国家杜马是"下"院？上院是否享有某种权力是针对下院的？下面我们就来看这个术语的一些情况。这个术语的出现与立法过程相关。法律制定仿佛就是沿着"自下而上"的途径实现的：首先，国家杜马对法律草案进行审议，然后才是联邦委员会，没有例外。开启立法程序的议院称为"下院"，继续这一过程的是"上院"。上院可以不同意下院提交的法律。但是任何权力都不能高于下院，因为下院可以不同意联邦委员会的决定，再次对下院已经通过的法律文本进行投票（对此要求法定多数制——杜马议员总数的2/3以上通过），甚至"推翻"上院的决定。

三、议会两院的未来组建问题

议会各院分别组建。

对于国家杜马来说，单名制选区的议员选举和政党名单制选区的选举都有一定的优缺点。通常，如果俄罗斯想要推进几个大党的稳固地位，那么就只进行政党名单制的选举。

但是，应该明白，不采用选区制选举，同时就会遗失某些选举的特征和议会制的特征。首先，人民代表的理论就是建立在公民有政治代表的权利，并通过投某个具体候选人的票来实现这一权利基础上的。当然，可能选民投票赞成的那个候选人没有赢得选举。但是，获胜者凭借其他选民的选票当选，并仍然成为该选区所有选民的代表。议员和选民有着特定的接触方式，他们面对的就是议员的职责。在政党名单制的选举中，就不存在这种情况。如果现在我们认为，有自己代表的权利可以用有政党代表的权利作为补充的话，那么就可以类推一个权利可以代替另一个权利。

然而，事实上还有一种情况。选区制选举中，公民有权成为议员候选人。俄罗斯联邦宪法第32条第2款规定："俄罗斯联邦公民有选举或被选入（作者标记——C.A.阿瓦基扬）国家权力机关和地方自治机关以及参加公决的权利。"很显然，名单制选举中公民要想成为议员候选人，必须要由政党提出来。正如第六编指出的那样，非党公民也可能被纳入党派名单中（如果这是党的最高机关的意志的话）。但当他被选进国家杜马后，这样的议员也就成了相应党团的一分子，根据党的章程工作，如果退出党团，也就意味着其职权的终止。

此外，在比例制选举中，还有一个很大的缺陷：人们只知道领袖，而对具体的候选人没有概念。对名单投票，这是对党的信任，对领导人的信任，对党的行动纲领的信任。但是，唉，这种投票经常是针对"装在盒子里的猫"进行投票。相应地，政党的议员可能与选民接触非常少。

还要强调一点。本书第三编指出，生存权，即不少于5万名成员的党有权参与议会选举。很多党就这样消失了。回顾一下，有一些党没能进入国家杜马，另一些党没有明确的地区组织，还有一些党由于内部的分裂而处于不稳定状态，如果最终大家都约好监督是否在数量上作弊，很难说出那些能够使自己数量不断增长的党；还有一个7%的最低得票数，这也让很多党不能参与议员席位的分配。

对已经在国家杜马中获得席位保障的党来说，他们有一个优势，即在下一次选举中登记的时候不需要收集选民签名，不需要交纳选举保证金。而其他的党则还要越过这些障碍才能通过。

也许，这些问题都促使梅德韦杰夫总统在向联邦会议作咨文时提出两条立法建议，预备在2009年实现（对此前面已经有所涉及）：首先，对那些没有获得7%选票支持，但得到5%以上选票的党，可以分给他们1—2个国家杜马议员席位；其次，逐步降低政党登记的人数，首先降到4.5万人，到2012年，降到4万人。

对政党名单进行投票除了有某些优点之外，选民因此也增加了负担，为政党参加选举买单。2001年7月11日的联邦法律《政党法》赋予政党获得国家财政（都是纳税人的钱）补偿的权利，在国家杜马议员的选举费用，只要获得较低的选票——政党名单获得选票达到3%的——就可以得到补偿。

组建俄罗斯议会的下院时就应当注意这些关键性问题。

对于上议院来说，它的组成问题目前还存有争议。过去进入上议院的立法权首脑和执行权首脑都是俄联邦主体的代表；现在联邦委员会成员不论在法律上，还是在实践中，都是委派他们的机关的代表。这些机关常常企图决定联邦委员会成员在上议院中的行为，对于某个问题进行投票的时候，对某个法案进行投票的时候，都差不多要想让自己派去的人作决定。

说到联邦委员会的发展前景，很多政治家和学者都赞成由俄联邦主体的居民直接选举联邦委员会成员，但真这样的话，就要先修改俄联邦宪法。

某些政治家还有一个比较彻底的建议——撤销联邦委员会，因为这个院没有什么明确的宗旨。我们认为联邦还是需要这个院的，因为它能够集中国家地区间的利益，寻求一种途径将这些利益有效地同全国利益相结合。甚至在单一制的国家中也存在这样的议院。

四、议会职权期限的延长和提前终止问题

以前对国家杜马议员的正常职权期限规定为4年。2008年11月5日俄联邦总统在向联邦会议作咨文的时候,建议将国家杜马职权的期限延长为5年。2008年12月30日通过法律就这个问题对宪法进行了修改。

可以提前终止职权。当议员不履行自己的职责或者被判决限制自由的刑事处罚,或者是其本人不想继续作议员而拒绝委任状,或者他实施了某个行为,具有某种法律地位,尽管不违法,但与其议员的身份不相符,不能继续担任议员的时候,国家杜马决定提前终止议员的职权。退出某个党团,或者从其组成人员中除名,也是国家杜马决定提前终止议员职权的原因。最后,国家杜马还可以被俄联邦总统提前解散(关于解散的原因,在分析总统职权的时候已经提到了)。

立法对于国家杜马及其议员职权从什么时候开始的规定不太一样。

俄联邦宪法(第99条第4款)规定,自新一届国家杜马开始工作时起,上届国家杜马的权限即告终止。因此,如果新的选举被认定为没有举行或者无效,议院有权继续工作直到选出新的组成人员,即使5年的期限已经届满。由总统解散的杜马,只是不可以开会和通过文件,其他方面还可以继续行使职权。如果议院的全体议员多数出席议院的会议时,该会议才能作出有权决定(1998年国家杜马条例第44条第2款)。议院中有450名议员,也就是说,要达到226名的多数。这样就不难确定议院的合法权能:如果在例行的选举中,226名议员以上当选,国家杜马就有权召集会议,只是在每个议员都出席时,才达到法定人数。

根据联邦委员会成员和国家杜马议员地位法,部分议员的职权期限自其当选为国家杜马议员时起开始,自新一届国家杜马工作开始之日起即告终止(第3条)。现在的政党名单制选举,议院和部分议员的职权期限几乎相同。但代替退出名单的同事而取得席位的议员职权的实际期限要短一些。

下面我们看一下更具有共性的问题：对于代表机关，尤其对于国家的议会及其议院来说，多长的职权期限较为合理？不同国家，其全国性的立法机关通常为4年或者5年。

更短或者更长的期限都是比较特殊的。如果全国代表机关的期限，比如说，是3年的话，在这段时间内它能够做的很少——前一年半用来安顿议会、议院的工作，后一年半用来筹划新一轮的选举。再长的议会职权期限就会使议员们同自己的选民失去联系，而议员也越来越享受其所处地位的优越性，尤其在物质方面。

对于以国家新宪法为基础组建的第一届议会，作为转型期的议会，缩短或延长其工作期限都是可以的。这个议会的任务就是将宪法中规定的新议会制度的基础付诸实施。俄罗斯联邦也采取了这个方法，对于第一届联邦会议来说，它的工作期限是两年，这是俄联邦宪法中的过渡和总结规定（第二部分第7项）。

也许，4年或5年的时间比较合理。4年里，正如实践中表现出来的，杜马完全能够安排自己的工作，通过很多法律。并且每届杜马都在不断总结议会工作经验，有很多议员又是多次当选，因此对议院里的工作比较熟悉，还能帮助其同事。

2008年12月30日的俄联邦法律规定对宪法进行修改，国家杜马的职权期限为5年，可以促进改善议院的工作。此外，从某种程度上来说，延长至5年也是为了配合俄罗斯联邦总统职权延长至6年的规定。这样在大部分的时间里，他们还可以共事。

俄联邦主体的权力代表机关通常4—5年进行一次选举。主体可以在这个框架内自己选择，并在其宪法、章程中体现出来。

国家杜马和大部分俄联邦主体，其议员的职权期限是统一的。议会实践中有一个规则大家都知道，就是轮换规则，进行部分更新，即在一个立法机关里面，议会或者议院的组成人员进行重选。在俄罗斯，仅在部分俄联邦主体中采用这种轮换制。比如，斯维尔德洛夫斯克州的立法会由两个院组成——州杜马和代表院。州杜马由任期4年的28名议员组成，每两年对州杜马的一半议员进行重新选举。重新选举州杜马议员的时候杜马职权不停止。每次需要轮换的都是职权期限届满的议员。

在国家杜马的实践中是否要采用轮换制的问题还没有引起讨论。多数制和比例制相结合选举出来的杜马，要进行轮换的话不太可能，因为不知道对什么人、按照什么原则进行轮换。根据政党名单制选举产生的杜马也不可能采用轮换制，因为没有更新的意义，因为轮换会干扰议院的日常工作。

宪法没有规定杜马可以自己解散。1999年联邦法律俄联邦主体立法（代表）权和执行权机关的一般组织原则法中主体的代表机关有这样的权利，并且不需任何理由即可行使。我们认为，任何一级的杜马都不应该自己解散——人民选出的代表不管在什么时候都应该执行代表人民的意志。

参考文献

C.A.阿瓦基扬：《联邦会议——俄罗斯的议会》，莫斯科，1999年。

C.A.阿瓦基扬：《联邦委员会：历史和未来》，《联邦主义》2003年第1期。

贝科夫·斯·弗：《俄罗斯联邦联邦会议联邦委员会的组成程序（确立和发展前景）》，法学副博士论文，莫斯科，2007年。

卡扎科娃·阿·阿：《俄罗斯联邦的联邦委员会：组成和工作的宪法基础》，法学副博士论文，莫斯科，2009年。

佩尔申·耶·弗、帕尔加乔娃·伊·普：《议会下院组成的选举程序：国内外经验》，《国家权力和地方自治》2008年第3期。

萨沃西金·阿·弗：《俄联邦联邦会议联邦委员会的组成程序（代表属性的实现问题）》，《护法机关：理论与实践》2006年第1期。

阿斯塔菲切夫·普·阿：《人民代表制和议会制：宪法问题》，奥廖尔，2004年。

别洛诺夫斯基·弗·恩、别洛诺夫斯·阿·弗：《17世纪前俄罗斯的代表制和选举（理论、历史、实践）》，莫斯科，1999年。

布拉科夫·奥·恩:《俄罗斯联邦的两院议会制》,圣彼得堡,2003年。
格罗别茨·弗·德:《俄罗斯联邦的议会》,莫斯科,1998年。
格兰金·伊·弗:《俄罗斯议会》,莫斯科,2001年。
格兰金·伊·弗:《俄罗斯议会制的宪法基础》,莫斯科,2005年。
格兰金·伊·弗:《立法机关:发展前景》,莫斯科,2007年。
捷明·弗·阿:《俄罗斯国家杜马(1906—1917年):工作机制》,莫斯科,1996年。
德卢日宁·恩·普:《选民和人民代表,宪法和国家杜马法概述,兼论俄罗斯改革建议》,莫斯科,1906年。
济巴列夫·格·弗:《俄罗斯议会制的演变:理论法律视角》,法学副博士论文,奥姆斯克,2006年。
济明·阿·弗:《20世纪末俄罗斯议会制的确立》,法学副博士论文,沃罗涅日,1997年。
基姆·阿·伊:《苏联国家权力和人民代表制(国家法研究)》,托木斯克,1975年。
基姆·阿·伊、巴尔纳绍夫·阿·姆:《苏联人民代表制》,托木斯克,1982年。
科尼亚杰夫·斯·德、阿拉诺夫斯基·科·弗:《政治代表和选举:公法属性和相互关系》,《宪法和市政法》2007年第16期。
科瓦列夫斯基·姆·姆:《从直接民权向代表制民权、从宗主君主制向议会制》(第1—2卷),莫斯科,1906年。
科兹洛娃·耶·伊、弗·伊·列宁:《关于苏维埃国家代表机关的本质和作用的论述》,莫斯科,1973年。
克拉斯诺夫·姆·阿:《人民代表制下的责任》,莫斯科,1992年。
鲁基亚诺夫·阿·伊:《苏维埃权力代表机关的立法发展》,莫斯科,1978年。
玛斯连尼科娃·斯·弗:《人民代表制和公民权利》,莫斯科,2001年。
米尔·志·斯特:《代表制管理的思想》,圣彼得堡,1863年。
奥弗谢皮扬·日·伊:《俄罗斯议会制的确立》,顿河畔罗斯托夫,2000年。
奥弗谢皮扬·日·伊:《议会是民主宪法政治的基础(俄罗斯联邦的问题和未来发展)》,《比较宪法观察》2007年第2期。
特·亚·哈布利耶娃雅主编:《俄罗斯议会法》,莫斯科,2003年。
奥·恩·布拉科夫总编:《俄罗斯议会法》,莫斯科,2006年。
《俄罗斯议会法》,叶卡捷琳堡,2008年。
C.A.阿瓦基扬主编:《俄罗斯联邦人民代表制问题》,莫斯科,1999年。
罗曼诺夫·尔·姆:《议会制:理论、历史和现代》,莫斯科,2002年。

罗曼诺夫·尔·姆：《议会制的渊源，从古至今的立法机关》，莫斯科，2006年。

萨多弗尼科娃·格·德：《代表制民主：从理论到现实》，莫斯科，2008年。

谢伦斯卡亚·恩·布：《20世纪初俄罗斯议会制的确立》，莫斯科，1996年。

《联邦委员会：地位和功能的演进》，莫斯科，2003年。

索科洛夫·科·恩：《议会制：议会制法理论经验》，圣彼得堡，1912年。

斯特拉顺·布·阿：《社会主义和民主、社会主义人民代表制》，莫斯科，1976年。

塔赫塔列夫·科·姆：《从代表制到人民政权》，圣彼得堡，1907年。

菲利普波娃·恩·阿：《联邦国家公众利益的代表：俄罗斯民族模式的特点》，叶卡捷琳堡，2009年。

奇尔金·弗·叶：《立法权》，莫斯科，2008年。

奇切林·布·奥：《人民代表制》，莫斯科，1866年。

舍霍弗措夫·弗·阿：《人民议会制的发展》，符拉迪沃斯托克，2002年。

第二十七章
俄罗斯联邦联邦会议议院的职权和权力行使程序

联邦会议的每个议院都有自己的职权并单独行使。

第一节 联邦委员会职权

联邦委员会的权限主要是由俄联邦宪法第102条规定的；另外，宪法的其他条款及其他规范性文件也做出了相应的规定。权力实施的程序由2002年联邦委员会条例（修订和增补）规定，同时一些联邦法律也有所规定。

一、批准俄罗斯联邦各主体之间的边界变动

这是俄联邦宪法第102条第1款第1项规定的联邦委员会的职权。如果决定改变边界的俄联邦主体之间同意了，则联邦委员会再进行审议。向联邦委员会提交的文件有：相关的各个主体的国家权力立法（代表）机关批准的变动边界同意书、主体之间对该同意书没有异议的证明、地方地图。决定变动边界的各主体的国家权力立法（代表）机关和执行机关的全权代表、俄联邦政府代表、其他国家权力机关代表受邀出席联

邦委员会会议。会上审议问题时，首先由有利害关系的俄联邦主体国家权力立法（代表）机关的全权代表发言；然后由联邦委员会的联邦和地区政策事务委员会进行总结。关于批准俄联邦主体之间边界变动的决定由联邦委员会全体成员多数票通过，并发布会议决议。该命令在一周内发送到相应的俄联邦主体的国家权力的立法（代表）机关和执行机关，以及执行权的联邦机关，以便执行。如果对于批准俄联邦主体间边界变动的决定没有取得联邦委员会全体成员多数票，则撤销变动边界的申请，同时制作联邦委员会决议。

二、批准俄罗斯联邦总统关于实行战时状态的命令

根据俄联邦宪法第102条第1款第2项，批准俄罗斯联邦总统关于实行战时状态的命令属于联邦委员会管辖。在阐述总统职权的时候提到，根据俄联邦宪法第87条第2款，在对俄罗斯联邦进行侵略或者发生直接侵略威胁的情况下，俄罗斯联邦总统在俄罗斯联邦境内或其部分地区实行战时状态并立即向联邦委员会和国家杜马通告此事。下院对总统令备查，而上院进行批准（或者不批准）。

根据联邦委员会条例第149条的规定，联邦委员会主席应立即将命令文本发送到国防和安全委员会以及联邦和地区政策事务委员会起草结论。

有关批准总统实行战时状态的命令问题，联邦委员会应当自收到命令之时起48小时内进行审议。收到命令后，议院的主席应当在48小时内召集联邦委员会成员召开会议。此外，在实行战时状态的命令发布后，联邦委员会的成员尽可能在最短的时间内到达会议召开地。如果由于情况紧急或不可避免，联邦委员会的会议不可能在收到命令之时起48小时内召集的话，联邦委员会主席经委员会同意后可以确定另一个期限召开联邦委员会会议。

在联邦委员会的会议上审议批准总统令的有关问题,首先由总统发言,或者由他委托的联邦委员会的总统权力代表发言,之后宣读上述议院委员会的结论,接下来按照联邦委员会条例规定的程序进行讨论。批准实行战时状态命令的决议由联邦委员会全体成员多数票通过,并制作议院决议。

如果联邦委员会的成员多数不赞成批准总统令,那么实行战时状态的总统令将不被批准,同时,也制作议院决议。在总统令不被联邦委员会批准的情况下,自联邦委员会做出该决定后的次日起总统令停止执行,战时状态终止。联邦委员会立即将相应决议发送给总统(联邦委员会条例第152条)。

三、批准俄罗斯联邦总统关于实行紧急状态的命令

俄联邦宪法第102条第1款第3项规定了联邦委员会有权批准这个命令。根据俄联邦宪法第88条,在联邦宪法性法律所规定的情况下,俄罗斯联邦总统在俄罗斯联邦全境或个别地区实行紧急状态并立即向联邦委员会和国家杜马通报此事。与实行战时状态一样,下院对总统令备查,而上院对其进行批准(不批准)。

联邦委员会的安全与防御问题委员会及联邦和地区政策事务委员会针对命令文本做出结论。

联邦委员会自收到命令文本之时起72小时内进行审议,决定是否批准。联邦委员会主席应当召集联邦委员会成员在48小时内召开联邦委员会会议。并且,该命令发布以后,联邦委员会成员尽可能在最短的时间内到达开会地点。

审议的时候,先由总统发言,或者根据总统的授权,由总统在联邦委员会的权力代表发言,之后宣读委员会的结论,并讨论问题。批准命令的决定由联邦委员会全体成员多数通过,并制作会议决议。如果联邦委

员会没有批准实行紧急状态的总统令,自总统令发布后72小时期满失效(也就是说,如果命令在发布的第一天没有被议院批准的话,还有两天是有效的)。联邦委员会的决议应立即送达给总统和俄罗斯的内务部。

俄罗斯联邦全境或个别地区实行紧急状态的效力期限可以由总统令延长。联邦委员会审议紧急状态期限延长的问题参照议院条例规定的批准实行紧急状态总统令的程序。

四、解决在俄罗斯联邦境外动用俄罗斯联邦武装力量的可能性问题

根据俄联邦宪法(第102条第1款第4项),解决在俄罗斯境外动用武装力量的可能性问题属于联邦委员会的职权。1995年5月26日的联邦法律《俄罗斯联邦为维护世界和平和安全出动军队和文职队伍组织程序法》中规定了派军的目的:为了参与调停行为;为了借助于武装力量参与国际强制活动。向俄罗斯联邦境外派遣部分军人参与调停活动的决定由总统作出,派遣文职队伍(基于自愿)的决定由政府作出。根据联邦委员会作出的能否向境外派军的会议决议,总统作出派遣部队的决定。

总统向联邦委员会提出的建议中,应当写明部队的行动区域,部队的任务、总人数、武器类型和武器装备,部队隶属关系,驻扎期限或者期限延长程序、换岗程序和撤军条件,以及根据联邦法律决定给予该部队军人及其家庭成员的供给保障和补助的信息(第7条)。

根据联邦委员会第159条,关于解决在俄罗斯联邦境外动用俄联邦武装力量的可能性问题由议院根据总统的建议进行审议。联邦委员会自收到总统的请求和相关论证材料后开始审议。联邦委员会主席应立即将总统的请求发送给防御和安全常设委员会和国际事务常设委员会或者独联体国家事务常设委员会,由他们做出结论。

联邦委员会审议有关在俄罗斯联邦境外动用俄联邦武装力量的可能性问题要在收到总统的请求后第一次议院会议上进行。必要时，联邦委员会可以召开临时会议审议该问题。联邦委员会可以邀请总统、政府总理、相应执行权联邦机关负责人出席会议。

如果议院不做其他决定的话，动用武装力量的问题的讨论应该在联邦委员会的内部会议上进行。审议问题时，首先由总统发言，或者根据总统的委托由总统在联邦委员会的权力代表发言，之后宣读联邦委员会上述常设委员会的结论。关于可以在俄罗斯联邦境外动用俄联邦武装力量的决定由联邦委员会全体成员多数通过，并制作会议决议。如果联邦委员会多数成员不赞成该决定的话，就不能在俄罗斯联邦境外动用武装力量，对此也制作联邦委员会的会议决议。联邦委员会的会议决议自通过之日起两日内送达总统。

五、确定俄罗斯联邦总统选举

根据宪法第102条第1款第5项，确定总统选举属于联邦委员会的特权。总统任职期限届满或者提前终止职权，联邦委员会才能行使此项权力。联邦委员会在法定的终止总统职权的情形下确定总统选举。

总统选举根据联邦法律《俄罗斯联邦总统选举法》确定。为以防万一，如果联邦委员会不确定选举，俄联邦中央选举委员会就可以确定并举行选举（详见选举制度和俄联邦总统的相关章节）。

六、罢免俄罗斯联邦总统职务

联邦委员会的这项职权是俄联邦宪法第102条第1款第6项规定的。联邦委员会在收到国家杜马的指控决议（这个问题详见本章第二节）和俄联邦最高法院的关于总统行为中具有犯罪特征的结论后开始审议针对总统提出的叛国罪或其他重大犯罪的指控。国家杜马作出的决议、杜马为评价指控是否有根据而成立的专门委员会作出的结论以及国家杜马的会议记录同时送达联邦委员会。会议记录上应当包含有关指控问题的分析（联邦委员会条例第168条）。

自联邦委员会收到上述文件后，联邦委员会主席应立即将国家杜马作出的指控总统的决议和所有与指控有关的文件发送到联邦委员会的宪法委员会，并召集联邦委员会大会，决定向俄联邦宪法法院递交申请，由俄联邦宪法法院出具指控是否符合规定程序的结论。

罢免总统职务的问题无须讨论和投票，直接被列入联邦委员会会议日程的第一项内容，并且该会议应当自收到宪法法院关于指控总统犯有叛国罪或其他重大犯罪符合规定程序的结论之时起72小时内由联邦委员会主席召集。

联邦委员会主席向总统、国家杜马主席、政府总理、宪法法院主席、最高法院主席通知联邦委员会审议罢免总统问题的会议的日期，并要求上述人员出席会议。同时，受邀出席会议的还有国家杜马为评价对总统的指控是否有根据而成立的专门委员会成员。

在联邦委员会的会议上，审议有关罢免总统职务的问题时，首先由国家杜马主席宣读指控总统的理由；然后由宪法法院主席发言，由他宣读该法院出具的关于指控符合规定程序的结论；再由最高法院主席发言，由他宣读该法院出具的关于总统行为中含有犯罪特征的结论；这之后听取联邦委员会的宪法委员会的结论。总统或者总统代表自愿发言。

根据俄联邦宪法第93条第3款的规定，联邦委员会关于罢免俄罗斯联邦总统职务的决定应在国家杜马对总统提出指控后的3个月内作出。联邦委员会关于罢免总统职务的决定以不记名投票的方式表决作出。

如果联邦委员会全体成员2/3以上赞成联邦委员会罢免总统职务的决定，则该决定即告正式通过，并制作联邦委员会的会议决议。如果联邦委员会一定数量成员不赞成联邦委员会罢免总统职务的决定,则指控总统的审理程序终止,并就此制作联邦委员会的会议决议。联邦委员会的会议决议应立即通过媒体告知公众。

七、任命俄罗斯联邦宪法法院、俄罗斯联邦最高法院、俄罗斯联邦高等仲裁法院法官职务

根据俄联邦宪法(第102条第1款第7项)上述职务的候选人由俄联邦总统提出。一个职位提出一名候选人。

1996年12月31日的联邦宪法性法律(2005年修订)《俄罗斯联邦法院体系法》和联邦委员会条例在规定该职权时指出,联邦委员会任命职务的相应人选,即议院任命上述法院的一批成员及法院的负责人。至于最高法院和高等仲裁法院,一直都有这样一条规定:联邦委员会既任命这些法院的法官,也任命法院的主席和副主席,而对于最高法院来说,还任命上诉委员会的主席和成员,以及该法院主席团成员。并且根据《俄罗斯联邦法院体系法》,总统根据上述法院的法官技术评定委员会的结论提出这些人员的候选人。最高法院和高等仲裁法院的副主席和其他法官应当有相应法院主席提名。

对于俄联邦宪法法院来说,过去联邦委员会仅任命该法院的法官,至于主席、副主席和法官秘书都由宪法法院以不记名投票的方式在法官的组成人员当中选出。2009年对联邦宪法性法律《俄罗斯联邦宪法法院法》进行了修改,宪法法院的法官秘书职务取消了,现在有两名副主席。并且规定,俄联邦宪法法院的主席和两名副主席都由联邦委员会任命,候选人由俄联邦总统提出。

联邦委员会按照任命高等仲裁委员会法官的程序任命独联体经济法院的法官(独联体经济法院条例第7项规定,该条例由1992年7月6日经济法院地位协议批准)。

总统提出的宪法法院法官的候选人要预先在联邦委员会的宪法委员会中进行讨论,由该宪法委员会就每个候选人做出结论。总统提出的最高法院、高等仲裁法院、独联体经济法院法官的候选人要预先在联邦委员会的法律和司法问题委员会中进行讨论,由该委员会就每个候选人做出结论。独联体经济法院组成人员的候选人预先在联邦委员会的独联体事务委员会中讨论,由该委员会就每个候选人做出结论。

在联邦委员会的会议上,听取上述结论。经讨论后,总统提出的宪法法院、最高法院、高等仲裁法院、独联体经济法院的各候选人都列入不记名投票的选票中(即委员会做出的否定结论不构成不将候选人列入选票的理由)。根据联邦委员会的决定,不记名投票可以采用电子系统。联邦委员会全体成员多数同意,即可任命为上述法院相应法官的职务。法官职务的任命要制作联邦委员会的会议决议。

如果总统提出的候选人在投票中没有获得必要选票的支持则取消其资格,并制作联邦委员会会议决议。对于该决议不需要再进行专门投票。根据联邦委员会条例第175条第6项的规定,总统提出的法官职务候选人被联邦委员会取消的,联邦委员会可以通过决议建议总统进行协商,以求意见统一。该决议在3日内由联邦委员会主席送达给总统。为了进行协商,联邦委员会成立工作小组,由联邦委员会的成员组成,或者直接由联邦委员会主席进行协商。

经任命的宪法法院法官要在议院的会议上由联邦委员会主席带领宣誓。对于其他被任命的法官,议院的条例规定如下:投票结果宣告后,联邦委员会主席在议院大会上向每位任命为法官职务的人颁发联邦委员会任命决议的副本。

最高法院的主席和副主席、最高法院主席团成员、最高法院上诉委员会主席和成员、高等仲裁法院主席和副主席职务的任命依照联邦委员会规定的任命这些法院法官职务的程序进行;原则上类似于任命俄联邦宪法法院主席和副主席职务的程序。

根据2002年3月14日联邦法律《俄罗斯联邦法官共同体机构法》第11条的规定,联邦委员会任命俄罗斯联邦最高法官技术评定委员会的10名成员——公众代表,也有权终止他们的职权,其中包括如果他们实施了不端行为,或者经常不履行评定委员会成员的职责,可以提前终止职权。

八、任命和解除俄罗斯联邦总检察长职务以及第一副检察长和其他副检察长的职务

俄联邦宪法第102条第1款第8项规定,联邦委员会任命和解除总检察长的职务。根据1992年1月17日俄联邦法律(2009年修订)《俄罗斯联邦检察院法》第14条第2项的规定,除此之外,联邦委员会还负责任命和解除总检察长的第一副检察长和其他副检察长的职务。

总统向联邦委员会提出总检察长职务的候选人。根据总统的授权,总统在联邦委员会的权力代表可以为此在议院的会议上发言。议院自收到总统提议后的次日起30日内审议任命总检察长职务的问题。总统提出的总检察长职务的候选人要预先在联邦委员会的法律和司法问题委员会及联邦委员会的防御与安全委员会上讨论,由这两个委员会对该候选人作出结论。总检察长职务的候选人可以受邀出席上述委员会的会议。

在联邦委员会会议上审议总检察长职务的任命问题时,首先由总统提出的候选人自我介绍,然后是总统发言或者总统在联邦委员会的权力代表发言;之后由联邦委员会上述委员会的代表发言,宣读该委员会做出的结论。讨论过程中联邦委员会成员向总统或者总统在联邦委员会的代表、委员会的发言人、总检察长职务的候选人提问,并表明赞成或者反对候选人的任命。对总统提出的总检察长候选人进行讨论后,进行无记名投票。

如果联邦委员会全体成员多数赞成总统提名的候选人，则该候选人被任命为总检察长的职务。对总检察长的任命要制作联邦委员会决议。如果总统提名的候选人在投票时没有获得联邦委员会成员的必要选票，则不能被联邦委员会任命，同时也制作联邦委员会决议。

如果总统提出的总检察长职务候选人在投票时没有获得联邦委员会成员的必要数量的选票，那么总统在30日内可以向联邦委员会提出新的总检察长职务候选人。

对总统提出的总检察长职务候选人进行不记名投票的结果宣布后，联邦委员会主席带领被任命为总检察长职务的人进行宣誓。

总检察长职务的解除由联邦委员会依据任命程序进行审议。

由于在俄联邦检察院下成立了侦查委员会，根据俄联邦检察院法第20.1条第3项的规定，联邦委员会有权任命和解除俄联邦第一副总检察长职务——俄联邦检察院下设的侦查委员会主席。相应地，2007年7月6日联邦委员会在自己的条例中增加了第187.1条，确定了实现这一职权的程序，规定俄联邦总统提出这一职务的候选人。提出程序与总统提出俄联邦总检察长职务的候选人相同。联邦委员会审议任命和解除俄联邦第一副总检察长——俄联邦检察院下设的侦查委员会主席——职务的程序参照审议任命和解除俄联邦总检察长职务的程序。

对于其他副总检察长职务的候选人，由总检察长向联邦委员会提出。此时的程序参照总统提出总检察长职务候选人的程序。解除其他副总检察长职务的问题由联邦委员会按照提出总检察长的程序审议。

联邦委员会审议任命和解除第一副总检察长和其他副总检察长的有关问题时参照联邦委员会条例规定的审议任命和解除总检察长职务的程序。

根据俄联邦检察院法俄联邦总检察长每年向联邦会议的各院和俄联邦总统作报告，内容涉及俄罗斯联邦的法治和法制状况，以及推行法治过程中取得的成绩。2005年11月4日对该法进行了补充，规定总检察长的报告应在议院的会议上亲自向联邦委员会作出。2006年3月24日联邦委员会对自己的条例进行了增补,规定作报告的日期由联邦委员会主席和俄联邦总检察长协商而定。就审议报告的结果,联邦委员会可以通过会议决议。

九、任命和解除检查厅副主席职务及其半数成员

俄联邦宪法第102条第1款第9项规定了联邦委员会的这项职权。根据1995年1月11日(2009年修订)的联邦法律检查厅法,检查厅的主席、副主席和检查员的任职期限为6年。共12名检查员,议会两院各任命6名。

检查厅的主席和副主席的职位由总统提出候选人。

根据联邦法律第5条规定,检查厅副主席由联邦委员会根据总统的建议任命,任期6年。任命检查厅副主席的决议由联邦委员会全体成员多数通过。检查厅副主席职位候选人可以由联邦委员会的常设委员会和会议以及联邦委员会全体成员的1/5以上成员联合向总统提出。检查厅副主席职务的候选人由总统最迟不晚于检查厅现任副主席任期届满前的3个月提出。如果检查厅的副主席提前解职,总统应当自解除职务之日起两周内提出该职务的候选人。在总统提出的检查厅副主席职位的候选人被取消的情况下,总统在两周内提出新的候选人。俄罗斯联邦总统有权重新提出该候选人交由联邦委员会审议,或者提出新的候选人。

联邦委员会的常设委员会、专门委员会以及联邦委员会1/5以上成员可以向俄联邦总统提出检查厅检查员的候选人。联邦委员会的专门委员会与检查厅协商后对每个候选人作出结论,形成候选人名单,提交给联邦委员会审议。

联邦委员会审议问题时,首先由专门委员会提出的检查厅副主席的

候选人和检查厅检查员的候选人发言,然后就每个候选人进行讨论。讨论过程中,联邦委员会成员有权向候选人和专门委员会的报告人提问,并表明是否赞成提出的候选人。接下来对每个候选人进行投票。获得联邦委员会全体成员多数票的候选人当选为检查厅副主席职务和检查厅检查员职务。职务任命以联邦委员会会议决议的形式作出。

2006—2007年,担任检查厅的主席、副主席和检查员,以及其他公职人员的一个限制条件是,他们只能是俄联邦公民,不可以有外国国籍或者在国外有永久居留权。其他的要求都是原来就有的——受过高等教育,在国家管理、国家监督、经济、金融领域有一定的工作经验。而且上述人员不能再从事其他有报酬活动,教学、科研和其他创作活动除外。并且,如果俄联邦国际条约或者俄联邦的立法没有例外规定的话,教学、科研和其他创作活动的财政来源不得借助外国、国际组织、外国组织、外国人和无国籍人的资金。如果俄联邦国际条约或者俄联邦的立法没有例外规定的话,他们无权加入管理机关、监管委员会、其他外国非商业、非政府组织及设在俄联邦境内的分支机构。

根据联邦委员会可以提前解除检查厅副主席和相应检查员的职务,总统向联邦委员会提出提前解除检查厅副主席职务的建议。对于检查员来说,联邦委员会与检查厅协商之后决定。提前终止职权的理由包括:(1)违反法律或滥用职权,如果联邦委员会全体成员多数支持终止职权决定的;(2)个人申请辞职的;(3)确认检查员为无民事行为能力人的法院判决生效的;(4)检查员年满65岁的。

2007年联邦委员会在自己的条例中规定,俄联邦总统提出的检查厅副主席或者检查员候选人被议院取消候选人资格的,或者俄联邦总统关于提前解除检查厅副主席职务的建议被拒绝时,联邦委员会可以做出决定,建议总统进行协商,以达成共识。为进行协商,联邦委员会成立联邦委员会成员小组或者由联邦委员会主席直接进行协商。

根据检查厅法(第29条),未经联邦会议任命其职务的议院同意,不得对检查厅主席、副主席、检查员实施逮捕、拘留或追究其刑事责任。2007年,对该条进行了补充,针对上述人员的刑事案件只能由俄联邦检察院下设的侦查委员会主席提起(原来是由俄联邦总检察长提起)。

同时,对于剥夺上述人员人身不可侵犯性的建议审议程序的问题,联邦委员会和国家杜马的态度不同。国家杜马的条例中根本没有相关的规定。而在联邦委员会的条例中规定,对于剥夺联邦委员会任命的检查厅副主席和检查员不可侵犯性的问题,由联邦委员会根据俄联邦总检察长的建议决定。联邦委员会专门委员会与检查厅协商后会同法律与司法问题委员会自收到总检察长的建议后一个星期内审议该建议,做出结论,起草联邦委员会决议。必要时,可以要求总检察长提供补充材料。在联邦委员会的会议决议的草案中,应含有下列建议之一:(1)同意对检查厅副主席、检查员实施逮捕、拘留或追究刑事责任;(2)拒绝同意对其实施逮捕、拘留或追究其刑事责任。会议决议草案在联邦委员会会议上审议。联邦委员会全体成员多数赞成决议的,该决定即告通过。

应当指出,1995年的法律规定的联邦会议针对检查厅享有的职权比俄联邦宪法规定的权限大。联邦委员会和国家杜马可以授权检查厅,但这些授权都应当经过检查厅的审议(第10条)。根据两院的会议决议或者联邦委员会1/5以上成员的请求或者国家杜马1/5以上议员的请求,检查厅可以进行临时监督工作。议院以决议的形式进行授权,检查厅进行鉴定,做出结论,并就其权限内问题给出书面答复。

检查厅每个季度向联邦会议提交联邦预算执行情况的工作报告。报告形式由国家杜马与联邦委员会协商后批准。

检查厅将稽核和审查结果通告联邦委员会和国家杜马,并公布相关结果供相应的执行权联邦机关负责人、企业、机关和组织获悉。对于给国家带来的损失和揭露的违法情况,检查厅通告联邦委员会和国家杜马,如果揭发的违法情况可能追究刑事责任的,则将材料移交给司法机关。

检查厅主席和副主席向联邦会议的上下两院提交检查厅工作报告。工作报告由两院审议,并通过会议决议。

十、联邦委员会参与立法活动的权力

参与联邦立法活动是联邦委员会的一项非常重要的权力。国家杜马通过的联邦法律都移交到联邦委员会,由联邦委员会批准或者否决(俄联邦宪法第105条)。联邦委员会行使这一职权的程序具体参见第二十八章。

联邦委员会有立法动议权,即向杜马提交其通过的法律草案的权力。

联邦委员会审议和批准联邦预算,这是它在立法过程中和在经济金融领域权力行使的延伸。对于财政预算的具体问题,由国家杜马来进行。同时,根据俄联邦宪法第106条,国家杜马通过的法律属于联邦委员会职权事项的,还应当移交联邦委员会审议。

十一、联邦委员会参与议会调查的权力

近年来俄联邦联邦会议两院在国家生活中的作用逐渐加强。议会机关固有的、但原来在俄罗斯立法中没有规定的职权都赋予联邦会议的两院。对此,首先要提及的就是关于联邦委员会和国家杜马进行议会调查的权力的规定。

为此,2005年12月27日通过了联邦法律《俄罗斯联邦联邦会议议会调查法》。这部法律为联邦会议进行议会调查提供了依据,同时规定了联邦会议进行议会调查的组织形式及程序,以及参与议会调查的公职人员及公民的权利和义务。

根据该法第2条,议会调查的目的在于:(1)保护俄罗斯联邦宪法保障的人和公民的权利和自由;(2)保障联邦会议两院监督俄联邦政府、俄联邦主体国家权力执行机关、非国家权力机关的国家机关,以及地方自治机关在清除引起议会调查事件的原因和后果方面的工作情况;(3)查出引起议会调查的事实和情形发生的原因和条件,并向社会发布,协助消除上述原因和条件。

属于议会调查管辖的事项有:(1)严重侵犯或者聚众侵犯俄罗斯联邦宪法保障的人和公民的权利和自由的事实;(2)引起技术性突发事件的相关情况;(3)与自然灾害和技术性突发事件消极后果相关的情况。下列事项不接受议会调查:俄罗斯联邦总统的活动;法院进行的司法活动;根据刑事诉讼法的规定行使职权的初步调查机关和预审机关的活动。

联邦委员会成员或者国家杜马议员都知晓的事件和本联邦法律第4条第1款规定的相关事实和情况构成提起议会调查的根据。

当出现上述事实和情况时,联邦委员会全体成员1/5以上或者国家杜马全体议员1/5以上向联邦会议各自议院的主席提交提起议会调查的书面申请,申请上应写明引起议会调查的事实和情况,以及必须进行调查的根据和可行性。

如果一个议院通过了提起议会调查动议的决议(成立专门委员会建议的决议),并通过了关于该专门委员会人员组成的决议,应立即将该决议移交给联邦会议的另一个议院,收到该决议的议院在15日内进行审议。

如果联邦会议的一个议院支持提起议会调查,而另一个议院没有通过提起议会调查的决议,则不得进行议会调查,如果联邦委员会由于国家杜马支持的成立专门委员会的建议而没有通过提起议会调查的决议,也不得进行议会调查。

如果两院决定进行议会调查,则在平等的基础上组建专门委员会,由联邦委员会成员和国家杜马议员组成,选举共同主席。该专门委员会仅在议会调查进行期间行使职权,议会调查结束后立即解散。

议会调查的程序规定由联邦会议调查法规定。但是,专门委员会有权通过议会调查专门委员会的章程,专门用于调查引起议会调查的事实和情况,确立进行议会调查的规则,但不能违反该联邦法律和其他联邦法律。

为了某些事实和情况进行调研,必要时可能需要前往事件的发生地,这样就需要成立工作小组,通常由联邦委员会成员和国家杜马议员在平等基础上组成。

根据议会调查结果准备专门委员会的总结报告,移交至联邦会议的两院。两院在一个月内审议并批准。如果有一个院没有批准总结报告,专门委员会的工作停止。

在联邦会议调查法颁布之后,联邦委员会通过2006年3月24日的会议决议在自己的章程中增加了第7.1章《联邦委员会参与俄罗斯联邦联邦会议议会调查的程序》。国家杜马暂时还没有在自己的章程中设置相应章节。

十二、对外政策和议会间合作、国际活动的相关权力

俄罗斯联邦不同领域的国际关系问题都由联邦委员会调整。比如,国家杜马通过的批准和废除国际条约问题的相关联邦法律(俄联邦宪法第106条第4项)须经联邦委员会审议。

联邦委员会审议国家对外政策的一切问题。在联邦委员会的章程中设有专门的第二十八章《联邦委员会审议对外政策和议会间合作问题的程序》。联邦委员会可以通过决议直接决定总统和政府的行为(如,在境外动用军事人员),也可以根据自己的意志表达对某些国际问题的态度——在大会上进行讨论,并通过相关决议、申请和请求。这都将最终影响到其他机关的工作,尽管原则上议院的决议对这些机关来说并不是

必须遵守的。

联邦委员会与外国的议会以及国际议会组织合作。议会间合作的基本方针由议会批准。基本方向的草案由联邦委员会机关起草,联邦委员会的国际事务常设委员会和独联体事务常设委员会,以及联邦委员会的联邦委员会工作保障监督专门委员会(包括财政保障)预先审议,审议时要参考联邦委员会其他常设委员会和专门委员会的建议,同联邦委员会的其他常设委员会和常设的专门委员会协商后提交给上院委员会。根据基本方针制定的议院间合作计划由上院委员会根据联邦委员会主席的建议批准。在联邦委员会的工作计划中,其中一部分用来专门规定联邦委员会的议会间工作和参与国际事务的活动。

上院委员会根据联邦委员会主席、联邦委员会国际事务常设委员会和独联体事务常设委员会的建议,决定在俄罗斯联邦联邦会议参加国际议会组织的代表团中成立联邦委员会代表团及其组成人员。

根据联邦委员会主席的建议以及上院委员会批准的章程规定,联邦委员会中可以成立联邦委员会与外国议会(议会的议院)进行合作的工作小组。联邦委员会同外国议会(议会的议院)合作的工作小组与国家杜马相应的议员团体(党团)协调合作。

根据联邦委员会主席、上院委员会、联邦委员会的常设委员会和专门委员会的提议,议院有权向俄罗斯联邦总统提议采用专项经济措施,并通过相关途径提高专项经济措施的效率。

议院可以签订有关同其他国家议会的议会间合作的合约,并进行议会代表团的交流。联邦委员会在很多双边和多边的议会间合作机关中代表国家——很多时候是与国家杜马一起完成的,比如,在白俄罗斯和俄罗斯的联盟国家的议会中,在欧洲委员会的议院中、欧洲经济共同体的议会间大会中、独联体加盟国的议会间大会中、独联体加盟国双边议会合作的议会间专门委员会(议会工作小组)中、议会间联盟中等。

十三、与联邦委员会协商任命和召回外交代表

联邦委员会在任命和召回俄罗斯联邦驻外国和国际组织的外交代表方面的权力由俄联邦宪法第83条第12项规定,即,任命和召回俄罗斯联邦驻外国和国际组织的外交代表由俄联邦总统同联邦会议两院相应的常设委员会和专门委员会协商后实施。因此,在这个问题上联邦委员会和国家杜马有着平等的权力。

相应的建议由俄联邦外交部向联邦委员会提交,由联邦委员会的国际事务常设委员会和独联体事务常设委员会审议。这两个委员会可以要求补充提供外交代表候选人的相关信息,或者补充提供召回外交代表的相关材料。

国际事务常设委员会或者独联体事务常设委员会在各自的会议上审议建议、做出结论,被推荐的外交代表候选人或者被建议召回的外交代表出席(与俄罗斯外交部协商)会议,俄罗斯外交部代表参会。会议结束后3日内将结论呈送给总统和俄联邦外交部。

十四、联邦委员会向俄罗斯联邦宪法法院申请

根据俄联邦宪法和有关俄联邦宪法法院的联邦宪法性法律,联邦委员会有权向宪法法院申请:

(1) 询问联邦法律、总统、国家杜马、政府的规范性文件是否合宪;俄联邦主体的宪法、章程以及法律和其他就俄罗斯联邦管辖范围内的问题发布的规范性文件是否合宪;俄罗斯联邦和联邦主体的权力机关之间的协议、俄联邦主体权力机关之间的协议是否合宪;未生效的俄罗斯联邦国际条约是否合宪;

(2) 请求解决联邦委员会和国家权力联邦机关以及俄联邦主体国家

权力机关之间权限争议；

（3）请求对俄联邦宪法进行解释；

（4）询问对总统犯有叛国罪或其他严重犯罪指控是否符合规定程序。

根据联邦委员会章程第212条，向宪法法院提交申请的建议由联邦委员会的常设委员会、专门委员会、联邦委员会主席或者联邦委员会成员10人以上的小组提出，交由联邦委员会审议。联邦委员会决议的草案中包括向宪法法院提交的申请或者请求的草案，以及其他文件和材料。

根据俄联邦宪法第125条第2款，对该条规定的规范性文件和条约是否合宪的询问，除了联邦委员会本身可以向宪法法院提出以外，联邦委员会1/5以上的成员也可以向宪法法院提出。此时，询问申请要有提出询问的联邦委员会成员签名，写明每位联邦委员会成员的姓、名和父称，以及该成员所代表的俄联邦主体的名称。

十五、联邦委员会任命和解除俄罗斯联邦中央选举委员会成员的职务

最初1994年的《俄罗斯联邦公民选举权基本保障法》第12条规定，联邦委员会任命中央选举委员会15名成员中的5名（另外，国家杜马和总统各任命5名）。在1997年的联邦法律，以及现行的2002年的《俄罗斯联邦公民选举权和参加全民公决权利基本保障法》中这个规定被保留了下来：中央选举委员会的5名成员由联邦委员会从俄联邦主体立法（代表）机关和最高公职人员推荐的候选人中选任。

根据联邦委员会章程（第196—198条）的规定，中央选举委员会成员职务的候选人，由联邦委员会的联邦事务和区域政策委员会按照联邦委员会决议确定的程序根据俄联邦主体分组提出候选人。根据联邦委员会的决定，可以进行讨论推荐候选人。

针对中央选举委员会成员职务的候选人进行不记名投票——有一

个阶段的,也有两个阶段的。如果每个俄联邦主体分组提出的候选人名单中推荐一个以内的候选人,则投票只进行到第一个阶段。按照联邦委员会章程中规定的程序对每个候选人分别投票。如果,哪怕是俄联邦主体分组提出的一份候选人名单中推荐一个以上候选人的,则要进行第二个阶段的投票。

在第一个阶段进行无记名投票,确定从俄联邦主体分组提出的候选人名单中选出最终通过无记名投票任命中央选举委员会成员职务的名单中的顺序。根据第一阶段的投票结果,俄联邦主体分组提出的名单中的候选人按照所得选票递减的顺序排列。第二阶段的投票进行一轮或者几轮,当中央选举委员会的5名成员被任命后,投票结束;投票要针对所有提出的候选人进行。

在投票中获得联邦委员会全体成员多数票的人当选为中央选举委员会的成员。任命以联邦委员会决议形式作出。

解除中央选举委员会成员职务要经过无记名投票。如果联邦委员会全体成员多数同意解除中央选举委员会成员的职务,则该成员的职务解除。有关解除职务的决定以联邦委员会决议的形式作出。

第二节 国家杜马的职权

一、对俄罗斯联邦总统任命俄罗斯联邦政府总理表示同意

国家杜马的这一职权规定在俄联邦宪法第103条第1款第1项。根据俄联邦宪法第111条第2款规定,总统提出关于俄罗斯联邦政府总理候选人的建议应不迟于新当选的俄罗斯联邦总统就职后或俄罗斯联邦政府辞职后两周,或在国家杜马否决候选人后的一周内。

根据俄联邦宪法第111条第3款和国家杜马章程的规定,杜马自候

选人提出之日起一个星期内对候选人进行审议。总统或者其权力代表在国家杜马会议上提出候选人。总理职位候选人向杜马介绍未来政府工作基本方向的规划。根据杜马前主席格·恩·谢列兹涅夫的观点，杜马应该首先就总理候选人的规划表示同意或者不同意，然后再针对实施该规划的专门条件和可行性进行讨论。提出规划后，候选人回答议员的问题（不超过30分钟）。然后，党团代表（不是所有的议员！）发表对候选人同意或者反对的意见。

根据国家杜马的意见以不记名投票的方式作出是否同意政府总理的任命的决定——通过提交选票或者电子系统计算选票（章程第146条）。1998年4月15日国家杜马增加了这条规定，并指出，如果全体议员中大部分人同意采取公开投票的话，也可以进行公开投票。实践中，这几种表决方式都采用过。

根据1998年12月11日俄联邦宪法法院决议对宪法第111条第4款所作的解释，总统有权按照自己的意愿三次提出同一个政府总理候选人，也可以每次提出不同的候选人。当杜马否决了第二个候选人时，总统在一个星期内提出第三名候选人，对该候选人审议的期限为1个星期。

在杜马三次否决总统提出的政府总理候选人资格的情况下，总统直接任命政府总理，解散杜马并确定新的选举。

二、国家杜马解决对俄罗斯联邦政府的信任问题

解决对政府的信任问题属于国家杜马的管辖范围（俄联邦宪法第103条第1款第2项）。根据俄联邦宪法第117条（第3款和第4款），国家杜马可以对政府表示信任或不信任。1997年的联邦宪法性法律《俄罗斯联邦政府法》提出了国家杜马可能做出的三种决定——对政府信任、不信任和拒绝信任（第37条）。信任和拒绝信任原则上是相互联系的两个范畴：政府首脑向杜马提出有关信任的问题。如果多数表示"同意"，则

说明信任；如果表示"同意"的未超过半数,则意味着拒绝信任。然而,国家杜马章程中还规定(第154条第2项):如果没有通过信任决定,就将拒绝信任政府的问题提交表决。国家杜马表示不信任(信任)是对整个政府的,不针对政府的个别成员。

不信任俄罗斯联邦政府的决议由国家杜马议员总数的多数票予以通过,即至少226票通过(俄联邦宪法第117条第3款)。

国家杜马1/5以上议员可以提出对政府的不信任案。每位议员都可以在提案上签名,不区分其党团属性。这就不会妨碍议员团体(党团)明确自己对不信任案的态度,并向议员们提出建议。

表示不信任政府的提案要有理有据,以书面形式向国家杜马委员会提出,附带国家杜马决议草案和国家杜马议员——表示不信任的提出者的名单。名单中要写明党团名称,标明日期,并附上议员的亲笔签名。

国家杜马自收到对政府的不信任案之日起一个星期内进行审议。政府总理,政府总理空缺时代行总理职务的一名副总理,有权就不信任案在杜马会议上发言。在对该提案进行讨论的过程中,议员可以向政府总理或者其他政府成员提问,表示赞同或者反对该不信任案;党团代表享有优先发言的权利。

如果在讨论这个问题的过程中,议员——对政府不信任案的提出人收回自己的签名,并且由此使得提出对政府不信任案的议员人数少于全体议员的1/5,那么该提案不需要进行补充表决,而直接从杜马的工作日程中撤销。

我们都知道不信任的后果:根据俄联邦宪法第117条第3款,总统有权宣布政府辞职或者不同意国家杜马的决定。如果国家杜马在3个月内再次对政府表示不信任,则总统宣布政府辞职或者解散国家杜马。

国家杜马以第二种形式进行表决——对政府的信任案的提出是由政府本身引起的。政府总理可以向国家杜马提出信任政府的问题。提案必须是有根据的。信任的问题由国家杜马依据临时程序进行审议。

杜马的委员会有权确定必要的期限,对引起信任政府问题的实际情况进行法律鉴定和研究。

如果信任政府的决定不被通过,这就意味着拒绝信任。然而,正如前面提到的,根据章程第154条的规定,此时就拒绝信任政府的问题进行表决。

如果上述的决定(即信任政府或者拒绝信任政府)都没有通过,则终止对问题的审议。

最初几年杜马屡次想要将不信任政府的提案送至表决程序,但基本上都没有成功。只是在1995年,杜马对不信任案进行了表决。偏偏就碰上了意外情况,即第二天政府就向杜马提出了要求——投票赞成信任政府,因为政府不能在非正常的氛围下工作,因为等待第二轮不信任案的结果需要3个月。这样,矛盾就被成功化解掉了。但是杜马吸取了教训,在杜马的章程中增加了新的且非常有力的规定:如果杜马议员已经接受或者正在审议不信任政府案,此时政府总理向杜马提出信任政府的问题,则杜马议员应当首先审议不信任案。如果国家杜马通过了对政府的不信任案,并且总统宣布不同意杜马的决定,此时政府总理提出信任案的,应当自收到该提案之日起3个月内审议。因此,信任表决的提出不能推迟不信任问题的审议。

三、审议俄罗斯联邦政府的年度工作报告

2008年12月30日通过的关于修改俄联邦宪法的法律《国家杜马对俄罗斯联邦政府的监督职能法》中对宪法第103条第1款增加了第3项,规定"听取俄罗斯联邦政府的年度工作报告,包括就国家杜马提出的问题进行的报告"属于国家杜马的职权范围。此外,宪法第114条第1款第1项也规定,俄联邦政府向国家杜马提交年度工作报告。相应地,2009年2月25日国家杜马通过决议,在其章程中增加第18.1章,规定在杜马会议上审议此问题的程序。

根据章程第154.2条，每年党团向国家杜马的章程和杜马组织工作常设委员会送达俄联邦政府工作问题的报告。向该委员会提交问题的期限和每个党团提交问题的数量由国家杜马委员会规定。党团提出的问题明细由党团的决定来规定。

上述委员会将收到的问题整理后形成国家杜马关于政府工作的问题列表，该列表送达国家杜马委员会。国家杜马委员会批准的关于俄联邦政府工作的问题列表再送达俄罗斯联邦政府。

在现行章程的规定中，国家杜马委员会规定的每个党团提出向政府移交的问题数量的规定令人困惑。因为一个政党在国家杜马委员会的组成中占多数，但不能排除反对派党团提出的问题数量会减少。此外，很明显，所有的450名国家杜马议员都向政府提出问题也不现实，完全可以规定，杜马委员会除了收集党团的问题以外，还收集议员个人提出的问题，并移交政府。政府必须就党团的问题给出答复。议员提出的其他问题，政府可以酌情并考虑问题的重要性给出答复，而不考虑议员们的党派属性。

正如章程第154.3条规定的，国家杜马在春季会议期间审议政府的年度工作报告。审议的日期由国家杜马委员会与俄联邦政府总理协商来确定。审议政府工作年度报告时，国家杜马在自己的会议上听取俄联邦政府总理的报告。议员有权向俄联邦政府总理提问，表达对政府工作的看法。在这方面，党团代表享有优先发言权。审议政府年度报告的程序由国家杜马委员会规定。

对俄罗斯联邦政府年度工作报告的审议结果，国家杜马通过决议，决议的草案由国家杜马的章程和杜马组织工作常设委员会起草并提交。

四、审议国家杜马和俄罗斯联邦中央银行（俄罗斯银行）关系的相关问题

根据俄联邦宪法第103条第1款第3项的规定，任命和解除俄联邦中

央银行行长职务属于国家杜马管辖。在银行领域，杜马的职权很大。国家杜马章程中专门列出第二十一章《审议国家杜马与俄罗斯联邦中央银行（俄罗斯银行）关系的相关问题的程序》。

至于任命中央银行行长职务，根据俄联邦宪法第83条第4项，俄联邦总统向国家杜马提出中央银行行长职务的候选人。候选人的提出最晚不迟于中央银行行长任职届满前的3个月（国家杜马章程第167条）。任命中央银行行长职务的候选人预先经国家杜马金融市场常设委员会的会议审议。该委员会就审议问题提出国家杜马的决议草案。

根据2002年7月10日联邦法律俄罗斯银行法（2009年修订）第14条规定，国家杜马取消任命中央银行行长职务候选人资格的，总统在两个星期内重新提出候选人。一名候选人不得被提出超过两次。当中央银行行长提前解除职务时，总统自中央银行行长解除职务之日起两个星期内提出该职务的候选人交由国家杜马审议。

任命俄联邦中央银行行长职务的候选人向国家杜马作简短的未来工作规划演说。议员们有权向候选人提问，表明自己对候选人的看法，表示"支持"或者"反对"该候选人。党团代表和杜马各常设委员会享有优先发言权。如果国家杜马全体议员多数赞成，则中央银行行长被任命。表决方式由国家杜马在讨论该问题时确定。

根据俄联邦宪法第83条第4项的规定，俄联邦总统提出解除中央银行行长职务的问题。联邦俄罗斯银行法（第14条）规定，行长仅在下列情况下被免除职务：任职期限届满的；国家医疗委员会出具鉴定结论证明其不能履行职务的；提交辞职申请的；被生效的法院判决确认为实施了受刑罚处罚的行为；违反了调整俄罗斯银行工作问题的联邦法律。杜马的金融市场委员会预先审议该问题，并就该问题向杜马提交决议草案。国家杜马以全体议员多数通过解除中央银行行长职务的决定。表决方法由国家杜马在讨论该问题时确定。

国家杜马根据中央银行行长提名还任命中央银行领导处成员，行长的提名要与总统协商。领导处成员的候选人预先经国家杜马金融市场委员会会议审议。领导处成员候选人就未来工作向国家杜马阐述自己的看法。当国家杜马全体议员多数同意时，领导处成员即被任命。表决方式由国家杜马在讨论该问题的过程中确定。

国家杜马可以根据中央银行行长的建议提前解除领导处成员职务（程序类似）。

此外，杜马还选举3名代表组成国家银行委员会——俄罗斯银行的委员会机关。候选人从杜马议员中选出，议员们可以单独提名，也可以联合提名。候选人就未来工作向杜马阐述自己的观点。当杜马全体议员多数同意，就可以通过国家银行委员会的组成决定。表决方式由国家杜马在讨论该问题时确定。

俄罗斯银行每年最迟于5月15日以前向国家杜马作年度报告，报告经银行的领导处批准。杜马将俄罗斯银行的年度报告递交至总统，并递交至俄联邦政府得出结论。国家杜马于报告年下一年的7月1日前审议俄罗斯银行的年度报告。

俄罗斯银行每年最晚不迟于8月26日向国家杜马提交下一财政年和计划期的国家资金贷款政策的基本方针草案，并最晚不迟于12月1日提交下一年的统一国家资金贷款政策的基本方针。杜马审议基本方针并最迟于下一财政年和计划期的联邦法律出台前通过相应的决议。国家杜马金融市场常设委员会和财政税收常设委员会召开联席会议预先审议统一国家资金贷款政策的基本方针。金融市场常设委员会就该问题提出国家杜马决议草案交由杜马审议。国家杜马经济政策和企业经营常设委员会就该问题作出结论，递交至金融市场委员会。在审议统一国家资金贷款政策基本方针的过程中，国家杜马听取俄联邦中央银行的工作报告，以及国家杜马金融市场委员会、财政与税收委员会、经济政策和企业经营委员会代表的补充报告。出席会议的国家杜马议员有权向俄联邦中央银行行长和补充报告人提问，表明自己就统一国家资金贷款政策基本方针和俄罗斯银行工作的看法。党团和杜马委员会的代表享有优先发言权。国家杜马就统一国家资金贷款政策基本方针的审议结果通过决议。

五、国家杜马任命和解除俄罗斯联邦检查厅主席职务,及其半数成员的职务,审议杜马和检查厅关系的相关问题

任命和解除检查厅主席及其半数成员的职务属于国家杜马管辖(俄联邦宪法第103条第1款第4项)。他们的任职期限为6年。共有12名成员,杜马任命其中的6名。

法律上规定的国家杜马对检查厅的权力比宪法规定的权力范围更为宽泛。这里主要是指联邦检查厅法。此外,国家杜马章程中,除了第20章专门规定任命和解除检查厅主席及检查厅半数成员外,2002年还增加了单独一章20.1章《俄罗斯联邦国家杜马和检查厅关系相关问题的审议程序》。

检查厅主席的职务由国家杜马根据总统的提名任命,期限为6年。检查厅主席的任命决议以国家杜马全体议员多数通过。检查厅主席候选人的提名可以由国家杜马的党团、委员会,以及1/5以上议员联名向总统提出。总统最迟于现任的检查厅主席任职期限届满前3个月提出任命检查厅主席职务的候选人。当检查厅主席提前解职时,总统自解职之日起两个星期内提出该职务的候选人。如果总统提出的候选人被取消资格,总统在两个星期内提出新的候选人。此时,总统有权重新提出同一个候选人交由杜马审议,也可以提出其他候选人。

检查厅成员职务的候选人也由俄联邦总统提出。这些职务的候选人可以由国家杜马的党团和国家杜马的常设委员会,以及国家杜马1/5以上议员向总统提出。联邦《俄罗斯联邦检查厅法》规定了提出候选人的要求。

上述人员的任命在检查厅主席及其成员任职期邻近届满前的国家杜马会议期间进行。检查厅主席职务的候选人向国家杜马作简短的未来工作规划报告。议员们有权向候选人提问，有权表达自己对候选人的看法，也有权表示"赞成"或者"反对"该候选人。讨论问题不得超过30分钟。此时，党团代表和杜马常设委员会的代表享有优先发言权。当国家杜马全体议员多数赞成该候选人时，检查厅主席被任命。

在检查厅成员候选人作简短介绍后，国家杜马以全体成员多数通过决定检查厅成员职务的任命问题。

根据国家杜马的决定可以提前解除检查厅主席及其相关成员的职务。提前解除检查厅主席职务的建议由总统向杜马提出。对于检查员的此类问题则根据杜马财政和税收委员会的建议来解决。提前终止职权的情形包括：(1)违反立法或者实施了职务舞弊行为，对这个决定国家杜马全体议员多数赞成；(2)本人申请辞职；(3)被生效的法院判决确认为无行为能力；(4)年满65岁；(5)组成了新一届国家杜马，此时提前终止检查厅主席及其成员职权的决定可以由新一届杜马通过，但不得早于新一届杜马开始工作后的6个月，并且杜马全体成员多数同意这个决定。检查厅的工作不因国家杜马的解散而暂时停止。

如前所述，未经各自任命成员的联邦会议的议院同意，不得对检查厅主席、副主席、检查员实施逮捕、拘留或者追究其刑事责任。检查厅法最初的规定是只有俄联邦总检察长有权提起刑事案件；根据2007年修订的法律，只有俄联邦检察院下设的侦查委员会主席有权提起刑事案件。再次重申：联邦委员会和国家杜马对审议剥夺上述人员人身不可侵犯性建议的程序规定不一样。国家杜马在自己的章程中完全没有相关规定。而在联邦委员会的章程中做出了相应的规定，联邦委员会根据俄联邦总检察长的建议决定剥夺联邦委员会任命的检查厅副主席及其成员的人身不可侵犯性问题。应当可以认为，剥夺国家杜马任命的检查厅主席及其成员的人身不可侵犯性的问题也可以参照这个程序解决。

国家杜马与检查厅的关系表现如下:(1)委托检查厅进行计划内或者计划外的监督活动;(2)送达国家杜马全体议员1/5以上的呼吁;(3)送达国家杜马常设委员会、专门委员会和议员的质询;(4)审议检查厅的年度工作报告;(5)审议检查厅就检查、鉴定和材料分析的结果所作的报告,审议检查厅关于清理财政活动中违法、违规的建议和完善财政立法、发展俄罗斯联邦财政金融制度的建议。

尤其在章程中规定,国家杜马审议关于委托检查厅进行计划内监督活动的决议草案,最迟于建议检查厅采取这些活动的年度的上一年的12月10日的全体大会上进行审议。

当国家杜马通过决议并且有1/5以上议员提出申请时,检查厅关于检查结果的报告经国家杜马全体大会审议。

检查厅的年度工作报告由杜马自该报告收到之日起两个月内审议。审议年度工作报告时,国家杜马听取检查厅主席或副主席的报告、国家杜马财政与税收委员会代表的补充报告,以及其他委员会代表就检查厅工作的相关信息所作的发言。对检查厅年度工作报告的审议结果,国家杜马通过决议。

六、国家杜马任命和解除俄罗斯联邦人权代表的职务

根据俄联邦宪法第103条第1款第5项,"任命和解除根据联邦宪法性法律开展活动的人权代表的职务"属于国家杜马管辖。该法由俄联邦总统于1997年2月26日(2008年修订)签署。人权代表制度是从国外引入俄罗斯的,在国外还有着其他名称(政府监察官员、人民的守护者等),但实质上是一致的——设立该职位的目的就是为了保障国家保护公民的权利和自由,保障国家机关、地方自治机关和公职人员遵守并尊重公民的权利和自由。

人权代表由国家杜马任命,任期5年。年满35岁,熟悉人和公民权

利和自由领域的知识,具有一定自由和权利保护经验的俄罗斯联邦公民有资格担任该职务。但同一个人连任不得超过两届。

在上任人权代表任职期限届满前的一个月,以及人权代表的职权提前终止(包括解除职务)时,总统、联邦委员会、杜马议员和党团可以向国家杜马提名人权代表职务候选人。每个该职务提名的候选人在大会上做未来工作规划的简短发言。议员们有权向候选人提问,有权发表自己对提名候选人的看法,有权表示"赞成"或者"反对"该候选人。接下来就谁能够加入不记名投票名单中的有关问题进行投票。获得国家杜马议员2/3以上选票的候选人加入该名单。如果人权代表职务的候选人资格被杜马取消,则可以再次提出该候选人或者新的候选人。

国家杜马采取不记名投票、全体议员多数通过(这样看来,加入表决的名单中需要的选票要比任命人权代表所需的选票多)后,以杜马决议的形式任命或者解除人权代表职务。

依次宣布人权代表职务的候选人的投票结果后,当选的候选人宣誓。

提前解除人权代表职务时,国家杜马自提前解除上一任人权代表之日起两个月内任命新的人权代表。

根据联邦宪法性法律人权代表法(第12条)规定,在俄罗斯联邦未经国家杜马同意不得对人权代表追究刑事责任和进入司法程序的行政责任,不得逮捕、拘留、搜查,在犯罪现场逮捕的情形除外,不得进行身体检查,但联邦法律规定以保障安全为目的的情形除外。剥夺人权代表人身不可侵犯性的许可问题在国家杜马会议上决定。

至于人权代表的工作,主要针对人权保护,受理公民的投诉。当公民的权利和自由受到国家机关、地方自治机关或者公职人员的决定或者行为侵犯时,人权代表可以向法院申请提供保护,并可以亲自或者由其代理人依法参加诉讼程序;如果公职人员的决定或者作为(不作为)明显侵犯了人和公民的权利和自由,人权代表可以针对该公职人员向有权的国家机关申请提起纪律案件、行政案件或者刑事案件,可以向俄罗斯联邦宪法法院控诉法律适用过程中侵犯公民宪法权利和自由的情形;等等。

同时,根据研究和分析侵犯权利和自由的信息得出的结论,以及对所受理的案件的统计,人权代表可以向国家杜马提出建议,在法律规定的情形下,还可以向俄联邦总统、联邦委员会、俄联邦政府和其他国家高级机关提出建议。

特别是,人权代表有权申请立法动议权主体建议修改、补充联邦立法和俄联邦主体立法,或者弥补联邦立法和俄联邦主体立法的漏洞。

如果发生严重或者聚众侵犯俄罗斯联邦宪法所保障的人和公民的权利和自由的情形,人权代表有权:(1)在国家杜马的例会上发言;(2)向国家杜马建议成立议会调查专门委员会,调查事实和情况,直接参与或者由其代理人参与该委员会的工作,当联邦会议两院开会审议前述委员会总结报告的批准问题时,出席该会议。人权代表有权就侵犯公民权利和自由的事实向国家杜马提出进行议会听证的建议,并直接参加或者由其代理人参加正在进行的议会听证(联邦宪法性法律人权代表法第32条)。

根据该法第33条,当一个日历年结束时,人权代表要向俄联邦总统、联邦委员会、国家杜马、俄联邦政府、宪法法院、最高法院、俄联邦高等仲裁法院和俄联邦总检察长递交工作报告。就俄罗斯联邦境内遵守公民权利和自由的个别问题,人权代表可以向国家杜马递交专门报告。

七、国家杜马宣布大赦

宣布大赦属于国家杜马的职权(俄联邦宪法第103条第1款第6项)。大赦——对于实施了刑事(以前还包括行政)违法的人完全或者部分地免除处罚,或者用更轻缓的刑罚代替已经判处的刑罚,也可以对曾经受过刑罚的人消除犯罪记录。

国家杜马曾经通过宣布大赦的决议和执行大赦的决议,多次使用该项职权。

就大赦问题杜马通过的决议由国家有权机关直接执行。决议草案向杜马提交,并由杜马依照章程规定的接收和审议立法草案的程序进行审议。杜马以全体议员多数票同意通过该决议。决议由国家杜马主席签署,并依据法律规定的程序正式公布。

八、国家杜马对俄罗斯联邦总统提出指控以便罢免其职务

国家杜马的这项职权规定在俄联邦宪法第103条第1款第7项,对此在联邦委员会职权部分已经提及。在此,我们只强调国家杜马行使这项职权时遵循的最基本的程序规则。

根据俄联邦宪法第93条第2款,提出指控的动议可以由国家杜马1/3以上议员提出。根据国家杜马章程第176条,动议中应当具体指明宪法第93条规定的犯罪特征,即叛国罪或者其他总统犯有的严重犯罪。

提出指控的动议由杜马递交给杜马组建的专门委员会形成结论,以便判定指控是否符合程序性规则以及指控是否具有事实根据。在这个阶段,国家杜马无权撤回动议,也无权拒绝组建专门委员会。议员们的动议以书面形式作出,并附有议员们的签名。换句话说,杜马不就指控的情节安排讨论,也不进行表决。甚至如果杜马中的某个人证实,在引证的情形中他没有发现总统实施了犯罪,杜马也不会讨论这个问题——因为之后它还是要围绕指控的实质问题进行讨论。

专门委员会由国家杜马选举产生,组成人员有主席、副主席和13名委员会成员。委员会主席通过公开选举、全体议员多数票通过即可当选。委员会成员根据党团的提名以统一名单的形式选举产生。章程中提到委员会中党团实行比例代表制。副主席在专门委员会大会上选举

产生。

在国家杜马的实践中曾经有过几次试图启动指控俄联邦第一位总统叶利钦的程序。开头几次都没有成功,但在1998年,246名国家杜马议员在因指控总统而免除总统职务的动议上签名了。"判定对俄罗斯联邦总统的指控是否遵循程序规则以及是否具有事实根据的专门委员会"——这就是委员会的全称——根据国家杜马1998年6月19日的决议组建。经查,委员会一直存续到国家杜马通过指控动议的决定之时。委员会的组成人员中有15名杜马议员(含主席);尽管党团和议员小组的数量不同,他们在委员会中仍然享有平等的代表权。

1998年6月19日,国家杜马通过决议批准了专门委员会条例。在解释俄联邦宪法和杜马章程中最初确定的委员会任务的同时,条例规定了以下任务:检查提出指控的人数是否满足法律的规定,检查计算选票的正确性,以及在杜马通过指控决定前,检查是否遵守了章程规定的其他程序规则;在委员会的会议上听取相关人员宣读作为指控根据的事实;掌握能够证明作为指控根据的事实的文件;听取总统代表的报告;向杜马提交关于对总统的指控是否遵守程序规则和是否具有事实根据的鉴定结论。

专门委员会拥有很多重要的职权:就自己管辖的问题向俄罗斯联邦国家权力机关、俄联邦主体国家权力机关、企业、机关、组织和公民询问相关的文件和材料;为研究某些问题成立工作小组,成员有委员会的成员、国家杜马的其他议员、联邦国家权力机关的代表、联邦主体国家权力机关的代表和其他组织的代表;邀请担任联邦国家公职和联邦主体国家公职人员以及其他公职人员参加委员会的会议;与杜马的常设委员会和专门委员会的代表召开联席会议;将本委员会的工作材料送达联邦和联邦主体的国家权力机关、其他组织,通过媒体发布上述材料;吸收国家杜马机关法律管理局的专家和国家杜马其他组织机构的专家加入委员会,并通过决定对处于委员会管辖下的事实和文件进行独立鉴定。

会议制度是委员会工作的基本方式。参加表决的委员会成员以简单多数通过委员会的决定。

委员会从下面五个方面审议对总统的指控：

（1）总统签署别洛韦日斯基条约，不仅违背1991年3月17日联盟的全民公决导致苏联解体，还对俄罗斯的经济造成重创，俄罗斯人失去了在苏联领土范围内自由迁徙的机会，也不能再自由选择居住地，甚至不能自由地与亲人联系；

（2）1993年9月21日发布的总统令提前终止了俄联邦人民代表大会和俄联邦最高苏维埃的工作，违反了当时的俄联邦宪法，被指控发动国家政变，1993年10月4日下达总统令枪杀了很多无辜的人。

（3）总统要对车臣灾难负责，车臣的灾难为俄罗斯对内和对外政治设置了巨大障碍，并夺去了10万人的生命；

（4）作为俄联邦武装力量的最高总指挥官，总统应该对武装力量的瓦解承担责任——失去了核战略力量的海军部队和空军部队，地上部队也处于危机状态，武装力量在逐渐丧失战斗力；

（5）指控总统的行为导致本民族的种族灭绝，表现在总统采取的政策导致国家人口数量骤减，死亡率高于出生率，数百万俄罗斯人生活水平下降，即总统蓄意为俄罗斯本土居民的消亡提供条件。

根据条例，专门委员会起草结论，说明是否存在指控所依据的事实，以及指控是否遵循提出程序。委员会以成员多数票通过该结论。指控总统的动议以及专门委员会的结论应当在国家杜马会议上审议。

国家杜马章程规定了审议该问题的程序：专门委员会主席作报告，受提出指控的杜马议员委托的议员代表、总统或总统在杜马的权力代表是补充报告人。对专门委员会的结论有特殊看法的委员会成员有权就相关问题与补充报告人一起发言。

在讨论指控总统以便罢免其职务问题的过程中，国家杜马议员以及为此邀请的专家和其他人士都有权参加。党团代表享有优先发言权。

讨论结束后,党团代表就其是否赞同动议进行发言,每个人发言不超过5分钟。

国家杜马就讨论的结果以全体议员2/3以上通过决议,指控总统犯有叛国罪或者实施了其他严重犯罪,应当罢免职务。表决方式由杜马以全体成员多数票通过。

选票上应当含有指控总统的动议。如果指控中含有几项指控动议,则针对每一项制作选票。就每一项指控动议向议员发放一张选票。

杜马的计票委员会进行表决。在杜马获知的报告基础上,主持人就每一项指控动议宣布最终的决定("同意",肯定的或者"反对",否定的)。不需要补充投票,形成国家杜马决议,5日内递交联邦委员会、宪法法院和最高法院,由其出具结论。

国家杜马于1999年5月13—15日讨论了指控俄联邦总统的问题。专门委员会主席弗·德·费里莫诺夫发言,弗·伊·伊柳新以提出指控的全体议员的名义发言,总统在杜马的权力代表阿·阿·克坚科夫发言。两名委员会成员作了补充报告,不支持对总统的指控。党团和议员小组邀请的专家、议员们进行了发言,报告人和议员联合的领导人进行了总结发言。国家杜马通过记名投票公开表决通过决定。表决结果显示,就上述五个方面指控叶利钦总统没有达到宪法规定的议员2/3多数通过的要求。

九、国家杜马通过联邦法律

根据俄联邦宪法第105条第1款,国家杜马通过联邦法律。通过法律的权力可以视为杜马最主要的职权。这样,对于国家生活的方方面面,只要是法律调整的对象,杜马都可以解决。

联邦会议的立法过程我们将在第二十九章详细说明。这里不用多说,只是要特别强调的是,第105条第1款容易让人误解——好像杜马是唯一的立法机关,因为由它通过联邦法律。事实上不是这样的。一份文件想要成为法律,需要经过复杂的程序,经过上院同意、上院签署和俄联邦总统公布几个阶段,如果立法过程中这三个参与方之间有分歧,该文件就不能成为法律,只有分歧消除了才能通过。

十、国家杜马的预算权

国家杜马的预算权,一方面体现在其通过法律这一领域中,因为批准本年度预算要借助于联邦法律。另一方面,根据俄联邦宪法,杜马在预算过程中起着重要的作用:根据宪法第114条第1款第1项,政府向杜马提出联邦预算和预算执行情况的报告。同时,杜马在该领域还有其他职权:比如,根据俄联邦预算法典,联邦会议在通过关于批准下一年度联邦预算的联邦法律的同时,还批准四项预算外的国家基金——退休基金、社会保障基金、最低医疗保险基金、居民就业基金(第145条)。

在国家杜马的章程中,没有专章规定预算财政职权的行使程序,只是在预算法典中规定了审议和批准联邦预算的程序性规则。其中规定(俄联邦预算法典第192条),俄联邦政府向国家杜马提交本财政年度预算的联邦法律草案,提交日期不得迟于当年8月26日,同时提交法典中规定的一整套文件和材料(共20份)。与此同时,政府向杜马提交联邦法律草案:关于批准财政会计年度的联邦预算执行报告和俄罗斯联邦国家预算外基金的预算执行报告的法律草案;关于本财政年度和计划期内的俄联邦国家预算外基金的预算情况的法律草案;关于本财政年度和计划期内针对生产中意外事故和职业疾病的最低社会保险的保险金额的法律草案。

国家杜马委员会批准负责审议联邦预算的杜马常设委员会(专门领域的常设委员会),以及批准负责审议与预算法律草案同时提交其他文件和材料的委员会。

最初在俄联邦预算法典(第196条)中规定,国家杜马四读审议预算法的草案,尽管杜马章程中规定普通的法律草案经三读审议。但是,2007年对预算法典进行了修改,规定预算法草案经三读审议。国家杜马审议本财政年度和计划期内的联邦预算法草案的程序很复杂。预算法典规定,草案可以在一读的时候被撤销,这样就需要对草案进行补充修改,再次提交至杜马,杜马委员会和俄联邦政府代表进入调解程序,在一读中重新审议等。成功通过一读之后,预算法律草案准备进入二读程序,此时,预算方面很多具体的观点都要修改完。立法提案的主体针对二读的对象向预算委员会递交增补部分。该委员会根据编、节、专门条款、联邦预算支出的种类制作增补明细,二读程序中主要根据这些编、节、专门条款、联邦预算支出的种类进行审议,委员会将该明细递交相应的专业委员会和俄罗斯联邦政府。这些都要求预算过程的参加者进行紧张的工作。三读的时候,国家杜马就应该能够通过一部完整的预算法。

根据俄联邦宪法第114条第1款 a 项政府向国家杜马提交联邦预算执行情况的报告。杜马审议此项报告是杜马的预算权。俄联邦预算法典规定,政府向国家杜马和检查厅提交联邦法律形式的会计财政年度的联邦预算执行报告。根据法典第264.11条,审议联邦预算执行报告时,国家杜马听取:财政部长关于联邦预算执行情况的报告;俄联邦检查厅主席关于检查厅对于联邦预算执行年度报告的总结报告。根据国家杜马主席的建议或者俄联邦总检察长的亲自提议,宪法法院主席、高等仲裁法院主席、俄联邦最高法院主席可以发言或者提交报告,分析在整个会计财政年度期间受理的预算争议案件和违反俄罗斯联邦预算立法的案件。

根据联邦预算执行年度报告的审议结果,国家杜马通过或者撤回联邦预算执行法。

十一、国家杜马参加议会调查的权力

上一节中我们已经指出,近年来采取一定措施强化两院在国家生活中的作用,扩大它们的监督权力。特别是,为此通过了2005年12月27日的《俄罗斯联邦联邦会议议会调查法》。根据这部法律联邦委员会和国家杜马都有议会调查权。

该法的一些基本规定在前文阐述联邦委员会职权的时候已经说明。既然这些规定同样适用于国家杜马,在这里就不赘述。需要强调的是,议会调查自始至终都是联邦委员会和国家杜马的联合行动。议会调查只有在两院都支持的情况下才能进行,在平等基础上设立议会调查委员会;结束时,两院都要对委员会所作结论进行批准,并且不管是联邦委员会,还是国家杜马都应该独立完成,不受另一院的制约。

如前所述,联邦会议调查法出台后,联邦委员会在自己的章程中规定了专门一章。国家杜马没有这么做。但原则上在2005年的联邦法律中,议院行使这项职权的程序性规定已经足够了。

十二、外交领域

国家杜马积极从事国际关系和国际合作问题的研究。在国家杜马章程中设有四章(第25、26、27、28章)专门规定这一领域("对外政策问题的审议程序""批准、终止和暂停俄罗斯联邦国际条约的效力,以联邦法律的形式同意俄罗斯联邦履行国际条约的义务""国家杜马的国际联系""在任命和召回外交代表时与国家杜马常设委员会协商的程序")的问题,这四章都规定在第五编《对外政策问题和国际合作》中。

国家杜马审议对外政策问题可以根据自己的意愿,或者与俄联邦总统沟通后审议,或者根据俄联邦政府和杜马常设委员会的报告和通告进行审议。章程第187条规定了国家杜马的文件种类,对此俄联邦宪法没有规定:国家杜马通过呼吁和申请,就俄罗斯联邦对外政策的普遍性问题或个别问题表明杜马的立场,并就整个国际关系问题发表看法。

实践中,杜马经常就国际社会生活问题、世界大事和别国事件进行分析，并向总统及外国国家机关发布决议和呼吁，其形式多样。国家杜马涉及对外政策问题的呼吁和申请的草案预先由杜马的国际事务委员会和（或者）独联体事务和与同胞联络委员会审议，必要时由相关工作领域的其他杜马委员会预先审议。

根据俄联邦宪法第106条，杜马审议的"批准和废除俄罗斯联邦国际条约"方面的联邦法律必须经过联邦委员会审议。因此，这方面的问题首先在杜马进行审议。1995年7月15日的联邦法律《俄罗斯联邦国际条约法》规定更为明确：根据俄联邦宪法批准俄罗斯联邦的国际条约以"联邦法律的形式"实现（第14条）。

至于国际条约的废除，1995年法律对国家杜马的权力给了更宽泛的规定。在第五编中，该法对终止（包括废除）或者暂停俄罗斯联邦国际条约的效力做出了相关规定。如果以通过联邦法律的形式表示决定同意俄罗斯联邦必须遵守国际条约，那么以通过相应联邦法律的形式实现条约效力终止和暂停的决定通过程序也是由国家杜马开始的。

考虑到上述情况，国家杜马的章程（第189条）规定，有关批准、终止或者暂停俄罗斯联邦国际条约效力的联邦法律草案和以联邦法律的形式表示俄罗斯联邦同意遵守国际条约义务的文件都由总统或者政府向国家杜马提交，同时提交证明无误的条约正式文本的副本，以及含有下列内容的文件：（1）批准、终止或者暂停国际条约效力合理性的证明；（2）该条约符合立法的确认；（3）可能带来的金融经济等影响的评估。

根据俄联邦宪法第104条，有关批准、终止或者暂停国际条约效力的联邦法律草案不是由总统或者政府提交给国家杜马的，而是享有立法动议权的其他主体提交的，国家杜马可以通过决议向总统递交法律草案，以便总统对此提出建议。

审议批准、终止或者暂停国际条约效力问题时，总统和政府在杜马的权力代表，或者总统和政府的其他受委托人在国家杜马大会上发言。责任委员会主席、杜马国际事务委员会主席和（或者）独联体事务与同胞联络委员会主席作补充发言。

国家杜马通过有关批准、终止或者暂停国际条约效力的联邦法律。如果该法律草案没有获得必要数量的议员选票,并且在会议进行过程中没有做出决定必须将该法律草案提交国家杜马再次审议,则该国际条约视为没有通过批准、终止或者暂停程序。

议会间合作是国家杜马的重要工作方向。根据章程第199条,国家杜马每年制定计划与其他国家的议会建立国际联系,还同这些议会和国际议会组织签订合作协议(第200条)。

当其他国家的议会领导人、国家和政府首脑、议会团体访问国家杜马时,杜马主席或者他委托的一名副职负责接待外宾进行谈话。当来访人员抵达国家杜马时,在建筑物的正前面悬挂来访国家的国旗和俄罗斯联邦国旗。

议会领导人、国家和政府元首、其他国家议会代表团的领导人自愿在国家杜马会议上发言。杜马委员会根据接待议会代表团的委员会或者党团的书面建议按照国家杜马的工作程序提出发言建议。在建议中写明发言的日期、时间和时长。

国家杜马审议独联体国家议会间大会的推荐性立法文件,通过决定予以实施。推荐性立法文件由国家杜马委员会提前审议。

杜马委员会根据国家杜马通过的国际联系年度计划,参考党团、常设委员会以及国家杜马主席的意见,从而决定国家杜马派往俄罗斯联邦境外的官方议会代表团的人员组成、代表团负责人、副职和秘书,同时决定国家杜马同其他国家的议会进行双边合作的议会间专门委员会(议会委员会或者工作小组)俄罗斯部分的组成人员,确定他们的职权范围。

如前所述,议会两院制定设立统一代表团和联邦会议议会间委员会(议会委员会或者工作小组)俄罗斯分部的协商程序(但是该程序要经每个院的决定分别批准)。

同其他国家议会进行双边合作领域的议会间委员会(议会委员会或

者工作小组）俄罗斯分部条例，俄罗斯联邦在议会间大会和其他议会间组织的议会代表团条例，包括联邦会议代表团条例，以及独联体国家代表团条例，在欧洲安全合作组织议会间大会上由国家杜马和联邦委员会批准。

国家杜马议员参加议会间联盟的行为由俄罗斯联邦会议间小组条例调整，该条例是由议会间小组大会通过的。

前文说过，国家杜马批准与联邦委员会协商的关于外国议会代表团在俄罗斯联邦的议定书、财政和组织技术保障方面的统一制度，同时，上述各方面的保障也及于在联邦境外属于议会间委员会俄罗斯分部的国家杜马议员，或者联邦会议代表团组成人员的杜马议员。

根据俄联邦宪法第83条第12项规定，总统在任命和召回设在外国和国际组织的外交代表时，与联邦委员会和国家杜马进行协商。根据杜马章程，这些程序由杜马的国际事务委员会和独联体事务与同胞联络委员会会同杜马其他管辖问题委员会负责。基本上与联邦委员会之前的审议类似程序相同。

十三、国家杜马向俄罗斯联邦宪法法院申请

国家杜马和俄联邦宪法第125条规定的其他主体有权向宪法法院申请解决下列文件是否符合俄联邦宪法的问题：联邦法律、俄罗斯联邦总统、联邦委员会、国家杜马、俄罗斯联邦政府的规范性文件；各共和国宪法、章程，俄罗斯联邦各主体就属于俄罗斯联邦国家权力机关管辖和俄罗斯联邦国家权力机关与俄罗斯联邦各主体国家权力机关共同管辖的问题所颁布的法律和其他规范性文件；俄罗斯联邦国家权力机关和俄罗斯联邦各主体国家权力机关之间的条约，俄罗斯联邦各主体国家权力机关之间的条约；尚未生效的俄罗斯联邦的国际条约。国家杜马可以向宪法法院申请解决权限争议或者解释联邦宪法（俄联邦宪法第125条第3

款和第5款)。

杜马1/5以上议员组成小组可以向宪法法院提交申请解决俄联邦宪法第125条第2款规定的问题(规范性文件的合宪性问题)。此时,议员小组在会议上通过决定,向宪法法院申请,选举代表向法院递交质询。质询要由通过该决定的所有议员签名。

宪法法院根据国家杜马的质询或者议员小组的质询做出决定,杜马收到该决定后应当在例会上告知议员。

十四、国家杜马任命和解除俄罗斯联邦中央选举委员会成员的职务

如前所述,根据1997年的联邦法律,之后的2002年的《俄罗斯联邦公民选举权和全民公决参加权基本保障法》的规定,国家杜马任命中央选举委员会15名成员中的5名(联邦委员会任命5名,俄联邦总统任命5名),候选人由国家杜马议员和党团推荐。

在中央选举委员会成员职权期限届满前最近的一次国家杜马会议上进行任命。中央选举委员会成员的任期为4年。

对中央选举委员会成员职务候选人的讨论在国家杜马大会上进行。杜马议员有权就被讨论的候选人发表自己的观点。党团代表和杜马委员会代表享有优先发言权。必要时,候选人回答议员的提问。

对每个候选人分别进行表决。如果国家杜马议员、党团提出5名以上候选人,则进行筛选式表决。获得选票最多并且达到票数要求(即全体议员半数以上)的前5位候选人当选中央选举委员会成员职务。国家杜马通过的决定形成决议。

关于提前解除中央选举委员会成员职务的问题由杜马进行审议,只限于在联邦基本保障法中规定的情形。如果杜马全体成员半数以上赞成解除职务的决定,则视为决定通过。

参考文献

C.A.阿瓦基扬:《联邦会议——俄罗斯的议会》,莫斯科,1999年。
布拉科夫·奥·恩:《俄罗斯联邦的两院制议会》,圣彼得堡,2003年。
特·亚·哈布里耶娃主编:《俄罗斯议会法》,莫斯科,2003年。
奥·恩·布拉科夫总编:《俄罗斯议会法》,莫斯科,2006年。

第二十八章
联邦会议两院内部结构和工作组织

标题中所列的问题需要按照两院来单独研究,因为这是俄罗斯联邦联邦会议内部的两个独立的机构,而且在组织和活动程序上它们具有各自的特殊性。

联邦委员会和国家杜马的内部结构当然也有一些共同点——两院都有主席和副主席,两院委员会,两院的常设委员会和专门委员会,机关部门。但尽管在外部相似,却也有着区别。例如,在国家杜马中有党团(以前叫议员团体),在联邦委员会中却没有建立类似的团体。在国家杜马,自其第一天工作之日起,就有杜马委员会,在联邦委员会中,只是在1999年1月27日对议事章程的补充规定才建立了上院委员会,在杜马和联邦委员会中这两个委员会的组成也不相同。两院委员会和常设工作委员会的数量也不一样。关于其他的特点,我们将在研究相应部分进行阐述。

第一节 联邦委员会

一、联邦委员会章程——联邦委员会组织和活动的主要文件

联邦委员会章程是关于上院组织工作和内部结构问题的基本文件。

第一届联邦委员会章程于1994年2月2日由上院决议通过,后来对该文本进行了修改和补充。

根据1995年联邦法律,联邦委员会依据其职务特征组建后,1996年2月6日通过决议确定了联邦委员会新的章程。之后对这部新章程也进行了修正,联邦委员会活动的很多规则,尤其是那些与行使联邦委员会职权有关的规则进行了完善。

在2000年,随着由俄罗斯联邦各主体的立法机关和执行权力机关的代表组成上院规则的确立,在2001年基本上更新了上院的组成,新的联邦上院2002年1月30日以决议的形式批准了新章程,该新章程经过多次的修改和补充后,至今依然适用。

联邦委员会现行章程的结构如下。

第一部分:俄罗斯联邦联邦会议联邦委员会机构、公职人员和工作的一般程序。第1章,一般规定。第2章,联邦委员会主席,联邦委员会第一副主席和联邦委员会其他副主席。第3章,上院委员会。第4章,联邦委员会的常设委员会和专门委员会。第4.1章,联邦委员会主席、联邦委员会第一副主席、联邦委员会其他副主席与联邦委员会各委员会和常设专门委员会主席协调会议。第5章,联邦委员会召开定期会议和大会的程序。第6章,联邦委员会大会上表决和作出决议的办法。第7章,对使用电子系统的监督。第7.1章,联邦委员会参与俄罗斯联邦联邦会议调查的程序。第8章,在联邦委员会大会上筹备和举行"政府时间"的程序。第9章,联邦委员会准备和通过议会质询的办法。第10章,联邦委员会的议会听证和其他工作形式。第10.1章,俄罗斯联邦联邦会议联邦委员会有关俄罗斯联邦法律状况的报告。第11章,联邦委员会活动的保障。

第二部分:联邦委员会参与立法活动。第12章,联邦委员会审议国家杜马通过的联邦法律的程序。第13章,因联邦委员会驳回国家杜马通过的联邦法律而在联邦委员会和国家杜马之间产生的分歧的解决程序。第14章,联邦委员会对俄罗斯联邦总统驳回被国家杜马批准的联邦法律进行再次审议的程序。第15章,联邦委员会审议联邦宪法性法律的程序。第16章,联邦委员会审议同俄罗斯联邦宪法修正案的通过和生效有关问题的程序。第17章,联邦委员会和联邦委员会成员实现立法动议权。

第三部分:审议俄罗斯联邦宪法规定的,属于联邦委员会管辖问题的程序。第18章,联邦委员会批准俄罗斯联邦各主体之间的边界变动的程序。第19章,联邦委员会批准俄罗斯联邦总统关于实行战时状态的总统令的程序。第20章,联邦委员会批准俄罗斯联邦总统关于实行紧急状态总统令的程序。第21章,联邦委员会解决在俄罗斯联邦境外动用俄罗斯联邦武装力量的可能性问题的程序。第22章,联邦委员会确定俄罗斯联邦总统选举的程序。第23章,联邦委员会审议罢免俄罗斯联邦总统职务的程序。第24章,联邦委员会任命俄罗斯联邦宪法法院、俄罗斯联邦最高法院、俄罗斯联邦高等仲裁法院法官职务的程序。第25章,联邦委员会任命和解除俄罗斯联邦总检察长、俄罗斯联邦第一副总检察长、俄罗斯联邦检察院侦查委员会主席、俄罗斯联邦其他副总检察长职务的程序。第26章,联邦委员会任命和解除俄罗斯联邦检查厅副主席及其半数检查员的职务。第27章,联邦委员会任命和解除俄罗斯联邦中央选举委员会成员的职务。第27.1章,联邦委员会任命俄罗斯联邦法官高等评定委员会成员——任命俄罗斯联邦法官高等评定委员会社会代表。第28章,联邦委员会审议对外政策和议会间合作问题的程序。第29章,在联邦委员会就任命俄罗斯联邦驻外国和国际组织的外交代表及上述外交代表汇报工作的问题举行咨询会议的程序。第30章,已删除。第31章,起草、审议和通过联邦委员会向俄罗斯联邦宪法法院咨询的程序。第32章,本章程通过及对本章程进行修改和补充的程序。附则,在调解委员会上表决委托书的格式。

二、联邦委员会主席和其他副主席

在俄罗斯,根据不成文的"级别表"联邦委员会主席是继俄罗斯联邦总统、俄罗斯联邦政府总理之后的国家第三号领导人。

在联邦委员会的第一届组成中（1993—1995年），议院主席和很多成员都是专职在联邦委员会工作的。他们觉得自己是从基本工作岗位上被调派到联邦委员会工作的——虽然脱离本职工作的这种方式本身在法律上来讲仍然有争议。1994年1月15日上院通过了《关于调派联邦委员会议员》的决定，宣称：将被选为联邦委员会主席、副主席、联邦委员会各委员会主席、副主席和秘书的联邦委员会议员，为履行他们的职责，从基本的工作岗位上调离；上述议员的劳动报酬，在联邦委员会确定的范围内支付，但是不得低于该议员在其基本工作岗位上的工资。

1995年联邦法律规定的组建联邦委员会的职务原则，限制了上院每个成员保留自己在俄罗斯联邦主体相应的立法会议主席或者行政首脑的职位。这同样对联邦委员会的主席和副主席适用——他们也是专职在议会履行职责的。

此后，根据2000年的联邦法律的规定，联邦委员会所有成员在上院中都开始担任长期的、专职的工作，从而放弃了其他的职务。当然，上院的领导也只能担任这一个职务，并因此而获得报酬。他们不能担任其他职务，不仅仅指不在联邦委员会，而且在上院本院也不可以。

现行的2002年联邦委员会章程中，最初规定了第一副主席和其他副主席的职务，也就是说有一个第一副主席和几个（不少于2个）副主席。副主席的数量由联邦委员会规定（章程第17条第1款）。第一副主席任职时间较长。后来，他自己申请（至少，看起来是这样）辞职，解除了该职务。

由此上院没有了第一副主席，而社会舆论都认为主席对此并未持反对意见。至少关于第一副主席的规定，从章程中删除了。但是，2008年9月16日的决议又重新恢复了这一职务，并在章程中又增加了相应的内容。

（一）联邦委员会主席和副主席的选举

联邦委员会主席、第一副主席和其他副主席不能从同一个俄罗斯联邦主体中选举产生。

联邦委员会主席、副主席和其他副主席,通过使用选票进行秘密投票的方式从俄罗斯联邦委员会成员中选举产生。联邦委员会可以决定采用电子系统进行投票。在副主席的候选人只有一人时,联邦委员会可以作出举行公开投票的决定。上述人员都是在担任联邦委员会成员履行职权的时候当选的。最初,章程中曾规定,上述人员可以重复当选,但是不能超过两届(第15条第2款)。2003年3月26日,联邦委员会从章程中删除了这一规定。

联邦委员会主席的候选人由联邦委员会成员提出。每个人只能提出一个候选人。被推选竞选主席职务的联邦委员会成员,有权声明自动退出竞选。自动退出的声明无须讨论和投票即可通过。每个同意参加投票选举的候选人,将要在讨论时发言,并回答联邦委员会成员的问题。

如果根据投票的结果,候选人获得联邦委员会成员总数一半以上的票数时,该候选人被认为当选联邦委员主席这一职务。如果,有两个或者两个以上的候选人竞选联邦委员会主席这一职务,他们中的任何一个都没有获得当选所要求的票数,将对得票最多的两个候选人举行第二轮投票。根据第二轮投票的结果,那个获得联邦委员会成员总数一半以上的选票的候选人,当选主席。如果在第二轮投票过程中,还没有选出主席,选举程序将从推选候选人开始,重新进行。

选举联邦委员会主席的决定以联邦委会决议的形式作出。

作为补充,我们还应该指出,联邦委员会章程中规定了两个在上院中受到特殊礼遇的人。根据第10条的规定,他们分别是联邦委员会荣誉主席和第一届联邦委员会主席。联邦委员会可以选举那个已经终止了联邦委员会主席职务的人为联邦委员会荣誉主席。联邦委员会荣誉主席这一称号是终生的。联邦委员会荣誉主席和第一届联邦委员会主席在联邦委员会会议大厅内设有专门的座位,并在联邦委员会大楼内有专门的办公室。这两人有专门的证书和胸章。联邦委员会荣誉主席和第一届联邦委员会主席享有下列权利：有权参加联邦委员会会议、上院常设委员会和专门委员会会议、"圆桌"会议和联邦委员会举行的其他活动，并享有发言权；在上院的会议、联邦委员会各常设委员会或（和）专门委员会的会议、议会听证会和其他活动中享有获取提供给联邦委员会其他成员的文件、资料和信息的权利。

联邦委员会第一副主席和其他副主席的候选人由联邦委员会主席提名。对每个被提名的候选人都进行讨论，并按照选举主席时的程序，进行单独投票。如果副主席没有被当选，程序将从提出候选人时重新开始，其中包括有可能重新提出候选人。

章程规定，联邦委员会可以从联邦委员会主席提出的全体表决名单中选举第一副主席和其他副主席。投票的全体名单中，每个职位只有一个候选人。以全体名单的方式投票选举时，要使用秘密投票的方式进行。正如已经指出的那样，联邦委员会可以决定采用电子系统举行秘密表决或者公开表决。所有被列入表决的全体名单中的候选人，如果联邦委员会成员总数中的大多数对这一名单投了赞成票的话，这些候选人被认为当选。选举联邦委员会第一副主席和其他副主席的决定由联邦委员会以决议的形式作出。

（二）职权

联邦委员会主席拥有上院章程第18条中规定的广泛职权。此处我们仅分析其中最为重要的职权，为方便理解，可将它们划分为几组。

一是同组织上院工作有关的职权。主席召集联邦委员会会议，其中包括非例行会议。主席制定会议日程草案，并将该草案提交给上院委员会审议，然后将上院委员会审议过的联邦委员会会议议程草案提交给联邦委员会。主席主持上院会议，并签署联邦委员会决议。主席负责上院活动的内部秩序，在副主席之间分配职责，组织上院委员会的工作，并主持上院委员会的会议，协调联邦委员会各常设委员会和专门委员会的工作，协调议会听证、"圆桌会议"和在联邦委员会举行的其他活动的组织工作。

在与上院委员会协商后,联邦委员会主席确定从联邦预算向俄罗斯联邦各主体预算的拨款规则,用于向俄罗斯联邦委员会成员及其在俄罗斯联邦各主体的助手的工作物质性保障的开销提供补偿;同时,主席还确定由联邦预算向联邦委员会设立的大众传媒机构提供补助金给予国家支持的规则,而该大众传媒机构被联邦委员会的工作保障监督专门委员会列入议院委员会中。经法定程序协商后,主席还确定向联邦委员会各成员的活动提供财政、物质技术和其他保障的标准。

主席从上院成员中任命联邦委员会驻国家杜马、政府、宪法法院、最高法院、高等仲裁法院、检查厅、总检察院、中央选举委员会、俄罗斯联邦司法部、俄罗斯联邦社会局的全权代表,以及任命与俄罗斯联邦人权代表相互协作的联邦委员会全权代表。

二是同组织立法过程有关的职权。联邦委员会主席根据各常设委员会和专门委员会的管辖范围向它们转交国家杜马批准的俄罗斯联邦修改宪法的法律草案、联邦宪法性法律,进行预先审议。此外,还按照各委员会的职权向它们转交为实现联邦委员会立法动议权,拟定向国家杜马提交的联邦委员会常设委员会和专门委员会、联邦委员会成员起草的联邦法律,以及法律草案和对法律草案的修正案进行预先审议。

主席根据俄罗斯联邦社会局的咨询向该局提供为起草法律草案进行社会调查所必需的文件和资料(包含国家秘密和受法律保护的其他秘密的资料除外)。

联邦委员会主席向全社会公布有关通过俄罗斯联邦宪法修正案的法律的通知,并将通过的宪法修正案法律向俄罗斯联邦各主体国家权力立法(代表)机关提交以便进行审查。主席向总统提交联邦委员会批准的俄罗斯联邦宪法修正案法律、联邦宪法性法律和联邦法律予以签署并正式公布。主席向国家杜马提交被联邦委员会驳回的俄罗斯联邦关于修改宪法的法律草案和联邦宪法性法律及联邦法律。

根据联邦委员会章程，主席根据联邦委员会各常设委员会和专门委员会所管辖的问题，向它们提交联盟国家议会、欧洲经济体议会间大会通过的立法文件，以及向它们提交独联体国家成员国议会间大会通过的示范法律文件，以及这些法律文件的草案。与此同时，主席还将这些法律文件及其草案提交给联邦委员会法律管理部门。

联邦委员会主席或者根据主席授权的第一副主席向联邦委员会做上院工作报告，并按照联邦委员会确定的程序进行立法工作草案的报告，这两个报告要在联邦委员会会议上讨论。根据讨论的结果联邦委员会可以作出决议。

三是与代表功能有关的职权。联邦委员会主席在与国家权力联邦机关、俄罗斯联邦各主体国家权力机关、地方自治机关、社会团体、外国的议会、国际组织、外国的国家和社会活动家的相互关系上，代表上院。

根据宪法第85条第1款的规定，俄罗斯联邦总统为解决国家权力联邦机关和俄罗斯联邦各主体国家权力机关，以及在俄罗斯联邦各主体国家权力机关之间产生的争议而使用协调程序，联邦委员会主席参与该程序。

四是与组织联邦委员会机关工作有关的职权。主席领导机关并监督机关的工作，与上院委员会协商后确定联邦委员会机关的结构，批准机关的人员编制，经上院委员会同意，依照联邦委员会条例任命并解除机关主任职务，根据机关主任的建议任命并解除第一副主任和其他副主任职务，以及机关的其他工作人员，批准联邦委员会公文处理细则。

为实现自己的职权，联邦委员会主席发布命令，就自己管辖的问题进行授权。

主席的活动受联邦委员会监督。上院有权撤销主席发布的与俄罗斯联邦法律及联邦委员会章程相抵触的命令。主席或者根据主席授权的副主席按照联邦委员会决定确定的程序向联邦委员会做上院工作报告和立法工作规划草案报告，这两个报告要在联邦委员会大会上进行讨论。根据讨论的结果,联邦委员会可以作出相应的决议。主席将上院活动保障花费预算和预算执行情况的报告提交联邦委员会批准。

主席不在时,联邦委员会第一副主席或者其他副主席代替主席履行职责,根据主席的授权签署上院的决议,发布命令,向受奖励的人员颁发联邦委员会荣誉证书,根据主席的授权履行就上院内部工作有关的其他职权。

根据联邦委员会全体成员的大多数投票表决作出的决议,可以免除联邦委员会主席、第一副主席和其他副主席的职务。上述人员可以自己提交辞职申请,也可以根据联邦委员会1/5以上成员的建议,由联邦委员会审理免除职务问题。在联邦委员会会议上审议免除某人的职务问题时,应当允许被免除职务的人发言。免除职务的决定由上院以决议的形式作出。

在担任主席、第一副主席或者其他副主席的联邦委员会成员终止(提前终止)职权的情况下,免除职务的决定,由联邦委员会以决议的形式作出,不需要进行专门的投票表决。

三、上院委员会

很长时间以来,联邦委员会都没有一个从事上院组织工作问题的、类似于国家杜马委员会的集体机构。联邦委员会现行章程规定了这一机关(第21条)。它是为制定和审议联邦委员会工作问题而成立的,并且是联邦委员会的一个常设机关。

属于联邦委员会组成人员的有:联邦委员会主席,第一副主席和其他副主席,以及就上院委员会审议的所有问题有表决权的联邦委员会各常设委员会和专门委员会主席。

联邦委员会的职权有:批准联邦委员会春季和秋季工作计划;讨论提交联邦委员会会议问题的准备程序;审议联邦委员会会议日程草案;

编制被邀请参加联邦委员会会议的成员名单；根据联邦委员会主席的提议批准联邦委员会全权代表活动规定；通过举行议会听证的决定；审议并批准联邦委员会议会间合作计划，审议并批准派往国外的联邦委员会代表团组成，包括团长、副团长、其他随行人员，确定俄罗斯联邦委员会代表团的职责范围以及出差的费用；统一任命和免除联邦委员会机关主任；作出对"在议会制发展中作出贡献"的俄罗斯联邦公民和组织进行奖励的决定，以及作出对外国公民授予联邦委员会荣誉称号和联邦委员会荣誉证书的决定；作出向俄罗斯联邦总统提交对联邦委员会成员和联邦委员会工作人员进行国家奖励的建议；听取联邦委员会各常设委员会和专门委员会的报告，听取联邦委员会公职人员关于联邦委员会决议实施情况的报告，报告中包括对相应的机构和公职人员的建议和对联邦委员会各常设机构和专门机关的授权，以及对联邦委员会公职人员的授权；确定联邦委员会业务保障监督专门委员会作出的从联邦预算向俄罗斯联邦各主体预算提供与俄罗斯联邦委员会成员及其在俄罗斯联邦各主体的助手的工作物质性保障的开销，确定与补偿有关的预算间拨款规则，还确定联邦委员会成立大众传媒机构从联邦预算提供补助金的办法；批准联邦委员会业务保障监督专门委员会对接待代表团的花费预算、联邦委员会筹划和举办各种活动的花费预算；定期听取联邦委员会机关主任就机关工作所做的报告；决定上院章程规定的其他问题（章程第23条）。

最初在联邦委员会章程中规定，通常上院委员会在每周二12点召开会议。但是，2006年规定，上院委员会开会通常是在联邦委员会开会的前一天举行。担任上院委员会会议主席的是联邦委员会主席，或者联邦委员会主席不在时，由联邦委员会第一副主席或者其他副主席中的任何一人担任会议主席。

有权参加上院委员会会议的有：联邦委员会驻各国家机关的全权代表；受联邦委员会常设委员会、专门委员会或者联邦委员会常设委员会主席、专门委员会主席委托的其他联邦委员会成员；作为在上院委员会上进行审议的立法动议人的联邦委员会成员；国家杜马、俄罗斯联邦总统和俄罗斯联邦政府驻联邦委员会的全权代表。在上院委员会会议上，联邦委员会成员有权对会议日程草案提出建议。出席上院委员会的人还有联邦委员会机关主任，机关第一副主任和其他副主任，机关管理负责人。

上院委员会决议以构成上院委员会成员的联邦委员会成员总数的多数票通过，以上院委员会会议记录摘要的形式制定，由在上院委员会会议上担任主席的人签署。上院委员会审议的所有问题和就这些问题作出的决议应告知所有联邦委员会成员。联邦委员会有权撤销上院委员会的决议。

四、联邦委员会的常设委员会和专门委员会

根据俄罗斯联邦宪法第101条第3款的规定，联邦委员会设立常设委员会和专门委员会。

根据联邦委员会章程的规定，常设委员会是上院长期有效的机构。专门委员会可以是常设的，也可以是临时的。常设的专门委员会也可以是上院长期有效的机构。临时专门委员会是为了某些当前的业务任务而设立的，生效期限通常在相应的问题得到解决时刻止或者在一定的期间内生效（"临时"一词通常是在这种委员会的名称上使用的）。临时专门委员会的创建要与属于其管辖的范围内的问题划归该临时专门委员会管辖的常设委员会（专门委员会）协商。2009年规定，临时专门委员会的成员可以是联邦委员会主席、第一副主席或者其他副主席，并且，联邦委员会可以作出延长临时专门委员会业务期限的决定，或者作出提前终止该临时专门委员会业务期限的决定。

1994年刚开始工作的时候，联邦委员会设立了10个常设委员会和一

个专门委员会；后来改为11个常设委员会。

从1996年开始，联邦委员会（也就是由俄罗斯联邦各主体立法和执行机关首脑组成的联邦委员会）在章程中规定了11个常设委员会和2个常设的专门委员会——资格审查委员会、章程与议会程序委员会。1997年这两个常设专门委员会被合并为一个章程与议会程序委员会。

从2000年开始，常设性质的联邦委员会常设委员会和专门委员会数量增加，现在分别是16个和7个。

后来，常设委员会的数量没有发生变化，还是16个，只是对它们的名称进行了修改，而专门委员会的数量达到了11个。

根据章程第30条的规定，目前设立的联邦委员会常设委员会有：

(1) 宪法委员会；

(2) 法律和司法问题委员会；

(3) 联邦事务和区域政策委员会；

(4) 地方自治问题委员会；

(5) 国防和安全委员会；

(6) 预算委员会；

(7) 金融市场和货币流通委员会；

(8) 国际事务委员会；

(9) 独联体国家事务委员会；

(10) 社会政策和卫生委员会（从2008年起，之前称为社会政策委员会）；

(11) 教育科学委员会（从2008年起，之前称为科学、文化、教育、卫生和生态委员会）；

(12) 经济政策、企业和财产委员会；

(13) 工业政策委员会；

(14) 自然资源和环境保护委员会；

(15) 农业—粮食政策和渔业综合体委员会（第二部分在2007年开始

出现的）；

（16）北方事务和少数民族委员会。

联邦委员会常设委员会数量的增加及其职权的扩大，促使其更加积极地参与解决国家对内对外政策问题，以及在整体上参与国家事务管理问题，也使得与国家杜马各常设委员会建立更为紧密的合作。

同样，根据联邦委员会章程第30条的规定，在上院设立了下列常设的专门委员会（顺序是按照章程中上述条文的规定排列的）：

（1）与俄罗斯联邦检查厅相互合作委员会；

（2）章程和议会活动组织委员会；

（3）青年及旅游事务委员会（从2008年11月12日起使用这个名称，此前称为青年与体育委员会）；

（4）自然垄断委员会；

（5）信息政策委员会；

（6）联邦委员会活动监督委员会；

（7）国家海洋政策委员会（从2006年10月6起）；

（8）文化委员会（从2007年7月6日起）；

（9）妇女政策和妇女公共事业委员会（从2007年7月6日起）；

（10）公民社会制度发展委员会（从2008年1月30日起）；

（11）体育、运动和奥林匹克运动发展委员会（从2008年11月12日起）。

那些就一定问题成为联邦委员会独特战略"智力中心"的上院常设专门委员会数量的增加，被认为是在联合联邦委员会常设委员的力量。2008年1月30日联邦委员会从自己的部门中删除了联邦委员会行使宪法职权的专门委员会，这主要与该委员会业务职权范围的不确定性有关。

在行使上院宪法职权方面，上院常设委员会和专门委员会拥有不同的权利并履行不同的义务。

同时，一些专门委员会的职权具有特殊意义。例如，联邦委员会主席负责协调章程与联邦活动组织委员会和联邦委员会活动保障监督委员会的业务活动。而联邦委员会业务活动保障专门委员会的决定须由联邦委员会主席批准。

上院章程确定了常设委员会和专门委员会设立的程序。除上院主席、第一副主席和其他副主席外的联邦委员会每个成员都必须是联邦委员会常设委员会之一的组成人员。联邦委员会成员可以仅仅是上院一个常设委员会的成员。

至于常设专门委员会，章程允许常设委员会成员加入这些专门委员会（但不能超过两个）。而临时专门委员会的成员除可以是联邦委员会成员外，上院主席、第一副主席和其他副主席也可以是临时专门委员会的成员（章程第26条）。

常设委员会、专门委员会的全体人员由上院批准。此时，常设委员会的成员应该不少于7个，同时不超过15个联邦委员会成员（除联邦委员会预算常设委员会外）；上院专门委员会的成员应该不少于11个，同时不超过25个联邦委员会成员。关于批准上院常设委员会和专门委员会全体人员的决定，由联邦委员会以决议的形式确定。如果常设委员会的组成人员少于7人，而专门委员会的组成人员少于11人，常设委员会和专门委员会主席应该马上将这一情况通知联邦委员会主席；联邦委员会主席要授权上院委员会制定相应的建议，并将这些建议向联邦委员会例行会议提交。

联邦委员会常设委员会和专门委员会根据自己的主要业务方向，可以组建相应的常设委员会分会和专门委员会分会。这些分会的组成人员应该不少于3名联邦委员会成员。常设委员会分会和专门委员会分会的主席通常应是上院常设委员会和专门委员会的副主席。

联邦委员会的常设委员会和专门委员会的主席、第一副主席、其他副主席，在上院常设委员会和专门委员会的会议上以常设委员会和专门委员会成员总数的多数票当选。常设委员会和专门委员会的主席和副主席由上院批准。同样,按照上述程序免除这些人的职务。联邦委员会的常设委员会和专门委员会的主席、第一副主席和其他副主席不能是来自同一俄罗斯联邦主体的代表。

联邦委员会的常设委员会和专门委员会人数不足10人时,选举3名以下的常设委员会和专门委员会副主席;人数在10—15人时,选举的常设委员会和专门委员会的副主席不能超过4人;15人以上的,选举的常设委员会和专门委员会的副主席不能超过5人。

正如上院章程中(第26条第3项)所规定的,联邦委员会的各常设委员会和各专门委员会设立的宗旨在于就实现联邦委员会宪法职权制定基础性、观念性的建议,对国家杜马通过和批准的法律进行预先审议,解决属于联邦委员会管辖的其他问题。

联邦委员会的常设委员会、专门委员会履行以下职权:

(1)就自己管辖的问题制定并预先审议法律草案和对法律草案的修正案(其中包括按照联邦委员会立法动议权的程序进行),以及其他规范性法律文件草案及其修正案;

(2)就自己管辖问题对法律草案进行鉴定,对国家杜马已经通过的移交联邦委员会审查的联邦宪法性法律进行鉴定,对国家杜马已经通过的移交联邦委员会审查的联邦法律进行鉴定,找出这些法律中含有的容易导致腐败的规定(这一条款于2009年4月29日补充,反映出反腐问题的迫切性);

(3)根据自己管辖的问题,对联邦预算草案的部分内容提出建议;

(4)就国家杜马已经批准并移交联邦委员会审议的俄罗斯联邦宪法修正案法律草案、联邦宪法性法律以及国家杜马已经通过并移交联邦委员会审查的联邦法律出具意见;

(5)预先审查向国家杜马提交的法律草案,经国家杜马各常设委员会和专门委员会同意,可以派遣代表到国家杜马各常设委员会、专门委员会和工作组制定法律草案；

（6）起草联邦委员会关于提请俄罗斯联邦社会局对联邦宪法性法律和联邦法律进行社会鉴定的决议草案，经俄罗斯联邦各主体的同意，可以就俄罗斯联邦和联邦各主体共同管辖问题的联邦各主体的法律草案进行预审；

（7）就自己管辖的问题，审查由联邦委员会成员按照实现立法动议权的程序制定的、移交常设委员会和专门委员会的法律草案以及法律草案的修订案；

（8）就自己管辖的问题为联邦委员会每年的俄罗斯联邦法律状况的年度报告准备资料；

（9）联邦委员会自收到俄罗斯联邦社会局提交的请求之日起3日内，或者自联邦委员会例会开始之日起3日内（如果联邦委员会收到俄罗斯联邦社会局的请求恰好在联邦委员会的会期之间），根据联邦委员会主席的授权，为俄罗斯联邦社会局准备必要的文件和资料（含有国家秘密和受法律保护的其他秘密的信息除外），以供对俄罗斯联邦宪法修正案法律草案、俄罗斯联邦宪法性法律和联邦法律草案进行社会鉴定；

（10）就自己管辖的问题审查联邦和区域性目的规划及其执行情况；

（11）就自己管辖的问题参加国际合作；

（12）审查俄罗斯联邦人权全权代表的年度报告，并就该报告出具结论；

（13）根据联邦委员会主席的授权就自己管辖的问题，可以为联盟国家议会、欧洲经济共同体议会间大会通过的法律文件提出意见，可以为独联体成员国议会间大会通过的示范性立法文件提出意见，还可以起草并预先审查上述文件；

（14）就自己管辖的问题，组织举行议会听证会、"圆桌会议"和其他活动；

（15）参与联邦委员会会议之"政府1小时"的准备和进行；

（16）解决工作内的组织问题；

（17）向上院委员会提名联邦委员会荣誉证书的获得者候选人；

（18）向上院委员会提出嘉奖联邦委员会常设委员会、专门委员会的成员以及联邦委员会的常设委员会和专门委员会的工作人员的建议；

（19）根据联邦委员会主席批准的日程表，按照自己的管辖范围，组织常设委员会和专门委员会成员会见公民；

（20）审查属于联邦委员会常设委员会和专门委员会管辖的其他问题。

除了上述列举的工作任务外，联邦委员会章程还规定了上院每个常设委员会和常设专门委员会活动的方向。

联邦委员会常设委员会和专门委员会有权就自己管辖的问题向俄罗斯联邦政府、联邦权力执行机关提出书面咨询，还有权向国家机关、社会团体、公职人员查询其业务活动所必需的资料和文件。

根据常设委员会和专门委员会批准的工作日程表，联邦委员会常设委员会和专门委员会会议每月召开两次以上会议。各常设委员会和专门委员会依照公开和自由讨论问题的原则开展自己的业务活动。

联邦委员会的常设委员会和专门委员会会议通常公开举行。根据常设委员会、专门委员会成员的建议，以及在联邦宪法性法律和联邦法律规定的情况下，常设委员会和专门委员会可以作出举行公开会议的决定。

如果常设委员会、专门委员会半数以上成员出席本委员会的会议，则该会议是合法的。2005年2月9日，联邦委员会以决议的形式向章程（第32条第4款）中补充了如下规定：在特殊情况下，联邦委员会的常设委员会和专门委员会成员有权将在常设委员会、专门委员会会议上审议的所有问题的表决权委托给常设委员会、专门委员会的其他成员。常设委员会、专门委员会的每个成员接受的委托不能超过一个。为了不滥用这一权利，2008年6月18日对上院章程第32条又予以补充，即会期结束后，常设委员会、专门委员会主席向联邦委员会主席汇报联邦委员会成员出席联邦委员会常设会议和专门会议的情况。

联邦委员会常设委员会、专门委员会会议，由常设委员会、专门委员会主席及副主席或者其他副主席主持。主持人要保障常设委员会、专门委员会会议的秩序，按照会议日程的规定进行主持发言并签署会议纪要。

不是某一常设委员会（专门委员会）成员的联邦委员会成员，可以参加联邦委员会常设委员会、专门委员会的公开和不公开会议，并享有发言权。俄罗斯联邦总统、俄罗斯联邦政府总理及其成员、国家杜马议员、联邦执行权力机关部长——副部长（第一副部长）、俄罗斯联邦高等法院主席、俄罗斯联邦检查厅主席及副主席和检查员、俄罗斯联邦人权全权代表、俄罗斯联邦总检察长、俄罗斯联邦中央选举委员会主席、俄罗斯联邦总统和政府驻联邦委员会的全权代表和俄罗斯联邦各主体国家权力立法（代表）机关负责人有权出席联邦委员会常设委员会和专门委员会举行的公开和不公开会议。

社会局委员会授权的俄罗斯联邦社会局成员，在遵守国家保密法要求的情况下，也有权出席联邦委员会常设委员会和专门委员会的会议。在审议关于俄罗斯联邦宪法修正案的俄罗斯联邦法律草案和成为社会鉴定对象的联邦法律时，社会局委员会授权的俄罗斯联邦社会局成员享有发言权。

联邦委员会常设委员会、专门委员会有关程序性问题的决定，以出席常设委员会、专门委员会会议成员的多数票通过。联邦委员会常设委员会、专门委员会就其他问题作出的决议，如果本章程未作其他规定的话，以常设委员会、专门委员会成员总数的多数票通过。

根据上院章程的规定，联邦委员会常设委员会、专门委员会就自己管辖的问题，组织举行议会听证会、"圆桌会议"和其他活动。常设委员会、专门委员会可以在俄罗斯联邦各主体举行巡回会议、巡回议会听证会、巡回"圆桌会议"和其他巡回活动。在一年的时间内,常设委员会、专门委员会有权举行不超过两次的巡回活动。

联邦委员会常设委员会、专门委员会向联邦委员会做年度工作报告。

协商专门委员会可以视为联邦专门委员会的一种形式。在上院驳回了杜马通过的法律的情况下,与国家杜马一同组建协商专门委员会。协商专门委员会由联邦委员会成员、国家杜马议员组成。因此,这是联邦委员会和国家杜马共同组成的临时专门委员会。组建协商委员会的提议人的范围很广,可以是联邦委员会、国家杜马、总统、政府、提出相应法律草案的立法动议权的主体。此时,上述3—4个机关的代表也加入该临时委员会(这类委员会要么称为"专门"委员会,或者只称为委员会)。

五、咨询机关

在联邦委员会,2006年3月24日以上院决议的形式成立了专门的内部咨询机构,与该机构相似的组织在国家杜马还没有。这一机构的名称为联邦委员会主席、第一副主席和其他副主席与联邦委员会各常设委员会、专门委员会主席之间的协调会议。

联邦委员会章程的第4.1章规定了协调会议。指出,协调会议是为制定和审议联邦委员会的立法活动问题而举行的。联邦委员会的主席、副主席、联邦委员会的常设委员会和专门委员会主席是协调会议的参加人。俄罗斯联邦总统驻联邦委员会全权代表、俄罗斯联邦政府驻联邦委员会全权代表、联邦委员会机关主任有权参加协调会议的工作。在协调会议上审议联邦宪法性法律、联邦法律的程序和被邀请参加协调会议的人员组成,由联邦委员会主席确定。

章程规定,协调会议的主要任务是:(1)就立法活动问题,组织联邦委员会与国家杜马、立法动议权主体进行相互沟通;(2)预先讨论被列入联邦委员会会议日程的草案问题;(3)审议联邦委员会常设委员会、专门委员会就国家杜马提交的联邦宪法性法律、联邦法律的观点,审议联邦委员会常设委员会、专门委员会就国家杜马委员会一读前审议的法律草案的观点,审议联邦委员会常设委员会、专门委员会就国家杜马在一读时通过的、提交联邦委员会提出意见和建议的法律草案的观点。

可以说,协调会议就好像是联邦委员会参加立法活动讨论"战略战术"问题的地方。

如同在国家杜马一样,在联邦委员会成立咨询性鉴定组织也处于摸索过程中。"组织"这个词用在这里还算恰当,因为,严格来说,这个机构还不是上院的机关,但无论如何都处于上院的庇护之下,隶属于联邦委员会、联邦委员会主席及联邦委员会的常设委员会、专门委员会。

在联邦委员会章程中,第93条"工作组、鉴定委员会和联合委员会"是有关该组织的规定。该条规定,联邦委员会主席、上院委员会、联邦委员会常设委员会、专门委员会为了准备具体问题,筹备并举行议会听证会,可以成立有联邦委员会成员、联邦执行权力机关、其他国家机关、社会团体、科研机构代表,以及有权到俄罗斯联邦各主体去的学者和其他专家参加的工作组。

该条还规定,联邦委员会、联邦委员会主席、上院委员会、联邦委员会常设委员会和专门委员会,在共同原则的基础上组建鉴定委员会,吸收专家作为鉴定人参加工作,并且有权对法律草案进行鉴定。其中包括成立联邦委员会主席下设的科学鉴定委员会,还有众多常设委员会、专门委员会下设的鉴定委员会,尽管它们的工作内容不同。委员会的组成人员既可以是联邦委员会成员,也可以是实践人员和学者。

2006年对该条予以补充,规定联邦委员会可以创建联合委员会,就形成和实现国家政策领域及其法律保障问题提出建议。实际上并没有规定由谁来组建。相应的内容在具体的委员会条例中有所体现。

例如,2006年3月3日,联邦委员会组建了联邦委员会下设的民族政策和国家与区域联盟相互关系联合委员会,并批准了该委员会的条例,规定联合委员会是常设性机构,创建的目的是完善民族政策的法律保障,完善国家对俄罗斯区域联邦关系政策的法律保障。该联合委员会的组成人员包括联邦委员会成员,俄罗斯联邦各主体立法会议负责人(根据协商)。联邦委员会主席是该委员会主席。

2003年章程的第93条补充了第3款,规定联邦委员会主席有权组建咨议会,成员从联邦委员会成员中选出。但章程并没有规定该咨议会的宗旨。

前面我们在阐述章程的功能时,曾说过章程对下级的代表机关而言,起到联合协助的作用,并提供一些组织——方法方面的帮助,而不是扼杀其独立性。俄罗斯议会这一功能的表现方式就包括创建联邦委员会与俄罗斯联邦各主体国家权力立法(代表)机关相互关系委员会(立法者委员会)。联邦委员会章程第93.1条对该委员会作出了规定,2007年7月6日上院决议将该条列入章程中,尽管之前立法者委员会已经存在了10多年。

第93.1条规定,为保障俄罗斯联邦的统一法律环境,协调俄罗斯联邦各主体国家权力立法(代表)机关的立法活动,交换经验,创建联邦委员会与俄罗斯联邦各主体国家权力立法(代表)机关相互关系委员会(立法者委员会)。立法者委员会的工作程序由相应的规章规定。为了协调联邦委员会下设的立法者委员会的工作,可以组建专门委员会。

除此之外,根据上院章程第94条的规定,为了与俄罗斯联邦各主体区域(跨区域)协会、俄罗斯联邦各主体议会间协会、地方基层自治行政机关联合会和协会协调合作,联邦委员会主席、上院委员会可以设立由上述协会和联合会代表参加的协调与咨询委员会。

六、联邦委员会工作程序

上院审议管辖范围内的部分问题的程序,已经在本编第二十七章中论及过,而联邦委员会讨论国家杜马提交的法律的程序我们将在本编第二十九章中结合联邦会议的立法程序进行阐述。这里要涉及的仅仅是联邦委员会举行会议的一般程序规则。

(一)基本要求

俄罗斯联邦宪法第二部分"最后过渡条款"规定,联邦委员会在选举后第30天召开首次会议(第8项)。1994年上院首部章程第40条也作出了相应规定。那时还是可行的,因为第一届联邦委员会成员是由俄罗斯联邦各主体居民选举产生的,上院议员还被称作是联邦委员会议员。

如前所述,现在联邦委员会是一个无期限限制的工作机构,它的成员在不断更新(产生)。俄罗斯联邦各主体选举或者任命联邦委员会的新成员,在派出他们作为联邦委员会组成人员的机关的职权期限内,担任联邦委员会成员。因此,现在联邦委员会没有也不可能再有第一届和最后一届会议,而仅仅是例行的或者非例行的会议。俄罗斯联邦宪法没有规定上院终止自己职权的权力,即使全体成员对此没有异议。

联邦委员会会议在位于莫斯科市大德米科洛夫卡大街上的官邸举行(章程第35条)。根据联邦委员会的决定,可以变更会议举行地。例如,1998年1月28日在圣彼得堡塔夫里达宫举行了联邦委员会巡回会议。

上院章程(第95条)规定了诸如俄罗斯联邦主体宪法委员会日这种措施,这一时间可以举行上院的巡回会议。举行程序经联邦委员会主席与上院委员会、俄罗斯联邦主体国家权力立法(代表)和执行机关商议后确定。另外,章程规定,在联邦委员会可以举行俄罗斯联邦主体日,其目的是在联邦委员会介绍俄罗斯联邦主体。举行俄罗斯联邦主体日的程序,由联邦委员会主席与上院委员会和俄罗斯联邦主体国家权力机关商定。举行俄罗斯联邦主体日活动时,在联邦委员会会议上将举行"俄罗斯联邦主体1小时",在此时俄罗斯联邦主体国家权力立法(代表)机关和（或者）执行机关领导人可以发言。

　　联邦委员会每年在自己的官邸之外与国家杜马举行联席会议，共同听取总统咨文（俄罗斯联邦宪法第100条），通常在克里姆林宫举行；不论是联邦委员会的会议大厅还是国家杜马的会议大厅都不适合举行联席会议，也不可能容纳下两院的议员（根据宪法的规定，两院为听取俄罗斯联邦宪法法院咨文、外国领导人的演说而举行联席会议，但到目前为止还没有举行过类似活动）。

　　联邦委员会的会议大厅置有俄罗斯联邦国旗和俄罗斯联邦国徽。俄罗斯联邦委员会每次开、闭会时，要奏俄罗斯联邦国歌。

　　联邦委员会会议大厅为联邦委员会每个成员设置了按照该成员的姓、名和父称首字母及其所代表的联邦主体编排的规定座位，并配备了必要的电子技术设备。为联邦委员会主席、第一副主席和其他副主席设有专席，并安装了主持上院会议所必需的设备。在会议大厅中为总统，政府总理，国家杜马议员，政府成员，宪法法院、最高法院、高等仲裁法院的代表，检查厅主席、副主席和检查员，俄罗斯联邦人权全权代表，总统和政府驻联邦委员会全权代表，联邦委员会荣誉主席，第一届联邦委员会主席及联邦委员会机关主任也分别设置了座位。

　　联邦委员会会议公开举行，有媒体进行采访。如果俄罗斯联邦总统、俄罗斯联邦政府总理、上院会议主持人、联邦委员会常设委员会和专门委员会建议，或者25名以上的联邦委员会成员建议，联邦委员会可以作出举行非公开会议的决定。

　　举行上院非公开会议的决定由参与投票的联邦委员会成员的多数票通过，但是不能少于联邦委员会成员总数的1/4。对于联邦委员会非公开会议的内容、构成国家秘密和法律保护的其他秘密的信息，联邦委员会成员只能为其在联邦委员会的工作所使用。

　　在俄罗斯联邦社会局成立后，2006年3月24日联邦委员会以决议的形式在自己的章程中规定，由俄罗斯联邦社会局委员会授权的社会局成员,在遵守国家秘密法规定的要求的情况下,有权出席联邦委员会会议。

根据联邦委员会的决定,就联邦委员会审议的问题提供必要信息与结论的国家机关、地方自治机关、社会团体、科研机构的代表、独立鉴定人、学者和其他专家受邀出席上院会议。媒体代表在具有采访联邦委员会资格的条件下,也可以出席公开会议。联邦委员会成员以外的其他人,只能根据联邦委员会机关负责人签署的邀请函才能出席上院会议。

(二)联邦委员会会议周期

联邦委员会的会期通常定于:

春季会议期间:1月25日—7月15日;

秋季会议期间:9月16日—12月31日。

在联邦委员会会期内,举行上院会议、上院委员会会议、联邦委员会各常设会委员和专门委员会会议、议会听证、俄罗斯联邦各主体的联邦委员会日,联邦委员会成员在俄罗斯联邦各主体进行工作。

必要时召开联邦委员会会议,但是每个月至少召开两次,会议期间为一天或者持续几天。会议每天分早会和晚会。早会10—14点举行,中间休息30分钟,晚会16—18点举行。根据联邦委员会的决定,举行会议的时间可以变更。

根据总统、联邦委员会主席、上院委员会、联邦委员会常设委员会和专门委员会就权限内问题提出的建议,或者根据联邦委员会全体成员的1/3以上提出的建议,可以召开联邦委员会非例行会议。联邦委员会的常设委员会和专门委员会的建议,应有联邦委员会全体成员1/5以上同意才可以。举行非例行会议的日期和程序由联邦委员会主席与上院委员会协商确定。

联邦委员会成员每月应该有10天的时间在其所代表的俄罗斯联邦主体进行工作,而且这10天不包括往返路途上所用的时间。

(三)联邦委员会会议日程

联邦委员会例行会议日程草案是建议在上院会议上进行审议的问

题清单，同时要指出审议这些问题的顺序、每个问题负责审议的联邦常设委员会（专门委员会）、每个问题的报告人（共同报告人），以及上院委员会确定的其他信息。联邦委员会例行会议草案由联邦委员会主席确定。

首先，联邦委员会例行会议日程草案中应包括那些未经讨论和表决的、应列入联邦委员会会议日程的问题：

（1）关于讨论总统的咨文和请求；

（2）根据俄罗斯联邦宪法第102条第1款的规定，属于联邦委员会管辖的问题；

（3）关于要求宪法法院作出关于指控俄罗斯联邦总统叛国或实施其他严重犯罪的指控是否符合规定程序的问题；

（4）关于免除联邦委员会主席、第一副主席和其他副主席职务的问题；

（5）关于国家杜马批准的对俄罗斯联邦宪法进行修改的俄罗斯联邦法律草案的相关问题；

（6）关于国家杜马批准的联邦宪法性法律的相关问题；

（7）关于国家杜马批准的联邦法律的相关问题；

（8）根据俄罗斯联邦宪法第107条第3款的规定，对被联邦总统驳回，但被国家杜马批准的联邦法律的文本进行复审；

（9）关于俄罗斯联邦各主体国家权力立法（代表）机关对俄罗斯联邦宪法修正案联邦法律审议的结果；

（10）关于政府成员和其他公职人员对联邦委员会成员提出问题进行答复（"政府1小时"）。

必须列入例行会议日程草案的问题是：

（1）关于对俄罗斯联邦宪法第1、2、9章规定的内容进行重新审议的建议；

（2）关于向宪法法院提出咨询事宜；

(3)关于联邦委员会的立法动议问题；

(4)关于向检查厅授权的问题；

(5)有关邀请政府成员和其他公职人员参加上院会议回答联邦委员会成员的提问事宜；

(6)对属于联邦委员会管辖问题进行审议的审议程序的联邦委员会章程进行修改和补充事宜；

(7)关于成立联邦委员会的常设委员会、专门委员会和临时专门委员会的问题，以及关于它们成员的变更情况；

(8)根据上院授权需要准备的事项；

(9)被列入到联邦委员会上次会议日程，但是在上次会议上没有或还没有开始审议或者还没有审议结束的问题；

(10)上院章程规定的其他问题。

联邦委员会例行会议日程草案还可以包括上院内部活动的其他组织问题，以及根据联邦委员会成员的动议建议审议的其他问题。

(四)联邦委员会会议程序

联邦委员会会议从联邦委员会成员记名登记开始。参加会议的联邦委员会成员的登记，在每次上午和下午会议之前进行，在上院闭会之前也要进行登记。根据联邦委员会的决定，在投票之前可以进行补充登记。如果有联邦委员会过半数的全体成员出席联邦委员会的会议，则该会议被认为是有效的。

及时通知联邦委员会成员有关上院审议的问题。联邦委员会文件草案和其他被列入日程的资料，在会议开始前不超过24小时内提供给联邦委员会成员，而有关批准俄罗斯联邦总统关于动用武装力量或者实行紧急状态，以及在俄罗斯联邦境外动用武装力量的事宜，应该在联邦委员会开会前通知联邦委员会各成员。

联邦委员会的会议主持人可以是：联邦委员会主席、第一副主席、其他副主席之一或者出席会议的联邦委员会成员中年龄最大的之一。会议主持人的任务一般是——主持上院会议,主持发言顺序;有权警告联邦委员会成员有关违反章程的事宜,在其第二次违反章程规则的情况下,可以剥夺其发言权;主持投票;保障联邦委员会会场的秩序,可以禁止被邀请参加会议而影响委员会工作的人进入会议大厅;等等。

章程强调(第47条)在联邦委员会会议进程中,会议主持人无权就讨论问题的实质内容发表自己个人的观点,无权对他人的发言进行解释,也无权对发言人进行评价。如果会议主持人认为有参加讨论某一问题的必要,他在获得发言权后,在就讨论的问题作出决定之前将会议主持这一职位让其他主持人担任。如果会议主持人违反了会议章程的要求,上院以自己的决定确定这一点,并且有权在讨论的问题结束审议前将会议主持人这一职位让其他人担任。在上院作出上述决定时,需要出席会议的联邦委员会成员的多数票通过,但是人数不能少于联邦委员会成员总数的1/4。

根据章程(第52条)的规定,在联邦委员会会议上可以有下列发言类型:报告、补充报告,讨论问题的总结发言,竞职(就职)演说,辩论发言,对候选人资格进行评议,为拉选票发言,按会议顺序发言,建议,提供证明发言,提供相关信息所做的发言,申请发言,请求发言。

报告、补充报告、总结发言和竞选(就职)发言持续的时间由会议主持人在征得报告人、补充报告人、竞选(就职)发言人的同意后确定:对报告人——15分钟,对补充报告人——10分钟,对总结发言人和竞选(就职)发言人——5分钟。辩论发言的时间在5分钟以内,对候选人资格进行评议,按会议顺序发言。建议、提供证明发言、提供相关信息所做的发言、申请发言、请求发言的时间在3分钟之内;为拉选票发言、向报告人和补充报告人提问的时间在1分钟之内。

根据主持人提出的建议,该建议应该有参加表决的联邦委员会成员多数票通过,但是不能少于联邦委员会成员总数1/4的人同意,确定日程讨论问题的总时间,确定提问和回答问题的总时间,以及确定延长发言的时间。在未经主持人同意的情况下,任何人无权发言。主持人可以在不经警告的情况下,剥夺违反这一规则的人的发言权。

在联邦委员会会议上,发言人无权在自己的发言中使用会给其他公民和公职人员的人格和尊严造成伤害的粗话和带有侮辱性的表述形式,无权使用会导致非法行为的言辞,无权使用会激起民族和社会敌意的表达方式,无权使用明知是不可靠的信息,以及无权对他人进行无端指责。在违反上述规则的情况下,发言人可能会被剥夺发言权,而无须警告。

只有在联邦委员会许可的情况下,才可以将发言权转让给他人(章程第53条)。

在联邦委员会会议上,总统、政府主席、联邦委员会主席、国家杜马主席、政府成员、检查厅厅长、宪法法院院长、最高法院院长、高等仲裁法院院长、总检察长、总统驻联邦委员会全权代表、政府驻联邦委员会全权代表享有随时发言权。

在上院每次会议结束时,有不少于15分钟的时间宣读建议、申请、请求、信息、提交证明。每次发言的时间不能超过3分钟。

(五)联邦委员会会议上的投票

联邦委员会的决议以公开和秘密两种形式作出。公开表决可以是记名制的。在联邦委员会会议上,在投票时可以使用电子系统或者选票。有关投票方法的决定,应有超过表决人数的一半以上的联邦委员会成员的同意,但是,不能少于上院成员总数的1/4。为了以选票的方式进行表决,联邦委员会从自己的成员中组建计票委员会,该委员会是联邦委员会会议的工作机构。

在联邦委员会会议上,可能有如下几种表决方式:数量的、等第评定的(筛选的)、必择其一的。数量表决可选择的回答方案是:"同意","反对"或者"弃权"。统计票数和宣布表决结果要就每次表决宣布每项的绝对票数和每项占总投票数的百分比。等第评定表决是有一系列的可供选择的表决问题,联邦委员会的每个成员可以就每个问题可供选择的方案参加表决。在这种情况下，就每次的表决事项只有当所有的问题进行表决后才能宣布最后的每项表决问题的绝对票数和每项占总投票数的百分比。必择其一的表决是仅对提交表决问题方案之一进行表决。就交付表决问题所有选项的绝对票数和所占总投票数的百分比进行统计票数和宣布表决结果。

联邦委员会成员个人亲自行使自己的表决权。在就每个问题进行表决时，联邦委员会成员拥有一票。联邦委员会成员有权投赞成票、反对票和弃权票。

如果上院没有作出其他规定的话，在联邦委员会中进行的公开表决要使用电子系统。在联邦委员会的每次会议上，在开始使用电子计票系统前，联邦委员会成员可以亲自获得或者登记自己的个人信息卡。如果个人信息卡没有在联邦委员会的本次会议上进行登记的话，则个人信息卡被认为无效，而这些无效个人信息卡会被单独统计。在完成投票后，会议主持人宣布决议被通过还是被否决。

秘密投票在上院章程有规定的情况下、在联邦委员会成员总数大多数通过的情况下使用，其他问题可以使用秘密投票的方式进行。秘密表决可以使用电子系统或者使用选票进行投票。

根据章程第65条的规定，按照1/5以上的联邦委员会成员，并且这些人不能少于联邦委员会成员总数的1/10通过的决议举行记名投票，记名投票可以使用电子系统或者使用选票进行。如果在联邦选举委员会上既作出举行记名表决，又作出举行秘密表决的决定，则应举行秘密投票。

（六）联邦委员会决议的通过

如果俄罗斯联邦宪法和上院章程未作其他规定，对某项联邦委员会的决议有超过成员总数半数的人投了赞成票的话，则此项决议被认为通过。需要指出，宪法要求：通过联邦宪法性法律需要最少有联邦委员会成员投票数的3/4以上；解除俄罗斯联邦总统的职务，以及否定总统否决联邦法律事宜须2/3以上；有关支持重新审议宪法的建议须3/5通过。就程序性问题，如果上院规章没有做出其他规定的话（在章程中规定了众多的程序性问题清单——关于联邦委员会会议中间休息、关于会议改换时间、地点或者闭会事宜；有关提供发言的补充时间；有关允许与会参加人发言；有关联邦委员会会议议程问题的休会或者结束；有关联邦委员会会议讨论问题的总时间；有关终止讨论的问题；等等），须参与表决的联邦委员会成员的多数通过，但是不能少于联邦成员总数的1/4。

联邦委员会会议上作出的决定，以联邦委员会决议的形式通过或者以会议纪要摘录的形式通过。就上院职权问题以决议的形式通过，就上院内部组织问题以决议或者会议纪要摘录的形式通过。

在章程中（第68条）规定，联邦委员会就宪法和法律规定的属于它管辖的问题，以及就联邦委员会业务组织问题作出决议；联邦委员会就公共政治和社会经济问题可以按照上述程序作出声明、呼吁，且是以上院决议的形式作出。

在1994年联邦委员会第一份章程中，通过的联邦委员会决议使用了一读和二读的概念。讨论草案的两读程序如下：在一读中，联邦委员会听取草案的报告、补充报告，并对报告进行讨论。经过一读对草案审议后，联邦委员会可以将草案发至准备制作决议草案的委员会进行补充审议，可以增加制作决议草案委员会的数量，可以授权其他委员会进行修改，或者不进行二读，或者整体上通过草案，或者基本驳回。考虑到一读审议后提出的修改意见，可以将决议草案提交二读。

原则上相似的程序被保留了下来。但是后来的章程没有使用"一读和二读"这两个概念。

（七）上院参与议会审议的程序

在第27章第1节中，我们提到过联邦委员会有与国家杜马举行会议审议的权利。虽然，2005年《关于俄罗斯联邦联邦会议议会调查法》的联邦法律规定了众多的举行联邦会议审议的程序，联邦委员会还是在自己的章程中规定了专门的一章，即第7.1章《联邦委员会参与俄罗斯联邦联邦会议调查的办法》。因为在本节中规定的是上院工作的程序，所以应该简短地叙述一下章程规定的内容。

联邦委员会在章程中规定，上院在履行有关议会调查的联邦法律第4条第1款规定的调查事实和情况时，有权作出下列决定：

（1）关于支持有不少于联邦委员会成员总数1/5的联邦委员会的一组成员提出的进行联邦调查的动议；

（2）有关在国家杜马支持进行议会调查的决议基础上提起的议会调查事宜，以及在国家杜马作出的支持俄罗斯联邦人权全权代表建议创建调查侵害人与公民的权利与自由的委员会的建议决议的基础上提起的议会调查事宜；

（3）关于与国家杜马在平等原则基础上组建的联邦专门委员会的成员，以及该专门委员会的共同主席事宜；

（4）关于批准联邦委员会的总结报告事宜。

不少于联邦委员会成员总数1/5的联邦委员会的一组成员，向联邦委员会主席递交提请进行议会调查的书面申请，在该申请中阐明需要进行议会调查的事实情况，以及举行议会调查的必要性和可能性。联邦委员会成员可以与联邦委员会机关法律处共同起草书面请求的草案。

联邦委员会议会专门委员会组成人员的人选，由联邦委员会各常设委员会和专门委员会提名。进入到议会专门委员会组成人员的联邦委员会成员的人数，应该与国家杜马进入到该委员会的人数相同。

有关支持倡议议会调查的问题和联邦委员会议会专门委员会的人选问题，自收到联邦委员会一组成员的书面申请或者国家杜马作出相应的决议之日起，在不迟于15天的时间内应该作出决议。如果联邦委员会成员总数的多数支持此项提议，则就此问题的联邦委员会决议认为被通过。

议会专门委员会就议会调查问题的最终报告，由联邦委员会主席向联邦委员会的各常设委员会和专门委员会发送。相应的上院常设委员会（专门委员会）总结联邦委员会的各常设委员会和专门委员会的建议，并就最终的报告起草联邦委员会的决议草案。

自收到最终报告之日起一个月内，联邦委员会审议最终的报告。审议从相应的常设委员会（专门委员会）的报告开始。如果联邦委员会成员总数的多数对最终的报告表示支持的话，则最终的报告认为被通过。

（八）"政府1小时"

俄罗斯议会两院，自其成立之初便宣称，邀请政府成员出席会议并回答议会成员的问题，这是议会实践和议会监督的自然组成部分。但是，部分政府成员随随便便地忽略了议会的邀请。

1997年关于俄罗斯联邦政府的联邦宪法性法律（第38条）规定，政府成员有义务根据议会两院的邀请出席会议并按照两院章程规定的程序回答提出的问题。

相应地，两院对自己的章程作出了必要的补充。联邦委员会章程除了在不同的章节中做了一系列规定外，还增加了"在联邦委员会会议上准备和举行'政府1小时'的程序"一章。

根据章程第77条规定，联邦委员会有权邀请范围足够广的人出席联邦委员会会议并回答联邦委员会成员提出的问题，这些人包括：俄罗斯联邦政府主席、政府成员、总检察长、中央银行主席、中央选举委员会主席、联邦其他国家权力机关领导人员、俄罗斯联邦各主体国家权力机关领导人员、地方自治机关领导人员、国家预算外基金领导人员（以下称公职人员）。2007年7月6日对章程作出补充规定，俄罗斯联邦政府主席每年被邀请出席上院的会议不能少于一次。

联邦委员会成员、联邦委员会各常设委员会和专门委员会发出邀请的动议。邀请公职人员出席上院会议回答联邦委员会成员提出问题的决定，由联邦委员会成员总数的多数票通过。应在不迟于在邀请相关公职人员出席的会议举行前5天内，将联邦委员会的邀请送达给被邀请的公职人员。联邦委员会主席确定上院的某个常设委员会、专门委员会负责准备"政府1小时"及其必要的文件。2008年6月18日对章程补充规定，可以邀请俄罗斯联邦检查厅的审计员出席"政府1小时"，该审计员根据"政府1小时"的主题指示检查厅的活动方向。应该认为，必要时该审计员在举行"政府1小时"过程中可以就物质和财政方面的问题提供详细的信息和评价。

联邦委员会主席应该在举行上院会议前不迟于24小时内，与被邀请的公职人员商定公职人员出席会议所要准备的问题和就提出的问题需要向联邦委员会成员提供的必要资料。如果被邀请的公职人员不能在指定的时间出席联邦委员会会议，根据与联邦委员会主席达成的协议，该公职人员可以在其他时间出席或者派自己的副手出席上院的会议。

"政府1小时"在联邦委员会例行会议的第一天举行。"政府1小时"持续的时间长度不能超过1小时；给被邀请的公职人员15分钟以内的时间，令其就向他提出的书面问题的本质内容进行发言。口头回答联邦委员会成员的时间，根据参加表决的联邦委员会成员的多数、但不能少于上院成员总数的1/4的成员作出的决议确定。

允许邀请公职人员的提议人，相应的常设委员会（专门委员会）的主席以及被邀请的俄罗斯联邦审计员就提出问题的实质进行发言（在5分钟以内）。向被邀请的任何公职人员提问，要按照上院章程规定的程序，在剩余时间之内由联邦委员会公职人员提出。就被邀请的公职人员对联邦委员会成员的口头提问所作出的回答展开讨论。

在被邀请的公职人员发言，联邦委员会成员发言、提问，并对这些问题进行了回答之后，负责准备草案的常设委员会（专门委员会）要进行讨论，并作出在"政府1小时"范围内联邦委员会就审议问题的决定。

如果被邀请的公职人员不能出席联邦委员会的会议，并且联邦委员会成员对其副手的回答不满意的话，那么根据上院的决定，该公职人员可以被邀请出席其他的联邦委员会会议。

就在"政府1小时"范围内审议的问题，联邦委员会可以通过如下决定：向总统提出申请；向政府提出申请；对检查厅进行授权；向政府提出建议；向公职人员及其所领导的机关提出建议；准备进行联邦委员会质询；通过被邀请的公职人员所提供的信息。就在"政府1小时"范围内所讨论的结果，上院可以授权联邦委员会的常设委员会（专门委员会）准备联邦委员会的立法动议，举行议会听证，以及根据自己的职权进行其他授权活动。

（九）议会质询

议会质询是联邦委员会议会程序的一种。议会质询与普通质询的区别在于，普通的质询是部分议会成员提出的，而议会质询则是整个上院作出的，并要形成上院的决议。议会质询——这是议会上院就事关国家生活的重要问题向一定范围内的公职人员提出的书面告知，并要求按照上院规定的期间以书面的形式对上院进行答复。

根据章程第81条的规定，联邦委员会有权向政府主席、政府成员、总检察长、中央银行主席、中央选举委员会主席、其他选举委员会主席、全民公投选举委员会主席、检查厅主席、国家权力联邦机关领导成员、俄罗斯联邦各主体国家权力机关领导人员、地方自治机关领导人员、俄罗斯联邦退休基金领导人员、社会保险基金领导人员、强制医疗保险联邦基金领导人员，就上述机关和公职人员管辖范围内的问题提出议会质询。考虑工作的相应职权范围，应该遵守不干涉讯问、侦查机关的侦查和刑事诉讼业务，不干涉审判工作的要求。

联邦委员会主席、联邦委员会第一副主席、联邦委员会其他副主席、就自己管辖问题的联邦委员会常设委员会和专门委员会、两个代表俄罗斯联邦一个主体的联邦委员会成员，或者不少于5人的一组俄联邦委员会成员可以向上院提出进行联邦委员会议会质询的申请。

联邦委员会以上院成员总数的多数票通过进行联邦委员会质询的决议。对质询要提供书面或者口头的答复。对议会质询的口头答复，公职人员应该在联邦委员会最近的会议上或者在上院规定的期限内进行。

如果联邦委员会没有规定其他期限的话，自收到联邦质询之日起，在不迟于15天内公职人员应该向联邦委员会递交书面答复。在联邦委员会会议上，会议主持人要宣读书面答复。自收到书面答复之日起，在5天内，要将书面答复的复印件发给联邦委员会各成员。

在2006年10月6日章程的补充规定中，联邦委员会强化了自己的职权，规定对质询的答复不能令人满意的话，联邦委员会可以作出重新发出议会质询的决定。

（十）议会听证

根据俄罗斯联邦宪法第101条第3款的规定，联邦委员会就自己管辖范围内的问题举行议会听证，议会听证会上上院成员和被邀请的其他人可以就对内、对外政策的重要问题和立法草案问题进行讨论。

联邦委员会主席、上院委员会及其管辖问题的联邦委员会常设委员会和专门委员会、不少于15人的联邦委员会成员，可以成为举行议会听证的发起人。议会听证会可以与国家杜马的常设委员会和专门委员会以及外国议会共同举行。联邦委员会可以公开举行，也可以不公开举行议会听证。

举行议会听证的决议由上院委员会作出。举行议会听证的指示应该包括举行议会听证的题目、时间、地点、对筹备和举行议会听证会负责的联邦委员会常设委员会（专门委员会）等有关信息，该指示由联邦委员会主席、受主席授权的联邦委员会第一副主席或者其他副主席发布。在举行议会听证前不迟于12天内，要将该指示转交联邦委员会新闻局。

被邀请出席听证会的人员构成，由负责准备举行听证会的联邦委员会的常设委员会（专业委员会）确定。联邦委员会主席有权增加被邀请出席听证会的人员名单。

大众媒体和社会代表也有权出席公开的听证会。不公开的听证会讨论同国家或者法律保护的秘密有关的其他问题。

听证会的主持人可能是联邦委员会主席、第一副主席或者其他副主席，联邦委员会的常设委员会和专门委员会的主席、第一副主席和其他副主席，或者是常设委员会（专门委员会）授权的、负责准备和举行听证会的委员会成员。议会听证会从主持人简短的发言开始，在发言中要介绍有关讨论问题的实质、该问题的意义、举行听证的程序以及被邀请参加的人员。然后，由负责筹备和组织听证会的上院常设委员会（专门委员会）的代表发言，或者由被邀请参加听证会的人就讨论的问题做报告（30分钟以内），此后由联邦委员会成员和应邀出席听证会的人员发言。

根据听证会讨论的结论，可能通过建议或者其他文件。上述文件由负责筹备举行听证会的上院常设委员会（专门委员会）、上院委员会或者联邦委员会批准。

（十一）联邦委员会关于俄罗斯联邦法律状况的报告

在阐述联邦委员会的工作组织时，为了全面起见，应该指出，上院起草并讨论俄罗斯联邦法律状况的年度报告。2006年3月24日联邦委员会决议确定的章程第10.1章中规定了完成这一任务的程序。

根据章程第95.2条第1项的规定，上述报告针对俄罗斯联邦总统咨文确定的俄罗斯联邦对内和对外政策的基本方针立法保障监测和俄罗斯联邦联邦会议活动的结果由联邦委员会批准。

联邦委员会与俄罗斯联邦总统、国家杜马、俄罗斯联邦政府、俄罗斯联邦宪法法院、俄罗斯联邦最高法院、俄罗斯联邦高等仲裁法院、俄罗斯联邦总检察院、俄罗斯联邦各主体国家权力机关、地方自治机关、俄罗斯联邦社会局、社会团体、科研机构在相会作用过程中制定的报告，由联邦委员会各常设委员会和专门委员会，联邦委员会下设的立法和法律实践监测中心（法律监测中心），以及根据联邦委员会主席的指令由联邦委员会机关的分支机构完成。在报告中总结联邦委员会各常设委员会和专门委员会的立法和法律实践监测活动的结果，这些常设委员会和专门委员会需根据自己的管辖范围为该报告准备资料。联邦委员会宪法法律委员会对联邦委员会各常设委员会和专门委员会的资料进行总结。联邦委员会主席对准备报告的工作进行协调。

通常,由联邦委员会主席将报告向春季召开的第一次会议提交。邀请联邦国家权力机关、俄罗斯联邦各主体国家权力机关、其他国家权力机关、地方自治机关的代表,邀请俄罗斯联邦社会局成员以及社会团体和科研机构的代表出席做该报告的会议。根据对报告审议的结果,通过联邦委员会决议。

七、联邦委员会的工作保障

自联邦会议两院产生之时起,它们便有着自己的机关并定期就它们的结构和业务组织通过相应的文件。

根据2002年联邦委员会章程的规定,联邦委员会机关保障上院的活动,并拥有法人的权利。联邦委员会主席批准机关结构。根据联邦委员会主席的建议,由上院委员会批准机关条例。现行上院机关条例由2007年11月22日决议批准。

根据章程第97条的规定,联邦委员会机关的主要任务有:

(1)对联邦委员会、联邦委员会的机构和联邦委员会的工作人员的业务活动提供法律、信息、组织、分析、文件、财政、物质—技术和经济保障;

(2)为解决联邦委员会与国家杜马、总统、政府之间产生的分歧提供协调程序的法律、组织、资料保障;

(3)为议会间的联系提供法律、组织、信息—分析、礼宾和护照—签证保障。

章程第98条规定,联邦委员会机关由联邦委员会主席秘书处,第一副主席、其他副主席、常设委员会和常设专门委员会机关、其他分支机构(管理局、分部)的各秘书处组成。

现在,联邦委员会机关有下列的分支机构:

(1)联邦委员会主席秘书处；

(2)第一副主席和其他副主席秘书处；

(3)联邦委员会机关领导及其副职领导的秘书处；

(4)根据章程和议会程序的联邦委员会的16个常设委员会和11个专门委员会机构（常设委员会和专门委员会的清单上面已经列举过）；

(5)联邦委员会机关管理局：新闻处（联邦委员会新闻局）、国际联系处、干部和国家公职处、法律管理局、分析局、信息和文件保障局、组织局、事务管理局、财政—经济管理局。

联邦委员会机关向联邦委员会和联邦委员会主席汇报工作。

联邦委员会机关业务活动的财政和物质—技术保障，联邦委员会工作人员的劳动报酬和物质生活条件保障，以及他们所需的其他开销，在联邦财政预算所规定的花费限度内确定。

机关领导负责联邦委员会机关的工作。根据章程第102条规定，联邦委员会主席任命并免除机关领导的职务。任命和免除联邦委员会领导的职务由联邦委员会主席和上院委员会进行协商，并由联邦委员会主席的命令作出。联邦委员会机关领导对机关负责的工作承担个人责任。

机关向联邦委员会报告工作。联邦委员会主席指派并监督机关的工作，在必要时联邦委员会主席可以指派自己的副主席之一来解决同机关活动有关的问题，并协调机关各分支部门与联邦委员会各专门委员会和专业委员会的工作。联邦委员会机关是法人，拥有自己的载有俄罗斯联邦国徽的印章和自己的名称。

机关领导在自己的副主席间分配责任，批准机关分支机构的管理和其他分支机构的规章，以及与相应的常设委员会主席共同批准联邦委员会常设委员会机关的规章，商定联邦委员会主席和其他各副主席秘书处的规章；协调和监督机关分支部门的工作，对它们进行授权；发布命令和指示，批准条例、规则和其他属于机关职权范围的规范性文件。

机关领导向上院主席提供有关组织结构、机关人员编制和机关工作人员年度工资报酬的建议。机关领导批准机关编制表,向联邦委员会主席提交任命为机关分支机构领导人员候选人,与机关工作人员签订或解除劳动合同,根据联邦委员会各成员的意见接受和辞退联邦委员会各成员在联邦委员会工作的辅助人员。

机关领导保障在机关中进行鉴定,除俄罗斯联邦总统直接进行评定的专业等级外,授予机关的国家机关工作人员相应的职务等级。机关领导有权鼓励和纪律惩处机关的工作人员,推荐机关工作人员获得国家奖励并授予机关工作人员以荣誉称号。机关领导还可以根据花费预算处置保障联邦委员会活动的财政资金。

最后,机关领导在总统行政机关、国家杜马机关、政府机关、联邦国家权力机关,以及在俄罗斯联邦审判机关、俄罗斯联邦各主体的国家权力立法(代表)机关和执行机关、在外国的权力代表机关和议会间组织中代表俄罗斯联邦委员会机关。

综上所述,联邦委员会机关领导拥有足够明确的职权。

联邦委员会主席、第一副主席和其他各副主席秘书处服从上院相应的各领导,并保障领导的工作。联邦委员会主席秘书处主任和副主任,主席助手和顾问由联邦委员会主席任命他们的职务并有一定的期限,当期限届满时,由联邦委员会主席解除他们的职务。联邦委员会第一副主席和其他各副主席秘书处的领导及其副手,根据相应主席的建议由联邦委员会主席任命一定的期限,在任职期限届满时也由联邦委员会主席解除他们的职务。联邦委员会主席秘书处规章由主席批准。各副主席秘书处的规章,在与联邦委员会机关领导协商后,由相应的副主席确定。

联邦委员会机关各分支部门就自己的职权范围保障联邦委员会、联邦委员会机关和成员的业务活动。机关管理局和其他分支机构的领导以及他们的副手,由联邦委员会主席根据联邦委员会机关主任的建议进行任命和免职。机关管理局和其他分支机构的规章由机关主任批准。

联邦委员会常设委员会(专门委员会)机关对相应常设委员会(专门

委员会)、举行的议会听证会提供业务和文件保障,参与常设委员会(专门委员会)决议草案的制定,在常设委员会(专门委员会)开展业务活动,向常设委员会(专门委员会)成员分发必要的资料和证明。常设委员会(专门委员会)机关领导,在征得常设委员会(专门委员会)机关领导的同意后,由联邦委员会机关主任任命和免职。各常设委员会(专门委员会)规章,在征得联邦委员会机关主任同意后,由相应委员会的主席批准。

联邦委员会临时专门委员会的业务活动保障由机关分支部门来实现。

联邦委员会机关业务活动的财政和物质技术保障,联邦委员会工作人员的劳动报酬和物质生活条件保障,以及他们所需的其他开销,在联邦财政预算所规定的花费限度内确定。联邦委员会机关工作人员,在劳动报酬、社会生活、物质和其他保障条件方面,在医疗服务方面与俄罗斯联邦政府机关相应级别的工作人员相同。

那些在联邦委员会机关担任联邦国家机构国家公职的人员,同样要符合2004年关于国家民事职务联邦法律的所有要求,其中包括:由俄罗斯联邦公民担任职务;国家工作人员在自己的工作中要遵守国家公职非党派原则;在联邦委员会机关中,除工会外不能组建政党、协会、其他的社会和宗教团体的分支部门。

第二节 国家杜马

一、国家杜马章程

如前所述,现行国家杜马章程由1998年1月22日国家杜马决议批准通过。对该章程不断地进行着修改和补充。国家杜马章程的结构如下:

一般规定。

第1编:国家杜马内部结构和机关。第1章,国家杜马主席、国家杜马第一副主席、国家杜马其他各副主席。第2章,国家杜马委员会。第3章,党团(以前被称作——议员联合)。第4章,国家杜马常设委员会和专门委员会。

第2编:国家杜马工作的一般程序。第5章,国家杜马工作开始、国家杜马会议的举行程序。第6章,议会听证会。第7章,国家杜马的活动。第8章,议员与选民的工作。第9章,国家杜马的活动保障。第10章,表决和通过决议的程序。第11章,对使用电子系统的监督。

第3编:立法程序。第12章,向国家杜马提交法律草案的程序和对草案的预先审议。第13章,国家杜马审议法律草案的程序。第14章,重复审议被联邦委员会驳回的联邦法律。第15章,重复审议被俄罗斯联邦总统驳回的联邦法律。第16章,审议对俄罗斯联邦宪法的修改和修订建议。

第4编:国家杜马对属于其管辖范围的问题进行审议的程序。第17章,同意俄罗斯联邦总统对俄罗斯联邦政府主席的任命。第18章,审议同信任俄罗斯联邦政府有关的问题。第19章,任命和免除俄罗斯联邦人权全权代表的职务。第20章,任命和免除俄罗斯联邦检查厅主席与其半数的审计员的职务。第21章,对国家杜马与俄罗斯联邦中央银行的相互关系有关的问题进行审议的程序。第22章,国家杜马提出对俄罗斯联邦总统的控诉程序。第23章,宣布大赦。第24章,任命俄罗斯联邦中央选举委员会成员职务的程序。第24.1章,审议国家杜马议员不受侵犯权的程序。

第5编:对外政治问题和国际合作。第25章,审议对外政治问题的程序。第26章,批准、终止和暂停俄罗斯联邦国际条约的效力,同意履行这些国际条约必须在联邦法律上进行规定的义务。第27章,国家杜马的国际联系。第28章,在任命外交代表和外交代表汇报工作时与国家杜马常设委员会的协商程序。

第6编:向俄罗斯联邦宪法法院进行咨询。

第7编:最后条款。

二、国家杜马主席和各副主席

（一）选举

国家杜马由杜马主席领导。为当选为国家杜马主席这一职务，应获得国家杜马议员的过半数选票（也就是226票）。

杜马主席人选，在很大程度上需要有在议会议院中与其他议会党团和议员团体相比占有议院多数席位的议会党团预先确定。但是，在第一届（1993—1995年）、第二届（1995—1999年）、第三届（1999—2003年）的国家杜马中，任何一个党团都没能获得议院中议员席位的半数以上，因此，主席的选举依赖于其他党团、议员团体和独立议员对候选人的支持，并且在很大程度上，是由候选人个人情况决定的。

国家杜马第一任主席伊·普·雷金布由农业党党团提出，根据两轮的投票结果，在复杂的斗争中获胜。国家杜马第二届主席格·恩·谢列兹涅夫是俄罗斯联邦共产党成员，他获得国家杜马主席这一职位也同样经过了与一系列竞争对手的复杂斗争，而且在第一次的两轮投票中，都无果而终，只是到了重新表决时（重新推选候选人）才获得了胜利。第三届国家杜马主席格·恩·谢列兹涅夫继续保住杜马主席的职位，虽然这次竞争中他所拥有的经验和获得的威望对他有所帮助，但也同样经过了与其他候选人的激烈争夺。只是到了第四届，国家杜马主席布·弗·格雷兹洛夫几乎是毫无竞争地获得了杜马主席的职位，这与他是"统一俄罗斯"党的领导人有关，该党的党团在国家杜马中拥有306席。

自新一届杜马开始起，国家杜马便规定，上院应该有多少副主席。在前几届的国家杜马中，只设一个国家杜马副主席。这很快就成了定例，而且国家杜马副主席由在国家杜马选举中第二大党团的主席担任。国家杜马中每个党团和议员团体的主席担任国家杜马副主席。

2003年选举获胜且在杜马中获得巨大的优势后，"统一俄罗斯"党的议员实质性地改变了杜马领导成员结构。设立了两个议院第一副主席和9个其他副主席。3个副主席由俄罗斯联邦共产党、自由民主党和"祖国党"的党团的人担任，其余6个副主席由"统一俄罗斯"党的人担任。这就表明，谁应该成为领导成员的问题，在更大程度上不是一个法律问题，而是一个政治适应性的问题。

国家杜马主席、各第一副主席和其他副主席，由使用选票进行秘密投票的方式从国家杜马议员中选举产生。国家杜马可以作出举行公开表决的决定。

以前规定议员团体和国家杜马的多个议员有权提出国家杜马主席候选人，但是，根据2007年10月9日修订的杜马章程第8条第2项的规定，只有议会党团才有权提出杜马主席的候选人。

在对竞选主席职务的候选人是否同意的讨论过程中，候选人要在杜马会议上发言并回答议员提出的问题。提出自己候选人的党团代表，在讨论结束后，有权对候选人投"赞成"或者"反对"票。

除自动放弃候选人资格而不需对此人进行表决的外，所有被提名参选国家杜马副主席的候选人，都要被列入表决名单。正如以前指出的那样，获得国家杜马议员总数一半以上选票的人，当选为国家杜马主席。

在前几届的国家杜马中，杜马主席被认为是不属于任何党团的人。

但是，2003年选举之后，根据"统一俄罗斯"党的动议，对章程进行了修改。如果，现在是作为杜马团体的党团主席的国家杜马议员被选为国家杜马主席的话，他有权同时担任国家杜马主席的职务和议员团体、相应党团的领导职务（第9条第2款）。杜马委员会成员也发生了根本性的变化，以前杜马委员会的组成人员为杜马主席、各党团领导，副主席出席会议仅仅拥有讨论权而无决定权；现在国家杜马委员会由主席、两个第一副主席和其他杜马副主席组成。

在国家杜马主席职位提出两个或者两个以上候选人，而候选人中的任何一人都没有获得当选杜马主席所需的票数的情况下，此时，就得票最多的两名候选人举行第二轮选举。在这种情况下,每名国家杜马议员可以仅就一名候选人进行投票。在第二轮投票中,获得国家杜马议员总数的一半以上选票的候选人,当选为国家杜马主席。如果第二轮投票中,两个候选人中的任何一个都没有获得议员选票要求的数量,国家杜马举行主席的重新选举,或者作出选举第一副主席和其他副主席的决定。在至少选出一名副主席后,杜马有权从推选候选人开始进行主席的选举。重新选举国家杜马主席根据上述的相同规则进行,但是重新推选候选人时可以推选以前已经推选过的候选人。

如果候选人获得了必要的选票数,关于当选国家杜马主席的决定由国家杜马以决议的形式作出,且无须对该文件进行补充表决。

免除国家杜马主席、第一副主席和其他各副主席职务的决定,由国家杜马议员总数的多数票通过。

在进行选举议院副主席时,国家杜马作出有关副主席数量的决定。如上所述,现行杜马决定有两个第一副主席和9个其他副主席。国家杜马副主席的候选人,以前可以由议员联合或者多个杜马议员提名,现在只有议会各党团才有权提名。未声明退出选举的候选人,被列入进行秘密投票表决的名单中。被列入投票表决名单的候选人,在议院会议上要进行发言并回答议员提出的问题。为确定候选人名单,议会各党团可以对推选为副主席的候选人进行预先审议。此时,国家杜马可以就整个候选人名单进行表决。

那些获得议员总数多数票的候选人,当选为国家杜马副主席。在就整个候选人名单进行表决时,如果议员总数中的大多数对该名单投了赞成票,则被列入名单的这些候选人当选为国家杜马副主席。如果作为党团领导人的国家杜马议员,当选为国家杜马副主席时,该人有权同时担任杜马副主席和党团领导人的职务。

当选国家杜马第一副主席和其他副主席的决定,由国家杜马以决议的形式作出,且无须对该文件进行补充表决。

(二)国家杜马主席的职权

原则上,国家杜马主席也拥有联邦委员会主席的那些工作,也就是说,有组织议院的工作、保障立法过程、代表杜马和领导议院机关等工作。

国家杜马主席主持杜马会议;根据俄罗斯联邦宪法和议院章程赋予主席的职权,管理杜马内部日程问题;组织杜马委员会的工作。

主席的一系列职权同立法过程相关。他将提交到杜马的立法草案和草案的附随资料转交给各党团和属于其管辖范围的杜马委员会(专业委员会);将杜马批准的俄罗斯联邦宪法修正案、联邦宪法性法律和通过的其他法律移交给联邦委员会;根据俄罗斯联邦宪法第105条第5款的规定,将杜马通过的联邦法律提交给俄罗斯联邦总统(也就是说,在通过未获联邦委员会批准的法律时)。

杜马主席将俄罗斯联邦社会局对立法草案的鉴定结论移交给负责该立法草案的国家杜马委员会。

在国家杜马休会期间,自收到国家杜马预算和税收委员会的结论之日起在3天内,杜马主席将本财政年度和计划期间的关于联邦预算的联邦法律草案和本财政年度与计划期间的关于俄罗斯联邦国家预算外基金预算的联邦法律草案移交给国家杜马各常设委员会和专门委员会、国家杜马各党团、俄罗斯联邦总统、联邦委员会、俄罗斯联邦政府、俄罗斯联邦检查厅。杜马主席指派国家杜马预算和税收委员会为本财政年度和计划期间的关于联邦预算的联邦法律草案以及本财政年度和计划期间的关于俄罗斯联邦国家预算外基金预算联邦法律草案的负责委员会,并指派上述联邦法律草案的专门委员会起草上述法律草案供议院审议。杜马主席将上述法律草案列入本次会议期间的国家杜马立法工作初步计划,或者依据国家杜马预算和税收委员会的结论,作出将本年度和计划期间的关于联邦预算的联邦法律草案退还给俄罗斯联邦政府进行补充修改的决定。

根据章程，杜马主席有权自己决定将一系列的问题列入杜马工作计划草案：关于国家杜马副主席空缺职务的选举；关于填补议院各常设委员会和专门委员会空缺职位的问题。

国家杜马主席或者根据杜马主席授权的一位副主席向国家杜马作关于本会议期间议院活动的报告和作本会议期间国家杜马立法工作初步草案的报告。根据上述报告，国家杜马可以作出决议。

在与总统、联邦委员会、政府、各主体、宪法法院、最高法院、高等仲裁院、总检察院、中央选举委员会、中央银行、俄罗斯联邦人权全权代表、检查厅、社会团体、其他组织和公职人员，以及与外国议会、外国的高级公职人员和国家组织的相互关系上，国家杜马主席代表国家杜马。

杜马主席可以参加俄罗斯联邦总统根据俄罗斯联邦宪法第85条第1款规定的、解决俄罗斯联邦国家权力机关和俄罗斯联邦各主体国家权力机关之间以及俄罗斯联邦各主体国家权力机关之间的分歧的协商程序。

杜马主席签署国家杜马决议，颁布指令并就属于自己职权范围内的问题进行授权。国家杜马有权撤销杜马主席的任何一项指令和授权。

国家杜马主席对国家杜马机关进行总的领导。杜马主席在征得国家杜马委员会的同意，根据依照章程规定的组织国家杜马工作的委员会的推荐，任命和免除机关主任的职务；根据机关主任的建议，任命机关的第一副主任和其他副主任。

在国家杜马主席不在时，由国家杜马副主席代替主席工作。根据主席的授权，他们主持杜马会议，协调杜马各常设委员会和专门委员会的工作，根据章程的规定和在各副主席之间的职责划分解决杜马内部工作的其他问题。

在征得杜马委员会同意后，国家杜马主席发布在各副主席之间进行职责划分的指令。在自己的职责范围内，各副主席有权对杜马机关的分支机构进行授权。

国家杜马主席的业务活动由主席秘书处提供保障,各副主席的业务活动由他们相应的秘书处提供保障。

三、国家杜马委员会

国家杜马委员会是国家杜马的内部组织领导机构,是为预先制定和审议杜马业务活动的组织问题而创建的。正如已经指出的,国家杜马主席、第一副主席和其他副主席是拥有表决权的国家杜马委员会成员。国家杜马各委员会主席和根据他们授权的各委员会的代表可以参与国家杜马委员会的工作,但是他们只拥有讨论权而没有表决权。

各党团领导和代表并不是有讨论权的杜马委员会会议的参加人。这表明,各党团的利益由杜马副主席代表,因为章程赋予他们同时担任议员联合(党团)领导的权利。其实,2005年已对章程第13条进行了补充(2007年修订):如果党团在国家杜马委员会中有不超过1个代表的话,在该代表缺席有正当理由时,上述党团的领导可以以拥有表决权的身份出席委员会会议。在党团领导有正当理由缺席的情况下,根据该领导的书面授权,该领导的副手可以以拥有表决权的身份出席国家杜马委员会会议。

国家杜马委员会会议由杜马主席主持。主席有权授权自己的一位副主席主持会议。如果杜马委员会成员总数中的一半以上出席杜马委员会会议,则该会议合法。杜马委员会会议的决定以出席杜马委员会会议成员的多数票通过。如果对某一问题的两种决定支持的票数相等,此时,国家杜马主席或者主持委员会会议的副主席所赞成的一种决定被认为通过。

总统和政府驻国家杜马全权代表也有权出席国家杜马委员会的会议。如果在杜马委员会会议上审议的是立法动议权各主体提出的法律草案的话,则立法动议权各主体的代表也有权出席国家杜马委员会会议。国家杜马议员同样有权出席委员会会议,并有权就杜马工作程序草案提出建议。

根据章程第14条的规定,杜马委员会：

(1)制定本会议期间国家杜马立法工作初步规划草案；

(2)通过初步将立法草案列入非本次会议期间的国家杜马立法工作规划；

(3)制定主题明确的(国家建设和公民的宪法权利,经济政策,社会政策,预算、税收、财政立法,国防和安全,批准俄罗斯联邦签署的国际条约)、国家杜马本月审议问题的日程草案,这只是准备在一读时审议的法律草案。

(4)制定国家杜马例行会议工作程序草案；

(5)根据俄罗斯联邦总统的建议,根据不少于国家杜马议员总数1/5成员支持的、党团提出的要求,或者根据国家杜马主席建议,召集杜马的非例行会议并确定会议举行的日期；

(6)指派国家杜马相应的委员会为具有立法动议权的主体向国家杜马提出法律草案,在法律草案调整问题同时属于其他委员会职权范围的情况下,指派该委员会为法律草案的共同起草委员会(以下称共同起草委员会),并为进行审议将该法律草案和法律草案的相关资料移交给杜马各委员会。各党团,在必要的情况下,发送给有立法动议权的各主体,同时要指出起草法律草案的评语、建议和意见(修正案)期间,以及发送给社会局；

(7)将杜马委员会负责起草的供国家杜马审议的法律草案和法律草案的资料移交给俄罗斯联邦总统,移交给有向国家杜马提出该法律草案的立法动议权的主体,移交给俄罗斯联邦政府和国家杜马各议员；

(8)如果在享有立法动议权的主体未履行俄罗斯联邦宪法和国家杜马章程规定的要求的情况下,根据国家杜马常设委员会的建议,作出将法律草案返还给立法动议权主体的决定；

(9) 作出举行议会听证的决定；

(10) 作出颁发国家杜马荣誉证书的奖励决定；

(11) 批准国家杜马与外国议会国际联系的计划；

(12) 通过本财政年度国家杜马预算草案；

(13) 审查国家杜马机关主任作出的关于国家杜马上一财政年度预算执行情况的报告；

(14) 作出"因发展议会方面做出功勋"而进行奖励国家杜马荣誉称号的决议；

(15) 根据专门委员会的建议，派出国家杜马代表参加社会局、社会局委员会、社会局各委员会和工作组的全体会议工作；

(16) 组织筹备国家杜马审议俄罗斯联邦政府关于其工作成果年度报告方面的工作；

(17) 决定依照本章程规定的国家杜马组织工作的其他问题。

国家杜马委员会的决议，以委员会会议纪要摘录的形式作出，该会议纪要应该由会议主持人签字。

国家杜马有权取消委员会的决议。在每次杜马的例行会议上，要向各位杜马议员分发上次委员会审议的主要问题的资料，这些资料应该由国家杜马委员会秘书处进行准备。国家杜马委员会将其决定、文件、资料和其他信息发送给国家杜马各议员、国家杜马各党团和委员会。

四、各党团

前不久在国家杜马中还使用"议员联合"的概念。"议员联合"这一概念既包括党团，也包括议员组。现在在日常生活中和规范性法律文件中，只使用"党团"这一术语。

以前党团是根据政党名单进入到杜马议员的联合。而议员组是指那些作为独立的议员被选入国家杜马的议员联合。这是一个总的看法。

在杜马实践上，出现过作为其他政党的议员以及独立议员加入其他党团的情况。还出现过，在对议员组进行登记时，因某种动机议员不想加入到自己的党团（根据政党属性）或者离开自己的党团的情形。因为议员联合在成立杜马委员会、杜马各常设委员会，以及在讨论问题时具有一定的优势，在前几届创建了倾向于某一党团的议员组，而各政党也派遣自己的议员到这些议员组中以组建这些议员组，当时的议员组中至少有35名议员。

在第四届国家杜马中获胜的"统一俄罗斯"党不想在杜马中见到除了党团以外的其他议员组。因此，2003年12月29日修订的章程第16条第4款规定，没加入各党团的国家杜马议员，有权组建议员组。对人数不少于55人的议员组应该进行登记。进而，在国家杜马没有出现议员组，因为组建人数如此之多的议员组非常困难。

因为，现在国家杜马的所有议员都按照各政党的名单进行选举，只有党团才是他们联合的形式。按照相应党派的名单被选入国家杜马的所有议员，被认为属于某个党团。议员可以只属于一个党团。如果杜马议员中的某人宣称，拒绝加入党团或者从党团中退出，他将会失去自己议员的委任状，因为在这种情况下，国家杜马会做出提前终止该人职权的决定。这就排除了议员从一个党团加入另一个党团或者作为非党团成员履行自己职权的可能性。

党团条例在党团会议上讨论，以作为相应政党候选人联邦名单组成的、被选入国家杜马议员总数的多数票通过。党团条例规定：党团的全名和缩写名称（如果有缩写名称的话）；党团的结构；党团正职领导人和副职领导人选举的程序；党团领导机关选举的程序（如果有领导机关的话）；选举在杜马会议上、国家机关和社会团体中代表党团的全权代表人员；党团通过决议的程序；其他同党团内部业务活动有关的规定。

从自己的组成人员中，党团选举党团的正职领导和副职领导。根据党团条例的规定，党团可以组建领导机构。党团成员中人数超过100名国家杜马代表的,可以创建党团内部组。党团内部组的成员数不能少于50名国家杜马议员。党团的副职领导可以是党团内部组的领导。

通常,党团的决议以公开表决的方式通过。党团可以作出举行秘密表决的决议。如果杜马章程、党团条例未作其他规定的话,党团决议以组成党团的国家杜马议员总数的多数票通过。

党团拥有一定的权利和组织可能性,其中包括:有权推选并支持自己的竞选国家杜马主席和副主席职位的候选人,参加杜马各常设委员会和专门委员会的组建,可以与国家杜马各常设委员会和专门委员会一同向杜马工作计划和审议问题的日程提出建议,要求召开杜马的非例行会议,在杜马会议上讨论问题时以党团的名义进行发言,其中包括在讨论法律草案的过程中提出意见和建议、提出相应职务的候选人等。党团每周都可以专门为自己的目的使用国家杜马的一个工作日。拥有党团的机关,其党团机关工作人员是国家杜马机关的组成部分,由杜马支付劳动报酬。

五、国家杜马各常设委员会和专门委员会

根据俄罗斯联邦宪法第101条第3款的规定,国家杜马从自己的成员中组建各常设委员会和专门委员会。在第一届杜马中有23个常设委员会和1个代表资格审查委员会。第二届杜马组建了28个常设委员会并保留了1个代表资格审查委员会。第三届杜马中,常设委员会的数量没有变化,而常设专门委员会则增加了一个议员道德标准委员会。

根据章程第22条的规定,除国家杜马主席外的每个议员,都必须是杜马委员会之一的组成人员。议员仅有权成为一个委员会的成员。

现在,国家杜马中共有32个常设委员会,还有1个常设专门委员会——代表资格审查和议员道德标准委员会。

在现行的杜马中,创建的常设委员会有:

(1)宪法和国家建设委员会；

(2)民事、刑事、仲裁和程序法律委员会；

(3)劳动和社会政策委员会；

(4)预算和税收委员会；

(5)财政市场委员会；

(6)经济政策和企业委员会；

(7)财产委员会；

(8)工业委员会；

(9)建设和土地关系委员会；

(10)科学和知识密集型技术委员会；

(11)能源委员会；

(12)交通委员会；

(13)国防委员会；

(14)安全委员会；

(15)国际事务委员会；

(16)独联体国家合作事务与同胞联系委员会；

(17)联邦事务和区域政策委员会；

(18)地方自治问题委员会；

(19)国家杜马章程和工作组织委员会；

(20)信息政策、信息技术和邮电委员会；

(21)健康保护委员会；

(22)教育委员会；

(23)家庭、妇女和儿童问题委员会；

(24)农业问题委员会；

(25)自然资源、资源开发和生态委员会；

(26)文化委员会；

(27)社会团体事务和宗教组织委员会；

(28)民族事务委员会；

(29)体育和运动委员会；

(30)青年事务委员会；

(31)北极和远东问题委员会；

(32)功勋人员事务委员会。

根据章程的规定，国家杜马可以组建其他常设委员会。组建和取消常设委员会的决定由杜马决议确定。各常设委员会的期限不超过本届国家杜马的任期。

国家杜马各常设委员会的职责：在本届会议期间，当国家杜马形成初步的立法草案工作计划时提供建议，并就形成国家杜马本月审议问题的日程提供建议；对法律草案进行预先审查并起草法律草案供国家杜马审议；起草国家杜马决议草案；就提交到杜马的法律草案和决议草案作出结论；研究和执行国家杜马委员会的授权；根据杜马的决定准备向宪法法院提出咨询；根据国家杜马委员会的决定和杜马主席的授权，制定杜马向宪法法院派遣国家杜马代表的杜马决议草案；组织杜马举行的议会听证会；就联邦预算草案的相应部分作出结论和提出建议；提出在国家杜马举行活动的建议；解决组织自己活动的问题。

国家杜马通常按照党团代表比例原则组建各常设委员会。每个常设委员会的人员构成由杜马确定，但是，通常不能少于12人，并且不能多于35名杜马议员。

常设委员会的组成由国家杜马以国家杜马议员总数的多数票通过，以国家杜马决议的形式通过批准成立常设委员会的决定。常设委员会构成的变化以国家杜马决议的形式确定。

常设委员会可以根据自己的业务方向创建下属委员会。下属委员会预先对常设委员会主席发给它的法律草案、其他文件和资料进行详细研究，在自己的会议上审议这些法律草案和文件，就所讨论的问题制定对常设委员会会议的建议。

各常设委员会主席、第一副主席和其他副主席按照国家杜马副主席的选举程序由杜马进行选举,按照党团的推荐由议院以国家杜马议员总数的多数票通过,可以就候选人的整个名单进行表决。关于选举的决定以杜马决议的形式形成。

根据章程第22条(2007年10月9日修订)的规定,同一党团推荐的竞选杜马主席、杜马副主席、各常设委员会主席和副主席的议员的总数量,不能超过该党团成员总数的50%。

关于免除国家杜马各常设委员会主席和副主席职务的决定,以国家杜马议员总数的多数票通过。免除职务的决定以杜马决议的形式形成。

如果有常设委员会成员总数一半以上的人出席了常设委员会的会议,则国家杜马常设委员会会议合法。常设委员会会议由常设委员会主席主持,在必要的情况下,也可以由常设委员会副主席主持,但是,每个月不能少于2次。作为该常设委员会成员的国家杜马议员有义务出席常设委员会的会议。常设委员会有权以决定的形式规定国家杜马议员将自己的表决权转交给杜马其他议员的程序。也就是说,因正当理由而缺席常设委员会会议的议员可将自己的表决权交由本委员会的其他成员代为行使。如果杜马章程未作其他规定的话,常设委员会的决定以出席会议的常设委员会成员和将自己的表决权交由本常设委员会其他成员代为行使的成员总数的多数票通过。

不是国家杜马各委员会成员的国家杜马议员,可以以拥有讨论权而无表决权的身份出席各常设委员会、专门委员会的会议。俄罗斯联邦总统、政府驻国家杜马全权代表,有立法动议权的各主体、提出的立法草案在相应的常设委员会或者专门委员会上进行审议的代表、联邦执行权力机关的副职领导人(第一副职领导人)可以出席常设委员会、专门委员会的会议。在审议社会局对立法草案作出的结论时,可以邀请社会局杜马成员代表,还可以邀请鉴定人、相关国家机关、社会团体、大众媒体的代表出席常设委员会和专门委员会的会议。各常设委员会和专门委员会有权举行共同会议,但是在这类会议上各常设委员会、专门委员会分别作出决定。

为了查明事情真相,了解与立法活动以及属于各常设委员会、专门委员会管辖范围的其他问题有关的社会意见,各常设委员会和专门委员会可以组织议会听证会、组织大会、研讨会、"圆桌会"、专题研讨会并参加相关工作。

根据章程第30条规定,国家杜马在俄罗斯联邦宪法、联邦法律和章程自身规定的情况下,并按照它们规定的程序组建专门委员会。专门委员会存续的期限不能超过本届杜马的任期。关于成立专门委员会、选举专门委员会的主席、第一副主席和其他各副主席,确定专门委员会组成人员和专门委员会条例、确定任务、业务期限的决定,以及关于专门委员会职权、提交包括有关花费的财政资金信息在内的专门委员会业务活动报告的形式和日期的决定,由国家杜马成员总数的多数票通过,并以杜马决议的形式形成。

章程第31条规定,为了由杜马审议国家杜马议员职权的提前终止问题,根据俄罗斯联邦总检察长的建议剥夺国家杜马议员不可侵犯的权利问题,以及同违背议员道德标准有关的问题,国家杜马成立了国家杜马代表资格审查和议员道德标准问题专门委员会。该专门委员会具有国家杜马常设委员会的地位。专门委员会通常根据各党团代表比例原则由杜马组建。专门委员会主席、第一副主席和其他副主席按照选举国家杜马副主席的程序选举。国家杜马主席和副主席不能被选为专门委员会的组成人员。

六、国家杜马工作程序

(一)一般要求

根据俄罗斯联邦宪法第99条第2款的规定,"国家杜马在选举后第

30天举行第一次会议。俄罗斯联邦总统可在这一期限之前召集国家杜马会议"。

这一条文的表述并没有清楚地规定，在第30天"按计划"召开是杜马会议由总统召集还是由总统召集提前的会议。很明显，在其他情况下，以总统令召集杜马会议，对此大众传媒广为宣传。正如我们认为的那样，应该将该信息通知每个议员。要么由国家杜马机关、要么由总统行政机关、要么由中央选举委员会分别发出该信息。

2007年10月9日国家杜马对章程的补充规定确定，在新一届杜马开始工作前的两周内，在如果俄罗斯联邦总统在早于上述作出期限的时间内召开国家杜马新一届会议决定的情况下，则在作出上述决定的第二天，以国家杜马主席令组建筹备新一届国家杜马第一次会议的临时议员工作组。临时议员工作组按照每个联邦候选人名单所获得的代表证的数量比例，由被选为新一届任期的国家杜马议员组成。临时议员工作组负责与召开第一次会议有关的组织问题，在新一届国家杜马第一次会议上选举出相应的杜马机关后，终止自己的职权。不能不指出，根据上述条款的规定，这一临时工作组由上届杜马主席令组建，而上届国家杜马主席也有可能不能成为新一届杜马的议员。

国家杜马会议的法定人数是一致的：杜马议员总数（450名）的大多数出席会议，也就是说有226名或者以上的议员出席杜马会议，杜马会议是合法的。

国家杜马第一次会议由年龄最长的议员之一主持。在选出国家杜马主席和副主席之前，根据党团代表间达成的协议，可以由党团代表轮流主持。

在第一次会议上，国家杜马通过公开表决的方式、以议员总数的多数票选举：(1)国家杜马计票委员会；(2)国家杜马章程和组织工作临时委员会；(3)临时秘书处。

计票委员会根据必要性程度开展自己的工作，但原则上这是一个常设机关。

在选举杜马主席、第一副主席、成立国家杜马章程和组织工作委员会、选举出该委员会的主席和确定了该委员会的成员后，临时专门委员会和临时秘书处终止自己的职权。

在国家杜马第一次会议上，议员按照章程规定的程序选举主席和副主席。

杜马会议公开举行并通过大众传媒进行广播。根据杜马的决定，为了就国家杜马审议的法律草案和其他问题提供必要的信息和结论，可以邀请国家机关、社会团体、科研机构、鉴定人和其他专家出席杜马会议。媒体代表在拥有采访杜马资格的条件下，可以出席杜马公开举行的会议。

如果会议主持人、杜马委员会、总统、杜马常设委员会或者党团、杜马主席、俄罗斯联邦政府总理提出了不公开举行会议的建议，那么杜马可以作出不公开举行会议的决定。不举行公开会议的决定由参加表决的国家杜马议员的多数票通过。通常，在计划举行会议前不迟于1个小时的时间，召开杜马的不公开会议。在不公开会议举行过程中不允许携带并使用照相、录像设备、电话通信设备、收音机、录音设备和信息处理设备。媒体的代表不允许出席杜马的不公开会议。

俄罗斯联邦总统，总统驻国家杜马的全权代表，联邦委员会主席和成员，俄罗斯联邦政府主席和成员，俄罗斯联邦政府驻国家杜马全权代表，宪法法院、最高法院、高等仲裁法院主席，俄罗斯联邦检查厅主席、副主席和检查员，俄罗斯联邦人权全权代表，俄罗斯联邦总检察长，俄罗斯联邦中央选举委员会主席既有权出席公开会议，也有权出席不公开会议。执行权力联邦机关的副职领导人可以出席国家杜马的公开会议，出席不公开会议只有在拥有根据杜马主席或者依照杜马主席授权的副主席的书面许可办理的特别通行证时才可以。社会局委员会授权的俄罗斯联邦社会局成员，在审议社会局进行鉴定的法律草案时，可以出席国家杜马举行的公开会议。其他人只有在拥有特别通行证的条件下,才可以出席杜马的不公开会议。

在国家杜马会议大厅中,为俄罗斯联邦总统设置了专门的座位,在该座位上悬挂着俄罗斯联邦国旗和俄罗斯联邦国徽。为杜马主席和副主席在杜马会议大厅中设置了专门的座位,在这些座位上安装了主持会议用的装置。还为联邦委员会主席,俄罗斯联邦政府主席,政府成员,宪法法院、最高法院、高等仲裁法院主席,检查厅主席,俄罗斯联邦人权全权代表,总检察长,中央选举委员会主席,总统驻国家杜马全权代表,政府代表设置了座位,而且还为联邦委员会成员、社会局成员也设置了座位。

(二)国家杜马会议期间和对杜马工作组织的一般要求

章程第40条最初规定,国家杜马在会议期间开会,通常:(1)春季会议期间,从1月12日—6月20日;(2)秋季会议期间,从9月1日—12月25日。应该说,尤其是在春季会议期间,这些期限经常不能被遵守,杜马的工作被延长至7月中旬。2005年6月10日在对章程进行修改时,上述的表述变得更加"模糊":根据国家杜马议员在相应会议期间的日程,国家杜马在春季和秋季会议期间召开会议。在本次会议期间杜马最后的会议中,通过了国家杜马议员例行会议期间工作日程的议院决议。

在国家杜马会议期间,举行议院会议、国家杜马委员会会议、国家杜马各常设委员会和专门委员会会议、议会听证会,国家杜马议员在各常设委员会、专门委员会、各党团工作,以及与选民的工作。

在宪法学科上有对代表机关会议期间的狭义和广义的解释。在狭义情况下,会议期间仅仅是指代议机关自身的会议;而在广义的情况下,还包括代表机关的各常设委员会和专门委员会的工作。国家杜马(如同联邦员会一样)对会议期间做极其广义的解释,因为在会议期间的范围内不仅仅包括各常设委员会、各专门委员会、各党团的工作,既包括在这些组织中的工作,也包括与选民的工作。

杜马举行的所有活动在章程中都有所规定。

每周三和周五举行国家杜马会议（例行会议）。国家杜马可以召开补充或者非例行会议。

在国家杜马每周三的会议上，确定了杜马的工作程序后，举行"表决1小时"。根据国家杜马委员会或者议院以杜马议员总数的多数票通过的决定，可以确定其他的日子或者时间举行"表决1小时"。提交到"表决1小时"的只有那些已经被杜马讨论过的法律、法律草案和决议草案；在三读时审议的法律草案；联邦委员会驳回的法律草案；就根据俄罗斯联邦宪法属于杜马管辖的问题作出的国家杜马决议草案。在"表决1小时"不允许对法律、法律草案、决议草案进行修改，不允许重新对整部法律讨论或者只讨论法律的部分编、章、条、款、项。

国家杜马委员会定期举行会议。除议员与选民工作日外，国家杜马委员会的例行会议在每周二和周四召开。会议在10点开始举行。

国家杜马各常设委员会和专门委员会每周一和周四举行会议。周二是各议员在各党团的工作时间。

周四，是各议员在各常设委员会和各专门委员会、在各党团中的工作时间。

议会听证会在国家杜马委员会确定的日期和时间举行。如果杜马没有作出其他决定，不允许在国家杜马会议时间举行议会听证会。

通常在会议期间，要每月确定一周的时间为国家杜马议员与选民的工作时间。

在举行新一届国家杜马议员选举期间（从确定选举到选举日），国家杜马议员与选民工作的时间被定为每月两次。在这种情况下，国家杜马会议每周二、周三、周五举行，国家杜马委员会会议被定在每周一、周四举行。最初在章程中规定了与选民工作的具体期间（为会议期间每月的最后一周，以及从12月26日到1月11日和从6月21日到国家杜马议员每年带薪休假开始之日这段时间，此外，还有从国家杜马议员每年的带薪休假结束之日到8月31日这段时间）。但是，2005年6月10日在章程进行修改时，决定删除这些细节内容。现在这样规定：议员与选民的工作期间由本次会议期间的国家杜马议员工作日程确定。

根据章程第41条规定，在每周三的国家杜马会议上，专门抽出时间，由公职人员回答国家杜马议员的问题——"政府1小时"，政府1小时从12点30分开始进行，持续到14点。

国家杜马章程规定了诸如"政府1小时"这类活动。"政府1小时"也可以在每周五举行。在"政府1小时"进行时，各党团、常设委员会和专门委员会代表，以及议员的发言时间不能超过5分钟。根据议院的决定，发言时间可以延长。

如上所述，国家杜马除例行会议外，还可以召开非例行会议。国家杜马委员会根据总统的建议，根据不少于杜马议员总数的1/5人员支持的党团的要求，或者根据杜马主席的建议可以召开国家杜马非例行会议（章程第14条）。如果某党团要求召开非例行会议，则该党团应该向国家杜马委员会提交杜马相应的决议草案。国家杜马委员会确定召开杜马非例行会议的日期。

要及时地向国家杜马议员通知提交杜马审议的问题的信息。文件草案和其他必要的资料应在杜马会议进行审议前3天内向议员提供。

在举行国家杜马全体会议的过程中，会场上直接发放的只是那些与被列入本次会议工作日程有关的资料，以及各党团的申请。其他所有资料和文件按照规定程序在会议开始前发放，或者通过常设委员会、专门委员会发放，或者将这些资料直接发到各议员的个人邮箱。

每次国家杜马会议都从会议登记开始。如果杜马议员总数的大多数出席杜马会议，则杜马会议有效。国家杜马议员有义务出席杜马会议。如果不能出席杜马会议，议员要及时通知党团领导或者常设委员会、专门委员会主席，或者通知国家杜马主席。

每次杜马会议中间休息时，出席会议的议员要进行登记。在会议闭幕时，会议主持人要提醒各议员例行会议的工作程序。议员有权使用电子登记卡进行登记，在没有电子登记卡的情况下，可以提交固定格式的申请表进行登记。

在国家杜马会议上，议员有权参加讨论，就讨论问题的实质提出建议、意见和修正案，有权推选候选人并就国家杜马选举、任命或者批准的公职人员候选人发表意见，有权提出问题、有权提供资料，以及拥有其他法定的权利。

国家杜马的工作用俄语进行。想要用其他俄罗斯民族语言发言的杜马议员，要及时通知国家杜马委员会。这里不使用俄语的发言，需要提供翻译译成俄语。

杜马议员要在位于讲台上的麦克风附近进行发言或者在会议大厅自己的座位上发言。

在国家杜马开会时，各议员应该穿着与国家杜马活动特点相符的正式服装。这一规定还是在1994年第一届章程中规定的。

国家杜马章程第45条有对杜马发言举止的要求。在杜马会议上发言的人无权违反议员的道德标准——在自己的发言中使用给国家杜马议员或者其他人造成名誉和尊严伤害的粗俗、带有侮辱性的言辞，无权毫无根据地利用虚假信息中伤谁，无权引起非法行为。除俄罗斯联邦法律另有规定外，国家杜马发言人使用的货币指标以卢布计算。在违反上述规则的情况下，会议主持人要对发言人进行警告，在重复违反规则的情况下，要剥夺其在会议上一整天时间的发言权。以议员总数的多数票通过的杜马决议的形式，可以剥夺某议员在1个月内的发言权。

对议员适用的措施，是其所承担的宪法法律责任，该责任是一种程序性制裁。警告和剥夺在会议上一整天时间的发言权，被规定在1994年的章程中；而剥夺1个月的发言权，则是在1998年规定的。

（三）"政府1小时"

国家杜马有权邀请出席"政府1小时"的人员有：联邦部长，负责根据在章程中规定的、属于国家权力执行机关业务范围的其他公职人员。这些业务范围有:"经济发展与贸易""财政与税收政策""工业与能源""建设与住宅公共事业""交通体系""信息技术与邮政""农业与粮食""自然资源与生态""国家安全""公民的个人安全以及与犯罪作斗争""法制以及公民的宪法性权利""俄罗斯联邦国防和武装力量""民防与紧急事态预防""对外政策与国际关系""区域政策""社会政策""健康医疗""教育与科学""文化与大众传媒""体育、运动与旅游"。

在例行会议上举行"政府1小时"的计划,由杜马批准,通常是在国家杜马本会议期间最后一次会议上确定。在这一计划中应该明确每个月所讨论问题的名称和被邀请的公职人员。杜马委员会要将根据在本次会议期间举行"政府1小时"计划的具体问题,列入国家杜马本月审议问题的日常草案中,同时要注明在国家杜马委员会上审议这些问题的日期。

根据所审议的问题,在举行"政府1小时"前的10天内,国家杜马主席邀请一个或多个联邦部长、其他公职人员出席"政府1小时"。在必要的情况下,根据被审议的问题,考虑到国家杜马议员的问题和建议,由被邀请的公职人员确定的其他公职人员也可以出席"政府1小时"。

就在"政府1小时"建议审议的书面问题和建议,应该在举行上述"政府1小时"前的10天内由议员提交给国家杜马委员会。国家杜马委员会审议国家杜马各议员提出的问题和建议,并将这些问题和建议在举行"政府1小时"前的5天内移交给一个或者多个主管所审议问题的联邦部长和其他公职人员。

如果联邦部长或者其他被邀请的公职人员不能出席"政府1小时",通常,在举行会议前的5天内,通知国家杜马主席并说明自己不能出席的原因,同时要说明能够代替自己出席"政府1小时"的公职人员。在这种情况下,国家杜马委员会可以将"政府1小时"移至其他时间举行。

就审议问题的基本信息告知主管被审议问题的联邦部长和受邀的

其他公职人员,且应该被限定在20分钟内,而告知其他公职人员的补充信息则应该被限定在5分钟内。议员有权就审议的问题向被邀请的公职人员提问。问题的时长不应该超过1分钟,对问题的回答则不应该超过3分钟。在"政府1小时"范围内不进行讨论。允许党团代表和专门委员会的代表发言时间可持续达5分钟。

就审议问题的主要内容进行发言的公职人员,有权做不超过5分钟的总结发言。

就讨论问题的结果,国家杜马可以授权专业委员会起草国家杜马决议草案。

(四)议员和议会的质询

议员质询是指议员向一定的机构和公职人员提出就具有社会意义的、属于被质询人和该代表机关管辖范围的问题提供信息的要求。通常,议员质询是针对某一领域内状况并不太好的事情提出的。

在国家杜马章程中,也规定了质询,可以向足够多的机构和人员提出议员质询。议员有权(第47条第4项)向俄罗斯联邦政府主席,俄罗斯联邦总检察长,中央银行主席,俄罗斯联邦中央选举委员会主席,其他各选举委员会主席,全民公投委员会主席,联邦其他国家权力机关、俄罗斯联邦各主体国家权力机关和地方自治机关领导,退休基金、社会保险基金、联邦医疗强制保险基金的领导,就其管辖范围的问题提出质询(但是,不能干涉他们的业务活动)。

在国家杜马实践中,使用的仅仅是议员提出,并以杜马本身的名义提交的质询。这类被叫作议会质询。这类质询将以杜马决议的形式形成,并会在更大的范围内进入杜马的视野,同时会引起具体的机关和社会对相应问题的关注。

将"议会质询"这一概念列入章程中,国家杜马同时修改了相对于议员质询的一些规则。在杜马会议的目录上并未列出的情况下,国家杜马议员将议员质询单独寄送出去。

议会质询的被质询人，以及那些普通质询的被质询人，我们前面已经进行了列举。议会质询也不应该干涉相关公职人员的业务活动。

从收到质询之日起15天内，或者在国家杜马规定的其他时间内，被寄送质询的公职人员应该作出口头（在杜马会议上）或者书面的答复。对议会质询的书面答复，在杜马会议上由会议主持人宣读，而将该答复的复印件发给杜马各议员。

（五）国家杜马会议上讨论问题的范围

按照国家杜马委员会制定的、杜马前期会议中的一次会议上批准并预先分发给杜马各议员的、本会议期间杜马立法工作的预定计划，举行国家杜马会议。同时，在预定计划中要附有国家杜马委员会根据各党团、国家杜马各常设委员会和专门委员会的建议编制的、本月审议问题的日程，还要有以国家杜马议员总数的多数票通过的例行会议的程序。

国家杜马非例行会议上审议的问题有：

（1）总统咨文和建议；

（2）总统或者政府提出的加急法律草案；关于本财政年度和计划期间联邦预算的联邦法律草案；根据俄罗斯联邦宪法第105条和第107条规定的程序，退回给杜马进行重复审议的联邦宪法性法律和联邦法律（即被相应的联邦委员会和俄罗斯联邦总统驳回的法律）；白俄罗斯和俄罗斯联盟议会会议通过的、具有联盟立法建议地位的规范性法律文件；关于批准俄罗斯联邦国际条约的联邦法律草案；国家杜马主席向宪法委员会提交的决议草案；宪法规定的、属于杜马管辖范围的杜马决议草案；杜马章程草案，以及对杜马章程进行修改的决议草案。

其他法律草案和问题，只能按照以杜马议员总数的多数票通过的议会决议，才可以在非例行会议上进行审议。

（六）国家杜马会议上的主持人

国家杜马会议上的主持人：根据杜马章程的规定主持整个会议的日程；按照国家杜马工作程序、章程的要求，或者按照杜马决议确定的其他程序的规定,根据登记申请的顺序,主持发言;仅仅对那些列入的程序性问题和按照主持会议的程序,才能进行杜马会议工作程序之外的发言;按照程序对国家杜马各议员的建议逐个进行表决;主持表决并宣布表决结果;监察国家杜马的会议记录和会议进程表,并签署上述会议记录。

在出现违反杜马章程的情况下,会议主持人有权警告杜马议员,在重复违反章程的情况下,有权剥夺议员的发言权。对会议主持人、其他各位议员发表粗俗的、带有侮辱性言论的杜马议员,在未经警告的情况下,被剥夺发言权。当议员按照会议程序进行发言,但在出现跑题的情况下,会议主持人也可以对其进行警告,当重复出现发言跑题的情况时,剥夺其发言权。会议主持人有权指出在会议过程中出现的违反俄罗斯联邦宪法、联邦法律、杜马章程的情况,并有权纠正在发言中出现的事实错误。最后,会议主持人有权将那些影响杜马工作的被邀请的人员清除出会议大厅。

国家杜马会议的主持人无权就讨论问题的实质发表自己的看法,无权就议员的发言进行阐释、对发言人进行评价。如果会议主持人认为必须参加对某问题的讨论,其应该在发言程序上进行登记,同时应该让其他人担任会议主持人,直到就该问题通过决议。在参加不使用电子系统进行公开表决时,会议主持人要最后发言。

在会议主持人违反章程要求的情况下,国家杜马以议员总数多数票任命其他会议主持人,直到就讨论的问题作出决议时为止。

(七)国家杜马的会议程序

国家杜马的会议在工作日召开:早会从10—14点,12—12点30分为休息时间,晚会从16—18点(章程第55条规定)。杜马可以决定另定时间召开会议。

如果某议题于星期三杜马会议的主要会期开始讨论,国家杜马会议主持人有权不经过表决而延长会议时间,直到有关议题通过最终的决定。

报告、补充报告和总结发言的时长由主持人在国家杜马会议上与报告人、补充报告人协商后确定,但报告不得超过15分钟,补充报告不得超过10分钟,总结发言不超过10分钟。

辩论中的发言不超过10分钟,再次发言的不超过5分钟,国家杜马议员就程序性问题的发言,杜马议员对通过或者撤回修改法律草案或者其他杜马决定草案所作的论证,就候选人问题所作的发言,以及对国家杜马委员会提出的工作制度进行通告、答复、修改不得超过3分钟,就国家杜马工作制度和召开会议问题进行发言不得超过1分钟。

规定的时间一到,主持人则向发言人提示,并有权打断他的发言。

每个国家杜马议员都应当围绕议题进行讨论。当发言人偏离主题时,主持人有权做出提醒。如果议员没有顾及主持人的意见,则主持人有权打断该议员的发言。

经国家杜马出席会议的多数议员同意,主持人可以确定会议日程中某议题的讨论时间、提问和回答的时间,并可以延长发言时间。

国家杜马会议上议员在辩论中对同一个问题发言不得超过两次。

针对议题进行的辩论,当杜马确定的时间届满,辩论终止,或者根据国家杜马以参加表决的议员多数票通过的决定终止辩论。

当终止辩论的决定作出后,报告人和补充报告人有权总结发言。党团代表的宣传投票发言可以有3分钟,此时的宣传投票是指对通过或者撤回议题的论证。

(八)国家杜马决定的表决与通过

国家杜马在杜马会议上以公开或秘密表决的方式通过决定。公开表决可以是记名的。

表决时,可以使用电子计票系统或者不使用电子计票系统。使用电子计票系统可以分为计数制表决、筛选制表决、必择其一制表决和质量制表决。

计数制表决是指选择一种方案："同意""反对"或者"弃权"。针对每次表决选票计算并得出表决结果，针对表决人的意愿表达计算出绝对数和比例数。

筛选制表决的方法适用于一名议员参与多个问题的计数制表决，多次计数制表决加起来就是筛选制表决。这种表决方式只有在所有问题都表决完以后才能得出每次表决绝对数和比例数投票结果。如果根据筛选制表决结果有几个问题取得了必需数量的选票，则得票最多的问题视为通过。如果筛选制表决的结果显示，没有一个问题取得必需数量的选票，则对得票最多的问题进行第二次表决。如果表决时，该问题取得了必需数量的选票，则视为通过决定。

必择其一制表决是指针对表决问题方案中的一项进行表决。计算选票、得出绝对数和比例数表决结果按照表决问题的全部方案同时进行。

质量制表决就是必择其一制表决附带着对表决问题的质量评价，从5个方案中选出一个："很不好""不好""满意""好"和"很好"。

使用电子计票系统进行公开表决，议员有权获取附有记名表决结果的清单。

使用电子系统进行记名表决时，记名表决的结果有保障，能够以固定的形式形成并打印记名表决结果清单，议员们都可以了解这些清单。

使用电子计票系统进行秘密表决时，记名表决结果的相关数据不存入在电子系统的存储器内。

如果俄联邦宪法没有例外规定的话，国家杜马的决议以全体议员多数票通过（比如，根据俄联邦宪法，通过联邦宪法性法律、指控俄联邦总统、在联邦委员会拒绝同意联邦法律后杜马重新审议该联邦法律以及驳回总统的否决要求2/3以上多数的选票通过，而对于重新审议俄联邦宪法的议案，需要得到杜马议员3/5以上多数选票通过）。

如果杜马章程中没有另行规定的话，对于程序性问题采取参加表决的议员多数通过即可。程序性问题包括：会议的休会或者会议延期问题；安排补充发言的时间；就法律草案的重要问题延长回答问题的时间；允许受邀参会人员发言；对讨论问题引起的争论决定改期或者结束争论；将问题提交至相应的议院常设委员会或者专门委员会审议；无须讨论即进行表决；召开内部会议；邀请特定人群参加会议；改变表决方式；改变发言顺序；进行补充登记；重新计算选票。

在对每个问题进行表决时，国家杜马的议员都享有一票，可以赞成通过决定，也可以反对通过决定，或者表示弃权。议员有义务保障表决用的卡片完整。议员亲自行使自己的表决权。国家杜马议员遵守亲自表决的要求是通过联邦法律必要程序中的要件。根据国家杜马章程第85条第2款（2002年10月23日修订）的规定，使用电子计票系统时，议员因正当理由不能出席杜马会议，可以将自己的表决权转交给另一名杜马议员。议员在不能出席杜马会议期间要填写将表决权转交给另一名议员的申请，写给杜马主席，在议员的公文用纸上写明缺席的原因、转交表决权的时间，以及表决时就杜马审议的问题如何使用表决权。有关议员在不能出席杜马会议期间将表决权转交给其他议员的申请，议员也可以以电报的形式发送。申请和电报直接递交至国家杜马章程和国家杜马组织工作委员会进行登记保存。

使用电子计票系统表决的过程中，在结果出来前，主席在屏幕上查明会场内是否有议员出席但没有表决卡片，如果有，建议该议员口头表达自己对表决问题的态度。议员的口头声明记入会议记录和选举结果中。

表决时，缺席的议员在过了表决时间后，无权投票。

在提出几名候选人或者杜马审议的决定有两个以上的方案时，可以根据国家杜马的决定进行两轮投票。第一轮允许每个候选人对多个候选人或者杜马议题的多个方案进行投票。第二轮的投票针对第一轮中得票最多的两名候选人或者两个解决方案进行投票。根据第二轮投票的结果,得票最多的候选人或者方案并且其所得票数不少于规定的选票,则视为该候选人当选或者该方案通过。如果在第二轮中,没有一个解决方案获得必需数量的选票,则停止对该问题的审议。

在国家杜马会议上的公开表决可以使用电子计票系统或者杜马决定不使用电子计票系统。公开表决可以使用记名选票。在不使用电子计票系统进行公开表决时,计票工作可以委托给杜马选举产生的计票委员会。计票结束后,主持人宣布通过何种决定("同意",肯定的或者"反对",否定的)。

国家杜马议员多数票表决通过的决定可以秘密进行。秘密表决既可以使用电子计票系统,也可以使用选票。秘密表决的选票在计票委员会的监督下制作,形式由计票委员会建议、杜马批准。表决的时间和地点以及表决的程序由国家杜马根据计票委员会的建议依据杜马章程确定,并由计票委员会主席公布。

根据杜马以参加表决议员多数票通过的决定可以举行记名表决,表决既可以使用电子计票系统,也可以采用记名选票。采用记名选票的记名表决以及表决结果的确定都由计票委员会负责。

如果在国家杜马会议上既通过了举行记名表决的决定,也通过了举行秘密表决的决定,则举行秘密表决(章程第91条)。

根据宪法,杜马通过的决定都形成决议,包括同意修改俄联邦宪法的俄罗斯联邦法律草案的决议、同意联邦宪法性法律的决议、通过联邦法律的决议、同意俄联邦总统任命俄联邦政府总理的决议、不信任政府的决议、信任政府的决议、关于俄联邦政府年度工作报告的决议、宣布大赦的决议、指控俄联邦总统的决议、向俄联邦宪法法院提出要求的决议等。同时,国家杜马有权以全体议员多数票通过申请、请求和议会质询,也形成杜马决议。因此,国家杜马的文件种类有多种,但决议才是具有法律意义的文件形式。

俄联邦总统、联邦委员会、联邦委员会成员、国家杜马议员、党团、国家杜马常设委员会和专门委员会、俄联邦政府、俄联邦主体立法(代表)机关以及宪法法院、最高法院、最高仲裁院就管辖事项可以向国家杜马提出决议草案。

国家杜马章程(第95条)规定,杜马议员总数应当指俄联邦宪法第95条第3款确定的议员数——450名议员。俄联邦宪法法院1995年4月12日的决议关系到这条规定的出台。该决议是就案件关于俄联邦宪法的第103条(第3款)、第105条(第2款和第5款)、第107条(第3款)、第108条(第2款)、第117条(第3款)和第135条(第2款)的解释作出的。宪法法院指出,将"全体议员"理解为实际上当选杜马议员的数量,减去表决时按照规定程序终止职权的议员数量,这样的理解将导致国家杜马即使由于大量议员席位空缺使杜马失去代表意义时,也有权通过联邦法律和其他属于其管辖的重要文件。这些法律和其他文件违反了俄联邦宪法第94条,是不合法的。国家杜马的代表性质和文件合法性只能借助于"全体议员"的概念即宪法规定的数量——450名议员的保障。因此,该条规定也成为杜马章程的内容之一。

(九)国家杜马的议会听证

根据俄联邦宪法第101条第3款,国家杜马就其管辖问题举行议会听证会,讨论由其管辖的问题。关于议会听证的题目、时间和地点最迟于听证前10天通过媒体发布。受邀出席议会听证的人员组成由国家杜马的组织听证的常设委员会和专门委员会决定。国家杜马根据国家杜马委员会、杜马的常设委员会和专门委员会、党团的提议举行议会听证。举行议会听证的问题提交至国家杜马委员会会议上审议,由国家杜马委员会确定议会听证的日期。国家杜马委员会将组织和举行议会听证的职责委托给具体的常设委员会、专门委员会以及杜马机关的相关部门。杜马的常设委员会和专门委员会可以一起组织议会听证。

议会听证通常对媒体代表、社会团体代表和公众代表开放。国家杜马根据组织听证的杜马常设委员会、专门委员会的建议可以通过决定举行不对外的议会听证。

议会听证在莫斯科市的国家杜马大楼里或者经联邦其他国家权力机关同意在它们的大楼里举行。

国家杜马主席、副主席或者他们委托的常设委员会、专门委员会的主席或副主席主持议会听证。

议会听证由会议主持人简短发言开始,告知本次听证要讨论问题的性质、意义、会议进行程序、受邀人员;然后,国家杜马常设委员会和专门委员会代表发言,就议题作20分钟以内的报告;之后,由出席议会听证的国家杜马议员和受邀人员发言。

议会听证会上,受邀人员发言结束后,国家杜马议员和其他在场人员提问及回答。问题可以口头提出,也可以书面提出。对议题以出席议会听证的杜马议员半数赞成通过建议的,议会听证会视为结束。

在国家杜马的实践中,议会听证的建议有多种形式,如针对议会听证的结论提出建议、杜马相关委员会的结论和建议、委员会的结论。议会听证会的建议经常被采用,但是也有国家杜马委员会就议会听证结果提出建议。有时候议会听证的结果以结论、推论和建议的形式表现,也存在听证参加人的决议,但最终的文件都带有建设性。有时不通过建议。常常起草建议的草案,在听证会上以它为基础,根据收到的意见和建议由杜马相应的委员会进行补充修改。

有时,议会听证会的建议也是国家杜马审议的对象,这提高了听证会的地位,尤其当杜马向有权国家机关申请解决紧迫问题时,杜马可以通过决议批准针对原来的听证对象所采取的计划。

(十)国家杜马的其他工作形式与议员联系选民的工作

根据国家杜马常设委员会、专门委员会、党团的提议,可以举行会议、"圆桌会议"、讨论、代表会议和其他与杜马立法工作相关的活动。进行相关活动的决定由杜马主席做出,或由国家杜马工作规则与组织委员会根据主席授权做出,必要时由国家杜马委员会做出。

根据联邦法律《俄罗斯联邦联邦会议联邦委员会成员和国家杜马议员地位法》，国家杜马议员应当保持与选民的联系。议员要给选民回信，分析选民提交上来的申请，接待选民。

在杜马章程中设有专章《议员联系选民的工作》(第8章)，规定(第75条)议员：审议选民的申请；亲自依照章程确定的程序和期限受理选民的申请，但两个月至少要受理一次，半年内至少与选民见面一次；采取其他俄罗斯联邦法律规定的措施，以保障与选民的联系。

国家杜马议员在国家杜马接待处接待选民。

根据章程第76条，在国家杜马开会期间，审议选民提交上来的建议、申请、投诉是议员联系选民的主要工作方式，议员应当针对这些建议、申请和投诉采取俄罗斯联邦法律规定的措施。

国家杜马议员联系选民工作的一般程序，议员向国家权力机关和地方自治机关、其他组织、俄罗斯联邦武装力量的军事部门、联队和机关申请的程序，保障议员工作问题以及保障议员在联系选民工作中的物质补偿问题等，都由上述联邦法律《俄罗斯联邦联邦会议联邦委员会成员与国家杜马议员地位法》规定。

七、杜马工作的保障

根据章程第78条，国家杜马机关负责在法律、组织、文献、分析、信息、财政、物质技术、社会生活方面为国家杜马议员、党团、国家杜马委员会、国家杜马常设委员会和专门委员会、国家杜马主席、国家杜马副主席的工作提供保障。该国家杜马机关根据2004年7月27日的联邦法律《俄罗斯联邦国家公务员法》组建并具有法人资格。

机关的活动既由国家杜马章程调整，也由国家杜马机关条例调整，该条例根据2004年2月16日的国家杜马主席令批准(2004年2月12日与国家杜马委员会协商)。

2006年11月17日对章程第78条增加了新的规定。2007年10月9日修订后规定,国家杜马机关工作、在国家杜马机关中担任文职职务的文职人员以及国家杜马机关工作人员的权利、义务和责任,由俄罗斯联邦立法、国家杜马机关管理条例、机关工作制度、机关组织机构条例、国家杜马主席令、国家杜马章程和国家杜马组织工作委员会的决定以及国家杜马机关负责人令予以规定。

因此,有两个问题不太清楚:前面提到的机关条例是否继续生效,是否还是机关工作的法律依据。这样,前面提到的机关管理章程、机关工作制度能不能作为不属于执行权机关和国家机关的部门的工作依据,由此引发的"工作上的"分歧就在杜马中产生了。根据笔者的写作资料,这些文件本身并不是制定出来的,当时正在起草新的机关条例,可能在2009年末至2010年初出台。

因此,这里的信息都来自对规范的描述。

比如,在杜马的章程中规定,国家杜马机关制定的国家杜马机关管理条例是经国家杜马章程和国家杜马组织工作常设委员会同意并经国家杜马主席根据国家杜马机关负责人的建议批准的。国家杜马机关的工作制度、国家杜马机关管理条例以及党团机关的标准规定、国家杜马常设委员会机关的标准规定、国家杜马专门委员会的标准规定都由国家杜马机关负责人经国家杜马章程和国家机关常设委员会同意后批准。

规定保障国家杜马议员为行使职权公务用车制度、使用通信设备制度、相应地区或者俄罗斯联邦主体工作需要的物质支出补偿制度、国家杜马议员和国家杜马机关工作人员的出差制度、在国家杜马内的通行制度的规范性文件,都是由国家杜马机关起草、经国家杜马章程和国家杜马组织工作委员会同意、国家杜马主席根据国家杜马机关负责人建议批准的。其他保障国家杜马议员和机关工作人员工作的规范性文件都是由国家杜马机关负责人经国家杜马章程和国家杜马组织工作常设委员会同意后批准的。

根据国家杜马章程和机关条例，国家杜马章程和国家杜马组织工作常设委员会负责监督国家杜马机关的工作。

国家杜马机关的机构设置和编制、在国家杜马机关中担任文职工作的文职人员和国家杜马机关工作人员的劳动报酬，以及国家杜马机关的日常开销，都由国家杜马主席根据国家杜马机关负责人与国家杜马章程和国家杜马组织工作常设委员会协商后提出的建议做出决定，但限定在国家杜马的预算内。

2004年的条例规定，在机关中不能设立政党、其他社会团体、宗教组织机关；但可以设立职业联盟。

机关行使职权过程中要与俄联邦总统办公厅、联邦委员会机关、政府和其他联邦执行权机关、俄罗斯联邦司法权机关、俄罗斯联邦主体国家权力的立法（代表）机关和执行机关的机关、外国议会机关和议会间组织机关协调合作。

机关的组织机构包括：国家杜马主席、第一副主席和副主席秘书处；党团机关；国家杜马常设委员会和专门委员会机关；国家杜马机关领导人秘书处；根据惯例设置的其他管理机关和部门。

根据章程第11条规定，国家杜马主席经国家杜马委员会同意并根据国家杜马章程和国家杜马组织工作委员会提名任命与解除国家杜马机关负责人职务。杜马主席根据国家杜马机关负责人的提名也任命与解除国家杜马机关负责人第一副职和其他副职的职务。

国家杜马主席、第一副主席和其他副主席秘书处条例分别由国家杜马主席、第一副主席和其他副主席批准。

国家杜马主席秘书处负责人由主席令任命和免职。主席秘书处负责人的副职、主席助理（顾问）、主席秘书处的部门主任（职位与前面的人相同）都由国家杜马主席令根据主席秘书处负责人的建议任命或免职。根据主席秘书处负责人的提名与杜马主席协商后，国家杜马机关负责人通过命令任命或解除主席秘书处的其他工作人员的职务。

国家杜马第一副主席和其他副主席秘书处负责人由国家杜马主席根据相应第一副主席和其他副主席的提名分别以命令的形式任命或者解除职务。其他工作人员由国家杜马机关负责人根据秘书处负责人的提名，分别与杜马第一副主席和其他副主席协商后，以命令的形式任命或解除职务。

党团机关条例、杜马常设委员会和专门委员会条例、机关负责人及其副职秘书处条例、机关管理局和其他部门条例由机关的负责人批准。

党团机关在相应党团正规登记后组建；党团活动终止，该机关的职能即告终止。党团负责选拔和安置本机关的干部，领导并监督他们的工作，并确定党团机关工作人员的职责。在党团机关担任文职工作的文职人员就职与免职，以及党团机关工作人员的上岗与解聘都由国家杜马机关负责人根据相应党团负责人的建议以命令的形式发布。党团机关的日常开销根据党团的人数确定。党团机关的日常开销和党团工作的物质技术保障属于国家杜马的预算调整。

国家杜马常设委员会机关和专门委员会机关的负责人和工作人员由国家杜马机关负责人根据常设委员会和专门委员会主席的建议任命与解除职务。杜马常设委员会和专门委员会机关的工作由杜马常设委员会和专门委员会主席统领。

国家杜马机关设有下列管理局：法律管理局与分析管理局、国际合作管理局、公众联络和媒体促进管理局、国家公职和干部管理局、国家杜马工作组织保障管理局、金融经济管理局、国家杜马事务管理局、文件和信息保障管理局、图书馆基金会管理局（议会图书馆）。

杜马机关负责人与杜马主席协商后以命令的形式任命与解除上述管理局主任的职务。杜马机关领导人以命令的形式任命与解除机关领导人秘书处负责人的职务。杜马机关负责人根据上述组织机构负责人的建议以命令的形式任命与解除上述组织机构的其他工作人员。

国家杜马议员在杜马工作方面有自己的助理，国家杜马机关负责人根据相应议员的建议以命令的形式接收该助理上岗（就任国家文职）或解除助理职务。

对机关工作人员在财政、物质、物质技术和社会生活方面，包括文化和医疗方面的保障相当于俄联邦总统办公厅和俄联邦政府机关工作人员的保障水平。

国家杜马在信息、鉴定等方面的保障工作由负责保障联邦会议两院工作的国家组织承担。

参考文献

C.A.阿瓦基扬：《联邦会议——俄罗斯的议会》，莫斯科，1999年。

布拉科夫·奥·恩：《俄罗斯联邦的两院制议会》，圣彼得堡，2003年。

韦克申·阿·阿：《俄罗斯联邦联邦会议联邦委员会在联邦关系发展背景下的宪法地位》，法学副博士论文，莫斯科，2009年。

格罗别茨·弗·德：《俄罗斯联邦会议》，莫斯科，1998年。

格兰金·伊·弗：《俄罗斯议会》，莫斯科，2001年。

特·亚·哈布里耶娃主编：《俄罗斯议会法》，莫斯科，2003年。

C.A.阿瓦基扬主编：《俄罗斯联邦人民代表制问题》，莫斯科，1999年。

尔·弗·斯米尔尼亚金：《联邦委员会：地位和职能的演变》，莫斯科，2003年。

奇尔金·弗·耶：《现代议会的上院：比较法律研究》，莫斯科，2009年。

第二十九章
联邦会议的立法程序

第一节 俄罗斯联邦法律类型和立法程序的概念

一、俄罗斯联邦法律类型

根据俄罗斯联邦宪法第105、108条规定,联邦一级存在着两种法律类型——联邦法律和联邦宪法性法律。

正如本书第2篇指出的,如果产生有关修改和补充俄罗斯联邦宪法的问题,则完全取决于它们与什么有关。根据宪法第135条规定,当说到第1、2、9章规定,且两院以每院投票3/5的多数通过必须重新审议它们的决议,就要召开制宪会议,要么确认现行宪法的不变性,要么制订新的宪法草案。该草案应以制宪会议全体成员的2/3通过或者交付俄罗斯联邦进行全民公决(其要根据制宪会议的请求由俄罗斯联邦总统指定)。因此,按照该程序产生的不仅仅是俄罗斯联邦法律,而是一部新宪法。

俄罗斯联邦宪法第136条规定,对宪法第3—8章的修改,应按照为制定联邦宪法性法律而规定的程序予以通过,并在2/3以上俄罗斯联邦各主体的立法权力机关批准之后生效。针对国家杜马的质询,俄罗斯联邦宪法法院1995年10月31日决议对第136条作出了解释:俄罗斯联邦宪法第136条含义的修正案以特殊的法律文件——俄罗斯联邦关于俄罗斯联邦宪法修正案法的形式通过。联邦法律《俄罗斯联邦宪法修正案通过和生效程序法》是1998年通过的。2008年12月通过了两部有关俄罗斯联邦宪法修正案的俄罗斯联邦法律。

因此，可以说，俄罗斯联邦法律有三种类型：

俄罗斯联邦关于俄罗斯联邦宪法修正案法；

联邦宪法性法律；

联邦法律。

这些文件之间的区别可以用两条线标出。

第一，按对象：

关于修正案的法律有预期的目的——修改宪法；

联邦宪法性法律应当按照严格界定的俄罗斯联邦宪法所列问题的目录制定；

联邦法律是在广泛的没有严格限制的范围内通过的，但是，不包括那些关于宪法修正案的法律或者联邦宪法性法律的制定问题。

第二，按通过时要求的多数和程序：

联邦法律需要在每院以简单多数通过；首先允许上院否决（联邦委员会的特别"否决权"），为通过原有版本的法律，该否决可被下院以2/3的多数推翻；然后总统可能否决，该否决可被两院以2/3的多数推翻；

联邦宪法性法律相继在国家杜马以2/3的多数和在联邦委员会以3/4的多数通过（如果该院未达到3/4的多数，法律则即为未通过，且杜马无能为力，没有规定其推翻联邦委员会关于联邦宪法性法律决议的可能性），之后应当由总统签署并颁布（没有规定其对这种类型法律有否决权）；

关于修正案的法律以上述联邦宪法性法律的程序通过，但之后应当得到2/3以上俄罗斯联邦主体的立法权力机构认可。给联邦主体审议关于修正案法律的期限长达一年。联邦委员会在该期限届满之日后召开的第一次会议上确认联邦各主体审议该法的结果并通过相应的决议。联邦委员会主席自委员会确认结果之日起7日内将该法提交总统。

总统自收到俄罗斯联邦关于修正案的法律之日起14日内签署该法并予以正式颁布。该法自正式颁布之日起生效,其本身另有规定生效日期的除外。

二、联邦会议立法过程的概念与阶段

立法的过程可以被定义为一系列的程序与行为,其结果是国家法律的通过并生效。但是,由于"立法过程"这一概念在俄罗斯联邦存在着一般和具体不同的看法。概括地讲,立法过程——这是总称:

第一种,从行使立法动议权即将一项法律草案提交议会审议开始,然后由议会审议并通过法律,由有权机构签署并公布法律等各个阶段;

第二种,议会直接的行为,始于接受法律草案进行审议并以通过法律结束。

第二种方法突出了议会的作用。同时,那些起草并向议会提出法律草案人的行为与立法过程"被隔开",然后签署并颁布了法律(为了统一所有行为,提出了涵盖从起草法律草案开始到以正式公报颁布法律的所有步骤的"立法过程"的概念)。

如果我们认为立法过程是相互关联和相互依存的行为总称,那么,"立法过程"这一范畴由于太宽泛的解释法律产生的过程而不能支持。法律草案的制定有时需要很长时间,有时又很快,而在将其正式向议会提出之前,立法程序并未开始。但是,过于狭隘地理解立法过程,又将那些步骤(正式将法律草案提交议会、签署和公布法律)排除在立法程序之外,而缺乏这些步骤法律的产生与生效简直是难以想象的。

所以,应优先考虑第一种方法。立法过程可以表示为以下几个阶段:

(1)行使立法动议权。

(2)为国家杜马审议制备法律草案。

（3）国家杜马审议法律草案，由其通过法律。

（4）由联邦会议审议和批准该法案，将其提交总统。

这一阶段也可能换为另一种，虽然不总是有必要：

联邦委员会审议但未批准该法案。那么就还需要一个阶段——建立一个两院协调委员会，杜马再次审议该法案并予以通过或者以简单多数（如果杜马同意联邦委员会的建议）的方式，或者以2/3投票（如果杜马不同意联邦委员会的建议）的方式——在后一种情况下，法律则应由国家杜马提交总统。

在一定条件下可能一般不会有第四阶段：如果国家杜马通过的联邦法律不必由联邦委员会审议（宪法第106条）或者在14日内联邦委员会未审议，那么在联邦委员会从国家杜马收到联邦法律的第15日，其主席应当将联邦法律提交俄罗斯联邦总统签署和颁布，并通知国家杜马。诚然，根据俄罗斯联邦宪法法院的意见，在这种情况下，存在着联邦委员会对法律的默许，而问题是，这是否应认为是立法过程的一个阶段（有关此问题请见下文）。

（5）由俄罗斯联邦总统签署法律并颁布之。[①]

当总统拒绝接受法律（否决权）时才出现立法过程的补充阶段——再在两院审议该法，接受总统的建议或者以投票的2/3推翻否决，然后应由总统签署并予以颁布。

因此，在联邦一级立法过程可能包括5个或7个阶段（而且其中一些可能被分为阶段的阶段），那样总共就有4个阶段。严格地讲，这不能仅限于联邦会议的范围；虽然立法过程各个阶段的主要部分必然落到该机构，总统也是积极的参与者；其他立法程序的主体在一定程度上会影响法律草案的产生和进程。

---

① 有些作者把这个阶段分为两个独立的阶段：总统签署或者否决法律、公布法律。

三、立法动议权的主体

立法过程开始于立法动议权的实施。法律草案提交国家杜马(俄罗斯联邦宪法第104条第2款),而立法动议权属于(第104条第1款):

(1)俄罗斯联邦总统。
(2)联邦委员会。
(3)联邦委员会委员。
(4)国家杜马议员。
(5)俄罗斯联邦政府。
(6)俄罗斯联邦各主体国家权力立法(代表)机构。

属于上述机构和个人的立法动议权不限于联邦会议管辖事项的范围。

(7)宪法法院、最高法院、最高仲裁院就其管辖范围内的事项。

相关文献对授予俄罗斯联邦总统立法动议权的根据进行了质疑。理由如下。第一,总统根据宪法保证一切国家权力机构协调地履行职能并相互配合(第80条)。如果其以自己的名义提出法律草案,怎么能以此对其他机构施加压力,迫使他们接受其对成为立法动议客体的问题的理解方案。第二,总统必须签署和颁布法律。在这个阶段,它们应得到他的评价。但其若提出法律草案,似乎解除了自己随后应行使的该项职能。由其对两院递交的该项法案予以否决本来就是荒谬的。第三,如果需要的话,总统可以委托联邦政府行使立法动议权,因为根据宪法,这完全取决于总统。顺便说一句,这还能够避免总统和政府之间可能发生的冲突,例如,政府不同意总统法案或者拒绝就法案的财政经济方面做出积极的结论。

就联邦委员会而言,也有可能涉及行使立法动议权的某些问题。例如,如果联邦委员会提出立法草案,则在下一阶段取得国家杜马的支持之后——该法在联邦委员会通过时——该院似乎缺乏有利于自己动议的客观性。相反,如果联邦委员会的立法草案被杜马否决,而同一事项的其他立法草案却获得其支持,则联邦委员会可能会主观而有偏见地评价新的法律。① 另一个要考虑的是,在行使立法倡议的权利时,联邦委员会可能被俄罗斯联邦各主体误解——因此,凭该理由使联邦委员会仍作为一个公正地等待国家杜马把通过其他权利主体立法动议结果的法律送达本院的机构,不好吗? 最后,国际经验以及本国历史都表明下院参加立法过程的其他方案:或者对某些范围事项的立法草案进行初步审议——这之后它们才在另一院进行讨论(例如,联邦德国的联邦参议院和联邦议院);或者每院享有通过法律草案、审议法律草案并在赞同决定后转交另一机构(院)讨论的平等权利(沙俄时期的国家杜马和国家委员会、美国的众议院和参议会)。所有这些问题都需要关注。

作为立法动议权的主体,联邦委员会议员面临这样的问题:他们是以他们个人的身份还是代表俄罗斯联邦各主体行使该项权利? 当然,联邦委员会议员不能忘记他们既代表联邦主体也代表选举或者任命他们的联邦主体各机构。但是在向杜马提交法律草案时他们仍然是以他们个人的身份。同时,选派代表到联邦委员会的联邦主体各机构并未被授予一般预先确定行动的权力(虽然他们试图自行决定这样做),得知联邦委员会议员作为"联邦人"行使立法动议权后,可能会立即提醒他,他也是"地方人"——不仅告知自己有关动议的意见,而且在自己不满意时提前终止联邦委员会议员的权利。还有一个考虑:每个联邦主体有两个联邦委员会议员代表着不同的机构;如果他们的意见相左,这可能会导致杜马出现两个反映相反观点的立法草案。

关于以下类型的主体——国家杜马代表,很明显,立法动议权属于

---

① 斯.弗.波列宁娜指出,联邦委员会不能与法律草案同时进入国家杜马,而他自己然后再批准或否决根据其提议获得通过的法律。我们认为,这里没有什么不正常。联邦委员会会批准国家杜马支持的法案,而将否决一个从其提议就可能开始但在通过过程中却变成了一个完全改变了文本的法案。但如果它要否决一个杜马在其未做实质修改法律草案基础上通过的法律,那就会违反立法的逻辑规律。但是,这未必会发生。

他们中的每个人。如果一个议员在其任期内哪怕只行使一次自己的这一权利，就产生450个立法草案，或者一个工作年有110个法律草案程序。这非常多。此外，还有特别爱提法案的议员（人们有时会刻薄地谈论议员的立法"写作狂"）。因此，在杜马的实践中发现有许多时候其经常堆满议员提交的法律草案。许多议员准备了相互之间无论是内容还是观点都不一致的竞争法案。法案的质量通常非常低。我们不能排除俄罗斯宪法会给予或者一定数量的代表或者党团或者杜马委员会提交的立法草案以优先权。当然，立法草案的竞争此时仍然存在，但其数量已降至符合两院能力所及的合理范围内。

作为立法动议权的主体，俄罗斯联邦政府面临着与总统配合行使该项权利的问题。实际上，它在总统的领导下工作。如上所述，文献中建议取消总统立法主动权，因他可以授权政府提出法案。反过来可以提出相反的问题：如果真的需要提出法律草案，让政府向总统提出建议。此外，政府应当通过批准这项立法草案决议的方式来形成自己的动议。根据俄罗斯联邦宪法（第115条第3款）规定，总统有权取消政府的决议和决定，如果它们与俄罗斯联邦宪法、联邦法律和总统法令相冲突。由于立法草案总会建议一些新的调整方式，总统总能找到取消政府决议的理由，如果政府坚持己见，即让其辞职（宪法第117条第2款）。

国家杜马的立法动议权被授予给俄罗斯联邦各主体的国家权力立法（代表）机构。重要的是，使其在狭窄的区域利益中不使用这项权利，不用区域间的"小团体的"利益强化之（根据"支持我，然后我支持你"原则）。

宪法只赋予宪法法院、最高法院、最高仲裁院"就其管辖事项"的立法动议权，这本身是难以理解的，最终使国家生活的任何问题都可能以这样那样的形式成为有关法院管辖的事项；例如，好像总统的权力不是最高法院的管辖事项；但是根据俄罗斯联邦民事诉讼法，对总统的非规范行为可以向该法院提出异议；结果是总统的权力在某种程度上属于俄罗斯联邦最高法院管辖范围。因此，没有必要提到法院的管辖问题。

如前所述，对任何联邦宪法性法律和联邦法律的评价属于宪法法院管辖。但是，如果宪法法院提出立法草案，继而通过法律。就在这时，有宪法法院诉权的人向其提出了评价该法合宪性的问题，怎么办？结果是，宪法法院将不知不觉地变成"自己案件的法官"。也许，宪法法院"自己管辖的"可能就是那些涉及该机构的权力与工作程序的问题，但不影响其他立法动议权利主体可能就这些问题提出法律草案。

除了宪法中提及的有关立法动议权的主体问题，还有一个问题，即有些可能享有这一权利的主体在宪法中没有提到：俄罗斯联邦总检察长、俄罗斯联邦人权专员、通过人民动议权提出立法草案。

第二节　立法过程的主要阶段

一、立法动议权的内容与行使

立法动议权——是向国家杜马提出法律草案。

但是，起初国家杜马的第一个章程中包含了立法动议权的广义理解。1994年章程第95条规定，立法动议权应以下列形式向杜马提出的：立法草案和立法草案修正案；制定与通过新的联邦宪法性法律和联邦法律的立法建议；修改与补充俄罗斯联邦现行法律或者确认这些法律失效的法律草案；修正案与修改俄罗斯联邦宪法规定的建议。

因此，基于该标准可以认为代表在国家杜马会议上的任何发言即是立法动议的表现，如果他发表了有必要制订新法或者修改现行法的想法。但是从实际上看，这些建议本身可能并不意味着会出现一个立法程序，因为基于这些建议还应当制定成书面的立法草案，正式提交给杜马，然后才开始有关程序。而且与行使立法动议权有关的不是曾从杜马讲坛或者以书面形式提出制定立法草案建议（事实上，还只是一个想法）的代表，而是那些书面提出这个建议，并将其提交给国家杜马的立法动议权利主体。

所以，即使存在章程条款，向杜马提出法律草案即书面文本，对于启动立法程序，仍然应当认为是有法律意义的。顺便说一句，1994年国家杜马章程本身更是侧重于将立法草案作为立法过程的起点。

1998年国家杜马章程的修改正是基于上述考虑，即提出法律草案文本的必要性。这可能是新法令的文本、关于修改和补充现行法的法律草案、正在审议的法律草案的修正案文本。

章程第104条规定，立法动议权行使的形式应是向国家杜马提出：（1）联邦宪法性法律、联邦法律草案；（2）有关修改俄罗斯联邦现行法和俄罗斯苏维埃联邦社会主义共和国法律、联邦宪法性法律和联邦法律，或者有关承认这些法律失效，或者有关在俄罗斯联邦领土上不适用苏联立法文件的法律草案；（3）法律草案的修正案。

因此，无论通过法律的目的是什么，其实现的手段是法律草案。而且这也适用于行使立法动议权的第三种形式——提出立法草案的修正案，因为这些修正案也反映了相应的法律草案。

根据章程第105条规定，立法动议权主体向国家杜马提出法律草案时应当提交特定的一套文件。这份清单或多或少被压缩了：

（1）对法律草案的解释性备忘录，包含立法调整的客体和对所建议法律草案观点的阐释；

（2）一个（若干）提出法律草案的立法动议权主体（主体们）的附有扉页指南的法律草案文本；

（3）由于通过该联邦宪法性法律、联邦法律而应当确认失效、暂停、变更或者通过的俄罗斯联邦法律和俄罗斯苏维埃联邦社会主义共和国法律、联邦宪法性法律、联邦法律以及俄罗斯苏维埃联邦社会主义共和国和俄罗斯联邦的其他规范性法律文件的目录；

（4）财政经济基础（在提出的法律草案的实施需要物质投入的情况下）；

（5）政府的结论——在俄罗斯联邦宪法第104条第3款规定的情况下（这里说的是需要财政经济基础的法律草案）。

此后，清单进行了充实，而现在还应提交：

（1）俄罗斯联邦预算法一系列条款规定的文件和材料——根据有关下一财政年度和规划期的联邦预算的联邦法律草案；

（2）联邦法律《俄罗斯联邦国际条约法》规定的文件——根据有关批准、终止或者暂停俄罗斯联邦国际条约效力的法律草案；

（3）俄罗斯联邦政府和俄罗斯联邦最高法院的正式撤回——根据有关修改俄罗斯联邦刑法典的法律草案；

（4）联邦法律《技术调整法》规定的文件——根据有关技术规程的法律草案；

（5）俄罗斯联邦政府的结论和领域内蕴藏有相应的地下资源的俄罗斯联邦主体立法机构的决定——根据有关产品分成协议的法律草案并根据关于修改相应的联邦产品分成协议法的法律草案；

（6）批准俄罗斯联邦主体国家权力机构同意关于转交已转移文物之法律草案的文件，在该主体境内有对文化项目即文物进行经营管理的地区文化机构——根据有关转交由于第二次世界大战转移到苏联并在俄罗斯联邦境内的文物的法律草案；

（7）批准俄罗斯联邦最高法院和俄罗斯联邦主体分别同意关于确定治安法官总人数与俄罗斯联邦主体司法区的数量问题之法律草案的文件——根据关于确定治安法官总人数与俄罗斯联邦主体司法区的数量问题的法律草案。

根据1997年联邦宪法性法律俄罗斯联邦政府法，政府应对财政经济法律草案作出结论，自政府收到该法律草案之日起1个月内送达立法动议权主体和杜马。根据与立法动议权主体达成协议，这一期限可以延长（第36条）。政府可能会向国家杜马递交议院正在审议的法律草案的修正案，向联邦会议正式撤回两院正在审议的联邦法律和法律草案。政府正式撤回两院会上正在审议的联邦法律和法律草案，必须强制性公布或者传播。

立法动议权主体提出法律草案时——委员制的机构应提交相应的委员制机构的决定与立法动议权主体代表就该法律草案在国家杜马的说明。

准备向国家杜马提出的法律草案文本直接包含下列条款：关于俄罗斯联邦宪法修正案的俄罗斯联邦法律、联邦宪法性法律、联邦法律或者其中的个别条款生效的期限和方式；由于该联邦宪法性法律、联邦法律的通过而确认以前通过的法律和其他规范性法律文件或者其中的个别条款失效和暂停效力。

准备向国家杜马提出的法律草案及所附资料由立法动议权主体（主体们）提交给国家杜马主席。接收的法律草案在国家杜马机关文件与信息保障管理处运用国家杜马自动化公文处理和资料传递系统进行登记。其被分配一个登记号，法律草案在国家杜马运行的整个期间，该登记号与法律草案的名称一起标明。同时，在保证立法活动的自动化系统中为法律草案添加电子档案表，表中记录国家杜马接收法律草案的日期和时间、有关法律草案的信息、有关其在国家杜马的运行、有关国家杜马批准联邦宪法性法律或者有关联邦法律的通过与有关联邦委员会和俄罗斯联邦总统对相应法律的审议。

二、国家杜马审议法律草案的准备工作

国家杜马主席应把登记过的法律草案及其所附资料发送给有关的专业委员会以确定法律草案是否符合俄罗斯联邦宪法第104条和议院章

程第105条。关于联邦预算的法律草案及有关的联邦法律草案发送给国家杜马预算和税收委员会。

如果已登记法律草案所附资料中没有俄罗斯联邦政府的结论,法律草案是否符合宪法和议院章程的要求,专业委员会确定时要考虑国家杜马法律管理部门的意见。

专业委员会关于法律草案是否符合俄罗斯联邦宪法第104条和议院章程第105条的意见是肯定的情况下,国家杜马委员会根据专业委员会的建议通过下列决定:任命一个国家杜马委员会负责本法律草案(负责委员会),如果需要——还有联合执行委员会(联邦执行委员会);把法律草案列入国家杜马本届或者下一届会议的法律草案工作的大致计划;把法律草案及其所附资料发送各委员会、专门委员会和党团、俄罗斯联邦总统、联邦委员会、俄罗斯联邦政府、俄罗斯联邦社会院以及俄罗斯联邦宪法法院、最高法院和最高仲裁院,以就其管辖范围内的事项准备和提出评论、建议和意见。

至于预算法案,在国家杜马预算和税收委员会意见肯定的情况下,该委员会被国家杜马委员会的决定任命为这些法律草案的负责委员会,以及上述法律草案的专业委员会来为议院审议草案做准备。法律草案发送给上述所有主体,以及俄罗斯联邦审计院得出结论。

国家杜马委员会根据专业委员会的建议,规定向负责委员会提交评论、建议和意见的期限,以及为国家杜马一读审议法律草案的准备期限。

如果专业委员会认为,准备提交国家杜马的法律草案不符合俄罗斯联邦宪法第104条和章程第105条,国家杜马委员会根据专业委员会的建议作出将法律草案返还立法动议权主体(主体们)以执行上述要求的决定。该法律草案不被认为已提交国家杜马。执行上述要求之后,立法动议权主体(主体们)有权重新将法律草案提交给国家杜马主席。

有关俄罗斯联邦和俄罗斯联邦各主体共同管辖的俄罗斯联邦宪法第72条规定的事项的法律草案,国家杜马委员会通常在国家杜马会议上审议它们之前45天之内发送俄罗斯联邦各主体的立法机构和俄罗斯联邦各主体的最高国家权力执行机构，以便其准备对这些法律草案的评语并提交国家杜马。国家杜马委员会考虑专业委员会的建议，确定向负责委员会提交评语的期限。

杜马中并不少见提交所谓可替代性法律草案的情况，即那些用于调整同一客体的法案（如向杜马提交过13份税收法草案）。因此章程第110条规定了以下规则：

如果国家杜马在一读通过法律草案之后又接收到该同一事项的法律草案，在这种情况下，议院不审议该法律草案并返还给立法动议权主体，理由是一读已经通过类似的法律草案。如果可替代性法律草案是在一读审议同一问题的法律草案之前提交的，国家杜马委员会应当决定推迟一读审议先提交的法律草案，确定审议可替代性法律草案的日期，并责成负责委员会为杜马一读时同时审议可替代性法律草案和先提交给杜马的法律草案做准备。

国家杜马委员会决定将先收到的法律草案列入杜马工作日程方案的情况下，接收审议同一事项的新的替代性法律草案即应终止。

为一读准备法律草案由国家杜马负责委员会（即杜马委员会决定的作为主持该法律草案的委员会）进行。为开展对该法律草案的工作，委员会可以组建由国家杜马若干议员——该委员会的成员组成的工作小组。工作小组成员中还可以有不是负责委员会成员的国家杜马议员、有关立法动议权主体的代表以及国家权力机构和其他组织的代表、各类专家。

根据负责委员会的决定，附有国家杜马委员会主席签署的信函的法律草案可能发送给国家机构、其他组织以便其准备回复、建议和意见，以及进行科学检验。如果负责委员会决定由俄罗斯联邦社会院对法律草案进行检验，负责委员会应提交国家杜马要求社会院对法律草案进行检验的方案和国家杜马关于采纳该要求的决议方案。

国家杜马法律管理部门根据杜马委员会或者负责委员会的授权在其决定的期限内对法律草案进行检验,并对因该法律草案的通过而应当确认失效、中止、改变或者通过的联邦法律文件清单进行检查。负责委员会可以责成法律管理部门进行法律草案的语言检验。法律管理部门在法律草案的法律检验结果的基础上准备结论。

国家杜马议员和其他立法动议权利主体对法律草案的评论、建议和意见,以及社会院的结论(如果提供了话)应在负责委员会的会议上审议。可以邀请法律管理部门进行法律检验的工作人员参加会议。

一读通过法律草案之前,提交法律草案的立法动议权利主体有权:根据负责委员会的建议改变法律草案文本;书面申请撤回法律草案。

准备给国家杜马一读审议的法律草案及其所附资料由负责委员会发送国家杜马委员会提交杜马审议。负责委员会对立法动议权利主体提交的材料补充提交:国家杜马关于一读通过法律草案的决议草案;负责委员会说明有必要通过或者否决该法律草案理由的结论;联合执行委员会说明有必要通过或者否决该法律草案理由的结论;国家杜马法律管理部门的结论;社会院根据法律草案检验结果(如果有的话)的结论;劳动范围的联邦法律草案——俄罗斯调整社会劳动关系三方委员会的决定(如果有的话)或者其一方的意见〔有关工会(工会协会)和工会联合会的结论〕;国家杜马委员会指定杜马开会审理法律草案日期、法律草案报告人和负责委员会共同报告人的决定草案。法律草案通常在其提交杜马审议前14日内送交国家杜马委员会。

三、国家杜马一读审议法律草案

国家杜马委员会提交杜马的法律草案,后者应当审议。国家杜马章程没有规定,杜马必须作出特别决定——关于通过要审议的法律草案。但既然杜马批准其议程,所以,它从一开始就会决定是否想要研究该法律草案。

杜马审议法律草案用三读的方式进行,法律或者议会章程(第116条)另有规定的除外。特别是1998年俄罗斯联邦预算法第196条就规定,审议有关下一财政年度联邦预算的联邦法律草案应当进行四读。但是,2007年4月26日该条修正案规定,国家杜马应三读审议联邦有关下一财政年度和规划期间的联邦预算法草案。因此,这时所有的法律草案都统一了程序。

"读"——是一个专门术语,意味着在议会、议会一院中审议法律草案的一个阶段,包括该阶段立法程序参加人的全部活动。

准备一读审议的法律草案及其所附资料,由国家杜马办事机关根据负责委员会的建议,于国家杜马会议审议该法律草案3日前发送给俄罗斯联邦总统、联邦委员会、国家杜马议员、俄罗斯联邦政府和提交法律草案的立法动议权利主体。

法律草案,俄罗斯联邦宪法第104条第3款所列法律草案除外,如果反馈、建议、意见并没有在国家杜马委员会规定的期限内提交,国家杜马审议时可能没有政府的反馈或者其他立法动议权利主体的反馈、建议和意见。

根据章程第118条规定,杜马一读审议法律草案时,应讨论其概念,对法律草案的主要条款是否符合俄罗斯联邦宪法、其重要性和现实意义作出评价。

讨论从提交法律草案的立法动议权利主体或者其代表的报告以及负责委员会代表的补充报告开始。

讨论总统、联邦委员会、政府、联邦各主体立法(代表)机构、俄罗斯联邦宪法法院、最高法院或者最高仲裁院提交的法律草案,从上述立法动议权利主体的代表论证通过该法律的必要性开始,以其包括分析在讨论法律草案过程中所提的建议和意见在内的闭幕发言结束。

如果法律草案因提交法律草案的立法动议权利主体或其代表缺席

会议而未能被国家杜马审议,该法律草案则被转交到下一次杜马会议审议。如果议院会议审议该法律草案时,提交该法律草案的立法动议权利主体或其代表再次缺席,根据负责委员会的建议,该法律草案则由杜马在没有上述立法动议权利主体或其代表的参加下审议。在这种情况下,对法律草案的讨论从负责委员会代表的报告开始。

审议法律草案时,根据议院参加投票的议员多数赞成通过的决定,可能拿出时间来回答杜马议员提出的有关该法律草案的实质性问题,然后听取党团、国家杜马议员、总统在国家杜马的授权代表、政府在国家杜马的授权代表、俄罗斯联邦各主体立法(代表)机构的代表、邀请参加讨论的其他人士的建议和意见。预算法律草案为杜马各专业委员会提供了表达其意见的机会。审议规定用联邦预算资金承担的支出法案时,必须听取俄罗斯联邦政府的结论。如果该法案收到了社会院的结论,也应提供给其代表——社会院的成员。

根据一读讨论法律草案的结果,国家杜马可以一读时通过该法律草案并考虑建议和意见以修正案的形式继续进行有关工作,或者通过法律,俄罗斯联邦与联邦各主体共同管辖事项的法律草案除外(这种法律草案应当通过三读程序),或者否决该法律草案。

法律草案讨论结束以后,就一读通过的建议付诸表决。如果表决结果是有关一读通过该法律草案的建议没有获得所需数量的选票,则认为其是未经补充表决否决。这项决定应以国家杜马的决议作出。被否决的法律草案不应进一步审议,并返还给立法动议权利主体。

在提交可替代性法律草案的情况下,国家杜马同时通过优势票方式对其进行审议。如果根据投票结果若干法律草案得到足够通过的票数,则获得最多票数的法律草案认为一读通过。如果根据优势票的结果没有一个法律草案得到足够通过的票数,则获得最多票数的法律草案付诸最后表决。如果最终表决赞成的票数超过议员总人数的一半,该法律草案即为一读通过。表决结果应以国家杜马的决议作出。

国家杜马未通过的可替代性法律草案应认为被否决。决定应不经补充表决以杜马的决议作出。杜马决议的复印件连同被否决的法律草案一起发送给立法动议权的主体。

在一读通过法律草案的情况下,国家杜马在有关一读通过法律草案的决议中规定提交法律草案修正案的期限。该期限一般不能少于15日,而俄罗斯联邦与其各主体共同管辖事项的法律草案不能少于30日。如果议员们有不同于国家杜马决议方案的提交修正案期限规定的建议,后者由杜马全体代表以过半数表决通过的决定确定。

实践中可能出现国家杜马一读否决预算法案的情况。章程中缺乏对它的调整。为了弥补2007年4月22日章程第119条规定,增加了一系列新的规定,即在一读否决联邦有关下一财政年度和计划期间的联邦预算法律的情况下,国家杜马设立调解委员会,以制订下一财政年度和计划期间联邦预算主要指标的统一方案,或者将该联邦法律草案发回俄罗斯联邦政府进行修改。

如果根据调解委员会的工作结果,国家杜马未能作出联邦预算主要指标的决定,联邦有关下一财政年度和计划期间的联邦预算法律草案应认为被一读时再次否决。

但后来章程中包括了一个令人瞩目的条款:只有在国家杜马对俄罗斯联邦政府提出不信任的问题时,一读才能再次否决联邦有关下一财政年度和计划期间的联邦预算法案。

国家杜马可以决定全民讨论一读通过的法律草案。本书第三章谈到了作为直接民主制度的全民(人民)讨论。在这里我们可以再次断定,全民(即全俄罗斯)讨论在现代实践中是不会采用的。

除俄罗斯联邦与其各主体共同管辖事项的法律草案外,在一读通过法律草案的情况下,存在国家杜马法律管理部门反映法律和语言检验结果的结论时,会议主席可以将负责委员会有关通过法律的建议付诸表决,但不包括第二、三读程序。如果有反对该建议的意见,会议主席给他们每人3分钟阐述各自的理由。负责委员会的代表有权发表负责委员会对每种异议的意见或者撤回有关通过法律的建议。讨论结束时，如果没有撤回负责委员会有关通过法律的建议，会议主席应将负责委员会有关通过法律的建议付诸表决，第二、三读程序除外。如果杜马全体议员的多数投票赞成通过法律，则联邦法律即为通过。如果决定没有通过，则按照章程规定的程序继续审议法律草案。

四、国家杜马二读法律草案的准备与进行

根据国家杜马章程第120条规定，一读通过的法律草案修正案以条款修正案或者以具体条款补充法律草案的形式或者以取消该法律草案的特定文字、段落、部分或者条款等建议的形式提交负责委员会。

俄罗斯联邦宪法第104条第1款规定的立法动议权利主体有权对一读通过的法律草案提出修正案。这并非意味着，其他机构、个人不能提交他们的建议。然而为了更周到地对待他们，最好是将修正案转交给立法动议权利主体，至少当时负责委员会应当回应他们。

负责委员会应当对提交的修正案进行审查并综合。其有权对修正案是否符合俄罗斯联邦宪法和联邦宪法性法律进行独立的检验。负责委员会认为修正案与俄罗斯联邦宪法、联邦宪法性法律相抵触时，该委员会应当告知修正案的作者。立法动议权利主体未提交对其建议的更正时，负责委员会有权将其在修正案的表中没有列入的修正案返还给作者。修正案的作者有权在负责委员会讨论过程中解释他们的修正案。

如果二读过程中更改法律草案的名称，则其提交议院审议时用新的名称，而其原来的名称用括号列在其下。三读通过的法律草案应当用最后批准修订的名称。杜马决议草案的形成适用同样的要求。

根据法律草案条款进行分类的修正案在负责委员会的会上审议。有关开会的时间应当通知立法动议权利主体或者其代表，以及对该法律

草案提出修正案的主体们或其代表们。

负责委员会可以赞同修正案并将其收入法律草案文本,向杜马推荐通过委员会赞同的修正案一览表,向议院提出委员会建议否决的修正案一览表,以及未作出决定的修正案一览表。负责委员会应保障提交法律草案或者法律草案修正案的杜马议员有机会参加二读审议法律草案的准备工作。

与准备二读审议的法律草案一起,还有杜马确定进一步审查法律草案程序的决议草案,负责委员会应提交委员会同意并纳入法律草案文本的修正案一览表(表一),负责委员会建议否决的修正案一览表(表二),及未作出决定的修正案一览表(表三)。每个修正案一览表应当包括建议修正案针对的法律草案文本、有关其作者的资料、修正案的内容、考虑建议的修正案的法律草案文本的新版本。在第一和第二表中应当附有委员会决定的简短理由。

根据负责委员会的授权,国家杜马法律管理部门对法律草案进行逐条法律和语言检验并作出结论。

负责委员会为随后提交议院审议向国家杜马委员会发送:杜马有关法律草案的决议草案;上述三个修正案一览表;考虑建议通过的修正案的法律草案文本(划出一读通过的法律草案文本的更改之处);法律管理部门对法律草案的结论。

在补充纳入2007年4月20日章程的第121.1和121.2条款中,国家杜马详细地规定了预算法案二读的准备程序。一般来讲,规定了议会预算和税收委员会与其他专业委员会在该阶段更为密切的相互作用。特别是它们产生分歧时可以建立一个有相应委员会代表组成的议员小组以消除分歧。俄罗斯联邦总统、俄罗斯联邦政府的全权代表以及俄罗斯联邦政府官方代表有权参与这种小组的工作。

负责委员会应自一读通过法律草案之日起4个月内提出国家杜马二读审议的法律草案,国家杜马的决议规定其他期限的除外。杜马会议之间的期间不计算在该期限内。

国家杜马委员会决定将准备二读审议的法案纳入杜马审议问题的日程,将法律草案发送总统、联邦委员会、政府、提交法律草案的立法动议权利主体、杜马议员并决定法律草案的报告人——负责委员会的代表。

根据负责委员会的意见,如果为国家杜马二读审议法律草案的准备工作不适当或者法律草案已失去现实性,负责委员会提出一个否决该法律草案的合理建议,由杜马审议。

根据杜马章程(第123条)规定,国家杜马二读法律草案一开始由负责委员会的代表作报告。

报告人报告负责委员会审议法律草案的结果、收到的修正案及其审议的结果;然后,俄罗斯联邦总统在国家杜马的全权代表、提交法律草案的立法动议权利主体的代表、俄罗斯联邦政府在国家杜马的全权代表发言。值得注意的是,第一位发言的总是俄罗斯联邦总统的代表。

会议主席应当查明,国家杜马的党团、议员或者被邀请参加国家杜马会议的其他立法动议权利主体的代表对负责委员会推荐纳入二读审议的法律草案文本的修正案是否存有异议。如果没有异议,会议主席应将负责委员会推荐纳入该法律草案文本的修正案是否全部通过的问题付诸表决。

在审议预算法案时,会议主席应将负责委员会推荐纳入该法律草案的修正案是否通过的问题付诸表决。但这时国家杜马预算和税收委员会的代表应在其报告中使国家杜马的议员了解专业委员会有关议员小组(多个议员小组)消除分歧备忘录(多个备忘录)中包括的修正案的意见。对上述法律草案的讨论从分歧尚未得到消除的修正案开始。这时国家杜马预算和税收委员会的代表与每个专业委员会的全权代表都可以在3分钟的发言中阐述各自的观点。会议主席应将消除分歧议员小组(多个议员小组)的备忘录(多个备忘录)中包括的每个修正案都在议院会议上付诸表决。

如果国家杜马的议员或者邀请参加国家杜马会议的其他立法动议权利主体的代表对负责委员会建议通过的那些纳入法律文本的某些修正案有异议，则会议主席先将负责委员会推荐纳入法律草案文本且没有异议的修正案是否通过的问题交付表决，然后将有异议的每个修正案逐一交付表决。

如果对负责委员会建议通过的修正案一览表表决时，国家杜马不同意负责委员会的建议，会议主席应将每个修正案逐一交付表决。对通过修正案有异议的提交法律草案的立法动议权利主体，或者其代表或国家杜马议员、俄罗斯联邦总统、俄罗斯联邦政府在国家杜马的全权代表，负责委员会的代表均可以在3分钟的发言中阐述各自的观点。此后有关通过修正案的建议应付诸表决。

之后，国家杜马开始审议负责委员会建议否决的修正案。会议主席应查明国家杜马议员或者邀请参加国家杜马会议的其他立法动议权利主体的代表是否反对负责委员会的建议。如果没有异议，则建议否决的所有修正案付诸表决；如果有异议——则那些对否决没有异议的修正案，付诸表决。

如果国家杜马同意负责委员会有关否决修正案的意见，则会议主席接着将修正案的作者对否决有异议的修正案交付表决。修正案的作者和负责委员会的代表可以在3分钟的发言中阐述各自的观点。之后有关通过修正案的建议付诸表决。如果国家杜马不同意负责委员会的意见，会议主席就将每个修正案逐一交付表决。修正案的作者和负责委员会的代表可以在3分钟的发言中阐述各自的观点。之后有关通过修正案的建议付诸表决。

接着会议主席应将有关通过修正案一览表中包括的负责委员会未就其作出决定的每个修正案的建议交付表决。修正案的作者可以在3分钟的发言中阐述其观点。接着进行表决。如果表决时法律草案的修正案没有收到所需的国家杜马议员的投票数,其即为被否决。

对修正案表决结束后,会议主席应将关于二读通过或者赞同法律草案的建议交付表决。如果根据表决结果关于二读通过或者赞同法律草案的建议未得到所需票数,该法律草案发回负责委员会修订。

国家杜马2009年4月24日章程补充规定:如果二读审议的法律草案包含规定为特定范围的公民提供社会援助措施的原则和(或)程序、和(或)条件的规范,为实施这些措施必须制定俄罗斯联邦政府的规范性法律文件,国家杜马关于二读通过或者赞成法律草案的决议应包含请求俄罗斯联邦政府准备实施该法律草案所需的俄罗斯联邦政府规范性法律文件草案的内容。

二读复审修订的法律草案后,会议主席应将关于二读通过或者赞成法律草案的建议交付表决。如果根据表决结果关于二读通过或者赞成法律草案的建议没有得到所需票数,该法律草案即为被否决并不再进一步审议。关于否决法律草案和不再进一步审议的决定以国家杜马的决议作出,并送达提出该法律草案的立法动议权利主体(主体们)。

二读未获通过或批准的法律草案没有国家杜马委员会的决定不可能进入国家杜马审议问题的日程方案。这种情况下,国家杜马应作出是修订还是否决该法律草案的决定。二读复审过的法律草案被否决的情况下,这类法律草案无须再审议。

国家杜马在其章程第123.1条还规定了这样一种情形,即一读法律草案通过后,负责委员会的结论仍然是应当否决这一法律草案。在这种情况下,委员会应将给国家杜马委员会的有关建议提交国家杜马审议。为以后提交国家杜马审议,应当发送:一读通过的法律草案文本;俄罗斯联邦政府对该法律草案的评论或者结论(如果有的话);制作成形的法律草案修正案一览表;国家杜马法律管理部门有关一读通过的法律草案的结论;负责委员会说明否决一读通过的法律草案必要理由的结论;杜马关于否决一读通过的法律草案的决议草案。

审议负责委员会关于否决一读通过的法律草案的建议从委员会代表的报告开始。报告人应报告二读审议法律草案的准备过程和负责委员会提出关于否决一读通过的法律草案建议的理由。接着,俄罗斯联邦总统和俄罗斯联邦政府在国家杜马的全权代表、党团的代表以及立法动议权利主体(或其代表)可以发言。讨论结束后报告人作总结性发言。

接着,杜马关于否决一读通过的法律草案的决议草案付诸表决。被否决的法律草案不再进一步审议并发回立法动议权利主体。

如果议院未能通过国家杜马关于否决一读通过的法律草案的决议,负责委员会继续其二读审议的准备工作。这种情况下,杜马可以用其委托给负责委员会确定准备二读法律草案的期限,也可以用议院全体议员多数投票通过的决定任命另一个负责委员会并确定二读审议该法律草案的准备期限。上述决定应以杜马决议的形式作出,无须另行表决。

二读通过的法律草案应发送负责委员会,以便消除——在国家杜马法律管理部门的参与下——可能的内部冲突,确定条文有规律性的相互关系并进行由于二读审议该法律草案时收入文本的改动所必需的编辑性校对。

这项工作完成后,该法律草案由负责委员会提交国家杜马委员会,纳入杜马工作日程方案。

还应当提醒大家,关于通过联邦法律草案修正案的决定应以全体议员的投票半数以上通过。关于通过联邦宪法性法律草案修正案的决定应以杜马全体议员的投票2/3以上的多数通过。

五、国家杜马法律草案的三读

为了法律草案得以通过成为法律,国家杜马委员会根据章程第125条指定三读法律草案以表决。如果二读过程中对法律草案提出了修改,国家杜马委员会应将该法律草案文本和国家杜马法律管理部门的结论发送总统、联邦委员会、政府、国家杜马议员们。

如上所述,由于法律草案的产生,为实施其关于为特定范围的公民提供社会援助措施的原则、和(或)程序、和(或)条件的条款须通过俄罗斯联邦政府的规范性法律文件,国家杜马委员会应要求政府制定这些文件。相应地,章程第125条规定,三读该法律草案只能在国家杜马收到俄罗斯联邦政府关于向俄罗斯联邦政府提交相应的包含详细说明主要规范和通过该规范性法律文件期限等内容的规范性法律文件草案的信息之后。

三读审议法律草案时不允许对其提出修正案并发回对全部或者个别编、章节、条款进行讨论。

三读杜马未通过的法律草案即为被否决。决定以杜马决议的形式作出,不再另行表决。在特殊情况下,根据代表杜马多数议员的党团的要求,会议主席应将有关法律草案返回到二读程序的问题交付表决(章程第125条第4款)。

联邦法律以国家杜马全体议院议员投票的半数以上通过。俄罗斯联邦关于俄罗斯联邦宪法修正案的法律草案、联邦宪法性法律应即为被批准,如果其赞成的投票不少于国家杜马全体议员的2/3。

国家杜马批准的俄罗斯联邦关于俄罗斯联邦宪法修正案的法律草案、联邦宪法性法律和通过的联邦法律连同杜马有关决议、国家杜马会议记录、政府的评论和其他必要的材料,由负责委员会与国家杜马办事机关共同成文,并在5日内转交联邦委员会审议。

六、联邦委员会审议法律

在介绍联邦委员会的有关程序之前,我们先关注一下俄罗斯联邦宪法的三条规范:

"如果联邦委员会委员总数的半数以上投票对其表示赞成或者联邦

委员会14日内未予审议,联邦法律即为联邦委员会批准。在联邦委员会否决联邦法律的情况下,两院可成立协商委员会以消除已经产生的分歧。此后,联邦法律应由国家杜马复审。"(第105条第4款)

"在国家杜马不同意联邦委员会决定的情况下,如果复审时不少于国家杜马议员总数2/3的人投票赞成,联邦法律即为通过。"(第105条第5款)

"国家杜马就下列问题通过的联邦法律必须在联邦委员会审议:(1)联邦预算;(2)联邦税费;(3)财政、外汇、信贷、海关调整、货币发行;(4)俄罗斯联邦国际条约的批准和废除;(5)俄罗斯联邦国家边界的地位和保护;(6)战争与和平"。(第106条)

正如已经指出的,杜马通过的法律送达联邦委员会。国家杜马的会议记录和向杜马提交条例草案时提交的材料与该法一起送达联邦委员会。

联邦委员会章程第103条第4款规定:"国家杜马收到有关实行和取消税收、免税、国家债券的发行、国家财政义务变化的联邦法律、规定由国家预算涵盖支出的其他联邦法律、俄罗斯联邦政府的结论时,所附文件和材料的缺少可能成为联邦委员会否决上述联邦法律的理由。"所以,缺少政府结论时,议院应要求这样的结论没有明文规定。

联邦委员会的章程有这样的规定:与国家杜马通过的俄罗斯联邦与其各主体共同管辖事项的联邦法律一起发送给联邦委员会的还应有关于俄罗斯联邦各主体国家权力机构看待该联邦法律观点的信息。这意味着联邦委员会对各主体所述意见更加关注。

联邦委员会收到国家杜马送达的联邦法律应在1小时之内进行登记,并在不超过24小时的时间内将其与所附文件和材料一起送达联邦委员会全体成员。从国家杜马收到的联邦法律所附的补充文件和材料,联邦委员会应予登记并在该院会议上与该联邦法律一起审议。

俄罗斯联邦宪法第105条第4款规定的联邦委员会应当审议从国家

杜马收到的联邦法律的14日期限,从该联邦法律在联邦委员会登记之日的次日起算。

如果根据俄罗斯联邦宪法第106条应当经由联邦委员会审议的联邦法律在到达联邦委员会时距联邦委员会下次例会不到5个工作日,则准备对其审议但不是在议会的该次会议上审议。联邦法律可以根据联邦委员会主席或者议院委员会的决定在联邦委员会的例会上审议。

有关问题列入议院会议的议事日程或者联邦委员会发布有关命令即为根据俄罗斯联邦宪法第106条应当由联邦委员会审议的联邦法律,开始在联邦委员会上审议。

联邦委员会收到国家杜马通过的联邦法律并予登记之后,联邦委员会主席或者由其授权的第一副主席或者副主席根据与联邦各委员会主席的协议,确定负责审议联邦法律的议院委员会(委员会),并在不超过24小时的期限内将联邦法律发送该委员会(委员会),也发送给联邦委员会的法律管理部门以准备综合意见。联邦法律可能转交联邦委员会的几个委员会以准备综合意见,这时确定负责审议联邦法律的各委员会(委员会),以及联邦委员会的各委员会、委员会——协助执行。

为给联邦委员会负责审议联邦法律的各委员会(委员会)准备结论,为联邦委员会法律管理部门确定了期限,通常是自联邦委员会收到国家杜马通过的联邦法律时起不少于72小时。

联邦委员会成员有权在俄罗斯联邦各主体组织讨论联邦法律,并在有结论时有权将其发送联邦委员会负责审议的各常设委员会(专门委员会)。

联邦委员会的负责审议联邦法律的常设委员会(专门委员会)初步审议国家杜马通过的联邦法律,并通过公开表决方式以委员会(委员会)成员总数的多数投票对其作出结论。如果联邦法律转交几个常设委员会、专门委员会以准备结论,则每个委员会应向联邦委员会负责审议工作的常设委员会(专门委员会)提交各自的结论。此外,联邦委员会的法律管理部门的结论应在会议开始24小时之前提交该委员会。在审议的是社会检验客体的联邦法律时，应当为社会院委员会授权的社会院的成员提供发言的机会。

负责委员会在其结论中应当指出，联邦法律是否应当根据宪法第106条由联邦委员会强制审议。在审议属于俄罗斯联邦与其各主体共同管辖事项的联邦法律时，结论中应形成作出相应决定的综合观点并将其发送联邦委员会的俄罗斯联邦各主体国家权力机构。2007年议会章程中还规定，联邦委员会的委员会结论中应包含有关国家杜马通过的（否决的）联邦委员会对所审议联邦法律草案的修正案的信息。此外，结论中还应指出立法委员会有关正在审议的联邦法律的建议。当然，对联邦法律作出评价并对联邦委员会建议：（1）批准国家杜马通过的联邦法律；（2）否决联邦法律——要阐述议院委员会认为必须否决它的理由。

除此之外，负责委员会（委员会）还可以根据其意见提出对联邦法律文本必须修改和补充的草案。

在联邦委员会的会议上审议国家杜马通过的联邦法律从宣布联邦委员会负责委员会结论的报告人和委员会提交的联邦委员会的建议草案开始。主席或副主席或者根据委员会授权的联邦委员会的成员可以发言。接着俄罗斯联邦政府的代表发言，宣布其对联邦委员会正在审议的联邦法律的评论。如果上述官方评论的文本以书面形式提交联邦委员会成员，其在联邦委员会的会议上可以不宣布。联邦委员会正在审议联邦法律的法律管理部门的结论也可书面提交联邦委员会成员。

联邦委员会会上应当强制审议俄罗斯联邦社会院的结论，在联邦委员会收到它的情况下，应授予社会院委员会授权的社会院成员以发言权，继而联邦委员会不经讨论即作出批准或者否决联邦法律的决定，或者在议院会议上进行讨论。在审议联邦法律时，宣布委员会的结论之后，可能给俄罗斯联邦总统的正式代表或者俄罗斯联邦政府的正式代表在联邦会议两院审议该联邦法律时提供发言以进行答疑。

根据讨论联邦法律的结果，联邦委员会应作出下列决定之一：(1)批准国家杜马通过的联邦法律；(2)否决国家杜马通过的联邦法律。

如果赞成批准的投票超过联邦委员会成员总数的一半，联邦法律即为被批准。有关批准联邦法律的决定以联邦委员会决议的形式作出。

俄罗斯联邦宪法法院在1996年4月22日关于解释俄罗斯联邦宪法第107条的个别条款的决议中明确规定，联邦委员会批准联邦法律可用积极的形式表示——表决的方式，也可用消极的形式表示：如果14日内未被联邦委员会进行审议，联邦法律即为被批准。联邦委员会的（积极或者消极）参与——是立法程序的必经阶段。

宪法法院在其1995年3月23日另一关于解释俄罗斯联邦宪法第105条第4款和第106条规定的决议中规定，联邦委员会审议联邦法律应当在其从国家杜马转交本院后14日内开始。如果联邦委员会在14日的期限内未进行审议，该法即为未批准，并在联邦委员会的下次会议上继续对其审议，直到对其作出批准或者否决的决定。因此，推迟到下次会议审议是可以的，但已作出实质性决定。

相应地，议院章程规定：根据对按照俄罗斯联邦宪法第106条联邦委员会必须审议的国家杜马通过的联邦法律的审议结果，会议主席将有关批准联邦法律的问题交付表决。在对审议上述联邦法律的问题准备不充分的情况下，特别是缺少国家杜马会议记录、向国家杜马提交法律草案时介绍的文件和材料、俄罗斯联邦政府的结论、联邦委员会工作委员会（委员会）的结论、联邦委员会法律管理部门的结论、联邦委员会决议草案等，议院有权作出关于将审议联邦法律的问题推至联邦委员会下次会议的决定。上述决定以联邦委员会参加表决的成员的多数投票通过，但投票人数不得少于联邦委员会成员总数的1/4。如果上述决定未通过，会议主席应当将批准联邦法律的问题交付表决。

在推至下次会议的决定通过的情况下，其在联邦委员会下次会议上的审议应当作出批准或者否决该联邦法律的决定。根据审议结果，会议主席应当将批准联邦法律的问题交付表决。

否决已转交联邦委员会审议的但根据俄罗斯联邦宪法第106条联邦委员会并非必须审议的国家杜马通过的联邦法律的决定,应当在14日期限届满之前作出。的确,联邦委员会对作出什么样的决定问题进行不同的调整。章程第108条2002年修正案规定,在转到有关审议联邦委员会并非必须审议的国家杜马通过联邦法律的议程问题时,会议主席有权提出不审议该法律的建议。如果没有一个联邦委员会的成员坚持在本院会议上审议该法,则14日期满,该法律即为联邦委员会未经审议批准。换句话说,总是期望联邦委员会对该法有一个反应。2006年议院修改了一条规则:如果审议并非联邦委员会必须审议的联邦法律的14日期限在联邦委员会例会之前届满,则该院委员会有权作出下列决定之一:(1)授权联邦委员会主席将根据俄罗斯联邦宪法第105条第4款视为被联邦委员会批准的联邦法律送交俄罗斯联邦总统签署并公布;(2)授权联邦委员会主席召开联邦委员会例会以审议联邦委员会的委员会有评语的联邦法律。正如我们所见,如果最初的打算是终究要向本院会议提交问题,则根据现行章程修正案,本院委员会的决定是可行的。

如果赞成的未达到所需的联邦委员会成员的投票数,联邦法律即被否决。否决联邦法律的决定以联邦委员会决议的形式作出。根据章程第109条规定,否决的决议中可以包含以下内容:(1)建议建立协调委员会以消除联邦委员会与国家杜马之间产生的分歧;(2)授权联邦委员会的负责审议委员会和协调委员会来自联邦委员会的联合主席对联邦委员会否决的法律准备修正案并送交国家杜马。关于否决的决定的理由可能形成对联邦委员会决议的解释性说明,该决议指出了联邦法律的那些条款,根据这些条款必须消除联邦委员会与国家杜马之间产生的分歧。联邦委员会主席应自联邦委员会关于否决法律的决议通过之日起5日内,将其连同该法一起送交国家杜马。联邦委员会主席可以将本院否决联邦法律的理由告知俄罗斯联邦总统。

根据联邦委员会章程第110条规定,国家杜马通过且联邦委员会批准的联邦法律和联邦委员会的决议,应自决议通过之日起5日内,由联邦委员会主席送交总统签署并正式颁布。联邦委员会关于批准联邦法律的决议也应送交国家杜马。

联邦委员会未经审议即批准的联邦法律14日期限届满应由联邦委员会主席送交总统签署和正式颁布,并告知国家杜马。

七、消除联邦委员会否决联邦法律时产生的分歧

联邦委员会否决联邦法律时,国家杜马有以下几种可能:

(1)通过以前没有某种变化修改的法律;为此要求不少于2/3的投票(俄罗斯联邦宪法第105条第5款);

(2)通过附有联邦委员会以简单多数投票建议的(详尽的)修改和补充的法律。接着该法送交联邦委员会批准,随后由联邦委员会主席将该法律文本送交总统。

联邦委员会不批准从下院收到的法律的情况下,杜马委员会将该法转交负责委员会,由其提出意见。根据审议该法的结果,负责委员会将决议草案提交杜马审议,草案中可能向杜马建议下列决定之一:(1)由于联邦委员会否决而取消进一步审议联邦法律;(2)根据联邦委员会的建议或者经联邦委员会的事先同意,按同等原则建立协调委员会以消除两院之间产生的分歧;(3)通过杜马以前通过的版本的联邦法律(章程第127条)。

对章程规范字面理解时可得出:杜马首先应解决取消进一步审议该法的问题,就此作出的决议以杜马议员总数的多数投票通过;如果该院不同意负责委员会关于取消进一步审议法律的建议,那么会议主席就应将是否通过以前由杜马通过的版本的法律问题交付本院表决——为此

要求不少于议员投票的2/3。当然，事实上该院试图找到与联邦委员会的相互理解。所以，杜马章程规定：如果联邦委员会否决联邦法律并不建议国家杜马建立协调委员会，则负责委员会可以请求联邦委员会初步同意建立这样一个委员会。如果联邦委员会建议杜马设立协调委员会或者预先同意设立协调委员会，负责委员会应将杜马关于设立协调委员会的决议草案提交本院审议。该决议草案中应规定由杜马议员选举组成的协调委员会的工作期限。但如果联邦委员会未建议杜马设立协调委员会也未预先同意设立协调委员会，则负责委员会应建议杜马作出上述决定之一，也就是说，同意上院的意见并取消审议法律或者以2/3投票的多数推翻否决。

杜马以议员总数的多数通过关于设立协调委员会、从杜马议员中选举组成和由杜马出任委员会的联合主席的决议。如果本院该决议规定邀请其代表，该决议应送交联邦委员会以及总统、政府。

协调委员会的联合主席及其他成员组成国家杜马在该委员会中的代表团。该代表团单独审议联邦委员会的每个异议，力求拟定一个统一的联邦法律文本。协调委员会有权作出关于修改联邦法律某些联邦委员会没有异议之条款的措辞的决定，如果这种修改以联邦法律条款的新措辞为条件，这些措辞是在协调委员会拥护的联邦委员会的建议之基础上拟定的。协调委员会的决定以杜马代表团和联邦委员会代表团分别表决的方式作出。如果每个代表团成员的多数投票赞成，该决定即为通过；如果协调委员会未规定其他方式，则该决定公开表决通过。

根据每次会议的结果和本身工作的结果，协调委员会应制作一个备忘录和一个包括修改的法律文本的对照表。在该对照表中包含有关消除分歧的建议。参加委员会会议并有权发言的总统、政府在国家杜马和联邦委员会的全权代表有关委员会通过的每个决定的意见应分别记录在备忘录中。在签署最终的备忘录与对照表之前，采用协调委员会措辞的联邦法律由来自杜马的委员会联合主席送交国家杜马法律管理部门进行法律和语言方面的检验。最终备忘录和对照表由协调委员会的来自联邦委员会和杜马的两位主席签署。

采用协调委员会措辞且由委员会的来自联邦委员会和杜马的联合主席签署的联邦法律，以及最终备忘录、对照表和国家杜马法律管理部门的结论，都应由协调委员会来自杜马的联合主席提交杜马进行复审。

如果代表团未能消除分歧，哪怕是联邦委员会的一个异议，协调委员会应作出有关终止继续工作的决定，由协调委员会的来自国家杜马和联邦委员会的联合主席签署并发给国家杜马方面的负责委员会。后者应将协调委员会的工作结果通知杜马并将杜马的决议草案提交本院审议，在该草案中建议杜马作出上述决定之一，即或者取消审议法律，或者以2/3以上的投票通过该法律。

如果规定的协调委员会活动期限已经届满，而代表团消除分歧的工作尚未完成，则或者延长协调委员会的工作，或者本院作出上述决定之一。

审议采用协调委员会措辞的联邦法律时，来自国家杜马的委员会联合主席作报告发言。如果杜马议员总数的多数投票赞成，采用协调委员会措辞的联邦法律即为通过。

这种情况下，联邦委员会以其决议的形式批准新修订的法律。

如果采用协调委员会措辞的联邦法律没有得到通过所需的票数，会议主席在国家杜马会议上应将是否通过以前杜马通过的版本的法律问题交付本院表决。在联邦委员会未批准来自杜马的新修订法律的情况下，该院也不得不这样做。如果关于通过被联邦委员会否决的联邦法律的建议，用以前国家杜马通过的版本表决时未得到所需票数，该法即为被否决，并不再进一步审议。表决结果应形成杜马决议。

如前所述，联邦委员会批准的法律由本院主席送交总统签署并正式颁布。在联邦委员会14日的期限内未审议法律的情况下，期限届满时联邦委员会主席也应将联邦法律送交总统签署并公布。如果联邦法律由国家杜马以不少于2/3的投票以克服联邦委员会观点的方式通过以前的版本，这种方式通过的联邦法律应由国家杜马主席送交俄罗斯联邦总统。

八、俄罗斯联邦总统签署与颁布法律

根据俄罗斯联邦宪法（第107条）规定，总统在14日内签署联邦法律并予公布。

1994年6月14日的联邦法律《联邦宪法性法律、联邦法律、联邦会议两院文件的公布与生效程序法》（1999年修正案）对术语"公布"作了同义的解释。与正式颁布相比，这是以其他方式告知法律文件。所以，宪法关于总统公布法律的规定应当广义理解——首先是总统保障法律的正式颁布，除此还可以用其他方式公布法律。

特点是，联邦委员会决定将总统颁布法律的职能（宪法第107条第1款）正是直接与正式颁布法令相联系。联邦委员会章程（第110条）规定，法律送交总统签署并正式颁布。

1994年联邦法律关于颁布规定了不同的日期与期限。

联邦法律通过的日期即国家杜马以最终形式通过法律的日子（第2条第1款）。这一表达方式根据是，国家杜马按照宪法"通过"法律，而联邦委员会只是"批准"法律。但是，在最终通过之前，我们处理的仍然还不是法律，而是其草案。当然，在杜马推翻上院对法律的否决权时确实有这么一天作为其通过的日期。但是，如果过程"和平"进行，在法律上我们看到两个日期——国家杜马的通过和联邦委员会的批准。

联邦会议两院以俄罗斯联邦宪法（第108条第2款）规定的方式批

准联邦宪法性法律的那天即为其通过的日期。法律的这一表述不明确。因为联邦宪法性法律两院不是在同一天，而是在不同的时间通过的。[①]可见，法律不是像法律所规定的有通过的那一天，而是有通过的"那几天"。

联邦宪法性法律、联邦法律应当在总统签署之后7日内正式颁布。联邦会议两院的法令在通过之日后10日内颁布。联邦会议批准的国际条约与有关批准它们的联邦法律同时颁布。

联邦宪法性法律、联邦法律、联邦会议两院法令在其正式颁布之后10日届满，在俄罗斯联邦全国生效，这些法律或者两院的法令本身另外规定生效方式的除外。

所以，就俄罗斯联邦法律而言，必须区分5种日期：杜马通过、联邦委员会批准、总统签署、正式颁布、生效。对普通公民来讲，最重要的是最后的日期——法律生效的那天。实践中往往认为总统签署之日即是法令的日期。

九、俄罗斯联邦总统否决联邦法律（总统的否决权）和被否决法律的两院复审

根据俄罗斯联邦宪法第107条第3款规定，如果俄罗斯联邦总统在联邦法律提交后14天内将其否决，国家杜马和联邦委员会通过俄罗斯联邦宪法所规定的程序重新审议该法。如果在复审中联邦法律以原来所通过的文本由不少于联邦委员会委员和国家杜马议员总数2/3的多数票予以通过，俄罗斯联邦总统应在7日内签署和公布该法。

文献中称总统否决联邦法律为"总统的否决权"。联邦法律中未用

[①] 两院在同一天审议联邦法律，尤其是联邦宪制性法律的情况极其罕见。例如，1997年12月25日关于修改和补充联邦宪法性法律俄罗斯联邦政府法的宪法性法律由国家杜马通过并经联邦委员会批准，参见《俄罗斯联邦C3》，1998年第1期。1998年7月17日，俄罗斯联邦预算法由国家杜马通过并经联邦委员会批准，参见《俄罗斯联邦C3》，1998年第31期。

"否决权"这一术语,但实践中用得非常广泛。众所周知,有绝对和相对(拖延)否决之分。在绝对否决时,国家首脑对法律的否决意味着法令将不予通过。在相对(拖延)否决时法律由议会(议会两院)复审并通过或者考虑国家首脑建议的修正案,或者用以前的文本——但在后一种情况下,不是以简单的而是以议会两院投票的法定多数通过,也就是说,国家首脑有权拖延(推迟)一段时间通过法律,但议会可以坚持自己的愿望,法律也就会产生。

总统的否决权——首先是战略手段,其使用的企图(威胁)是迫使在通过的法律中避免遏制联邦会议两院的因素有缺陷。总统应首先从全国的利益出发,促进分权体制的平衡,国家各机构相互之间的有效合作。

总统否决的原因很多:一些是与总统和议会对国家、社会、政权与经济的发展方向理解不同有关的纯政治和社会、经济原因,另一些是包含在正式计划中的更多法律性质——法令或其某些条款与宪法相抵触、正在通过的法律与现行法律不一致、法律与普遍接受的国际法准则相抵触(不一致);等等。其原因可能是法律的具体经济——物质方面的不安全性。总统还有权从法律中对值得注意的联邦委员会、俄罗斯联邦各主体与其他立法动议权利主体的异议反映得不充分出发。最后,原因也可能是形式法律的——缺乏政府的意见,文本的质量差。

在所有的情况下,否决法律时,总统都应当明确宣布其行为的原因。正如俄罗斯联邦宪法法院在其1996年4月22日解释俄罗斯联邦宪法第107条的决议中指出的,总统必须说明否决法律的动机并不进行审议就将其发回。

考虑俄罗斯联邦宪法第107条第3款的规定,总统否决的结果可能有各种不同的做法:

(1)每院坚持没有任何改变的以前通过的法律文本,则应在第二轮表决时每院必须不少于2/3的投票;哪怕只在其中一院所要求的结果未

达到,该法律也不视为通过;

(2)两院接受总统修改法律文本的建议,则每院简单的多数投票足矣;

(3)两院准备部分考虑总统的建议(使自己的计划与其一致),结果每院相应地重新以简单多数通过、批准联邦法律,而总统则决定——同意修订后的方案或者再次否决;

(4)国家杜马以2/3的投票推翻总统的否决(即坚持以前通过的法律版本),而联邦委员会却接受总统修改法律文本的建议并不坚持以前的版本,那么法将不予通过;

(5)国家杜马以简单多数投票通过总统的建议,而联邦委员会不同意该建议并准备根据以前的法律版本以2/3的投票克服总统的否决;

(6)总统认为通过法律不适宜,而两院之一不赞成,法律即为不予通过;

(7)两院之一作出决定制订并通过新修订的法律——则立法过程自杜马重新开始。

总统施以否决权并未停止立法过程,只是增加了一个阶段,即能够使三个参加方——国家杜马、联邦委员会和总统都能满意的法律文本方案的探寻阶段。

国家杜马章程(第134条)规定,总统否决的联邦法律由议院委员会转交负责委员会,后者应在10日内审议总统否决联邦法律决定的理由。根据审议的结果,该委员会将决议草案提交杜马审议,该草案可以建议本院做出下列决定之一:(1)赞成总统否决联邦法律的决定并取消国家杜马的进一步审议;(2)通过经总统修改的联邦法律;(3)根据总统的建议或者总统的预先同意建立专门委员会,就总统否决的法律考虑总统的建议,制订法律的协调文本;(4)批准以前通过版本的联邦法律。

复审总统否决的联邦法律以总统在国家杜马的全权代表或者总统的其他官方代表发言开始;接着是负责委员会主席发言,并根据负责委员会的建议作出上列决定之一。在这种情况下，国家杜马关于同意总统否决联邦法律的决定并取消其进一步审议的决议以杜马议员总数的多数投票作出。关于通过总统版本的法律的决定也以杜马议员总数的多数投票作出；通过的总统版本的联邦法律应在5日内送交联邦委员会。

如果国家杜马根据负责委员会的建议不同意总统关于否决联邦法律的决定，并未将其从杜马进一步审议中取消，则杜马会议主席应将关于批准杜马以前通过版本的联邦法律的问题交付本院表决。

在总统否决联邦法律并未建议国家杜马建立专门委员会的情况下，负责委员会可以请求总统预先同意建议建立这类委员会。如果总统建议杜马建立专门委员会或者事先表示同意建立，负责委员会应将杜马关于建立专门委员会的决议提交本院审议。杜马应以议员总数的多数投票通过关于建立专门委员会、选举杜马议员以及专门委员会来自杜马的联合主席进入其组成的决议。该决议应送交总统和联邦委员会。专门委员会的联合主席及其他成员组成杜马在专门委员会的代表团。在作出决定时，专门委员会应根据"一方一票"原则活动，这时专门委员会来自杜马的成员以成员总数的多数投票作出决定。如果就总统的每个建议双方意见都取得了一致，专门委员会的决定即为通过。专门委员会的工作结束时，专门委员会来自杜马的联合主席应将专门委员会版本的联邦法律提交杜马复审。在审议该法律时，专门委员会来自杜马的联合主席作报告发言；接着总统在杜马的全权代表或者总统的其他官方代表可以发言。如果杜马议员总数的多数投票赞成专门委员会版本的联邦法律，该法律即为通过。

所以，国家杜马应采用若干方案寻求与总统的相互谅解。在法律上杜马可以不使用它们，马上投票表决赞成通过原先版本的法律（不少于杜马议员总数的2/3票数），并将该法送交联邦委员会。如果关于批准以前杜马通过版本的联邦法律的建议未获得其通过所需的票数，则联邦法律即为被否决且不得再进一步审议。表决结果应形成杜马决议。

但是，实践中不止一次地发生国家杜马终止具体法律的立法程序，并以两种方式：直接作出决定取消法律的审议；也经常在总统否决之后，法律的通过被延期"搁置"起来，且杜马不再审议（尽管本院的原则仍是应当对否决作出反应并作出某种正式决定）。利用建立专门的三方（杜马、联邦委员会、总统）或者甚至四方委员会（补充政府代表）以制订出法律草案的商定文本。

十、联邦宪法性法律的通过

制定联邦宪法性法律问题的范围在俄罗斯联邦宪法中明确。根据宪法第108条规定，如果其以联邦委员会成员总数3/4以上的多数投票并以国家杜马议员总数2/3以上多数投票批准，联邦宪法性法律即为通过。通过的法律在14日内应由总统签署并公布。

国家杜马章程中没有关于联邦宪法性法律通过程序的专章规定，对此只能这样解释：它们应以一般程序——按照讨论、包括三读的程序通过，赞成联邦宪法性法律的投票数是法定的（宪法称此不是通过，而是"赞成"，而且是根据两院的）。

联邦委员会2002年的现行章程第15章规定了"联邦委员会审议联邦宪法性法律的程序"。实践中该程序与通常审理联邦法律的程序没有什么区别。除此之外，联邦委员会章程中用各种词语表述议院审理联邦宪法性法律的结果：联邦委员会批准杜马已经批准的法律；但是联邦委员会作出否决（即未使用"不批准"一词）杜马批准的联邦宪法性法律的决定。还有一点也很重要，即否决联邦宪法性法律时也可以接受协调两院立场的程序。

两院通过的联邦宪法性法律由联邦委员会主席送交总统。根据俄罗斯联邦宪法第108条第2款规定，该法应在14日内由总统签署并公布。

总统没有否决联邦宪法性法律的权力。

十一、关于重审宪法条款和提出宪法修正案提案的审议

关于重审和关于俄罗斯联邦宪法修正案的提案由联邦会议两院审议。每院都在自己的章程中规定了相应的程序。国家杜马章程第16章"俄罗斯联邦宪法修正案和再审提案的审理",联邦委员会章程第16章"联邦委员会审理与俄罗斯联邦宪法修正案的俄罗斯联邦法律通过和生效有关的问题的程序"。

与再审俄罗斯联邦宪法及其所提修正案有关的实体规则详见本书第二编。

至于程序规则,其主要特点与通过普通联邦法律时采用的程序规则没有什么区别。众所周知,根据俄罗斯联邦宪法(第134条)规定,关于俄罗斯联邦宪法条款修正案和再审的提案可以由总统、联邦委员会、国家杜马、政府、俄罗斯联邦各主体立法(代表)机构以及人数不少于1/5的联邦委员会成员或者国家杜马议员提出。根据杜马章程(第137条)规定,再审宪法第1、2和9章的提案应当包含宪法条款的新版本(其应当作为立法动议权利行使的一种方式进行审理),及其提交杜马的相应理由。国家杜马委员会应将提案送交本院专业委员会准备结论,继而该提案应由杜马委员会列入问题的审议日程。在杜马会议上审议该提案并由委员会对其作出结论。杜马应作出关于批准或者否决该提案的决定。要根据宪法(第135条第2款)批准需要杜马议员的3/5赞成。

在批准的情况下,国家杜马的决议应在之后的5日内送交联邦委员会。这里对该问题也应准备联邦委员会的专业委员会的结论。关于再审第1、2、9章条款的提案与委员会的结论应在联邦委员会会议上审议。其最终的决定是关于批准或者否决提案的。要根据宪法第135条第2款

批准需要该院成员的3/5投票。

就批准关于修改宪法的提案最后在两院根据联邦宪法性法律（其还未被通过）召开宪法会议（宪法第135条第2款）。该宪法会议或者自己通过新的俄罗斯联邦宪法，或者提议就俄罗斯联邦宪法进行全民公决。

如果这些提案涉及俄罗斯联邦宪法第3—8章，即俄罗斯宪法修正案，其应按照通过联邦宪法性法律而规定的程序进行审议（俄罗斯联邦宪法第136条）。联邦会议两院通过修正案之后，该修正案应在不少于2/3的俄罗斯联邦各主体的立法权力机构批准之后生效。

最后形成的有关法令不应称为联邦宪法性法律，而应称为俄罗斯联邦修正案法。正如本书第二编指出的，俄罗斯联邦宪法法院在1995年10月31日就解释俄罗斯联邦宪法第136条的案件所作决议中就是这样规定的。1998年2月6日联邦法律《俄罗斯联邦宪法修正案通过与生效程序法》通过。

关于宪法修正案法律的审议在国家杜马按照三读程序进行。在审议杜马法律草案过程中，应听取每项修正案提案人的报告，专业委员会代表的补充报告，总统在杜马的全权代表或者其授权的人、政府在杜马的全权代表或者其授权的人、党团长和代表小组的代表，以及根据议院决定应邀参加讨论的专家和其他人员的发言。修正案应逐个进行讨论和表决。要通过（批准）它们需要不少于杜马议员总数的2/3投票。对修正案逐条讨论和表决之后，杜马应整体通过俄罗斯联邦关于第3—8章修正案的法律，为此也要求2/3的票数。继而该法转送联邦委员会。要通过（批准）有关修正案的法律在该院需要不少于联邦委员会成员总数的3/4投票。如果该法未得到这个票数，即为被否决。联邦委员会的决定以决议的形式作出。总的来讲，该院根据与联邦法律相同的程序审议有关修正案的法律草案。

在否决法律草案的情况下，两院可能采用协调方式以消除前文已经讲过的分歧。

联邦委员会通过关于俄罗斯联邦宪法修正案的法律之后，该院主席应自该法通过之日起5日内发布公告。其应当包括：

（1）有关根据宪法第136条通过了关于俄罗斯联邦宪法修正案的联邦法律的消息；

（2）指出杜马和联邦委员会批准日期的法律本身的文本；

（3）有关已通过法律的生效条件和有关俄罗斯联邦各主体立法（代表）机构审议该法方式的信息，并指出将这些机构关于修正案法律审议结果的决议送交联邦委员会的最后期限。

这些条款非常重要，因为根据1998年法律，自关于修正案的法律通过之日起给各主体1年时间（该期限自联邦委员会决定之日起算）以审议关于修正案的法律并将其决定告知联邦委员会。根据该法第9条，俄罗斯联邦主体的立法（代表）机构按照该机构自主规定的方式应当在自其通过之日起1年的期限内审议俄罗斯联邦关于宪法修正案的法律。如前所述，关于宪法修正案的两个法律在2008年通过时，各主体的所有立法机构无一例外地根据中心的正确"意见"，在不超过3周的期限内通过了关于批准修正案的决定。联邦委员会应自1年期限届满之次日起整理各主体审议关于修正案法律的资料，并确定这次审议的结果。联邦委员会应自确定结果之日起7日内将该法律送交总统签署并正式颁布。

这就是联邦会议立法过程的主要特点。最后应当说，立法程序也在不断完善。它应当为两院高效地完成自己作为俄罗斯联邦立法权力的使命服务，为它们与政府和总统之间在创建与制定新法律过程中建设性的互相配合而服务。

参考文献

C.A.阿瓦基扬：《联邦会议——俄罗斯议会》，莫斯科，1999年。
布拉科夫奥·恩：《俄罗斯联邦的两院议会》，参考资料汇编，2003年。
戈别茨弗·德：《俄罗斯联邦会议》，莫斯科，1998年。

格兰金伊·弗：《俄罗斯议会》，莫斯科，2001年。

古兹诺夫阿·戈、克涅诺夫阿·阿、罗日杰斯特文斯卡娅特·埃：《现代立法程序：基本概念和制度》，斯摩棱斯克，1995年。

实践委员会：《俄罗斯立法程序：公民和权力》，莫斯科，1996年。

科瓦切夫德·阿：《欧洲社会主义国家的立法程序》，莫斯科，1966年。

克拉斯诺夫尤·克：《国家杜马的立法程序：完善途径》，莫斯科，2004年。

利哈乔夫斯·阿：《俄罗斯联邦的联邦会议国家杜马议员参加立法程序》，副博士论文，莫斯科，2003年。

纳杰耶夫尔·克：《国家杜马立法草案的法律检验》，莫斯科，2002年。

诺维茨卡娅特·伊：《俄罗斯分权条件下的联邦立法程序》，副博士论文，莫斯科，2003年。

特·亚·哈博里耶瓦娅编：《俄罗斯议会的权力》，莫斯科，2003年。

杜博夫伊·阿：《立法动议：问题及完善途径》，《国家与法》1993年第10期。

普罗霍罗夫姆·弗：《俄罗斯联邦各主体实施立法动议权的若干问题》，《法》1998年第1期。

奥昆科夫尔·阿：《俄罗斯联邦总统、宪法与政治实践》，莫斯科，1996年。

奥昆科夫尔·阿：《总统的否决权》，《俄罗斯法杂志》1998第2期。

第三十章
联邦委员会成员和国家杜马议员的宪法法律地位

第一节 宪法法律地位的一般原则

一般情况下，联邦委员会的成员和国家杜马的议员由俄罗斯联邦宪法规定。国会议员地位的许多特点反映在两院的章程中。1994年5月8日联邦法律《俄罗斯联邦联邦会议的联邦委员会成员地位和国家杜马议员地位法》(包括修改和补充)是特别法。该联邦法律规定了联邦委员会成员和国家杜马议员及其助理的权利、义务与责任，规定了他们各自行使职权时的基本法律和社会保障。

该法(第1条)规定，联邦委员会成员是根据有关联邦委员会形成程序的联邦法律授权，在联邦委员会行使俄罗斯联邦宪法和该联邦法律规定的立法权力与其他权力的俄罗斯联邦各主体的代表。国家杜马议员是根据联邦法律国家杜马议员选举法选出的被授权在国家杜马行使俄罗斯联邦宪法和该联邦法律规定的立法和其他权力的人民代表。

正如我们所见，该法称联邦委员会的成员为俄罗斯联邦各主体的代表，而国家杜马的议员——为人民代表。可见，联邦委员会成员的地位本质上仍然包含着全国的利益和俄罗斯联邦各主体的利益，不仅如此，前者还具有(应该具有)优先性。此外，反过来，作为俄联邦主体代表的联邦委员会成员的特征应该胜于其作为主体机关的代表感。

联邦国家权力机构、俄罗斯联邦各主体国家权力机构、地方自治机构的公职人员有义务为联邦委员会成员、国家杜马议员提供其行使俄罗斯联邦宪法和有关其地位的联邦法律所规定的权力所需的条件。

联邦委员会成员的任期与相应地选举或任命联邦委员会该成员的俄罗斯联邦主体立法权力机构与首脑的任期相同。本编第26章第4节相当详细地分析了有关俄罗斯联邦各主体代表往联邦委员会派驻议员的程序问题，此处不再赘述。这里我们再次注意到，立法调整反映了不仅俄罗斯联邦各主体而且还有联邦委员会经常增强自己对下院成员影响的意图。这还涉及有关议会任期的规范。我们记得，原始的版本中，2000年有关联邦委员会形成程序法第9条第1款规定，联邦委员会成员的权力始于有关其选出（任命）的决定生效之日，止于有关联邦委员会新成员选出（任命）的决定生效之日。该法2004年12月16日的版本中，联邦委员会成员和众议院本身的地位得到加强。该法规定，联邦委员会的权力始于联邦委员会通过关于确认这些权力的决定之日，止于关于确认联邦委员会新成员权力的决定通过之日。但是在2009年2月14日联邦法律的基础上，相应的规则自2011年1月1日起修改，规定联邦委员会成员的权力始于其被相应的俄罗斯联邦主体国家权力机构选出（任命）之日。选出（任命）的联邦委员会成员行使其职权始于批准联邦委员会授权的与选举（任命有关的）文件之日。联邦委员会成员的权力止于选出（任命）联邦委员会新成员——俄罗斯联邦主体同一国家权力机构的代表——之日。所以，可以认为，俄罗斯联邦各主体权力机构的地位在联邦委员会成员权力开始和终止时得到新的增强。

国家杜马议员的任期始于其被选为杜马议员之日，止于新一届杜马的工作开始之日。

地位法规定了一系列联邦委员会成员和国家杜马议员一样其任期提前终止的情况。

根据该法第4条，联邦委员会成员、国家杜马议员的任期在下列情况下提前终止：

（1）联邦委员会成员、国家杜马议员书面申请解除自己的职权；

（2）联邦委员会成员、国家杜马议员被选为俄罗斯联邦主体立法机构或者地方自治机构的代表、其他国家权力机构或者地方自治机构的选任公职人员，同样地，任命联邦委员会成员、国家杜马议员担任其他俄罗斯联邦国家公职、俄罗斯联邦主体国家公职；

（3）联邦委员会成员、国家杜马议员被录任国家或者市政公职，进入商业协会或者组成其他商业组织的管理机构、其实施企业或其他有报酬的活动，除了教学、研究和创作活动，其资金筹措不得违背本联邦法规定的要求；

（4）联邦委员会成员、国家杜马议员进入理事会、董事会或监事会的机构，外国非营利、非政府组织的其他机构及其在俄罗斯联邦领土上活动的分支机构的组织，俄罗斯联邦国家条约或者俄罗斯联邦立法另有规定的除外；

（4）联邦委员会成员、国家杜马议员丧失俄罗斯联邦国籍或者取得外国国籍（不要忘了，有关选举的立法不允许选举那些不仅有外国国籍，还有其他国家居住证的人当议员；这一情况的发现应成为提前终止国家杜马议员和联邦委员会成员任期的理由）；

（6）法院对联邦委员会成员、国家杜马议员的人所作的有罪判决生效；

（7）法院有关限制联邦委员会成员、国家杜马议员资格或者认为其不具资格的裁决生效；

（8）认为联邦委员会成员、国家杜马议员下落不明或者宣告他们死亡的法院判决生效；

（9）联邦委员会成员、国家杜马议员死亡。

除上述因素，国家杜马议员的职务提前终止还因国家杜马的解散，以及俄罗斯联邦宪法第111条规定（议院三次拒绝同意总统推荐的政府总理候选人)和第117条(两次表示对政府的不信任或拒绝信任俄罗斯联邦政府)规定的情况。还规定(2005年,以及2009年修正案),不想组成党派、按照该党名单选出或者从该党团开除的议员的任期提前终止。

根据联邦地位法规定的理由终止国家杜马议员任职的决定自国家杜马确定议员任职终止日的决议形成。在总统提前解散杜马的情况下,议员在杜马通过法律以及行使其他通过在议会会议上作出决定实现的宪法权力的职权,自指定新的杜马选举之日起终止。因此,在解散时(如果发生的话),作为个人,以及作为党团、委员会和专门委员会的成员,议员可以继续工作。

需要提醒的是,俄罗斯联邦宪法规定(第97条第3款),国家杜马议员在职业性的常设基础上开展工作。至于联邦委员会成员,如上所述,情况变动了好几次。在第一次组成中,只有部分该院成员转为脱离原职开展工作。在第二次组成中,当俄罗斯联邦各主体的立法权力机构和执行权力机构的领导成了联邦委员会成员时,他们所有人都在脱离原职的基础上行使该院的职权。随着2000年联邦法律联邦委员会组成程序法的通过,该院所有成员都在专业性的常设基础上工作。

所以,现在无论是国家杜马议员,还是联邦委员会成员,都常住莫斯科,与联邦部长获得报酬一样,也获得工作报酬。

联邦地位法包含一系列与他们行使职权有关的条件和限制。首先,他们不能任其他级别的议员,担任国家和市政公职,从事其他有偿活动,教学、科研和其他创作活动除外。

为补充2007—2008年该法增订部分又规定了一些限制。特别是现在明确规定,两院的议员无权从事企业或者其他有报酬的活动。如果联邦委员会成员或者国家杜马议员拥有带来收益的有价证券、股票(参与组织法定资本的股份)可能导致利益冲突,他应当根据俄罗斯联邦立法将其所属的上述有价证券、股票(参与组织法定资本的股份)转交信托管理。

至于允许其从事的教学、科研和其他创作活动，尤其不能由外国、国际和外国组织、外国公民或者无国籍公民进行资助，俄罗斯联邦国际条约或者立法另有规定的除外。他们不能成为经济协会或其他商务组织管理机构的成员；进入理事会、董事会或监事会的机构，其他外国非营利、非政府组织的机构及其在俄罗斯联邦领土上活动的分支机构的组织，俄罗斯联邦国家条约或者俄罗斯联邦立法另有规定的除外；

国家杜马议员和联邦委员会成员无权因行使相应职权而从自然人和法人处获取俄罗斯联邦立法未规定的报酬（贷款，现金及其他报酬，服务，支付娱乐、休闲、交通费用等）。联邦委员会成员或者国家杜马议员因礼仪公务、公务出差及其他正式公务收到的礼物被认为是联邦财产，应由联邦委员会成员或者国家杜马议员根据规定相应地交给联邦委员会或者国家杜马，俄罗斯联邦立法规定的情况除外。交出因礼仪公务、公务出差及其他正式公务收到的礼品的联邦委员会成员或者国家杜马议员，可以按照俄罗斯联邦规范性法律文件规定的程序进行赎买。

议会议员也不得因行使相应职权利用自然人和法人的资金前往俄罗斯联邦境外，除非是根据俄罗斯联邦立法、俄罗斯联邦国际条约或者在联邦国家权力机构、俄罗斯联邦各主体国家权力机构与外国国家机构、国际组织和外国组织互惠基础上的协议履行的公务差旅。

2008年12月25日增订部分规定，杜马议员和联邦委员会成员无权将为公务活动规定的物质技术、资金和信息保障手段用于与履行相应职权无关的目的。他们不得为与履行相应职权无关的目的泄露或使用根据联邦法律属于限制获取的信息的情报，或者因履行相应职权其已得知的公务信息。

联邦委员会成员、国家杜马议员都有证件和徽章，是确认他们身份和权限的主要文件。证件使他们有权自由进入国家权力机构、地方自治机构，出席他们合议机构的会议，以及自由访问军事单位和组织，其不论所有制形式全部或部分使用联邦预算、俄罗斯联邦主体预算、地方预算资金，或者享有税收和强制性付款支付的优惠，或者作为创始人拥有国家权力机构和（或）地方自治机构。

第二节 联邦委员会成员和国家杜马议员的主要权力和活动保障

一、与两院和地区活动有关的权力和保障

关于地位的联邦法律规定联邦委员会成员、国家杜马议员立法动议权（有关其行使的问题，本书上一章进行了相当详细地阐述）属于其主要权力。

联邦委员会成员、国家杜马议员应当就自己是其成员的相应议院，以及该院的委员会、专门委员会、协调委员会和专业委员会审议的所有问题行使决定性的投票权。议会议员有权出席俄罗斯联邦联邦会议每院的任何会议（即，因此，没有特别允许联邦委员会成员也可以参加杜马的各种会议，反之，杜马议员也有权参加联邦委员会的各种会议）。

每院的议员都有权提出本院的要求，也有权提出自己的要求。

联邦委员会成员、国家杜马议员为其在相应的议院大楼行使各自的权力，应予提供单独的办公场所。议会议员有权因行使其权力免费使用政府及其他形式的通信并接受特殊的通信服务。联邦委员会成员、国家杜马议员的所有邮政和各类电文的发送方式因与其行使职权有关而应按照政府的分类进行转寄（转交）、处理和交付。

根据地位法第16条，联邦委员会成员、国家杜马议员就其活动的问题享有优先被联邦国家权力机构、俄罗斯联邦各主体国家权力机构、地方自治机构、各种所有制形式的组织的领导和其他公职人员、俄罗斯联邦武装力量、其他军队和军事单位的指挥组成人员接待的权利。

在联邦委员会成员、国家杜马议员就与其活动有关的问题向国家权力机构、地方自治机构、公会和组织提出请求时，上述机构、协会和组织的公职人员应立刻（在必需取得补充资料时——应自收到请求之日起30日内）回应这一请求并提供所要求的文件或者资料。

地位法还包含对联邦委员会成员、国家杜马议员的某些限制。他们不得干预调查机构、侦查人员的业务侦查、刑事诉讼活动和司法活动。

二、联邦委员会和国家杜马议员的议会豁免权

地位法强化了所谓的议会豁免权，即联邦委员会成员、国家杜马议员在其任职期限内享有不受侵犯性。根据地位法第19条，联邦委员会成员、国家杜马议员未经相应的议院同意不得：（1）被追究应以司法程序处以的刑事或者行政责任；（2）被拘留、逮捕、搜查（除非在犯罪现场抓住）或质疑；（3）被进行人身搜查，联邦法律规定为保护其他人安全的情况除外。

联邦委员会成员、国家杜马议员的不可侵犯性扩大到他们占用的住宅和办公场所、个人和公务交通工具、通信设备，他们所属的文件和行李，他们的通信。

在针对联邦委员会成员、国家杜马议员的行为启动刑事案件或者因行政违法案件（规定应以司法程序处以行政责任）开始诉讼的情况下，调查机构或侦查人员应在3日内将此告知俄罗斯联邦总检察长。如果针对联邦委员会成员、国家杜马议员与其履行各自职权有关的行为的刑事案件已经开始或者行政违法（规定应以司法程序处以行政责任）案件的诉讼已经开始，总检察长应在收到调查机构或者侦查人员的通知之后1周以内，将有关取消联邦委员会成员、国家杜马议员代表的不可侵犯性的建议提交联邦会议相应的议院。

在刑事侦查或者行政违法案件（规定应以司法程序处以行政责任）的诉讼结束之后，没有俄罗斯联邦联邦会议的相应议院同意，案件不得

转交法院。

联邦委员会成员、国家杜马议员不得因在联邦会议相应的议院表决时发表意见或表达观点和其他符合联邦委员会成员地位和国家杜马议员地位的行为而被追究刑事或者行政责任，包括其任职期限届满。如果由于这类行为联邦委员会成员、国家杜马议员犯了公开侮辱、诽谤或者违反了其他联邦法律规定，因此而应承担法律责任的，刑事案件的启动、调查程序、初步调查或者开始行政违法（规定应以司法程序处以行政责任的）案件的诉讼，只能在取消联邦委员会成员、国家杜马议员代表的不可侵犯性的情况下才能进行。

相应的议院拒绝取消联邦委员会成员、国家杜马议员的不可侵犯性，是一种排除刑事案件诉讼或者行政违法（规定应以司法程序处以行政责任的）案件诉讼，并导致这类案件终止的情况。终止相应案件的决定只能在具备新发现的情况下撤销。

有关刑事案件的启动或者行政违法（规定应以司法程序处以行政责任的）案件诉讼的开始，有关终止相应案件或者有关法院针对联邦委员会成员、国家杜马议员判决的生效，调查机构、侦查人员或者法院应在3日内通知相应的联邦会议议院。

联邦委员会成员、国家杜马议员就民事或者刑事案件有权拒绝提供有关因其履行自己的职权而得知情况的证词。

三、社会保障

涉及联邦委员会成员和国家杜马议员社会保障的一般规则，规定在地位法的第2条："联邦委员会成员、国家杜马议员在社会保障方面与联邦部长相等；议院主席、议院副主席——相应地与俄罗斯联邦政府总理、俄罗斯联邦政府副总理相等。"

属于社会保障的有：

(1) 月薪和该联邦法律规定的其他付款；

(2) 每年的带薪休假；

(3) 联邦委员会成员、国家杜马代表履行职权的时间计入联邦国家供职的年限；

(4) 联邦委员会成员、国家杜马议员及其家庭成员的医疗、疗养服务；

(5) 退休金，包括联邦委员会成员、国家杜马议员死亡情况下其家庭成员的退休金；

(6) 联邦委员会成员、国家杜马议员的国家强制性保险，以防对他们的健康和财产造成伤害；

(7) 联邦委员会成员、国家杜马议员的强制性的国家社会保险，以防联邦委员会成员、国家杜马议员在履行其职权期间生病或者丧失劳动能力；

(8) 在莫斯科没有住宅面积的联邦委员会成员、国家杜马议员的住房——生活保障；

(9) 其他为联邦部长规定的社会保障。

这些一般规则在有关地位法的其他条款中有详细规定。特别规定，联邦委员会成员、国家杜马议员应当用联邦预算资金支付强制性国家保险，国家杜马议员的年度货币酬金数额有下列情况：(1) 由于身体受伤或者其他危害健康原因而丧生（死亡）；(2) 造成残废或者其他健康损害。

在造成联邦委员会成员、国家杜马议员残废或者其他致使丧失劳动能力的身体损害的情况下，他们每月应得的补偿等于国家杜马议员按日支付赔偿每月所得的酬金和规定的养老金（不算国家保险支付的保险数额）之间的差异。

在联邦委员会成员、国家杜马议员死亡的情况下，死亡的联邦委员会成员、国家杜马议员的家庭成员的物质保障应当按照联邦关于死亡联邦委员会成员、国家杜马议员家庭成员的物质保障法规定的方式实施。

联邦委员会成员、国家杜马议员享有广泛的劳动权利保障。简言之，包括：议会议员的任期算作联邦公共服务的年限，也算作总工龄和连续工龄或者服务期限、专业工龄。这种情况下，联邦委员会成员、国家杜马议员在其权力终止之后6个月内参加工作或者公职的条件下保留连续工龄。如果在任职之前他们根据劳动协议工作过，权力终止之后应为他们提供以前的工作（职位），在没有了该工作（职位）的情况下，应为其提供在以前工作场所或经他们同意在其他组织中的另一种同等价值的工作（职位）。对来自军队或者执法机构服务的，应提供以前的职位或者经他们同意提供以前或其他服务场所的另一种职位。

由于议会议员履行其在议院的职权而搬迁获假的联邦委员会成员夫妇、国家杜马议员夫妇，工作的间断时间计入总工龄和连续工（服务）龄。在上述时期为他们保留：专业工（服务）龄；享有确定工资补贴比例（包括区域系数）、确定津贴比例并取得资历的一次性补偿、根据搬迁当年的组织工作成果报酬，以优惠条件和优惠金额退休等，如果这些人搬迁时占有职位、从事专业工作或在规定提供适当福利的场所工作（服务）。

有关地位法包含有关杜马解体时国家杜马议员权利的专门规则（第26条）。其享有在议员权力终止之日取得等于他每月酬金3倍金额的一次性现金补贴的权利。议员及与其一起生活的家庭成员享有到该议员常住地免费交通和免费携带其所属财务（总重量在10吨以下的集装箱）的保障。由于国家杜马解体其权力终止的、具有相当于为确定老年全额退休金（包括优惠条件的退休金）需要的劳动年限的议员，经其同意，国家退休金可提前确定，但提前不得超过法定退休年龄的2年。这种情况下，为了获得相当于国会议员报酬一定比例的金额，其还享有国家养老金每月的补贴。

对联邦委员会成员，无论其是否在联邦委员会担任职务（联邦委员会主席除外），杜马议员，无论其是否在杜马担职任务（杜马主席除外），都规定了相同的月薪，与联邦部长月薪及其他福利的金额一样。对联邦委员会主席和杜马主席是按政府总理月薪金额规定的月薪。

除此之外，议会议员每月还报销一些与其行使职权有关的额外费用,数额相当于最低工资的5倍。

对联邦委员会成员、国家杜马议员提供带薪年假长达48个工作日,并支付相当于两个月薪的医疗津贴。

对联邦委员会成员、国家杜马议员提供为联邦部长规定一样条件的医疗、疗养和日常生活保障。

履行联邦委员会成员、国家杜马议员职权(那些被判犯罪的除外)1年以上的俄罗斯联邦公民,享有国家退休金的每月补贴,数额为国家退休金与其每月补贴占:履行联邦委员会成员、国家杜马议员职权1—3年——月薪的55%,3年以上——月薪的75%。

为在莫斯科市没有住所的联邦委员会成员、国家杜马议员履职期间提供公务住房(有家具和电话的宿舍)。此前可为其提供旅馆单间。

联邦委员会成员、国家杜马议员应自其职权终止之日起1个月内腾出为其在首都提供的住房。

不腾出住所会引起按照住宅立法规定方式的驱逐。

四、联邦委员会成员、国家杜马议员的助手

联邦委员会成员、国家杜马议员有权根据联邦委员会、国家杜马的工作,以及俄罗斯联邦主体、国家杜马议员决定的领域内的工作,拥有5个以下按照协议(合同)进行工作、40以下在社会基础上开展工作的助手。助手只能是俄罗斯公民。

根据联邦委员会、国家杜马的工作,按照劳动协议(合同)的助手人数不得超过2人。工作的性质在签署劳动协议(合同)时确定并在其中予以反映。助手可以完成联邦委员会成员、国家杜马议员与职权活动有关的委托。

劳动协议(合同)在助手与联邦委员会成员、国家杜马议员代表声明的基础上以书面形式签订,呈文中指明期限,但不得超过该联邦委员会

成员、国家杜马议员的任期。联邦会议相应议院的工作助手通过该院机关领导的命令进行招聘。联邦委员会成员的俄罗斯联邦主体的工作助手的招聘根据联邦委员会成员的建议,通过相应的俄罗斯联邦主体的立法(代表)、执行机构或者地方自治机构领导的命令进行。国家杜马议员的俄罗斯联邦主体的工作助手的招聘在杜马议员建议的基础上,通过相应的俄罗斯联邦主体执行机构领导的命令进行。

联邦委员会成员、国家杜马议员助手的工作:对议会议员的来访者进行登记并进行先行接待;准备议会议员履行其职权所需要的分析、信息、参考和其他材料;根据其委托在国家权力机构、选举委员会和全民投票委员会、地方自治机构、各种组织、公会获得文件,包括通行证件,以及议会议员履行其职权所需要的信息和参考材料;安排与选民的会见;进行公文处理;完成联邦委员会成员、国家杜马议员的劳动协议(合同)规定的其他委托。

参考文献

С.А.阿瓦基扬:《联邦会议——俄罗斯的议会》,莫斯科,1999年。
阿斯塔菲切夫普·阿:《现代俄罗斯的人民代表制度》,奥廖尔,2003年。
瓦西科娃尔·戈:《现代议会议员委托的宪法性法律的调整》,副博士论文,秋明,2007年。
格兰金伊·弗:《俄罗斯的议会》,莫斯科,2001年。
奥夫谢皮扬日·伊:《俄罗斯议会制的形成》,罗斯托夫,2000年。
《俄罗斯议会的权力》,莫斯科,2003年。
С.А.阿瓦基扬:《俄罗斯联邦的人民代表问题》,莫斯科,1999年。
《联邦委员会:地位和功能的进化》,莫斯科,2003年。
索佩里采娃恩·斯:《俄罗斯联邦宪法性法律的豁免》,车里雅宾斯克,2004年。
法捷耶夫弗·伊、瓦尔廖恩姆·弗:《俄罗斯联邦·议员的豁免权:宪法性法律原则》,莫斯科,2008年。
舍霍夫佐夫弗·阿:《俄罗斯联邦会议制的发展》,符拉基沃斯托克,2006年。

第九编

联邦执行权力机构组织与活动的宪法原则

第三十一章
俄罗斯联邦国家权力执行机构体系的一般特征

第一节 概念问题

谈到国家机构的类型,我们建议应将执行权理解为俄罗斯联邦宪法所规定的国家权力分支的一种,其主要任务是执行法律,实施一种特殊活动——管理国家事务(国家管理)。为实现这些目的,不仅采用各种有效行为和调度的手段,而且利用立法上的手段。

执行权力机构在国家权力机构体系中占有自己的地位。它们受立法(代表)机构、国家首脑的监督,但同时独立履行自己的职能,具有影响其他国家机构的手段。

在俄罗斯联邦,对执行权有以下理解:

(1)执行权力在俄罗斯联邦;
(2)俄罗斯联邦的执行权力;
(3)俄罗斯联邦各主体的执行权力。

执行权力在俄罗斯联邦覆盖了全国所有级别的行政权力。这是联邦一级的执行权力机构和联邦各主体的国家权力机构。

俄罗斯联邦的执行权——是联邦一级的执行权。这些机构在国家整个领土主权范围上活动,可以建立自己的地方机构并任命相应的公职人员(俄罗斯联邦宪法第78条第1款)。

俄罗斯联邦各主体的执行权是各主体自己的机构体系。这之下的国家权力执行机构，俄罗斯联邦宪法没有规定。但是在相应的地方单位或专门在俄罗斯联邦各主体建立的行政区域单位（例如，莫斯科市各行政区的各县，作为具有特殊地位的与以前自治区一起建立的行政——领土单位的新的领土地区，对此我们在本书其他编已有论述）可以建立地方机构或者俄罗斯联邦各主体的执行权力分支机构。俄罗斯联邦宪法法院在1997年1月24日就有关乌德穆尔特共和国1996年4月17日法律《乌德穆尔特共和国国家权力机构体系法》合宪性的审查案件所作的决议中，评价俄罗斯联邦各主体在这方面的可能性时规定，作为俄罗斯联邦主体的乌德穆尔特共和国的国家权力机构体系"可以纳入其中的，不仅有最高权力机构，而且有地方机构，包括相应的行政区域单位的机构"（说明理由部分第4款）。当然，宪法法院的这一结论应当扩大到俄罗斯联邦的所有主体。

执行权力机构的特点是：它们基于管理国家事务，即管理国家建设、国民经济、国家所有权、社会—文化建设等这样一个准则，组成一个专门的系统。

这个准则还意味着一个特点：允许执行权力组织内部的垂直性。这种垂直性是确保实现更高层次全国性任务所需要的。正因为如此，俄罗斯联邦宪法第77条第2款规定，在俄罗斯联邦管辖和俄罗斯联邦与其各主体共同管辖的范围内，联邦执行权力机构和俄罗斯联邦各主体执行权力机构共同组成统一的国家执行权力体系。

还有一个与概念方面有直接关系的问题，即有时在规范性文件和文献中可以见到"俄罗斯联邦政府、联邦执行权力机构"等表达方式——政府好像脱离了联邦国家权力执行机构的范围。实际上，政府应纳入联邦执行权力机构体系并在其中占据首要的位置。一般情况下，这反映在俄罗斯联邦宪法中，更具体一些——反映在1997年联邦宪法性法律《俄罗斯联邦政府法》中。所以，正确的说法是："俄罗斯联邦政府和其他联邦执行权力机构"。

第二节　联邦执行权力机构的体系

俄罗斯联邦宪法没有规定联邦执行权力机构体系。其第6章被称为"俄罗斯联邦政府"并用于规定这一机构。而且俄罗斯联邦宪法第110条第1款规定："俄罗斯联邦执行权由俄罗斯联邦政府行使。"实际上联邦执行权不只集中于俄罗斯联邦政府，这个体系还包括其他联邦执行权力机构。这种情况在1997年联邦宪法性法律《俄罗斯联邦政府法》得以更正，该法规定政府是一个在俄罗斯联邦领导下的统一的执行权力体系的合议制机构（第1条第3款）。

更明确地对联邦执行权力机构进行调整的是俄罗斯联邦总统有关这一体系（结构）的法令。事实上，每当俄罗斯联邦前政府辞职又形成新的政府时，联邦执行权力机构的体系（结构）就要经历一次变动。但是，仍有可能进行执行权力的专门改革。

目前有效的是2004年3月9日《关于联邦执行权力的体系和结构》的总统令。在2005—2007年，俄罗斯联邦第二任总统对其进行了修改。随着第三任总统的任职，2008—2009年对该命令也进行了修改。

在2004年命令作出之前，以前的类似法令使联邦执行权力机构的结构包括：政府、联邦部、国家委员会、俄罗斯的联邦委员会、联邦局、俄罗斯办事机构、俄罗斯的联邦监督机构以及其他联邦执行权力机构。

2004年的命令在联邦执行权力机构的结构中没有指明俄罗斯联邦政府。难道这反映了某种其他的态度？确切地说，可以讲这是法令设计者的疏忽。

但是另一种情况更为重要：随着2004年命令的发布，宣布在俄罗斯联邦进行行政改革。总统拒绝列举上述联邦执行权力机构的类型，并使新的结构只包括三种类型：联邦部、联邦局、联邦办事机构。

以前存在的联邦执行权力机构是独立的,并在形式上互不依赖。

而现在宣布了执行权职能不同的组织原则。联邦部的数量减少了,其中大多数成了领导国民经济若干部门的综合机构,这些部门合并为该部主持下的一个单位。在有关部的范围内部,联邦局成员控制和监督机构,而办事机构——成了直接管理下属部门和实务的机构。

2004年3月9日的命令规定,联邦部是联邦执行权力机构,具有在俄罗斯联邦总统和政府法令规定的活动范围内制定履行国家政策和调整规范性法律的职能。在该活动范围内,该部无权行使控制和监督的职能,以及管理国家财产的职能,总统命令或者政府决议规定的情况除外。该部对处于其管辖内的联邦局和联邦办事机构的活动进行协调和监督。为执行总统、政府总理的委托,该部委托联邦局和联邦办事机构监督其执行。该命令的最初版本规定,部有权撤销与联邦立法相抵触的联邦办事机构、联邦局的决定,联邦法律对撤销决定的程序另有规定除外;但是根据2008年5月12日的总统命令,这一规定已经失效。部根据联邦局、联邦办事机构领导的推荐任命和免除联邦局、联邦办事机构副职领导的职务,总统对其活动实施领导的联邦局、联邦办事机构副职领导除外;相应地任命和免除地方联邦局、联邦办事机构领导的职务。部对国家预算外基金的活动进行协调。

该命令规定,联邦局(局)是联邦执行权力机构,其在法定活动范围内行使控制和监督职能,以及在国防、国家安全、俄罗斯联邦国境的保卫和保护、打击犯罪、公共安全等领域的特别职能。法定活动范围内的联邦监督局可以享有合议机构的地位。局在其职权范围内,根据并为执行宪法、联邦法律、总统和政府法令、对局的活动进行协调和控制的联邦部的规范性法律文件发布单行法律文件。联邦局可能属于总统管辖或者处于政府的管辖之下,局无权在法定活动范围内进行规范性法律调整,总统命令或者政府决议规定的情况除外,而联邦监督局——管理国家财产并提供有偿服务。

联邦办事机构是联邦执行权力机构,其在法定活动范围内履行提供公共服务、管理国家财产的职能和执法职能,控制和监督职能除外。联邦办事机构可以具有合议机构的地位。其在自己的职权范围内发布单行法律文件。联邦办事机构可能属于俄罗斯联邦总统管辖。其无权在法定活动和控制与监督职能领域进行规范性法律调整,总统命令或者政府决议规定的情况除外。

联邦部由总统任命的部长为首。

联邦局、办事机构由局、办事机构的领导(主任)为首。其由政府任命和免除职务,如果局、办事机构在俄罗斯联邦总统的领导下工作——则由俄罗斯联邦总统任免。

应当说,进行行政改革之初实行的联邦执行权力机构体系及其活动的许多组织方面,从一开始就遭到了批评,且其本身也没有道理。可以指出这些主要不足:把一些部合并成一个大部,其结果不切实际,各部门很快分开了;三种类型机构之间(部、局、办事机构)分享共同的管理职能导致不协调,结果是:部,形式上位于各部门的上级,却不能有效地对下级进行管理,并为此求助于局或者办事机构,而一些局和办事机构又放任自己对部的"忽视";部的一般领导职能显得不足,大规模的规范调整活动又不需要;反过来,局、办事机构又被赋予不经请求各部即在其领域对社会关系进行某种调整的可能性。

随着管理的发展采取了某些修改机构体系、明确各部职能的措施,甚至试图恢复国家委员会等。若要改变管理机构体系,还应利用与俄罗斯联邦新总统的选举有关的权力的自然更替。没有完全拒绝行政改革,三种类型的机构仍然保留;然而一些办事机构随着其职能直接转交各部而被撤销,建立了新的执行权力机构。但总的来讲,未必可以认为行政改革已经完成。

2004年总统命令规定联邦执行权力机构的结构时,它们被分为三组:第一组:在俄罗斯联邦总统的领导下工作;第二组:在俄罗斯联邦总统领导下工作的各部及其所属局和办事机构；第三组：在俄罗斯联邦政府直接领导下工作的局和办事机构。2008年5月12日的命令《联邦执行权力机构的体系和结构问题》（2008年12月31日版）保留了这种划分。以下是根据2008年命令的执行权力机构的类型（部的称谓，之后一些成为其所属的局和办事机构）。

第一组：俄罗斯联邦总统对其活动进行领导的联邦部、联邦局和联邦办事机构，这些联邦部所属的联邦局和联邦办事机构：

俄罗斯联邦内务部

联邦移民局

俄罗斯联邦民防、紧急状态与防灾救灾部

俄罗斯联邦外交部

联邦独联体友好、侨胞事务和国际人道主义合作机构

俄罗斯联邦国防部

联邦军事技术合作局

联邦国防采购局

联邦技术与出口监管局

联邦特殊施工机构

俄罗斯联邦司法部

联邦监狱执行局

联邦司法警察局

俄罗斯联邦国家机要局（联邦局）

俄罗斯联邦对外谍报局（联邦局）

俄罗斯联邦联邦安全局（联邦局）

俄罗斯联邦联邦麻醉品监管局（联邦局）

俄罗斯联邦联邦保护局（联邦局）

俄罗斯联邦总统特别程序管理总局（联邦办事机构）

俄罗斯联邦总统事务管理局办公厅（联邦办事机构）

第二组：俄罗斯联邦政府领导其活动的联邦部，这些联邦部所属的联邦局和联邦办事机构：

俄罗斯联邦联邦卫生和社会发展部

联邦消费者权益和人的福利保护监督局

联邦卫生与社会发展监督局

联邦劳动与就业局

联邦医学生物署

俄罗斯联邦文化部

联邦遵守文化遗产保护立法监督局

联邦档案署

俄罗斯联邦教育与科学部

联邦知识产权、专利和商标局

联邦教育与科学监督局

联邦科学与创新署

联邦教育署

俄罗斯联邦国土资源与生态环境部

联邦水文气象与环境监测局

联邦自然资源合理利用监督局

联邦生态、技术和原子能监督局

联邦水利署

联邦地下资源利用署

俄罗斯联邦工业与贸易部

联邦技术调整与计量署

俄罗斯联邦区域发展部

俄罗斯联邦电信与大众传媒部

联邦电信、信息技术与大众传媒监督局

联邦信息技术局

联邦报刊与大众传媒署

联邦通信局

俄罗斯联邦农业部

联邦兽医和植物卫生监督局

联邦林业署

俄罗斯联邦体育、旅游和青年政策部

联邦青年事务署

联邦旅游局

俄罗斯联邦运输部

联邦运输监督局

联邦航空运输局

联邦路局

联邦铁路运输局

联邦海上与内河运输局

俄罗斯联邦财政部

联邦税务局

联邦保险监督局

联邦财政——预算监督局

联邦国库（联邦局）

俄罗斯联邦经济发展部

联邦国家统计局

联邦国家注册、地籍与绘图局

联邦国家储备署

联邦国有资产管理局

联邦经济特区管理局

俄罗斯联邦能源部

第三组：俄罗斯联邦总统对其活动进行领导的联邦局和联邦署：

联邦反垄断局

联邦海关

联邦关税

联邦金融监测局

联邦金融市场服务局

联邦航天局

俄罗斯联邦国境设施安装局

联邦武器、军事专用技术和物资材料供应署

联邦渔业局

联邦调整酒类市场局

参考文献

阿加洛夫克·弗：《俄罗斯联邦的执行权力机构体系：宪法法律基础》，副博士论文，莫斯科，2003年。

阿斯拉尼扬尔·尔：《俄罗斯联邦执行权力的宪法体制》，副博士论文，萨拉托夫，2005年。

巴希罗夫尔·阿：《俄罗斯联邦执行权力的宪法基础》，副博士论文，鄂木斯克，2005年。

《俄罗斯联邦的执行权：科学实践参考资料》，莫斯科，1996年。

《俄罗斯的执行权：历史与现代、问题和发展前景》，莫斯科，2004年。

卡柳日内恩·恩：《俄罗斯联邦执行权力机构活动中的监督功能的宪法——法律调整》，副博士论文，莫斯科，2003年。

克里莫夫阿·德：《分权制度中的执行权》，《公民与法》2001年第9期。

克拉斯诺夫姆·阿：《执行权力统一体制的优化模式探索》，《执行权：组织与活动问题》，莫斯科，2006年。

诺兹德拉乔夫阿·夫：《根据1993年俄罗斯联邦宪法执行权力的基本特征》，《国家与法》1996年第1期。

《总统—政府—执行权：俄罗斯模式》，莫斯科，1997年。

舒吉娜特·弗：《俄罗斯联邦执行权力体制的现状与若干问题》，《宪法与市政法》2003年第3期。

第三十二章
俄罗斯联邦政府

第一节 俄罗斯联邦政府地位的宪法法律基础与其在国家权力机构体系中的地位

政府地位的主要特点由俄罗斯联邦宪法第6章《俄罗斯联邦政府》（第110—117条）及其他章的一些规范作了规定。专门文件是1997年12月17日联邦宪法性法律《俄罗斯联邦政府法》（2008年修订）。而且宪法文本中（第114条第2款）规定，联邦宪法性法律规定了"政府活动的方式"，但1997年法律调整的客体相当广泛——其规范反映了政府的地位、在国家机制中的位置、权限和活动方式。

俄罗斯联邦宪法第110条第1款规定，俄罗斯联邦的执行权由俄罗斯联邦政府行使。1997年法律（第1条）更全面地规定了政府的地位。该条文的名称表明，政府——是俄罗斯联邦的"最高国家权力执行机构"。所以，在俄罗斯联邦执行权力机构的等级制度中，政府位于首位。此外，该法第1条规定："俄罗斯联邦政府是合议制机构，在俄罗斯联邦领导统一的执行权力体系。"而这意味着：当对俄罗斯联邦管辖和联邦及其各主体共同管辖的问题，联邦执行权力机构和俄罗斯联邦各主体执行权力机构被纳入统一的体系时，政府也是其主要的一个环节。

根据官方的宪法——法律观点，政府是组织执行俄罗斯联邦宪法、法律、国际条约和总统命令的机构。这源自俄罗斯联邦宪法,并在1997年法律第4条进一步确认:"俄罗斯联邦政府在自己职权范围内组织执行俄罗斯联邦宪法、联邦宪法性法律、联邦法律、俄罗斯联邦总统命令、俄罗斯联邦国际条约,对联邦执行权力机构和俄罗斯联邦各主体执行权力机构的执行进行系统监督,采取消除违反俄罗斯联邦立法的措施。"

当然,在现实中,政府还应参加领导国家并实施所有的国家政策(何况外交部、国防部、内政部部长等是政府成员)。根据宪法和政府法规范,它涉及国家的内政和外交政策、国防和安全的所有问题。但是在更大程度上,有关问题则是总统关注的重心,而政府的努力则被总统集中在经济、社会和文化教育领域。

政府在执行自己的职能时,关注的是存在一个良好的规范性法律基础。在这方面政府的任务可以认为是准备和保障议会通过必要的俄罗斯联邦法律、准备总统的规范性文件,以及为了调整社会关系制定自己的规范性文件以发展俄罗斯联邦宪法、联邦法律和总统的法令。

根据以上所述,可以区分出以下政府实施的主要任务:

(1) 参加全国的国家、经济和社会文化建设;

(2) 组织并监督执行权力机构执行俄罗斯联邦宪法、俄罗斯联邦法律、俄罗斯联邦国际条约和总统的命令;

(3) 领导并组织执行权力机构在俄罗斯联邦的活动;

(4) 通过准备应转交议会和俄罗斯联邦总统的或者俄罗斯联邦政府自己制定的规范性文件草案参加立法过程。

规定政府在国家的公共权力机构体系中的地位时,应当是指以下这些方面:

首先,正如我们在本书关于俄罗斯联邦总统一编中指出的,政府既根据宪法也根据现实是俄罗斯联邦总统的政府。1991年设置总统职位时,俄罗斯联邦宪法直接规定,总统领导俄罗斯联邦政府。1993年宪法中没有关于领导的词语。但是无论是法律上还是事实上,总统拥有所有的领导政府的手段。

总统与政府相互关系的许多方面在本书关于俄罗斯联邦总统一编中进行了讨论。应当提醒的是，总统有权主持政府和政府主席团的会议。总统确定国内和外交政策的主要方针，而政府参与其实施。面对每位新任总统，前政府卸去职权，而总统实际上开始自己挑选总理并组建政府的活动。他可以在任何时候解散政府。除宪法和法律之外，政府的行为还应当符合总统的命令，在发现有相应的抵触时，总统有权撤销政府行为。

联邦宪法性法律政府法第30条规定，"保证俄罗斯联邦政府与其他国家权力机关之间协调地行使职能并相互协作。"其中规定，根据俄罗斯联邦宪法和本法律的规定，总统保证政府与其他国家权力机关之间协调地行使职能并相互协作。总统的特别命令规定了两个国家机关协调职能与相互协作的基本路线。

该法第32条还规定了领导某些联邦执行权力机关的特殊性。总统根据俄罗斯联邦宪法、联邦宪法性法律、联邦法律领导负责国防、安全、内政、司法、外交、紧急状态与防灾救灾管理的联邦执行权力机构的活动，根据政府总理的建议批准有关法规并任命这些机构领导及其副职领导，以及行使作为俄罗斯联邦武装部队的最高总指挥和俄罗斯联邦安全委员会主席的其他职权。总统直接及通过联邦各部长领导属于相应联邦部管辖的联邦执行权力机构的活动。总统分配这些联邦执行权力机构之间的职权。在按照法定程序改变联邦执行权力机构体系与结构的情况下，在有关相应的改变纳入联邦法律的联邦法律通过之前，总统可以重新分配联邦法律规定的其所领导活动的联邦执行权力机构的职能。

政府根据俄罗斯联邦宪法、联邦宪法性法律、联邦法律、总统的法令和命令协调上述联邦执行权力机构的活动。所以，尽管直接"通"向总统，这些机构也不会变得脱离政府而独立，政府对其仍然有协调作用。

根据宪法第115条第3款,政府的决议或命令在其与俄罗斯联邦宪法、联邦宪法性法律、联邦法律和总统的法令相抵触时,可以被总统撤销。

俄罗斯联邦宪法(第92条第3款)规定,在总统不能履行其职责的所有情况下,政府总理临时履行这些职责。如果总统随后恢复履行其职能,这种履行的期限可由总统本人或者根据实际情况来决定。如果总统职权的行使完全停止,则应在不超过3个月的时间内举行新总统的选举,而这就决定了政府总理行使总统权力的期限。

政府与其他联邦机构体系的相互关系根据分权原则建立,即每个权力独立运作并具有法定影响其他机构的手段。

例如,国家杜马有权同意政府总理候选人。但是如果其三次拒绝同意总统的意见,总统有权自行任命政府总理,并解散杜马,确定进行新的选举。总统独立组建政府,国家杜马和联邦委员会可以将自己有关政府组成候选人与所希望的职能告知总统。该意见对总统没有任何约束力。文献和国家杜马议员早就建议加强议会两院对组建政府的影响。国家杜马甚至通过了联邦法律,规定总统应当接受杜马对政府副总理与所谓得力部长候选人的一致意见。但这一切都没能继续进行一、二读。

议会杜马对俄罗斯联邦政府监督的特别手段是:俄罗斯联邦现行宪法自其通过之时就规定的规则,即有关俄罗斯联邦政府不仅制订向国家杜马提出联邦预算并保证其执行,而且向国家杜马提交联邦预算执行情况的报告(第114条第1款第1项)——与此同时,提交下一财政年度的预算草案的规则;本书中已经提到的2008年12月30日宪法修正案规定,政府"应向国家杜马提交其活动结果的年度报告,包括国家杜马交办的问题"(同上)。

2009年6月3日联邦法律《俄罗斯联邦政府工作报告和俄罗斯联邦中央银行有关采取支持金融市场、银行体系、劳动市场、俄罗斯联邦经济领域、居民社会福利措施及其他社会政策措施信息法》也很有趣。该法规定,俄罗斯联邦政府应在统计季度后不超过30日的期限内,将俄罗斯联邦政府关于上列方面所采取措施的报告提交国家杜马和联邦委员会。俄罗斯联邦中央银行在同样期限内将中央银行有关联邦法律所述问题的信息提交国家杜马。国家杜马应将中央银行的信息转送联邦委员会负责审查预算的委员会。

该法规定了俄罗斯联邦工作报告应当包含的广泛立场，其中包括：有关政府在上述领域决定的信息；有关政府或者其授权的联邦执行权力机构为法人提供的预算投资和补贴的信息，以及预算间转移支付给俄罗斯联邦各主体的预算和俄罗斯联邦国家预算外资金的预算的信息；法人名单与其所取得的作为向法定资本出资方式的预算投资以及从联邦预算中获得补贴的金额；有关俄罗斯联邦政府关于联邦预算的预算拨款在当前财政年度与规划期之间重新分配的决定的信息；联邦预算增加银行存款的信息；根据俄罗斯联邦政府或者俄罗斯联邦财政部长的决定批准缓缴（分期缴纳）联邦税费以及投资税收抵免的信息；有关一些贷款单位和国有公司等金融活动的信息。可以毫不夸张地说，如果该法的规定将得到执行，俄罗斯联邦政府的所有金融活动都将被"曝光"并成为联邦委员会两院关注的对象。

议会两院都有在本书第8编中论述过的议会质询——议院针对整个政府或其个别成员质询并要求其就引起议会议员不安的问题作出解释这样的监督政府及其成员活动的手段。这也可能是杜马某些议员和联邦委员会某些成员的质询。此外，议院还有所谓的"政府时间"权，即当某位政府成员或者其他联邦执行权力机构的领导应邀参加议院会议并应就有关议院成员感兴趣的问题做一报告。

国家杜马对俄罗斯联邦政府表示不信任（信任）的权力也属于对政府的监督手段。如前所示，这一程序可能会以政府的辞职而结束，但也可以有其他的结局——总统解散国家杜马，希望能保住"自己的"政府而"牺牲"杜马。

说到总统与俄罗斯联邦会议两院结构上的相互关系，应当首先是指立法程序。政府进入立法动议权利主体之中，即有权向国家杜马提出法律草案。形象地说，它可以对金融立法草案给出书面结论。政府可以向杜马提交任何立法草案的修正案，以及有关两院审议的联邦法律和立法草案的正式评论。

政府成员有权根据两院章程参加并在联邦会议两院及其各委员会和专门委员会的会议上发言。

政府有在每个议会议院的授权代表。此外，为在联邦会议两院中提交俄罗斯联邦政府提出的法律草案，可以任命政府的正式代表（多个正式代表）。为了保护政府有关结论、修正案和正式评论的观点，政府总理或者副总理可以授权职权具有决定权的特别代表。在审议联邦法律和法律草案时，政府总理应参加联邦会议两院的会议，其应根据两院章程发言。

至于政府与司法权力机构的相互关系，两个体系各自独立。立法允许对政府的规范性行为是否符合俄罗斯联邦宪法的客体在俄罗斯联邦宪法法院提出质疑。对政府规范性以及非规范性行为合法性的质疑可以向最高法院、最高仲裁法院提出。反过来，政府也可以向司法机构请求保护国家利益、自己的观点，对其他国家机构的行为提出质疑。

政府在自己的职权范围内，只从联邦预算中为法院筹措资金并根据联邦法律保障完整和独立地实施司法，保障司法裁判的执行。

在说明政府与俄罗斯联邦各主体国家权力机构的相互关系基础的特点时，我们再一次注意到，在俄罗斯联邦管辖与联邦及其各主体共同管辖事项的职权范围内，联邦执行权力机构与俄罗斯联邦各主体执行权力机构在俄罗斯联邦组成统一的执行权力体系（俄罗斯联邦宪法第77条第2款）。

政府在自己职权范围内，为了保障俄罗斯联邦与俄罗斯联邦各主体的对俄罗斯联邦与俄罗斯联邦各主体在行使执行权力领域内共同管辖事项的利益的结合，协调俄罗斯联邦各主体执行权力机构的活动。

政府应在不超过1个月的期限内，审议按法定程序提交政府的俄罗斯联邦各主体国家权力立法(代表)机构或者执行机构对管辖事项和俄罗斯联邦与其各主体共同管辖事项的建议,并将有关建议的审议结果通知上述机构。

其将自己对俄罗斯联邦与各主体共同管辖事项的决定草案发送俄罗斯联邦各主体的立法与执行机构。俄罗斯联邦各主体上述机构就这些草案的建议应受政府强制性审议。

政府在其职权范围内对联邦执行权力机构有关属于俄罗斯联邦管辖和联邦与其各主体共同管辖事项的职权活动,以及俄罗斯联邦各主体执行权力机构的活动进行监督。其确保联邦执行权力机构维护俄罗斯联邦各主体执行权力机构的权力,促进上述机构的互动。政府在其职权范围内解决争议并消除联邦执行权力机构与俄罗斯联邦各主体执行权力机构之间的分歧。为解决争议和消除分歧,建立了由利益相关方代表组成的协调委员会。

必要时,政府应向总统提出建议,中止俄罗斯联邦各主体执行权力机构行为的效力,如果这些行为与俄罗斯联邦宪法、联邦宪法性法律、联邦法律、俄罗斯联邦国际义务相抵触或者侵犯人权与公民权利和自由。

根据俄罗斯联邦宪法第78条第2、3款,联邦执行权力机构和俄罗斯联邦各主体执行权力机构通过协议可以互换应由自己履行的部分职能。

近年来,俄罗斯联邦总统和同届俄罗斯联邦政府开始更加注重联邦执行权力机构、其在俄罗斯联邦各主体领域上的分支机构与俄罗斯联邦各主体执行权力机构活动的相互协调。

为了这些目的,俄罗斯联邦总统发布了2005年7月2日命令《俄罗斯联邦各主体执行权力机构与地方上的联邦执行权力机构活动的互动与协调问题》。而俄罗斯联邦政府发展该命令,通过了2005年12月8日决议(2008年修订)《关于俄罗斯联邦各主体执行权力机构与地方上的联邦执行权力机构活动的互动与协调》,批准了关于这种相互作用的《条例》。根据该行为就下列问题进行互动:保障公民的宪法权利;俄罗斯联邦各主体的社会经济发展，以及共同完成源于俄罗斯联邦立法规定的执行权力机构职能的任务，实施联邦纲领、计划和俄罗斯联邦总统与俄罗斯联邦政府法令及联邦执行权力机构与俄罗斯联邦各主体执行权力机构之间的协议所规定的某些措施；俄罗斯联邦各主体执行权力机构实施联邦执行权力机构转交的部分职能，或者相应地联邦执行权力机构实施俄罗斯联邦各主体执行权力机构转交的部分职能；管理国家的联邦财产；要求考虑双方意见的其他问题。

既要协调活动，也要协调决策。地方上的机构与俄罗斯联邦各主体执行权力机构的互动以这样的形式实现，诸如：共同措施的计划与实施；就完善俄罗斯联邦立法和俄罗斯联邦各主体立法准备建议；交换信息；等等。

分析俄罗斯联邦总统在本书第七编的活动时我们注意到，其采用了某些评价俄罗斯联邦各主体执行权力机构活动有效性的规则。俄罗斯联邦政府应当积极参与这一过程。总统2007年6月8日命令（2008年修订）《俄罗斯联邦各主体执行权力机构活动有效性的评价》规定了评价这种有效性的指标一览表，并授权政府规定：补充指标一览表；评价俄罗斯联邦各主体执行权力机构活动有效性的方法；俄罗斯联邦各主体执行权的领导关于评价俄罗斯联邦各主体执行权力机构一个报告年度内活动的有效性及其3年期计划的指标值进展的报告形式。所有这一切是俄罗斯联邦政府在2009年4月15日有关落实2007年6月28日总统令的决议中所规定的。

第二节　俄罗斯联邦政府的组成及其形成方式

政府由政府成员组成——政府总理、政府副总理和联邦部长（俄罗斯联邦宪法第110条第2款)。不同的阶段政府组成中有几个副总理,其中有一二个是政府第一副总理。根据2004年的改革,政府组成中只规定有一个副总理职位。规定每位部长都是独特的副总理,因为领导的不是一个部门,而是一个足够多的国民经济的部门群体。不过,这种情况并没有持续多久,之后出现了第一副总理,与副总理。从2008年起,政府有两个政府第一副总理和几个副总理。有时实行政府第一副总理同时也是部长。在一些情况下,这可以解释为,有关的人除了领导本部门还将协调与其有关的那些人的工作(前国防部长就这样作过政府副总理,保留该职位的同时,还要协调所有与国防工业有关部门的活动,随着新的国防部长的产生,这种"关系"没有保留下来)。在另一些情况下,这样做是为了强调某领域和个人的重要性(例如,财政部长——同时也是俄罗斯联邦政府副总理)。

如上所述,每位新选出来的总统的活动自接受上届总统辞职和组成新政府开始。在自己任职期限内,总统可以不只一次地解雇或者接受政府的辞呈并因此组建新内阁。

在征得国家杜马同意后,总统通过其命令任命政府总理就职。

政府法中对政府总理没有某种具体年龄或者专业的要求。2005年和2007年,该法第7条引入了一些规则,即总理由俄罗斯联邦总统从不具有外国国籍或者居住方式或者其他在外国领土上永久居留权证件的数个俄罗斯联邦公民中任命。

有关解除政府总理职务的问题,该法第7条作了规定,即政府总理由俄罗斯联邦总统解除职务:根据政府总理的辞职申请;在政府总理不能履职的情况下。

总统应在作出决定之日告知联邦会议的联邦委员会和国家杜马解除了政府总理职务。政府总理职务的解除同时导致政府辞职。

在政府总理暂时缺席时,副总理应根据书面形成的职责分工履行其职责。

解除政府总理职务时,总统有权在任命新的总理之前委托副总理在长达两个月的期限内履行其职责。

政府总理应在任命之后不迟于一周的期限内向总统提出有关联邦执行权力机构构成的建议,以及副总理和联邦部长职务的候选人。宪法与政府法中没有规定法律上如何形成政府总理有关政府组成候选人的建议,通常这是不公开商谈的对象。

政府成员只能有俄罗斯联邦国籍。2007年法律明确了要求,即副总理、联邦部长(实际上还有其他不是俄罗斯联邦政府成员的联邦执行权力机构的领导)应从不具有外国国籍或者居住方式或者其他在外国领土上永久居留权证件的数个俄罗斯联邦公民中任命。

此外,立法还规定了一系列与任命政府成员职务及其任期有关的原则性规则。

有一组规则涉及到政府成员收入与财产的信息。根据该法第10条,政府总理、政府副总理和联邦部长应当在任命时,和以后每年,在报告财政年度之后的每年4月1日前,向俄罗斯联邦税务机关报送有关所有权属于他们、他们的配偶和未成年子女的收入、证券征税对象及其他资产的信息,以及对他们的资产性债务和配偶及未成年子女的财产性债务的信息(关于配偶和子女的要求规定在2008年12月25日的法律中——斯·阿.注)。俄罗斯联邦税务机构应将这些信息送交俄罗斯联邦总统和联邦会议。这些信息可能被公开。

另一组规则,是与政府组成中的任期有关的限制。根据该法第11条,政府成员不得:

(1)成为联邦委员会的成员、国家杜马的议员、俄罗斯联邦各主体国家权力立法(代表)机构的代表和选举产生的地方自治机构的代表;

(2)在国家权力机构和地方自治机构中担任其他职务;

(3)亲自或者通过从事受托人从事经营活动,包括参加管理一个企业实体,不论其组织法律形式,政府成员应当在自己在政府组成的任职期间将自己在商业组织的法定资本中的所属股份（股票）以联邦法律规定的方式转交政府担保下的委托管理；

（4）从事其他有报酬的活动，教学、科研和其他创作活动除外。在这种情况下，教学、科研或其他创作活动不得完全由外国、国际和外国组织、外国公民和无国籍公民的资金资助。俄罗斯联邦立法、俄罗斯联邦国际条约或者在联邦国家权力机构与外国的国家机构、国际和外国组织互惠基础上的约定另有规定的除外；

（5）成为第三人事务在国家权力机构中的委托人或者代理人；

（6）为非公务的目的使用法定仅用于公务活动的信息、物质技术、金融与信息保障的手段；

（7）因作为政府成员发表或讲演收取酬金；

（8）由于行使自己的职权从自然人、法人处收取联邦立法未规定的贷款、礼品、金钱和其他酬金，包括服务、支付娱乐和休养；

（9）未经总统允许接受荣誉或特殊称号、奖励和其他的外国奖章；

（10）由自然人和法人负担费用到俄罗斯联邦境外公务旅行，根据俄罗斯联邦立法、俄罗斯联邦国际条约或者在互惠基础上根据联邦国家权力机构与外国的国家机构、国际和外国组织的约定进行的公务旅行除外；

（11）成为管理、保护或者监视理事会机构、其他外国非经营非政府组织及其在俄罗斯联邦领土上活动的分支机构的组成人员，俄罗斯联邦立法、俄罗斯联邦国际条约或者联邦国家权力机构与外国的国家机构、国际和外国组织在互惠基础上的约定另有规定的除外。

政府法根据原始版本禁止政府成员不仅在国家权力和地方自治机构中，而且在各社会团体中担任职务。但是通过2004年11月3日的修正案从该法中删除了最后的限制。这允许现在的政府成员能够进入首先是政党的领导机构。

第三节　俄罗斯联邦政府的职能和行为

俄罗斯联邦宪法第114条规定了政府活动和职能的主要方面。根据第114条第1款,俄罗斯联邦政府:

(1)制订并向国家杜马提交联邦预算并确保其执行;向国家杜马提交有关联邦预算执行的报告;向国家杜马提交其包括对国家杜马交办问题的活动结果年度报告;

(2)确保在俄罗斯联邦执行统一的财政、信贷和货币政策;

(3)确保在俄罗斯联邦文化、科学、教育、卫生、社会保障和生态领域执行统一的国家政策;

(4)对联邦财产进行管理;

(5)落实确保国防、国家安全、执行俄罗斯联邦外交政策的各项措施;

(6)落实确保合法性、公民权利和自由、保护财产和社会秩序、打击犯罪的各项措施;

(7)行使俄罗斯联邦宪法、联邦法律、总统命令委托的其他权力。

政府法中有内容丰富的关于政府职权的第3章。

其中,一开始就规定了政府领导联邦各部和其他联邦执行权力机构的一般问题(第12条);政府领导这些机构的工作和控制他们的活动;联邦各部和其他联邦执行权力机构服从政府并就执行被授权的任务对其负责。

政府应对联邦执行权力机构之间的职能进行分配,批准关于联邦各部和其他联邦执行权力机构的条例,规定其各机关工作人员的上限数额,并在用于此目的的联邦预算规定的资金范围内规定维持这些机关的拨款额度。

为实现自己的职能政府可以建立自己的地方机构并任命相应的公职人员。其还可以规定地方联邦执行权力机构建立与活动的方式，在用于此目的的联邦预算规定的资金范围内规定维持这些机关的拨款额度。

政府根据联邦部长、政府所属机构和组织领导的建议，任命并解除联邦副部长、政府管辖的联邦执行权力机构的领导、与联邦各部管辖的联邦执行权力机构副领导的职务。

政府有权撤销联邦执行权力机构的行为或者停止它们的行动。

政府有权建立组织、形成协调、咨询机构，以及政府附属机构。

政府法继而规定了所谓的政府一般权力。根据第13条，政府在其权限范围内：组织执行俄罗斯联邦的对内和对外政策；对社会经济领域进行调控；确保执行权力体系在俄罗斯联邦的统一，指导并监督其各机关的活动；制定联邦目标纲要并保证其实现；行使授予它的立法动议权。

经俄罗斯联邦各主体权力执行机构同意，政府可以将其部分职权交给它们，如果这与俄罗斯联邦宪法、联邦宪法性法律政府法和联邦法律不抵触。反过来，政府在有关协议的基础上也可以行使俄罗斯联邦各主体执行权力机构交给自己的职权。

1997年联邦宪法性法律政府法详细地规定了政府在经济、预算、财政、信贷和货币政策、社会、科学、文化、教育、法治保障、外交政策等领域活动的某些职权。

政府的决议和命令是其行为。正如该法规定的，具有规范性的行为以政府决议的形式作出。有关业务性的和其他不具有规范性的即时性问题的行为以政府命令的形式作出。政府的决议和命令在俄罗斯联邦必须执行。

政府决议或者命令的文本第一次在一种俄罗斯联邦正式出版物上公布的日期即为政府决议或者命令正式公布的日期。

政府决议，含有构成国家机密的信息或者机密信息的决议除外，应自其通过之日起15日内正式公布。在需要立即公布的情况下，应当通过大众传媒手段立即向全社会公布。

涉及人与公民的权利、自由和义务的政府决议，应自其正式公布之日起生效。其他政府决议应自签署之日起生效，决议本身对其生效方式另有规定的除外。政府命令应自签署之日起生效。

政府有权接受投诉、申请及其他不具有法律性质的行为。

第四节　俄罗斯联邦政府的活动组织

政府总理领导政府并组织其活动。立法没有从法律上作出规定，但是从俄罗斯联邦宪法和实践中可以看出，政府总理是国家的第二位公职人员——继总统之后。不仅如此，根据俄罗斯联邦宪法（第92条），正是他在总统不能履行其职责的情况下履行总统的职责。

政府总理根据俄罗斯联邦宪法、联邦宪法性法律、联邦法律和总统命令决定政府活动的基本方针并组织其工作。

根据1997年联邦宪法性法律，政府总理：在俄罗斯联邦及其领土之外代表政府；主持政府会议，具有决定的投票权；签署政府行为；向总统提交关于联邦执行权力机构的结构、任命与罢免政府副总理和联邦部长职务、对他们施以纪律制裁和奖励他们的建议；分配政府成员之间的职责；向总统系统地通报政府的工作。

政府副总理：参加政府会议，有决定的投票权，参加政府政策的制订和实施；参加政府决议和命令的准备，确保其执行；根据职责的分配协调联邦执行权力机构的工作，给它们授权；对提交政府的建议、决议和命令草案进行初步审议；行使其他联邦宪法性法律、联邦法律、总统命令和政府决议规定的职权。

联邦部长：参加政府会议，有决定的投票权；参与准备其决议和命令；确保它们的执行；参与制订和执行政府政策；拥有俄罗斯联邦立法规定的领导有关联邦执行权力机构的职权；对联邦各部管辖的联邦执行权力机构的活动进行协调和监控；根据联邦各部管辖的联邦执行权力机构领导人的建议，任命和罢免这些机构的副领导职务。

政府在联邦部长或者联邦各部代表必须参加下对属于他们管辖范围内的问题作出决定。

联邦部长在行使其职权时对政府负责，并就俄罗斯联邦宪法、联邦宪法性法律和联邦法律规定属于总统职权的问题，对总统负责。

政府会议每月至少进行一次。副总理和联邦部长应当亲自参加各种会议。在不能参加会议的情况下，副总理和联邦部长应将此通报政府总理。

联邦会议两院、宪法法院、最高法院、最高仲裁院、总检察长、审计署、中央银行的代表，其他人员有权根据联邦宪法性法律和联邦法律或者通过政府规定的程序参加政府会议。

政府可以在其不公开的会议上审议某些问题。

政府会议的准备和进行根据2004年6月1日政府决议批准的政府章程进行。

政府应通过大众传媒告知公民有关其会议上审议及其通过决定的问题。

除非在政府会议上：

(1) 决定向国家杜马提出联邦预算和联邦预算执行报告，以及国家预算外基金的预算；

(2) 审议与建立自由经济区有关的经济和社会发展规划草案；

(3) 建立应由国家价格调整的产品名录；

(4) 确定国家有价证券的发行规模；

（5）通过俄罗斯联邦政府向国家杜马提交立法草案的决定；

（6）审议联邦政府财产私有化的规划草案；

（7）审议提供补助、津贴、在无需偿还基础上用联邦预算给予其他资助的问题，以及在偿还基础上给予资助的问题，偿还期在2年以上；

（8）审议国有股的收购问题；

（9）审议应经批准的签订俄罗斯联邦国际条约的问题；

（10）通过与俄罗斯联邦各主体执行权力机构签署协议的决定；

（11）组成政府主席团；

（12）批准关于联邦各部和其他联邦执行权力机构的规定；

（13）规定联邦执行权力机构的地方机构建立与活动保障的程序；

（14）批准政府章程；

（15）批准关于政府机关的条例；

（16）审议向国家杜马提交的政府关于其包括国家杜马交办问题的活动结果的年度报告。

为决定业务问题，政府根据总理的建议可以组成政府主席团。主席团的会议根据需要举行。其决定由政府主席团成员总数的多数投票通过并不得与政府会议上通过的行为相抵触。政府有权撤销任何主席团的决定。

政府可以建立相当数量的各种各样的委员会和会议作为协调、咨询机构，以及准备或专家评鉴某种问题和政府决定草案的机构。有时其为数很多，在这种情况下，政府就用自己的行为调整这类委员会和会议的范围。这种性质的最后行为之一——是2004年4月16日政府《关于俄罗斯联邦政府组建的协调、咨询、其他机构和小组组成的整顿》的决议。它取消了146个俄罗斯联邦政府组建的协调、咨询、其他机构和小组。俄罗斯联邦政府保留了12个这种机构。但后来又重新建立了各委员会、会议理事会及其他机构。在互联网上的政府官方网站上现在可以数出68个政府委员会、俄罗斯联邦政府下的一般委员会、会议等。①

第五节　俄罗斯联邦政府活动的保障

为保障政府活动和组织监控执行权力机构政府作出的决定执行，组建了政府机关。现行的政府机关条例是俄罗斯联邦政府2004年6月1日的决议批准的（2008年修订）。

该条例规定，政府机关是国家机构，为保障俄罗斯联邦政府和政府总理的活动以及监控执行权力机构执行他们作出的决定而组建。

政府机关在政府总理的领导下工作并受政府副总理——政府机关领导或联邦部长的领导。政府机关与总统管理处、国家杜马和联邦委员会办公室互相配合，以保障与执行权力机构和其他国家机构协同实现政

---

① 为了好奇者我们列举一个清单：控制在俄罗斯联邦实施外国投资的政府委员会；俄罗斯联邦政府附属竞争力与实业委员会；下一财年与规划期的预算编制政府委员会；国家边界委员会；政府区域发展问题委员会；俄罗斯联邦政府对外贸易与关税政策保护措施委员会；俄罗斯政府农工综合问题委员会；俄罗斯政府渔业综合发展问题委员会；俄罗斯政府附属林业综合发展委员会；俄罗斯联邦预防由高致病性流感病毒引起的疾病在俄罗斯联邦领土上侵入和蔓延政府委员会；俄罗斯经济可持续发展政府委员会；政府在知识产权、其法律保护和使用领域抵制违法委员会；俄罗斯联邦政府附属国际人道主义和技术援助问题委员会；国家远东、布里亚特共和国、外贝加尔区和伊尔库茨克州社会经济发展问题委员会；俄罗斯联邦政府世贸组织与俄罗斯联邦和经济合作与发展组织合作问题委员会；政府技术调整委员会；政府道路交通安全委员会；政府经济一体化问题委员会；政府保障俄罗斯出席斯匹次卑尔根群岛委员会；政府发展中小型企业委员会；政府发展住宅建设委员会；俄罗斯联邦政府附属军事工业委员会；俄罗斯政府附属海事协会；政府运输和通信委员会；俄罗斯联邦出口管制委员会；政府高科技与创新委员会；政府战略企业和组织以及国防工业综合组织破产预防措施实施保障委员会；俄罗斯联邦政府附属宗教社团问题委员会；俄罗斯调整社会和劳工关系三方委员会；政府对国家重要的投资项目委员会；政府燃料——能源综合体与矿产——资源基础再生问题委员会；政府电力问题委员会；政府冶金综合开发问题委员会；俄罗斯政府附属药品及医疗产业发展理事会；俄罗斯政府立法活动委员会；政府评估联邦和地区执行权力机构活动效果委员会；政府行政改革委员会；俄罗斯联邦政府认证委员会；为俄罗斯联邦的国家经济组织培训管理干部组织委员会；政府广播电视发展委员会；政府俄罗斯联邦生物和化学安全问题委员会；政府预防、诊断和人类免疫缺陷病毒（维次ВИЦ临时研究中心）感染引起的疾病的治疗问题委员会；俄罗斯联邦联合国教科文组织事务委员会；政府国外同胞事务委员会；政府青少年及其权利保护委员会；政府预防犯罪委员会；政府保障俄罗斯联邦飞机制造综合企业一体化委员会；政府保障俄罗斯联邦船舶制造综合企业一体化委员会；政府确保电力供应安全委员会；政府预防和消除紧急状态与消防安全保障委员会；政府联邦通信和信息技术委员会；政府移民政策委员会。

府的职能。

根据该条例,政府机关履行下列基本职能:

(1)在向政府提交联邦法律、俄罗斯联邦总统的法令和命令、政府决议和命令、俄罗斯联邦国际条约及其他需要政府审议的文件草案时,对遵守政府章程的规定实施监控;

(2)在执行权力机构及其他国家机构的参与下,确保制订并向政府总理提交政府实施俄罗斯联邦对内和对外政策的活动基本方针的草案,并对执行权力机构的执行实施监控;

(3)对需要政府决定的政府行为及其他文件草案准备专家意见,向政府总理和政府副总理、政府机关领导提交有关这些文件的建议,以及对政府、政府总理主持的协调和咨询机构的会议审议问题的分析和参考材料,政府总理参与的其他公事所需材料,以法定方式搜集政府机关活动所需的情报和其他材料;

(4)组织对执行权力机构执行政府决策、以及政府总理和政府副总理的授权实施监控,必要时制订并向政府总理和副总理提交有关确保这些决策和授权执行的补充措施的建议;

(5)对政府及其主席团的会议实施组织保障、筹备会议及其他政府总理和政府副总理参与的公务活动、形成通过的决定;

(6)根据政府总理、政府副总理或者政府机关领导的指令,举行有关联邦执行权力机构和俄罗斯联邦各主体执行权力机构的领导或经其委托的副职参加的会议,邀请其他国家机构、组织的代表、专家和学者参加会议,以达到执行权力机构执行政府的决策、政府总理及其副总理的授权的目的;

(7)确保政府与联邦会议两院在进行立法活动时互相配合并组织政府代表参加联邦会议两院的活动;

(8)组织编制政府收到的议院质询,准备政府总理或者政府副总理委托的草案,将联邦委员会成员和国家杜马议员、将联邦会议两院的各委员会和专业委员会的质询和请求发送相应的联邦各部及其他联邦执行权力机构以期审议并答复；

（9）将来自立法动议权利主体和国家杜马的联邦法律草案发送联邦各部、俄罗斯联邦总统或者政府对其活动实施领导的联邦各局和联邦各署，以准备结论、法律草案修正案和政府的正式回应；

（10）确保在俄罗斯联邦宪法法院、俄罗斯联邦最高法院、俄罗斯联邦最高仲裁法院提出政府的利益，并组织联邦各部、其活动由俄罗斯联邦总统或者政府实施领导的联邦各局和联邦各署在法院提出政府的利益；

（11）审查公民和组织向政府提出的请求，并将这些请求发送有关的国家机构和地方自治机构，以便审议并采取措施，组织政府成员接待公民，并进行上述请求的信息分析工作；

（12）为政府总理准备其报告和发言所用的材料，以及必要的分析和参考材料；

（13）确保进行政府记录事务包括政府总理参加的事务的组织；

（14）确保进行公文处理、遵守保密制度并保护构成国家机密的情报和受法律保护的其他信息；

（15）根据政府决策和政府总理的授权履行其他职能。政府机关的结构包括机关及其分支部门的领导层——政府部门和政府总理的、政府副总理的和政府机关领导的秘书处。部门内设置下级部门。

政府机关的工作根据政府章程、机关条例、政府机关公文处理指南，以及机关领导批准的各部门管辖范围的主要问题、政府机关领导的命令和授权组织。

政府机关的领导由总统根据政府总理的建议任命或解除职务。机关的领导有副职。

政府机关的领导组织机关的活动并对执行委托机关的职能负责。其按照法定程序制订政府例会以及政府会议议程的计划草案；将材料与需要由政府决定的行为草案、其他文件与机关根据为政府审议准备结果的有关建议一起报告给政府总理。政府机关的领导规定各分支单位的工作方式，并决定属于部门管辖范围内的事项。其发布指令并就机关的工作事项进行委托。领导应向政府总理提出有关机关的结构和工作人员上限人数的建议；核准其下属部门人员编制；向政府总理提出有关由政府任命或解除职务的办公厅副职领导、司局长和政府机关秘书处领导的建议，并根据政府副总理的建议提出关于由政府任命或解除职务的其秘书处领导人的建议。政府总理秘书处秘书长、副秘书长和政府总理助理由政府任命或解除职务。

政府各部门确保政府、其主席团以及政府机关就其管辖范围内的事项进行活动，并与总统或者政府领导的、有关联邦各部委、联邦各局和联邦各署、与其他国家机构和组织相互配合。政府部门主任由政府任命或免职并受政府机关首脑领导。

政府机关由这样一些部门构成，诸如：行政局、国家管理局、区域发展和地方自治局、文化和教育司、国际合作司、国防工业和高技术司、工业和基础设施司、农工综合企业司、社会发展司、经济和财政司、法规司、公文处理和档案司、监控和核查政府决定执行局、政府总理公开发言文本准备局、政府附属军工委员会活动保障司、新闻情报司、记录司、事务管理局。

政府总理、政府副总理和政府机关领导秘书处组织上相应地保障政府总理、政府副总理和政府机构领导的活动。

政府机关的结构和工作人员人数限制由政府决定。维持政府机关的财政保障在用于维持政府的预算联邦规定的费用范围内实施。

参考文献

阿沙耶夫德·斯：《俄罗斯联邦总统和政府在执行权力行使中的作用》，副博士论文，莫斯科，2003年。

莫佐列夫弗·弗:《俄罗斯联邦政府参与立法程序：宪法性法律与组织问题》，副博士论文，莫斯科，2008年。

《俄罗斯联邦政府》，莫斯科，2005年。

《总统—政府—执行权：俄罗斯模式》，莫斯科，1997年。

普里马克德·尤:《俄罗斯联邦政府总理的宪法——法律地位》，副博士论文，(顿河畔)罗斯托夫，2008年。

托波尔科娃姆·克:《俄罗斯联邦政府成员的宪法——法律地位》，副博士论文，莫斯科，2004年。

《联邦宪法性法律〈俄罗斯联邦政府法〉》，莫斯科，1999年。

第十编

俄罗斯联邦司法权与检察长地位的宪法基础

第三十三章
俄罗斯联邦司法权的宪法基础

第一节 司法权的宪法法律性质与实质

司法权——是俄罗斯联邦的国家权力形式之一。这是独立的国家权力形式,具有严格界定的职能,通过专门为此而设计的制度实现,且组织上与俄罗斯联邦其他国家权力形式分离。司法权作为权力的独立分支而存在是得到俄罗斯联邦宪法肯定的。俄罗斯联邦宪法第10条规定,俄罗斯联邦的国家权力根据立法权、执行权和司法权分立的原则来实现。立法权、执行权和司法权的机构是独立的。这是俄罗斯联邦宪法第一章的规范,为司法权的存在是俄罗斯联邦宪法制度不可分割的基本属性之一般性结论提供了依据。

基于上述司法权可以被界定为俄罗斯宪法秩序的一个元素,俄罗斯联邦国家权力具有专门机构系统的独立形式,其任务是代表国家行使司法权,即评价各种行为、文件、不作为是否合法,其评价以某种司法形式作出的司法裁判反映出来,并具有一般约束力。

解读这一概念时我们注意以下几点:

(1)司法权不仅是独立的,而且独立于其他国家权力部门以及作为俄罗斯联邦人民公权力形式的公共权力和地方自治。

(2)司法权有目的地执行保护公民、组织、社会和国家合法权益的任务，特别是包括不受非法行为的侵害。当然，所有法律主体都面临这样的任务，但正是对法院来说，它们是其性质和宗旨中预先确定了的。

（3）无论情况多么紧急，任何人都没有权利代替它来履行司法权力的职能，执行司法；不能为替代司法权而辩护，即使是以高尚的动机也不行。司法权——是一个专门的国家机构体系领地。当然，也有与司法衔接的问题，这些问题应由议会、议会两院（例如，大赦）、国家元首（特别是谅解）决定。不过，此类问题不属于司法权。无论是议会、国家元首，还是其他机构都不能怀疑司法行为、评论司法行为，而应以司法裁判的既判力为依据。

（4）司法权是为了执行司法任务而建立的。其不能制定法律、法令等，规范调整社会关系作为一种特殊的功能——不是它的目的，虽然一些判决首先是最高法院的判决在反映法院对于那些进入相应关系的人成为强制性的观点的意义上可能具有制定规范的意义。司法权也无权履行行政权力职能。评估法律行为时，司法权不会研究其产生和作出的原因，这不是它的任务，它是按照为法院进行评估而提交的文件原样接受的。审理刑事案件时，司法权不能代替执行类似审讯、侦查任务的机构。

（5）上述中还有一个司法权职能的表现——在国家权力之间的关系制衡制度中占据着自己的地位，这里说的应当是司法权具有多方面性。审理刑事案件、裁判财产纠纷等，只是法院的一部分任务，至于对其他权力的制约因素，则只体现在司法裁判的强制性方面。但是，当法院解决其他权力之间的纠纷或者评价其行为时，就会表现出司法权作为制衡制度因素的作用。

（6）在司法权的宪法法律性质和本质中还奠定了国家的宪法和法律（广义上）是其裁判的基础。如果发生犯罪，如果双方当事人将自己的争议诉诸法院，大家等待的不仅仅是法院的意见，而是其以法律规范为依据的裁判。宪法加强法院的权威不仅因其即法院以国家的名义活动，而且也因其裁判是对法律适用于具体情形的解释。由此产生了这样的要求，即司法裁判不仅仅约束相关程序的参加人，而且也约束其他法律主体。

（7）司法权要在某些诉讼形式和程序规则的范围内行使也是其法律性质的特点。这意味着：每一个向法院的起诉都有自己的形式和参数，不仅要求法院的类型，而且要求程序的类型；每一种诉讼类型都有许多与其他类型具有共性的地方，但也有特殊性，由此得出自己的程序规则，使法院必须遵循它们。

（8）司法权主要是在专业基础上行使的。法官是受过必要的法律教育、达到一定的年龄、证明自己已为这种工作做好了专业和生活准备的国家专业公职人员。裁判是其工作的主要形式。没有受过专门训练的公民也可以参与司法权力的行使——以陪审员的形式；他们的参加与专业法官的工作相结合，后者帮助这些人在评价相关情况时形成和表达他们的观点。

第二节　俄罗斯联邦法院体系的宪法法律基础

俄罗斯联邦法院体系，是所有俄罗斯已有或可能存在的法院类型的总称。根据俄罗斯联邦宪法第118条第3款规定："俄罗斯联邦的法院体系由俄罗斯联邦宪法和联邦宪法性法律来规定。不许成立特别法院。"

从上述规定得出，俄罗斯联邦宪法本身奠定了法院体系的基础。的确，其中有一些规则是有关法院系统的规定。俄罗斯联邦宪法第118条第2款规定，"司法权通过宪法、民事、行政和刑事诉讼程序来实现"。俄罗斯宪法只是明确地规定了俄罗斯联邦的几个最高法院——即俄罗斯联邦宪法法院（第125条）、俄罗斯联邦最高法院（第126条）和俄罗斯联邦最高仲裁法院(第126条)。其他级别的法院未作规定,宪法只运用了一些概念"普通管辖权法院"(第126条)和"仲裁法院"(第127条),"联邦法院"(第128、123条)。

反映整个国家法院体系的是1996年12月31日的联邦宪法性法律(经2005年修订)《俄罗斯联邦法院体系法》。各级法院自然存在时,其特点是统一。这一要求体现在上述法院体系法的第3条。该条规定,俄罗斯联邦法院体系的统一通过下列途径保障:法院体系由俄罗斯联邦宪法和本联邦宪法性法律规定;所有的联邦法院和治安法官均遵守联邦法律规定的诉讼规则;所有的法院均适用联邦宪法、联邦宪法性法律、联邦法律、公认的国际法和俄罗斯联邦国际条约的原则和规范以及俄罗斯联邦各主体的宪法(宪章)和其他法律;承认法院的生效决议在整个国家领土内具有强制性和执行力;立法巩固法官地位的统一;联邦法院和治安法官的经费由联邦预算支付。

根据上述法律,在俄罗斯联邦有组成俄罗斯联邦法院体系的联邦法院、宪法(宪章)法院和俄罗斯联邦各主体的治安法官(第4条)。

根据该法(第4条第3款)属于联邦法院的有:

(1)俄罗斯联邦宪法法院;

(2)俄罗斯联邦最高法院,各共和国最高法院,边疆区和州法院,直辖市法院,自治州和自治区法院(还有俄罗斯联邦各主体的一般管辖权法院。——斯·阿注),地方法院,军事法院和专门法院,构成一般管辖权的联邦法院体系;

(3)俄罗斯联邦最高仲裁法院,各区联邦仲裁法院(最高仲裁法院),仲裁上诉法院,俄罗斯联邦各主体的仲裁法院,组成联邦仲裁法院体系。

属于俄罗斯联邦各主体法院的有(该法第4条第4款):

(1)俄罗斯联邦各主体的宪法(宪章)法院;

(2)治安法官是拥有俄罗斯联邦各主体一般管辖权的法官。

对俄罗斯联邦大多数法院而言,可以说,整个国家和俄罗斯联邦各主体都没有选择——应当建立这样的法院。只对一种类型——俄罗斯联邦各主体的宪法（宪章）法院——法律允许自由裁量。该法第27条规定，俄罗斯联邦主体的宪法（宪章）法院"可以由俄罗斯联邦主体创建（本人加注。——斯·阿.）"换句话说，创建这样的法院——是俄罗斯联邦主体自己的事。目前已有16个主体建立了宪法（宪章）法院；有些主体法院的存在已由主体的基本法令作出规定，但实际上，法院尚未形成；也有不少这样的俄罗斯联邦主体，它们没有任何有关类似法院的法律规范。

俄罗斯联邦宪法规定存在着专门法院的专门规范性法律依据。的确，第128条第3款规定："俄罗斯联邦宪法法院、俄罗斯联邦最高法院、俄罗斯联邦最高仲裁法院和其他联邦法院的权限、组成和活动的程序由联邦宪法性法律规定。"实践就沿着制定这种有关具体类型法院的法律之路发展。有效的联邦宪法性法律有：1994年7月21日（经2009年修订）《俄罗斯联邦宪法法院法》；1995年4月28日（经2009年修订）《俄罗斯联邦仲裁法院法》；1999年6月23日（经2009年修订）《俄罗斯联邦军事法院法》。俄罗斯联邦各主体在创建宪法（宪章）法院时，将有关规范纳入其宪法、宪章之中并制定了有关这些法院的专门法律。

关于治安法官，1996年联邦宪法性法律虽然把他们归入俄罗斯联邦各主体的法官，但规定了两种调整级别。法官的地位则由1998年12月17日联邦法律（经2008年修订）《俄罗斯联邦治安法官法》规定。此法规定，俄罗斯联邦的治安法官是俄罗斯联邦各主体的一般管辖权法官并纳入俄罗斯联邦的统一法院体系。治安法官的权限、活动程序和治安法官职位的设置程序由俄罗斯联邦宪法、联邦宪法性法律《俄罗斯联邦法院体系法》、其他联邦宪法性法律、该联邦法律规定，治安法官的任命（选举）和活动程序还由俄罗斯联邦主体的法律规定。尽管该法最近有规定，治安法官在现实中是作为联邦司法系统的一部分在发挥作用（以联邦法律规定的程序进行审判；以俄罗斯联邦的名义作出判决；向治安法官推行适用于俄罗斯联邦法官的全部保障,它们是由联邦立法保障的;治安法官的活动经费从联邦预算中支付)。从治安法官向联邦法院体系的变动立法中可以看到前景。

俄罗斯联邦宪法简要地界定了法院的本质和目的,较完整的规定在1996年法律、联邦其他宪法性法律和联邦法律中。

根据法律规定,俄罗斯联邦宪法法院是宪法监督司法机构,通过宪法诉讼独立行使司法权。

俄罗斯联邦最高法院是审理民事、刑事、行政和其他一般管辖权法院审理案件的最高司法机关。最高法院对所有一般管辖权法院的活动实施司法监督。其在自己的职权范围内作为二审法院审理案件,以监督程序并根据新发现的证据,在联邦法律规定的情况下,也作为一审法院审理案件。这个法院是俄罗斯联邦各主体一般管辖权法院、军区、舰队、兵种和兵团的军事法院的直接上诉审法院。最高法院对司法实践中的问题进行解释。

俄罗斯联邦各主体的一般管辖权法院作为一审法院审理案件并作为二审法院通过监督程序或根据新发现的证据审理案件。这些法院是地方法院的直接上诉审法院。

地方法院作为第一、二审法院审理案件,并行使其他法定职权。地方法院是在有关司法区域活动的治安法官的直接上诉审法院。

军事法院作为普遍管辖权法院根据属地原则按照军队和舰队的部署地创建,并在军队、联邦法律规定兵役的机构和单位行使司法权。它们在自己的职权范围内作为一审法院审理案件并作为二审法院通过监督程序或根据新发现的证据审理案件。

仲裁法院体系以俄罗斯联邦最高仲裁法院为首。根据俄罗斯联邦宪法和1996年法律,它是审理经济纠纷和其他由仲裁法院审理的案件的最高司法机构。作为所有仲裁法院的上诉审法院,最高仲裁法院对它们的活动实施司法监督。它作为一审法院通过监督程序或根据新发现的证据审理案件。最高仲裁法院对司法实践中的问题进行解释。

区的联邦仲裁法院作为上诉审法院也根据新发现的证据审理案件。它是在有关司法区域内活动的上诉仲裁法院和俄罗斯联邦主体仲裁法院的上诉审法院。

上诉仲裁法院作为上诉审法院也根据新发现的证据审理案件。

俄罗斯联邦主体仲裁法院作为一审法院也根据新发现的证据审理案件。

1996年法律规定了联邦专门法院。对该法的修改和补充，规定这些法院审理民事和行政案件。

俄罗斯联邦各主体可以建立俄罗斯联邦宪法（宪章）法院，审理联邦主体的法律、联邦主体国家权力机构和俄罗斯联邦主体地方自治机构的规范性法律文件是否符合联邦主体的宪法（宪章）问题，以及对俄罗斯联邦主体宪法（宪章）进行解释。

治安法官作为一审法院在自己的职权范围内审理民事、行政和刑事案件。

第三节　俄罗斯联邦诉讼的宪法基本原则与类型

一、诉讼的宪法基础

俄罗斯联邦宪法、1996年联邦宪法性法律和俄罗斯联邦其他法律文件在俄罗斯联邦确立了以下诉讼的初步原则：

第一，法院的自主独立性。我们已经部分地谈到了法院和法官的独立性作为俄罗斯联邦的司法权力的一般原则，所以，这里只是补充地指出几点。首先，俄罗斯联邦宪法第120条规定，法官独立，只服从俄罗斯联邦宪法和联邦法律。1996年法律在这点上保留了更为广义的提法并规定，法院独立行使司法权，不受任何意志干扰，只服从俄罗斯联邦宪法和法律。因此，该法基于——且完全正确地基于这样一个事实——进行司法的不单是法官，而且是作为国家机构和职业法官全体的法院，以及参与案件的陪审员。其次，1996年法律第5条第2款并非偶然地规定，法官和参与进行审判的陪审员独立，只服从俄罗斯联邦宪法和法律；其独立性的保障应由俄罗斯联邦宪法和联邦法律加以规定。再次，非常重要的是，法院进行司法时不仅要服从联邦法律，正如联邦宪法第120条所规定的，还要服从其他文件，这些文件是国家法律体系的一部分，包括俄罗斯联邦各主体的法律。

第二，诉讼各方的客观性、辩论性和平等性。客观条件源于法院和法官独立的原则，但仍值得单独地说一说。这不只是法院和法官不应受到双方机构和个人的影响，确保法官不受自己的情绪、自己的人生观、生活习惯等影响也很重要。除此之外，诉讼的客观性还要求诉讼一方当事人的意见不能成为决定性的因素，不能重于法院判决中需要考虑情况的整体认定。

由此可见，在司法权行使时各方辩论和平等的宪法基本原则。它首先在俄罗斯联邦宪法中确定下来，第123条（第3款）规定："诉讼活动在双方辩论和平等的基础上进行。"这个原则要求双方有平等的机会表达自己对法院审理对象的意见，提出论点和证据，对其他程序参与人的论据发表意见等。

第三，司法裁判的约束力。不履行法院的裁判，或任何其他藐视法院的表现都一样将引起联邦法律规定的责任。

第四，法律和法院面前人人平等。正如本书第四篇所述，法律和法院面前人人平等的原则是俄罗斯个人宪法地位的基本原则之一。1996年法律重复了这一原则，规定法院不能以任何理由偏向参加诉讼双方的任何机关和个人。

第五，公民参加审判活动。俄罗斯联邦宪法第32条第5款规定是加强该基本原则的关键："俄罗斯联邦公民有权参加司法。"1996年法律补充规定（第8条），公民有权以联邦法律规定的方式参与审判活动。陪审员参与审判活动是公民的义务。对公民参与审判活动的要求由联邦法律规定，参与审判活动期间陪审员的报酬从联邦预算中支付。

俄罗斯联邦宪法第123条第4款规定，在联邦法律规定的情况下，诉讼活动在陪审员的参与下进行。根据俄罗斯联邦现行立法，在一般管辖权法院审理刑事案件和在仲裁法院审理所辖民事案件时，公民可以作为陪审员参与诉讼活动。

根据俄罗斯联邦刑事诉讼法第30条规定，一审法院根据被告请求审理有关俄罗斯联邦刑法某些法条规定犯罪的刑事案件，由一般管辖权联邦法院的法官和12名陪审员的委员会组成。根据2004年8月20日（2008年修订）联邦法律《俄罗斯联邦联邦一般管辖权法院陪审员法》规定，俄罗斯联邦最高法院、共和国最高法院、边区法院、州法院、直辖市、自治州和自治区法院、军区（舰队）法院审理刑事案件应有联邦普通管辖权法院的陪审员参加（第1条）。

根据2001年5月30日（2009年修订）联邦法律《俄罗斯联邦主体仲裁法院仲裁陪审员法》规定，这些陪审员参加审理双方当事人在俄罗斯联邦主体一审仲裁法院对其所辖民事案件进行实质审理开始之前起诉的案件（第1条）。

第六，法院活动的公开性。俄罗斯联邦宪法第123条规定：所有法院案件的审理都是公开的；庭审案件不公开进行只有在联邦法律规定的情况下才允许；不允许法院缺席审理刑事案件，联邦法律规定的情况除外。这意味着，被告以及其他重要的诉讼参加人首先应当出庭并可以积极参与审判活动。

第七，法院决定使用诉讼程序和公文处理语言问题的灵活性。俄罗斯联邦宪法法院、俄罗斯联邦最高法院、俄罗斯联邦最高仲裁法院，其他仲裁法院、军事法院进行公文处理使用俄语——俄罗斯联邦的官方语言。其他联邦一般管辖权法院进行诉讼程序和公文处理也可使用共和国即法院所在地的官方语言。宪法(宪章)法院、治安法官进行诉讼程序和公文处理使用俄语或者使用共和国即法院所在地的官方语言。保障不掌握诉讼语言的案件参加人有权发言并用母语为其解释或者用任何自由选择的交际语言以及使用翻译服务。

第八,法院的国家拨款。根据俄罗斯联邦宪法第124条规定,法院的拨款"只能源于联邦预算,并应保证根据联邦法律完全而独立地进行审判活动的可能性"。1996年法律只规定了一种拨款不是源于联邦预算的情况,即俄罗斯联邦主体的预算资金——用于俄罗斯联邦有关主体的宪法(宪章)法院。

二、俄罗斯联邦宪法规定的诉讼类型

诉讼是法律规定的审判活动:(1)有管辖权法院实施的;(2)就某种案件类型;(3)使用严格固定的程序。

俄罗斯联邦宪法第118条规定了以下诉讼类型:宪法、民事、行政和刑事(而且就是按此顺序)。许多学者都对仲裁诉讼值得划分为一种独立的类型阐述有论据的见解。大多数法院都有权受理几种类型的诉讼。

宪法诉讼:需要对规范性文件是否符合宪法进行评价;解决有关国家机构之间的管辖权争议;审理公民和组织对不符合宪法而在具体案件中适用或者应当适用的法律提起的宪法诉讼;解释宪法。宪法法院解决其他问题的可能性取决于具体国家,并可能涉及针对国家高级人员、政党和其他社会团体、选举活动等合宪性指控的实质评价。目前俄罗斯宪法法院没有这些权力。

民事诉讼用于一般管辖权法院审理因个人、财产和非财产以及其他私人法律关系发生的案件。然而,俄罗斯的特殊性在于,该阶段属于一般管辖权法院管辖的案件，还有因公共法律关系发生的包括确认规范性文件无效，对公共权力机构、公职人员、国家和市政职员的决定、行为（不作为）提出异议的案件，保护俄罗斯联邦公民选举权和参加公决权利的案件，行政违法案件等。

仲裁程序的目的是在商业和其他经济活动领域进行司法裁决。但是根据仲裁程序规则也审理因公共法律关系发生的上述类似案件。与一般管辖权法院的界线在于这类案件应当与经济领域有关。

刑事诉讼用于犯罪的案件，它们只能由一般管辖权法院审理。

行政诉讼在俄罗斯联邦宪法中规定为一种独立的诉讼类型。但是并不完全明确它的对象，而且是在一般管辖权法院和仲裁管辖权法院之间进行划分。学者们称行政诉讼对象的构成中主要有三种要素：一是评价执行权力机构以及其他一些国家机构和地方自治机构的规范性文件是否符合法律或者上级机构的规范性文件；二是评价机构和国家机构及地方自治机构公职人员的行为或者不作为；三是审理行政违法案件。目前正在考虑建立行政法院（行政管辖权法院），上述类型的案件归其管辖，当然，要取消其他法院对这些案件的管辖。根据这一前景，应当考虑许多因公共法律关系发生的案件具体地与宪法法律关系有关；这时，类似案件就应当归宪法法院管辖。

第四节　俄罗斯联邦法官地位的基础

俄罗斯联邦法官地位的基础由俄罗斯联邦宪法、1992年6月26日（2009年修订）俄罗斯联邦法律《俄罗斯联邦法官地位法》、1996年联邦宪法性法律俄罗斯联邦法院体系法以及其他一些法律规定。

正如1992年法律和1996年法律所规定的："法官是根据俄罗斯联

邦宪法和这些法律赋予其行使审判权并以在专业基础上履行其职责的人。"

1992年法律是最先确立法官地位统一原则的法律之一,指出,某些类别法官法律地位的特殊性应由联邦法律规定,在联邦法律有规定的情况下也可以由俄罗斯联邦主体的法律规定,而俄罗斯联邦宪法法院法官地位的特殊性——应由联邦宪法性法律规定。

该法规定了对法官提出的要求:必须严格遵守俄罗斯联邦宪法和其他法律。在行使其权力以及在职务以外的关系中,法官都必须避免任何可能对司法权威、法官尊严的削弱或者引起对其客观、公平和公正性的怀疑。

法官无权:替代其他国家职务、国家服务的职务、市政职务、市政服务的职务,当仲裁法官、仲裁员;属于政党、资助政党或参与政党的政治行动和其他政治活动;公开表达自己对政党和其他社会团体的态度;亲自或者通过委托人从事企业活动,包括参加经济实体的管理,不论其组织法律形式如何;从事其他有报酬的活动,教学、科研和其他创作活动除外,而教学、科研和其他创作活动不能单靠外国、国际和外国组织、外国公民和无国籍人的资金拨款,俄罗斯联邦立法、俄罗斯国际条约或者俄罗斯联邦高级法院、俄罗斯联邦主体宪法(宪章)法院与外国有关法院、国际和外国组织在互惠基础上的协议另有规定的除外。法官无权:当自然人或者法人案件的律师和代理人(法定代理的情况除外);就法院审理对象的问题在法院有关该问题的行为生效之前公开发表意见;将预先指定用于职务活动的物质技术、经费和信息保障资料用于与行使法官职权无关的目的;为了与行使法官职权无关的目的披露或使用根据联邦法律属于限制获取的信息或者公务信息的情报;由于行使法官职权收取俄罗斯联邦立法未作规定的个人和法人支付的酬金;未经相关法官专业协会批准接受外国、政党、其他社会团体和其他组织的荣誉和专业(学术和体育的除外)头衔、奖励和其他奖章;使用自然人和法人提供的资金到俄罗斯联邦境外出公差；成为理事会、董事会和监事会机构、其他在俄罗斯联邦境内活动的外国非营利、非政府的组织机构及其分支机构的组成人员。

俄罗斯联邦宪法规定了担任法官职务的一般条件。根据第119条规定，年满25岁、受过高等法学教育并从事法律职业5年以上的俄罗斯联邦公民可以成为法官。联邦法律可以规定对俄罗斯联邦法院法官的补充要求。许多文件发展了宪法规定。特别是，年满40岁、具有15年以上法律职业工作经历的公民可以成为俄罗斯联邦宪法法院的法官。此外，正如读者会在本书的下一篇看到的，法官还应当符合许多条件。1992年法律规定，年满35岁、法律职业工作经历10年以上的公民可以成为俄罗斯联邦最高法院、俄罗斯联邦最高仲裁法院的法官；年满30岁、法律职业工作经历7年以上的公民可以成为俄罗斯联邦主体一般管辖权法院、区（舰队）军事法院、区联邦仲裁法院的法官；年满25岁、法律职业工作经历5年以上的公民可以成为俄罗斯联邦主体仲裁法院、俄罗斯联邦主体宪法（宪章）法院、地区法院、驻军军事法院的法官，以及治安法官。

俄罗斯建立了一项宪法原则，根据这一原则法官任职没有一定的期限限制，联邦宪法性法律和联邦法律规定的情形除外。担任法官职务的最高年龄——70岁。除了宪法法院、俄罗斯联邦最高法院和俄罗斯联邦最高仲裁法院的法官，联邦法院的法官第一次任职为期3年，期满之后，他可能被无期限地任命为同一职位直到其达到法官任职的最高年龄。俄罗斯联邦各主体宪法（宪章）法院法官的任期和任职的最高年龄由相应主体的法律规定。治安法官第一次任职（选任）的期限由相应的俄罗斯联邦主体的法律规定，但不超过5年，而在第二次和以后的任命（选任）时，任期由相应的俄罗斯联邦主体的法律规定，但不少于5年。

宪法规定的授予法官权力的程序是，俄罗斯联邦高等法院（宪法法院、最高法院、最高仲裁法院）的法官由联邦委员会根据俄罗斯联邦总统提议任命（俄罗斯联邦宪法第83条 e 款和第102条第1款 ж 项），而所有其余联邦法院的法官由俄罗斯联邦总统任命（俄罗斯联邦宪法第83条e款）。俄罗斯联邦各主体宪法（宪章）法院的法官由俄罗斯联邦主体国家权力立法（代表）机构任命，通常根据俄罗斯联邦主体最高公职人员的提议。治安法官由俄罗斯联邦主体国家权力立法（代表）机构任命（选任）或者由相应的司法管辖区的居民通过俄罗斯联邦主体法律规定的程序选任。

除了一般要求，立法还规定了担任组成法院的某种（领导）职位的宪法性法律程序。

特别是，前面已经说过，直到最近，俄罗斯联邦宪法法院的院长、副院长和法官秘书由俄罗斯联邦宪法法院自己通过秘密投票的方式选出，任期3年；现在法官秘书的职位被取消了，院长有两位副职，相应地宪法法院的院长和副院长由联邦委员会根据俄罗斯联邦总统的提议任命，任期6年。

俄罗斯联邦最高法院院长、俄罗斯联邦最高仲裁法院院长由联邦委员会根据俄罗斯联邦总统的提议并得到俄罗斯联邦法官最高职业协会的同意任命，任期6年。上述法院的副院长们由联邦委员会根据俄罗斯联邦总统在俄罗斯联邦最高法院院长、俄罗斯联邦最高仲裁法院院长推荐的基础上提议并得到俄罗斯联邦法官最高职业协会的同意任命，任期6年。

俄罗斯联邦各主体的普通管辖权法院、军事法院、所有仲裁法院的院长、副院长由俄罗斯联邦总统根据俄罗斯联邦最高法院院长或者俄罗斯联邦最高仲裁法院院长的提议并得到俄罗斯联邦法官最高职业协会的同意任命，任期6年。地区法院的院长、副院长由俄罗斯联邦总统根据俄罗斯联邦最高法院院长的提议并得到俄罗斯联邦各主体相应的法官专业协会的同意任命，任期6年。俄罗斯联邦各主体的宪法（宪章）法院的院长、副院长通过相应的俄罗斯联邦主体法律规定的程序任命。

法官的不可变动性和不受侵犯性是他们的宪法保障。

法官的不可变动性受到以下保障：首先，多数法官权力的终身制，中止和提前终止所有法官权力需要特别重要的理由（如果这不是法官自己的愿望）；其次，有关法官参加已开始的审判程序的专业要求（诉讼法典规定了规则：案件由同一位法官或者同一法官组成审理；如果哪个法官丧失了继续参加审判合议庭的机会，则他将被其他法官替代，而且审判将重新开始）；再次，未经本人同意，法官不得调职或调到其他法院。

法官的不受侵犯性规定在宪法层面（第122条）。1992年法律发展了宪法规范，其第16条规定，法官的不受侵犯性包括人身的不受侵犯性，其住宅和办公场所、使用的个人和公务交通工具、所属文件、行李和其他财产的不受侵犯性，信函和其他通信秘密不受侵犯；还规定，如果仅用法院的生效判决不能确定法官在滥用犯罪或者故意作出枉法判决、决定或其他司法行为中有严重过错，则法官，包括其权力终止之后，不得因其在进行审判时发表的意见和法院作出的判决追究其任何责任。该法为针对法官启动刑事诉讼、追究其作为被告、针对法官选择监禁作为强制措施、采取侦查措施以及调查活动等规定了专门的而且相当复杂的程序。简言之，解决这个问题以前提到了俄罗斯联邦总检察长的高度，自2007年7月——由俄罗斯联邦检察机关附属侦查委员会主席负责；同时要求专门司法委员会的结论和相应的法官专业协会同意。

参考文献

阿布拉西莫娃耶·布：《俄罗斯联邦的司法权：制度与原则》，莫斯科，2002年。

阿布拉西莫娃耶·布：《俄罗斯司法系统概况：改革与结果》，莫斯科，2009年。

阿尼什娜弗·伊：《俄罗斯联邦司法权的宪法原则：形成，维持和发展前景》，莫斯科，2006年。

阿法纳西耶娃斯·伊：《俄罗斯联邦法官独立原则的宪法——法律保障》，副博士论文，莫斯科，2003年。

博伊科夫阿·德：《俄罗斯的第三种权力》，莫斯科，1997年。

叶尔绍夫弗·弗:《法治国家的法院地位》,莫斯科,1992年。

扎夫拉日诺夫耶·弗:《俄罗斯联邦的司法权:一般理论问题和实践问题》,副博士论文,鄂木斯克,2006年。

克列安德罗夫姆·伊:《俄罗斯司法制度概况:现在与将来的问题》,新西伯利亚,1998年。

克列安德罗夫姆·伊:《俄罗斯法官的地位》,秋明,1999年。

科列斯尼科夫耶·弗、谢列兹尼奥娃恩·姆:《论俄罗斯联邦司法权的独立性:一些理论问题》,《俄罗斯宪法的发展》(第8卷),萨拉托夫,2007年。

列别捷夫弗·姆:《俄罗斯联邦司法权的建立与发展》,莫斯科,2000年。

马尔琴科姆·恩:《司法权:基本特征》,《俄罗斯司法》2007年第5期。

尼基京娜阿·弗:《俄罗斯联邦司法体制的统一》,副博士论文,鄂木斯克,2006年。

彼得罗夫阿·阿:《俄罗斯联邦各主体的司法权:立法调整方案与模式》,伊尔库次克,2007年。

勒热夫斯基弗·阿、切普尔诺娃恩·姆:《俄罗斯联邦司法权:组织与活动的宪法基础》,莫斯科,1998年。

《司法权》,莫斯科,2003年。

舍夫佐夫弗·斯:《法律与俄罗斯联邦的司法权》,莫斯科,2003年。

第三十四章
俄罗斯联邦检察机关地位的宪法基础

第一节 检察机关与检察监督的宪法法律本质和意义

俄罗斯联邦存在检察机关是俄罗斯联邦宪法规定的。其第7章《司法权》只有一条（第129条）是规定检察机关的，其中对检察机关地位和意义的规定非常模糊。

一方面，第7章的上述条文引起许多问题——原来，检察机关是司法权的一部分，在本教程第三部分"宪法制度的基础"论及到该问题。所以，这里不再赘述，只是再一次重申：检察机关没有作出司法裁判的职能，但可以建议作出这类裁判，如其他权利主体也有权做的那样，以及在两种情况下比其他机关和个人更具实际的可能，挑战作出的司法裁判。因此，与其他权利主体相比，检察机关能在更大程度上与法院相互影响。但这仍不能使其成为司法权的一部分，因此，可以得出检察机关在俄罗斯联邦是国家权力的独立分支机构这一结论。

另一方面，俄罗斯联邦宪法中关于检察机关的具体使命未作任何规定。第129条（第5款）规定："俄罗斯联邦检察机关的职权、组织与活动程序由联邦法律规定。"所以，为理解检察机关的本质和意义，应当求助相应的特别法，即1992年1月17日初次通过的联邦法律俄罗斯联邦检察院法(那时还没有"联邦法"的类别),1995年的新版本已经作为联邦法,并经多次修改和补充后现在仍然有效——2009年修正案(以后——检察院法)。

该法规定(第1条),俄罗斯联邦检察机关,是以俄罗斯联邦名义对俄罗斯联邦宪法的遵守与在俄罗斯联邦领土上有效法律的执行进行监督的机关中唯一的联邦集权系统。与此同时,法律声称,检察机关也履行联邦法律规定的其他职能。

总结立法规范,可以列出检察机关的主要宪法职责:

(1)检察监督工作。其任务很广泛——对某些国家机关、地方自治机关、组织和任何所有权形式的事业单位是否遵守俄罗斯联邦宪法与履行法律(广义上)、公民的权利和自由进行监督,查找并发现不符合法律的法令和行为,并通过检察调整手段对其采取强制措施,对调查和查询的机关以及执行处罚的机关进行监督。

如果检察官认为这个或那个法令违法,则他可向发布该法令的机关或公职人员、或者向上级机关或者上级公职人员提出抗议,或者检察官通过诉讼法规定的程序诉诸法院。

保护个人权利和自由,检察官应审理和检查有关侵害人与公民权利和自由的申诉、投诉和其他信息;向受害者解释保护其权利和自由的程序;采取预防和制裁侵害权利和自由、追究违法者责任、赔偿遭受损失的措施。如果公民为保护受侵害的权利向法院起诉,但由于客观原因发生困难或者侵权获得了特殊的社会意义,检察官会出现并在法院为受害人的利益支持诉讼。

对专门机关和事业单位的侦查、审讯方面的监督使检察官有权熟悉刑事案件、参与进行侦查行为,以及随时访问执行处罚和法院指定的强制性措施的单位,与被拘留和监禁的人谈话,作出决议立即释放被违法拘禁的人,等等。

在实施监督活动时,检察官可以利用各种反应手段。进行抗议的同时,可能检察官表示要消除各种违法——交与有权机关或者公职人员消除所犯违法行为。还有这种手段,即警告不许违法——为了防止犯罪和具有将为不法行为的信息时使用。最后,检察官基于公职人员的违法特点,作出提起刑事案件或者行政违法诉讼的合理的决议。

(2) 在法律规定的框架内,直到最近检察机关的侦查人员对相当广泛范围的刑事案件进行了初步调查。2007年执行这一任务的程序作了重大改变——即俄罗斯联邦检察院下设一个侦查委员会(2007年检察院法进行了修改,2007年8月1日俄罗斯联邦总统发布命令,2008年修正案)。领导侦查委员会的是俄罗斯联邦第一副总检察长——俄罗斯联邦检察院侦查委员会主席,由联邦委员会根据俄罗斯联邦总统的提名任免。尽管用"附设"表示,而实际上它仍然是一个独立的机关,而且在总检察长与侦查委员会的领导之间并未出现机械的相互理解。除法律规范外,侦查委员会活动的组织和程序还由俄罗斯联邦总统在检察院法规定的情况下通过的规范性法律法令加以规定。特别是2007年8月1日,俄罗斯联邦总统令批准了《俄罗斯联邦检察院调查委员会条例》(2008年)。

(3) 为了确保法治、国家利益、公民的权利和自由,检察官参加法院对案件的审理。检察官以国家公诉人的身份在法院进行刑事检控。如果保护公民权利和社会与国家的合法权益需要,他有权诉诸法院或者在诉讼的任何阶段介入案件。

俄罗斯联邦总检察长参加俄罗斯联邦最高法院、俄罗斯联邦最高仲裁法院的会议。他有权就具体案件中适用或者应当适用的法律侵害公民的宪法权利和自由的问题向俄罗斯联邦宪法法院提出。

检察长或者副检察长在自己权限范围内,对法院的非法或不合理的裁定、判决、决定或者决议向上级法院提出撤销之诉,或者个人的抗诉或者以监督的方式抗诉,向仲裁法院提出上诉或者撤销之诉或者以监督的方式抗诉。检察官认为法院的裁定、判决、决定或者决议不合法或不合理，应以监督的方式提出抗诉或者向上级检察官提出建议。

俄罗斯联邦总检察长有权向俄罗斯联邦最高法院全会、俄罗斯联邦最高仲裁法院全会提出建议，要求就民事、仲裁、刑事、行政以及其他案件的司法实践问题向法院作出解释。

(4) 检察院对于打击犯罪的护法机关——内务机关、安全机关、控制贩运麻醉药物和精神药品的机关、海关等机关来说，是一个协调机构。检察官召集协调会议，组织工作小组，收集统计和其他必要的信息，根据俄罗斯联邦总统批准的打击犯罪活动协调条例履行其他职能。

(5) 检察院有权发起法律制定程序，即由权威机关通过规范性法令。检察院法第9条"参加法律制定活动"规定："检察官在履行其职权过程中，确定需要完善现行的规范性法律法令时，有权向同级或下级立法机关和有立法动议权的机关建议修改、补充、废除或者通过法律和其他规范性法律法令。"事实上可以说，这相应地强化了俄罗斯联邦总检察长和俄罗斯联邦主体的检察官们的立法权和法律创制动议权，尽管是间接的。根据提到的法律，俄罗斯联邦总检察长、副检察长以及他们授权的其他检察官有权参加联邦会议的两院及其各种委员会、俄罗斯联邦政府、俄罗斯联邦主体的代表（立法）和执法机关以及地方自治机关的会议。俄罗斯联邦主体、城市、地区的检察长，与其平级的检察官，副检察长以及他们授权的其他检察官有权参加俄罗斯联邦主体的相应级别或下级代表（立法）和执法机关与地方自治机关的会议。

检察院法补充了2009年7月17日颁布的联邦法律，即第9¹条"对规范性法律行为进行反腐败审核"。其中规定，检察官在履行其职权过程中，以俄罗斯联邦总检察长确定的程序并根据俄罗斯联邦政府规定的方式，对联邦执行权力机关、俄罗斯联邦主体的国家权力机关、其他国家机关和组织、地方自治机关及其公职人员的规范性法律行为进行反腐败审核。在规范性法律行为中出现腐败因素时，检察官向作出此行为的机关、组织或者公职人员提出修改规范性法律行为的要求，对消除出现腐败因素的方式提出建议或者通过俄罗斯联邦诉讼立法规定的程序诉诸法院。检察官的上述要求，有关机关、组织或者公职人员应当在要求送达之日起10日内必须进行审查；而且对检察官送达给俄罗斯联邦主体的权力立法机关或者地方自治的代表机关的有关修改规范性法律行为的要求，应当在相应机关的下一次会议上进行审查。有关要求的审查结果应当立即告知提出要求的检察官，对检察官的这类要求可以通过法定程序上诉。

以上是检察院的主要职能。除此之外，检察院法还规定了检察院活动的启动，一般来说，有以下特点：检察机关履行职能独立于所有级别的国家机关、地方自治机关、社会团体，并严格根据在俄罗斯联邦领土上有效的法律。反过来，检察官的要求，出自其上述法律强化的职权，应当在法定期限内无条件地执行；不执行检察官和调查员根据其职权提出的要求，以及逃避他们的传唤，应当承担法定的责任。

检察机关应当将法治状况告知联邦国家权力机关、俄罗斯联邦主体的国家权力机关、地方自治机关以及公众。

对检察机关系统中的检察官和调查员适用2008年联邦法律《反腐败法》和2004年联邦法律《俄罗斯联邦国家公务员法》规定的限制、禁令和义务。特别是他们不允许成为选举机构和其他由国家权力机关和地方自治机关形成的机构的成员。检察机关工作人员不能是追求政治目的的社会团体的成员，也不能参加其活动。追求政治目的的社会团体的建立和活动及其组织在检察机关和单位都是不允许的。检察官和调查员在自己的公务活动中，不能与政党和其他社会团体的决定有联系。检察机关的工作人员无权将自己的主要活动与其他有偿或者志愿活动结合在一起，教学、科研与创作活动除外。他们不准接受礼品、利用私人和法人费用休假或出差、将公务信息披露或使用于与其主要活动无关的目的，等等。

第二节　检察机关的体系

根据俄罗斯联邦宪法第129条规定,俄罗斯联邦检察院是下级检察长服从上级检察长和俄罗斯联邦总检察长的统一的集权系统。检察院法(第11条)在解释这一规范时规定,俄罗斯联邦检察系统由俄罗斯联邦总检察长、俄罗斯联邦主体的检察长、与其同级的军事和其他专门检察长、作为法人的科学与教育单位、出版社、城市和地区的检察长以及其他领土的、军事与其他专门检察长组成。未进入俄罗斯联邦统一的检察系统的检察机构在俄罗斯联邦领土上的组建和活动是不允许的。

俄罗斯联邦总检察长率领着该系统。其职务由联邦委员会根据俄罗斯联邦总统的提名任免。俄罗斯联邦总检察长任职5年,其每年要向联邦会议两院提交有关俄罗斯联邦法治状况及其工作报告。总检察长要亲自在议院会议上向联邦委员会提交上述报告。

俄罗斯联邦总检察长有第一副检察长和几位副检察长,其职务由联邦委员会根据俄罗斯联邦总检察长的提名任免。俄罗斯联邦检察机关由同行组成,在结构单元的权力上,由俄罗斯联邦副总检察长——首席军事检察官领导的首席军事检察机关也是。

根据俄罗斯联邦宪法和法律的规定,俄罗斯联邦主体的检察长由俄罗斯联邦总检察长根据与俄罗斯联邦主体确定的俄罗斯联邦主体的国家权力机关协商任命。

城市和地区的检察长、专门检察机关的检察长的职务由俄罗斯联邦总检察长任免,服从并向上级检察长和俄罗斯联邦总检察长负责。

参考文献

阿米尔别科夫克·伊:《俄罗斯检察机关的一般监督功能的合宪性问题》,《宪法与市法》2003年第5期。

别萨拉博夫弗·戈:《俄罗斯联邦国家监督体系中的检察机关》,博士论文,莫斯科,2001年。

哥舒利亚克弗·弗:《俄罗斯宪法性法律中的检察机关、律师、公证人》,莫斯科,2004年。

捷格佳廖娃恩·恩:《俄罗斯联邦检察机关的宪法性法律地位:制度与比较的分析》,副博士论文,莫斯科,2000年。

科什廖夫斯基弗·德:《检察机关在俄罗斯国家机制中的地位和作用》,副博士论文,萨拉托夫,2008年。

梅尔尼科夫恩·弗:《检察权》,《国家与法》2002年第2期。

奥希彼扬斯·阿:《俄罗斯联邦主义与检察机关的宪法性法律地位:概念性问题》,博士论文,莫斯科,2006年。

第十一编
俄罗斯联邦宪法法院

第三十五章
俄罗斯宪法监督的本质及其建立的特点

第一节 推行宪法监督制度之路

宪法监督的本质在于对国家的各种规范性法律文件是否符合其基本法——宪法作出评价；宪法监督机构在通过认为法律与宪法相抵触的判决时，同时宣布该法律失去法律效力，其效力终止。

与"宪法监督"概念同时使用的还有一个概念即"宪法监察"。宪法监察在于，主管机构在发现法律与宪法不一致时，建议其制定机构或者上级机构废止这一法律。

这样，宪法监督与宪法监察之间的区别首先在于有关决定的效力：宪法监督机构有权或者废除法律，或者宣布其丧失效力；而宪法监察机构本身不能这样做，只能建议其他机构废除其认为违宪的法律。

在俄罗斯推行宪法监督制度曾经举步维艰。

随着宪法作为决定社会制度基础和国家组织的主要文件的出现，国家所有其他的法律与其一致的问题便产生了。由此不可避免地要对这些法律是否符合宪法进行评价。

但是，紧接着面临的关键问题是：应由谁来进行宪法监督；宪法监督的范围与方式如何确定。

作为立法的主要机构，议会是在与执行权力进行复杂斗争的过程中产生的。在保障法律具有最高效力与权威，使其符合宪法的同时，议会在宪法监督中更愿意看到保障其他的——受法律约束的——法律文件既符合宪法也符合法律的手段。当然，他们也希望经常承担起宪法监督的任务。在这种情境下，宪法监督实质上表现为议会监督。这样，在这种方式下专门（专门化的）的宪法监督好像被国家的主要代表机构或者其设立的下属机构的附带活动取代了。

俄罗斯实行的也是这种类型的宪法监督——如果可以称其为宪法监督的话。其首先不允许怀疑国家法律的质量与质疑国家法律违宪。这是正式对其他规范性法律文件与宪法和法律一致实施的监督。

例如，苏联1977年宪法允许俄罗斯最高国家权力机构——苏联最高苏维埃决定由宪法列入苏联管辖的一切问题（第108条）。而宪法通过其最高国家权力机构，不顾其他地将"保障在苏联全部领土上立法调整的统一"列入苏联管辖（第4章第73条）。最高苏维埃两院设有委员会，管辖其他法律文件符合国家法律的问题。与此同时，苏联宪法强化了对苏联最高苏维埃主席团——苏联最高苏维埃的常设机构进行宪法监督的任务，其向最高苏维埃报告工作并在宪法规定范围内有权在苏联最高权力机构休会期间履行其职能。宪法第4章第121条规定，苏联最高苏维埃主席团"对遵守苏联宪法实施监察并保障各加盟共和国的宪法和法律符合苏联的宪法和法律"。

正如我们所见，有关联盟一级上的监督客体，宪法规定得相当抽象。但很显然，向苏联最高苏维埃报告工作的机构不能对其通过的苏联法律是否符合宪法实施监督。况且主席团本身还组织了最高苏维埃的活动和法律的起草工作；正是在其中他们经历了打磨，在这种情境下对已通过的法律提出合宪性问题意味着承认自己的工作存在疏漏。

应当说，世界上许多国家相当快地摆脱了国家法律"神圣"和"纯洁无邪"的空想。虽然他们还是国家的最高法律，仍然可能在某些方面与宪法相抵触，并且是有缺陷的。不仅如此，在或者官方宣传或者实际实行分权以及具备政治和议会反对派的条件下，可能存在各种有关受法律约束的法律文件包括法律本身是否合宪的观点。最后，特别是在各联邦，国家各区有权不同意作为中央文件的法律的规定并指出其中对自身利益的威胁。另一方面，中央也会发现联邦主体、区域地方单位的法律存在的缺陷。所以开始建立专门的区别于议会的宪法监督。

宪法监督的职能授权给谁？将其赋予给不属于立法与执行权力体系的专门化的机构是合理的。由此产生了各种模式：

（1）审查各种法律文件包括国家议会通过的法律以及国家首脑的法令的职能被授权给国家司法系统的最高法院——特别典型的是美国最高法院的作用；

（2）建立了专门法院以对规范性法律文件进行司法审查的形式履行宪法监督职能（奥地利、德意志联邦共和国及其他几十个国家的宪法法院）；

（3）宪法监督的任务授予给国家最高法院的专门厅室（如瑞士）；

（4）建立专门的国家机构以审查规范性法律文件的合宪性——不是法院，但总之是像法院的机构，在文献中被描述为"准司法"的机构——宪法委员会（如法国）。

形成宪法监督的这些途径的特殊性在于：第一，这是独立于议会的专门机构；第二，国家法律在他们看来也是宪法监督的对象；第三，也是最重要的因素——宪法监督的后果：认为法律文件与宪法相抵触意味着效力的废止，终止该法律文件的效力。

因此，宪法监督的首要目的在于根据宪法对国家的其他规范性法律文件进行评价。

宪法监督机构可以进行这种与具体案件和法律关系没有联系的一般的或总体的一致性审查。这种类型在文献中被称为"抽象的规范监督"。

但也可能是这样，公民、法人和公权力机构请求宪法监督机构审查具体案件中适用或者应当适用的规范性法律文件的合宪性。这种类型相应地被称为"具体的规范监督"。

如果宪法监督机构审查法律草案或者已经通过但尚未生效的法律

文件,这通常被称为"事先监督";审查已经发生法律效力的法律文件,则被称为"事后监督"。

与解决宪法监督机构任务问题的同时,各国还遇到一个问题,即国家领导、议会、选举制度的建立,政党等的出现,迫使其考虑保障相应的宪法性法律(国家法律)关系主体的职能行为,考虑宪法政治程序的运行方式。为这种行为或这些程序引入国家法律(宪法性法律)责任的必要性便应运而生,由专门机构(法院)决定该责任措施。

结果作为宪法监督机构和独特的国家法院的相应机构的权限逐渐形成。宪法监督机构在履行监督任务的同时,现在还审理权限争议、对履行国家首脑免职程序作出结论、审查政党的合宪性以及确定全民公决程序的合宪性,等等。

俄罗斯的宪法监督虽然还是间接的,但未排除某些宪法冲突。所以,在宪法中也规定了监督宪法的遵守、保障加盟共和国联邦主体的法律文件符合苏联的宪法与法律。

第二节 苏联宪法监察委员会

这个机构的建立是根据戈尔巴乔夫倡议开始进行的政治改革和宪法改革的步骤之一。1988年12月1日对苏联宪法和立法进行了修改和补充,主要有:建立苏联人民代表大会及常设的苏联最高苏维埃,作为通向议会专门化的第一步;建立在竞争基础上选举的前提;建立苏联宪法监察委员会。

建立专门机构这一事实本身即是那些拥护在俄罗斯推行宪法监督制度的人们的胜利。根据苏联宪法第125条,苏联宪法监察委员会由苏联人民代表大会产生,任期10年,由政治和法律领域的专家组成,组成有主席、副主席和21名委员，包括各加盟共和国的代表。被选入委员会的成员独立履行自己的职责，只服从苏联宪法。

启动该宪法制度作用的复杂性直接地反映在其（"监察"）的称谓与权限上。

委员会根据自己的倡议或者苏联人民代表大会的委托向大会提出有关大会拟审议的苏联法律草案是否符合苏联宪法的结论性意见。但是它无权审查大会通过的法律。

根据自己的提议，根据大会委托以及根据苏联最高苏维埃本身和加盟共和国最高权力机构的建议，委员会提出关于苏联最高苏维埃及其两院的法令以及这些机构的法令草案是否符合苏联宪法和大会通过的苏联法律的结论性意见。委员会对加盟共和国的宪法和法律、苏联部长会议和加盟共和国政府的法令是否符合苏联宪法和法律进行监督。委员会也可以根据自己的提议，或根据大会的委托和其他机构的建议，对其他国家机构和社会组织的法令是否符合苏联宪法和苏联法律给出结论性意见。

但是，委员会对于法令没有监察权。苏联宪法第125条规定，法令或者其个别条款存在与苏联宪法或者法律相抵触的现象，委员会只能向制定该法令的机构提出自己的结论性意见，以消除抵触现象。结论性意见的通过使该法令或者其条款暂时中止执行。委员会还可以呈请上级机构废除与苏联宪法或者法律相抵触的法令。而对于加盟共和国的法令，委员会的作用总的来看比较模糊。

这样，委员会的建立本身就是进步。但地位之弱从一开始就感觉得到。所以，一年之后，1989年12月23日，随着苏联宪法监督委员会法的通过，对苏联宪法第125条进行了修改和补充，即增强委员会的地位。其取得以下权力：

（1）不仅审查草案，而且审查苏联人民代表大会通过的法律和其他法令，——确实不是主动进行，而是根据不少于1/5苏联人民代表、苏联最高苏维埃主席、加盟共和国最高国家权力机构的建议；

（2）对加盟共和国宪法是否符合苏联宪法、加盟共和国法律是否符合苏联法律作出结论；

（3）审议联盟与共和国之间、加盟共和国之间、加盟共和国与民族国家、国家领土构成之间因其国家权力和管理机构通过的法令的合宪性的分歧；

（4）从符合苏联法律的观点出发评价苏联政府的法令；

（5）对国际条约和其他苏联及加盟共和国的义务是否符合苏联宪法和苏联法律作出结论；

（6）对那些没有检察监督的国家机构和社会组织的规范性法律文件进行评价；

（7）根据自己的提议对苏联最高国家权力和管理机构、其他由大会或者苏联最高苏维埃组成或选出的机构的法令是否符合苏联宪法和苏联法律提出结论性意见；

（8）中止苏联人民代表大会通过的有关法令或其个别条款（苏联法律除外）和加盟共和国宪法的效力。

根据委员会的结论，对于侵害公民权利和自由的法令或其个别条款自该结论通过时起丧失其效力。

原则上，苏联宪法监察委员会已经转变为宪法监督机构。最近的改革——根据委员会的结论废除法令的法律效力就印证了这一点。但是，苏联的解体结束了委员会的活动。

第三节　俄罗斯苏维埃联邦社会主义共和国宪法法院的建立

1989年10月27日进行的俄罗斯苏维埃联邦社会主义共和国宪法

改革将"俄罗斯苏维埃联邦社会主义共和国宪法监察委员会的选举"改由俄罗斯苏维埃联邦社会主义共和国人民代表大会进行(第2章第104条)。

但是,该委员会并未成立起来。在1990年12月15日进行的俄罗斯苏维埃联邦社会主义共和国宪法改革时,前引表述被"俄罗斯苏维埃联邦社会主义共和国宪法法院的选举"所取代。

1991年5月24日对规定司法制度的第163条进行宪法性改革时,俄罗斯苏维埃联邦社会主义共和国宪法法院被摆在首位。宪法第165条规定,俄罗斯苏维埃联邦社会主义共和国宪法法院是俄罗斯苏维埃社会主义共和国宪法监督的最高司法机构,以宪法诉讼的形式行使司法权。宪法法院由15名法官组成。

倾向于宪法诉讼有以下原因:

第一,法院是国家的"独立机构",不进入其他权力支系。如果参与宪法监督的机构进入立法权力体系,其将不再独立于这个权力支系的主要机构——议会,那时监督其法令的合宪性就会非常复杂。不仅如此,进入执行权力机构体系的宪法监督机构也是难以想象的。这样,法院就容易从符合宪法的立场对其法令进行审查;

第二,法院适用"辩论和证据"规则。参与法令与行为司法审查程序的人"地位平等"。而这要求在研究案情和做出司法裁判时具有较高程度的公正性;

第三,根据一般规则,宪法诉讼机构审理案件是"不告不理"。立法最大限度地将法院从主动性、从"找工作"中解脱出来,虽然在例外制度中可以允许就个别重要的问题根据法院自己的意志开始审理案件。除此之外,宪法法院"摆脱了行政职能",不逾越诉讼请求的范围,不进行调查,不补充证据,根据双方提出的理由,为做出裁判广泛援引规范原则;

第四,宪法诉讼机构审理案件的结果是必须履行的最终司法判决。如果判决认为法令或者行为不合宪,其自判决作出之时起失去效力。相应的机构无权自行处理，法令或者行为应该废除，其不能再被恢复，以此"推翻"宪法法院的判决。

1991年7月12日，俄罗斯苏维埃联邦社会主义共和国宪法法院法最后一稿由第五届俄罗斯苏维埃联邦社会主义共和国人民代表大会批准。① 1991年10底至11月初，从宪法法院的15名法官中选出13名组成法院。但是，法院最终并未完全像这样组成。

1991年法律规定，宪法法院通过以下途径行使司法权：

（1）以合议形式审理有关国际条约和规范性法规的合宪性案件；

（2）以合议形式审理有关法律通过惯例的合宪性案件；

（3）在现行法律规定的情况下提供结论性意见。

宪法法院不审理政治问题。

宪法法院审理有关作为法律规范在俄罗斯苏维埃联邦社会主义共和国领域内具有或者可能具有直接效力的俄罗斯苏维埃联邦社会主义共和国国际条约合宪性的案件，如果到法院审理案件时其未被批准并未发生效力。可能成为其审查对象的规范性文件包括：俄罗斯苏维埃联邦社会主义共和国法律和俄罗斯苏维埃联邦社会主义共和国人民代表大会、最高苏维埃和俄罗斯苏维埃联邦社会主义共和国最高苏维埃主席团的其他规范性文件；最高国家机构的其他规范性文件包括总统和部长会议的规范性文件；俄罗斯苏维埃联邦社会主义共和国的组成共和国的最高国家机构的法律和其他规范性文件（回顾当时边区、州和其他主体尚

---

① 当时存在的两个立法机构的立法程序有时不一致。宪法法院法的通过——就是明证。起初这部法律于1991年5月6日由俄罗斯苏维埃联邦社会主义共和国最高苏维埃通过。最高苏维埃以其生效程序的决议决定该法"自其颁布"之日起生效。与此同时，最高苏维埃又决定将该法提交"俄罗斯苏维埃联邦社会主义共和国人民代表大会例行会议决定"（俄罗斯苏维埃联邦社会主义共和国1991年第19期公报）。但是第四次人民代表大会没有批准该法且于1991年5月25日以决议的形式建议最高苏维埃审议俄罗斯苏维埃联邦社会主义共和国人民代表的修正案，根据修正案准备该法草案，并将其提交下届大会审议（俄罗斯苏维埃联邦社会主义共和国1991年第22期公报）。俄罗斯苏维埃联邦社会主义共和国第五届人民代表大会于1991年7月12日才批准了该法——凑巧的是，与最高苏维埃1991年5月6日通过的文本一样，且自批准之日起生效（俄罗斯苏维埃联邦社会主义共和国1991年第30期公报）。我们注意到，俄罗斯苏维埃联邦社会主义共和国宪法第104条规定：大会是"通过"法律，而不是"批准"法律。

未被正式宣布为联邦主体)。

宪法法院审理有关根据俄罗斯苏维埃联邦社会主义共和国、苏联公民、外国人、无国籍人、法人、认为其基本权利和合法权益受到侵害或者未受到法院或者其他国家机构发生法律效力的终审判决(最终决定)保护的人以及俄罗斯苏维埃联邦社会主义共和国领域内活动的公务员的个人申诉进行的执法实践的合宪性案件。在这种情况下,应当证明未适用或者未适用应当适用的规范性法律文件,这就是形成惯例的结果。除此之外,还可以证实,根据个人申诉进行的执法行为虽然未根据惯例进行,但是自身能够创建执法实践的惯例。

根据俄罗斯苏维埃联邦社会主义共和国人民代表大会、最高苏维埃以及组成俄罗斯苏维埃联邦社会主义共和国的共和国最高国家权力机构的质询,宪法法院可以提出以下结论性意见:(1)关于俄罗斯苏维埃联邦社会主义共和国总统以及俄罗斯苏维埃联邦社会主义共和国及其组成共和国的其他最高公职人员的行为和决定是否符合宪法,如果根据俄罗斯苏维埃联邦社会主义共和国宪法他们的行为和决定与宪法不一致,这会成为撤销其职务或者使其承担其他专门责任形式的理由;(2)关于经批准或者未经批准即生效的俄罗斯苏维埃联邦社会主义共和国国际条约是否符合宪法;(3)关于俄罗斯苏维埃联邦社会主义共和国与苏联之间、俄罗斯苏维埃联邦社会主义共和国与其他加盟共和国之间、俄罗斯苏维埃联邦社会主义共和国与俄罗斯苏维埃联邦社会主义共和国成员共和国之间以及俄罗斯苏维埃联邦社会主义共和国成员共和国之间的协议是否符合俄罗斯苏维埃联邦社会主义共和国宪法;(4)关于苏联法律以及苏联最高权力机构的其他规范性文件是否符合俄罗斯苏维埃联邦社会主义共和国宪法。而且法律规定,所有上述结论性意见宪法法院可以"自己主动地"提出。

俄罗斯苏维埃联邦社会主义共和国宪法法院的上述职权说明,它首先是宪法监督机构。在某种环境下,宪法法院可以充当国家法院,因为其有关总统和其他俄罗斯国家与俄罗斯苏维埃联邦社会主义共和国组成共和国的最高领导人的行为和决定不合宪的结论性意见就是导致追究他们责任的根据。

1992年4月21日俄罗斯联邦宪法改革时,其中增加了第165条,规定俄罗斯联邦宪法法院的权限范围。可能考虑到与俄罗斯联邦宣言有关,俄罗斯联邦不仅由共和国组成,而且还由边疆区、州、直辖市、自治州和自治区组成,扩大了宪法法院的职权权限。

特别是,宪法法院获得了审查权:"联邦执行权力机构"(即实质上是任何部和机关部门)的法规;联邦主体的宪法和宪章,主体代表机构和执行机构的其他法规;主体之间的协议(以前这只是法院裁判的客体);政党和其他社会组织的合宪性;联邦机构之间、主体之间和主体机构之间的权限争议;对相应的联邦职员中因健康状况存在确实没有能力履行与其职位有关的职权——根据国家医疗委员会的呈文提出结论性意见;提出对这样的职员以及联邦主体的职员进行撤职的根据。

在新修改的宪法中规定宪法法院实质上就是宪法规范监督机构,但同时也是国家法院(因为像审查政党和其他社会组织合宪性、审查公职人员留任公职的能力、作出存在撤职根据等这样的问题不是规范监督问题)。

1992—1993年俄罗斯联邦总统一方面与俄罗斯联邦人民代表大会之间,另一方面和最高苏维埃之间的关系变得更加紧张。这些国家机构在国家领导策略和经济改革问题上无法相互理解。在这些情况下,俄罗斯联邦宪法法院特别是其院长弗·Д.卓尔金努力寻找上述机构在俄罗斯联邦宪法范围内的合作途径。1992年12月这些努力促成了临时和解。但是很快就开始了新一轮的紧张关系。1993年3月和9月宪法法院认为总统的行为与宪法相抵触。

当然,这使总统与宪法法院的关系更为复杂,使其自身的存在面临威胁。总统在1993年10月《关于俄罗斯联邦宪法法院》的命令中阐述了自己对宪法法院行为的看法。按照总统的看法,宪法法院处于"深刻危机的状态。1993年俄罗斯联邦宪法法院两度用自己仓促的行为和决定使国家处于内战的边缘。但是当内战的危险变为现实时,俄罗斯联邦宪法法院却无所作为"。在本书的第二部分说到过,正是总统的行为将国家置于事件危险发展的边缘。然而,总统作出了"确认俄罗斯联邦宪法法院全体成员不可能有所作为并不召开会议直到通过俄罗斯联邦新宪法"的决定(1号命令决议)。这样就禁止了宪法法院的活动。此外,总统建议未来的联邦会议当务之急是审议俄罗斯联邦存在宪法司法的组织法律形式问题(2号决议)。

这样,宪法法院本身的存在面临危险。原因在于1993年4月底—5月初提出的俄罗斯联邦宪法草案中,总统虽然保留了宪法法院,但是实质上缩减了其权限,而以前的一系列的权力转交给了位于所有司法机构之上的最高司法机关。宪法会议没有支持这一思想,按照其草案,宪法法院保留了自己的权力,虽然也削减了。在准备将最后的宪法草案提交国家全民公决的同时,叶立钦认真考虑了是否取消宪法法院的问题,以及是否可以将其职能赋予给组成联邦最高法院的专门人员。但周围的人使叶立钦确信必须保留宪法法院。

当然,现在他应该忘记了对最高国家公职人员的活动是否符合宪法作出结论性意见的权力,而且是根据自己的动议。

宪法法院很长时间无法工作,原因有组织方面的——现在法院由19名法官组成,所以,对已有的13名法官还应当补充6名;也有法律方面的——正在制定联邦宪法性法律《俄罗斯联邦宪法法院法》,其应由联邦会议两院通过,之后再由俄罗斯联邦总统于1994年7月21日签署。

参考文献

C.A.阿瓦基扬:《宪法监督与司法的理论与实践问题》,《莫斯科大学学报》1995

年第4期。

　　阿鲁秋尼扬戈·：《宪法监督：制度的职能作用与发展之特点》，莫斯科，1997年。

　　别尔金阿·阿：《宪法司法的范围》，《法学》1993年第2期。

　　博博多夫斯·弗：《宪法司法（比较分析）》，莫斯科，1994年。

　　勃列日涅夫奥·弗：《俄罗斯联邦法院的宪法监督》，莫斯科，2006年。

　　文格罗夫阿·布：《苏联的宪法监督》，《法学》1970年第3期。

　　维特鲁克恩·弗：《宪法诉讼：宪法法院法与程序》（第2版），莫斯科，2005年。

　　哈吉耶夫戈·阿、哈吉耶夫阿·戈：《法院监督法律规范的一般原则》，莫斯科，2006年。

　　佳布洛弗·克：《资本主义国家和苏联对宪法的司法保护》，莫斯科，1928年。

　　叶戈罗夫斯·阿：《美国现代政法理论中的宪法监察》，《苏维埃国家与法》1991年第4期。

　　叶廖缅科尤·普：《苏维埃宪法与法制》，萨拉托夫，1982年。

　　伊林斯基伊·普、谢季宁布·弗：《社会主义国家宪法合法性的宪法监督与保障》，《苏维埃国家与法》1969年第9期。

　　克里莫夫德·阿、埃基莫夫阿·伊：《苏联宪法监察》，《苏维埃国家与法》1990年第9期。

　　《宪法过程：法律调整和发展前景问题》，2006年9月29—30日科学实践课程参考资料，斯·尔·谢尔盖夫宁总编：《参考资料汇编》，2007年。

　　科托克弗·夫：《苏联的宪法法制与宪法监察与监督》，《苏维埃国家（宪法）法问题》，《伊尔库次克国立大学著作》（81卷），《法律集》（第12卷第2部分），伊尔库次克，1971年。

　　库兹涅佐夫伊·恩：《欧洲社会主义国家对最高权力机关和管理机关行为合宪性的监督》，《苏维埃立法全苏科学研究院会刊》1973年第29期。

　　拉扎列夫布·姆：《苏联宪法监察委员会（总结）》，《国家与法》1992年第5期。

　　列别金斯基弗·戈：《苏联的宪法监察及其实现方式》，《苏维埃建设》1928年第9期。

　　米秋科夫姆·阿：《俄罗斯宪法诉讼史》，莫斯科，2002年。

　　米秋科夫姆·阿：《俄罗斯宪法诉讼的起源》，弗·夫·沃罗威奇主编：《加强俄罗斯国家体制的法律问题》（第14部分），托姆斯克，2003年。

　　米秋科夫姆·阿：《联邦宪法性法律"俄罗斯联邦宪法法院法"：讨论通过（引言）时的法律争论》，《宪法与市政法》2006年第12期。

　　米秋科夫姆·阿：《宪法法院法庭创建史》（根据联邦宪法性法律《俄罗斯联邦

宪法法院法》起草资料),《国家权力与地方自治》2007年第8期。

娜赛罗娃特·亚:《宪法监督》,喀山,1992年。

奥夫谢皮扬日·伊:《外国法院的宪法监督》,1992年。

斯维斯图诺娃姆·阿:《苏联宪法监察问题》,法学副博士论文,莫斯科,1971年。

图马诺夫弗·阿:《对规范文件合宪性的司法监督》,《苏维埃国家与法》1988年第3期。

舒利任科尤·尔:《宪法监察委员会——苏联基本法法律保障的专门机构,苏联宪法改革:迫切的问题》,莫斯科,1990年。

舒利任科尤·尔:《论"宪法法律保障"的概念》,《国家与法》2002年第7期。

尤金尤·阿、舒利任科尤·尔:《联邦国家的宪法诉讼(比较法律研究)》,莫斯科,2002年。

第三十六章
俄罗斯联邦宪法法院

第一节 俄罗斯联邦宪法法院活动的规范性法律基础

宪法法院活动的地位、职权和组织的规范性法律基础首先是俄罗斯联邦宪法规范。其第1部分第11条规定，国家权力在俄罗斯联邦也由俄罗斯联邦法院与总统、议会、政府一起实现。这说明宪法法院作为司法制度的一部分属于国家权力机构。宪法第7章中规定的涉及宪法法院的大部分条款称为"司法权"，即承认宪法法院作为权力分立制度中分支之一是司法权力机构。

根据宪法（第2部分第118条），司法权以宪法诉讼、民事诉讼、行政诉讼和刑事诉讼的方式实现。所以，我们在这里可以看到特殊形式的"宪法诉讼"。

宪法第125条专门规定宪法法院。第83条第6项、第102条第1款第7项）、第128条第1款调整对宪法法院法官的就职任命。

宪法法院组织与活动的权限、制度由1994年7月21日生效的联邦宪法性法律《俄罗斯联邦宪法法院法》（2009年修正案）规定。

1996年俄罗斯宪法性法律《俄罗斯联邦司法制度法》与1995年联邦法律《俄罗斯联邦法官地位法》（有修改与补充）也有条款对宪法法院地

位的个别方面作了规定。

就保障宪法法院及其法官活动问题通过了一系列其他规范性文件。

组织宪法法院活动的许多方面反映在宪法法院自己通过的宪法法院规程中。

1994年联邦宪法性法律(第1条)规定,宪法法院——宪法控制的司法机关,独立自主地通过宪法诉讼程序实现司法权。

这种措词实质上反映出我们以前说过的那些主要思想,即宪法法院：

(1)司法机构形式之一;

(2)通过的判决最终必须执行。在指出规范性文件与宪法不符的同时,法院以此使其丧失法律效力;

(3)仅仅根据诉求工作。在一种情况下可能成为发起人——即将联邦法律草案提交杜马时;

(4)实现带有参加人辩论和平等的所有因素的诉讼程序。

宪法法院活动的主要目的:

(1)保障宪法政治制度的基础;

(2)保障人与公民的基本权利和自由;

(3)保障俄罗斯联邦宪法在俄罗斯联邦整个领土上的最高权威和直接效力。

俄罗斯联邦宪法法院专门解决法律问题,即其站在政治之外,不是也不可能是政治过程的参加者,政治争议的仲裁人。应当明白,主管机构和人员提交宪法法院的许多问题具有政治内幕。但在每一案件中宪法法院只关注法律问题,只对法律规范作出评价。当然,宪法法院的判决可以引起政治反响,具有政治后果。但这取决于某人作出的成为法院注意客体的决定中的政治与宪法法律因素的复杂性。

还有:宪法法院在宪法基础上作出判决,而宪法本身不可能成为其审查的客体。当然,宪法可能不完善,但对此宪法法院无能为力。通过解释规范，法院可以使条文更加清楚，避免审查的结论针对宪法及其规范。

是否可以向联邦宪法法院提出质疑：联邦宪法性法律；有关宪法修正案的法律；宪法会议在制定联邦新宪法工作过程中通过的决议？我们对以下结论做一个简要回顾：联邦宪法性法律不是联邦宪法的一部分，所以不能将其作为是否符合联邦宪法的对象在宪法法院提出质疑；有关修正案的法律通过之后，其内容实质上应并入俄罗斯联邦宪法，所以，对有关修正案的法律宪法法院不能作出评价，这会成为对宪法本身的评价，但宪法法院可以对该法案通过的程序是否遵守了要求进行评价，相应地可以说，有关宪法会议的法案也是如此，但需要补充的是——如果宪法会议在制定宪法过程中通过与该所谈问题无关的法案，即超出其职能范围，则这类法案可以成为在联邦宪法法院提出异议的对象。

最后，宪法法院不是其他法院包括最高法院和最高仲裁法院的上级法院。不能向该法院对具体的司法判决提出上诉。公民、法院如果认为具体案件中适用或者应当适用的法律不符合宪法，有权向宪法法院起诉。除此之外，宪法法院法第3条规定，宪法法院在进行宪法诉讼时对所有情况下属于其他法院或其他机构主管的事实问题不予确认与研究。

宪法法院由联邦委员会根据总统提名任命19名法官组成。宪法法院有权在不少于其组成总人数的3/4出席的情况下进行自己的活动。宪法法院的权限没有一定期限限制。

宪法法院活动的主要原则是独立、集体领导制、公开、辩论和双方平等。

在俄罗斯联邦整个领土上的国家权力的代表机构、执行机构和司法机构、地方自治机构、企业单位、事业单位、各个组织、公职人员、公民及其联合体均必须履行宪法法院的判决。

1994年联邦宪法第7条规定，"保障俄罗斯联邦宪法法院的活动"，即宪法法院在组织上、经济上和物质技术上独立于其他任何机构。法院的经费由联邦预算支付，并充分保障宪法诉讼程序的独立实现。在联邦预算中每年有一专门条款规定保障宪法法院活动必须的资金，由其独立支配。宪法法院的支出预算与过去每年的经费比不可能减少。

宪法法院独立自由地为实现自身活动提供信息和干部方面的保障。宪法法院为实现其活动必须的、处于其业务管理之中的财物是联邦所有制。

无论怎样限制联邦宪法性法律对宪法法院规定的该机构活动的法律、组织、财政、信息、物质技术、干部和其他条件都是不允许的。

第二节　俄罗斯联邦宪法法院权限及其实现问题

宪法法院的权限具体规定在俄罗斯联邦宪法第125条和1994年联邦宪法性法律第3条。为了便于叙述和理解其可分为几部分。

一、关于某些法律文件形式是否符合俄罗斯联邦宪法的案件

宪法法院有权对国家权力机构的（联邦宪法第二部分第125条指明的）某一领域的规范性文件及其相互之间的条约的合宪性做出评价。总统、联邦委员会、国家杜马、联邦委员会1/5成员或者国家杜马的代表、政府、最高法院、最高仲裁法院、联邦主体的立法机构和执行权力机构享有向法院提出要求审查这类规范性文件及条约的合宪性的权利。

（1）联邦法规可以成为在宪法法院提出异议的对象。这里面应当首先提到的是联邦法律。大部分联邦法律是规范性文件。其中一些很难

说是规范的,例如关于过早逝世的国家杜马代表的家庭物质保障法。但是在这类法律中可以看到提交宪法法院的对象,尽管不清楚,此处可从合宪性的观点提出异议。

俄罗斯联邦宪法和联邦宪法性法律规定,宪法法院可以对总统、联邦委员会、国家杜马、政府的规范性文件是否合宪进行评价。上述机构通过的非规范性文件是否符合俄罗斯联邦宪法不属于在宪法法院异议的对象。

俄罗斯联邦民事诉讼法典(第27条)允许在俄罗斯联邦最高法院对上述机构的非规范性法律文件提出异议。此外,也允许在俄罗斯联邦最高法院对俄罗斯联邦总统、俄罗斯联邦政府的规范性法律文件以及其他联邦国家权力机构的侵害公民和组织的权利、自由和合法权益的规范性法律文件提出异议——如果提及的是其与其他上位法不一致,无损于宪法。

类似的调整也包括在仲裁程序法典中(当然,考虑到"经济的"特殊性)——根据第34条俄罗斯联邦最高仲裁法院作为一审法院审理:对损害申诉人在经营或其他经济活动范围内的权利和合法权益的俄罗斯联邦总统、俄罗斯联邦政府、联邦执行权力机构的规范性法律文件提出异议的案件;对上述机构以及联邦委员会和国家杜马、政府控制实施外国在俄罗斯联邦投资委员会的与法律不符或损害申诉人在经营或其他经济活动范围内的权利和合法权益的非规范性法律文件提出异议的案件。

无论是宪法,抑或是法律,均未规定可以在宪法法院对部、联邦局、联邦通讯社的规范性法律文件,最高法院和最高仲裁法院全体会议作出的有时被学者们算作规范性文件和权利来源的决议,以及总检察长、俄罗斯联邦中央选举委员会和其他联邦国家机构的规范性文件提出异议。

(2)对各共和国宪法和其他俄罗斯主体宪章是否符合俄罗斯联邦宪法的评价属于宪法法院管辖。联邦主体对属于俄罗斯联邦国家权力机构管辖或者属于俄罗斯联邦国家权力机构和联邦主体国家权力机构共同管辖的问题发布的法律和其他规范性文件是宪法法院评价的对象。

（3）宪法法院被授权对俄罗斯联邦与俄罗斯联邦主体的国家权力机关之间的条约、俄罗斯联邦主体的国家权力机关之间的条约是否符合俄罗斯联邦宪法进行评价。俄罗斯联邦宪法第11.78条规定了这类条约（和协定）的可能性。在文献中它们称为"国内条约"。

（4）在宪法法院可以对未生效的俄罗斯联邦的国际条约是否符合俄罗斯联邦宪法提出异议。生效的条约不属于该法院审查。

假设我们允许对未生效的俄罗斯联邦的国际条约的合宪性提出审查要求，如果：其根据俄罗斯联邦宪法和联邦法律属于国家杜马批准或者其他联邦国家权力机关认可；申请人认为这类条约由于其与俄罗斯联邦宪法不符而在俄罗斯联邦未生效和采用。

应当注意的是，宪法和联邦宪法性法律整体上的出发点是，对尚未生效的国际条约及其签订的合宪性提出审查要求不是有关主体的义务，而是据其自行处理的权利。但该一般规则也有一些例外。在对接受外国或其部分加入俄罗斯的问题进行决定时要签订俄罗斯联邦与有关国家的国际条约。继而2001年联邦宪法性法律关于接受与组成俄罗斯联邦新主体程序法规定（第4段第7条）：俄罗斯联邦总统签署国际条约之后应向宪法法院提出有关审查该国际条约是否符合俄罗斯联邦宪法的要求。如果宪法法院认为条约符合宪法，则交由国家杜马批准。法律规范就是这样的，即总统没有选择——他应当向宪法法院提出评价该条约的请求。

这就产生一个问题：对法规和国内条约是否符合宪法进行评价意味着什么？这时宪法法院要查明什么？1994年联邦宪法性法律"审查范围"第86条给出的答案是：俄罗斯联邦宪法法院应当查明国家权力机关的规范性法规及其相互之间的条约是否符合俄罗斯联邦宪法：① 根据规范内容；② 根据规范性法律或条约形式；③ 根据签署、缔结、通过、公布或者生效程序；④ 根据俄罗斯联邦宪法确定的国家立法、行政和司法三权分立的观点；⑤ 根据俄罗斯联邦宪法确定的联邦国家权力机关之间职权划分的观点；⑥ 根据俄罗斯联邦宪法、有关管辖与权力客体划分的联邦和其他条约确定的划分俄罗斯联邦国家权力机关和俄罗斯联邦主体国家权力机关之间管辖与权力客体的观点。宪法法院对俄罗斯联邦宪法生效之前通过的国家权力机关的规范性法律及其相互之间的条约只就规范的内容进行合宪性审查。

所以,列举的每一条款都可能成为评价法规是否合宪的理由。

法律确定:在评价国际条约时审查的客体和范围也就是评价生效法规和国内条约合宪性时审查的客体和范围。

所列四种类型涉及抽象规范监督的领域,其中在评价联邦法规、联邦主体法规、国内条约时指的是随后的规范监督,而不是生效的国际条约——关于初步的规范监督,(虽然)始于规范虽然已经通过但尚未生效的阶段。

二、关于俄罗斯联邦宪法法院裁决的权限争议

根据俄罗斯联邦宪法和1994年联邦宪法法院法宪法法院解决三级权限争议:

(1)联邦国家权力机关之间的(争议,换句话说,是联邦"横向"的争议),例如,总统和联邦委员会之间的、总统和国家杜马之间的、联邦委员会和国家杜马之间的、两院之一与政府之间的。许多机关系属俄罗斯联邦"国家权力机关"的范畴——各部是联邦国家权力行政机关,法院是国家权力司法机关。任何联邦国家权力机关都不得拒绝将相互间的权限争议诉诸宪法法院。许多情况下合理性与隶属关系的需要几乎排除这类争议,则另当别论。例如,政府未必要通过宪法法院与总统打官司,而各部则未必要通过宪法法院与政府或总统打官司;

(2)俄罗斯联邦国家权力机关与俄罗斯联邦主体国家权力机关之间的(争议,换句话说,是"纵向"的争议)。宪法法院相应案件的审查可能始于任何联邦一级或者联邦主体一级的权力机关的提起;

（3）俄罗斯联邦主体最高国家权力机关之间的（"横向"争议）。这可能是俄罗斯联邦不同主体的机关之间的争议。应当承认，那些代表和维护主体利益的机关意味着低于"主体的最高国家机关"。但所引词语的字面理解也不排除某个主体机关之间的争议，如果这些争议不得由主体一级自审，例如联邦法规规定的权限。

在评价争议客体时会考虑各种形成因素。

首先，1994年联邦宪法性法律（第94条）允许国家权力机关提出申请，如果争议的权限是俄罗斯联邦宪法规定的。的确，也是该条规定，俄罗斯联邦宪法法院只从俄罗斯联邦宪法确立的国家立法、行政和司法三权分立以及联邦国家权力机关之间划分权限的观点对有关权限的争议进行审查，也从俄罗斯联邦宪法、有关划分管辖和权限范围的联邦或其他条约确定的俄罗斯联邦国家权力机关与俄罗斯联邦主体国家权力机关之间、俄罗斯联邦主体最高国家机关之间划分管辖和权限范围的观点进行审查。应当承认，后一规则的合理性与俄罗斯联邦宪法本身第3部分第11条允许联邦机关和主体机关之间不仅在宪法规范中而且在上述条约中划分管辖和权限范围有关。

同时，上述说明：非由宪法和条约规定而由法律或者其他规范性文件规定的权限争议不由宪法法院审查。

同样重要的是，这应当是物质能力之争，即权力本身。法律规定，有关作为权限争议对象的规范性法规是否符合俄罗斯联邦宪法的案件，对其内容、形式、签署、通过、颁布或者生效的程序的审理，只能在单独质询的基础上并根据规范性法规合宪性案件的审理程序进行。

还有这样的条件：即争议不涉及案件属于法院管辖或者审理的问题。因此，在产生这种争议时，当事人双方应当向立法者而不是宪法法院提出问题。

除此之外，即使允许宪法法院审理案件，也要规定争议不能通过其他方式解决，也无法通过其他任何方式解决。换句话说，避免其他可能解决争议的机关替代的所有情形。宪法法院补充规定，申请人先前曾向相应的机关提出有关他们违反俄罗斯联邦宪法和条约违反申请人的权限或者这些机关规避履行其职责的书面申请；但自收到该书面申请之日起一个月内其中提到的违反未予排除。如果机关向俄罗斯联邦总统提出申请要求运用俄罗斯联邦宪法第85条规定的调解程序，应当查明总统在一个月内也未运用过这些调解程序或者该程序未用于解决争议。总统本人可能会提出申请，如果其运用了调解程序，但机关之间仍有分歧且其属于俄罗斯联邦宪法法院对权限争议的管辖范围。

根据对权限争议审理的结果，宪法法院通过以下任意一种判决：(1)确认有关国家权力机关具有颁布法规或者实施作为权限争议原因的合法性行为的职权；(2)否认机关具有相应地颁布法规或者实施行为的职权。如果宪法法院认为颁布法规不属于颁布的国家权力机关的权限，则该法规自判决指定之日失去效力。

由所列规则可见，俄罗斯联邦致力于构建一种模式，即主张享有具体职权的利害关系双方产生争议的模式。

三、俄罗斯联邦宪法法院对具体案件中适用或者应当适用的法律合宪性的审查

根据俄罗斯联邦宪法第4部分第125条，宪法法院有权就侵害公民宪法性权利与自由的控告和法院的要求，对具体案件适用或者应当适用的法律的合宪性进行审查。

如上所述，具体案件适用或者应当适用的法律的合宪性审查通常称为具体的规范监督。此处"具体"一词与评价法律无关，而与因其而评价法律的具体案件有关。向宪法法院起诉的主体应当证明：(1)自然人或者法人——他们，其权益由于适用或者受到适用有关法律的威胁而正在遭受损害；(2)法院——其将要根据合宪性受到质疑的法律作出判决。

缺少这些条件,宪法法院有权拒绝受理向自己诉审的案件。

根据立法,具体的规范监督只适用于法律,其不得涉及总统、政府等的规范性法规的评价。如果申请人认为行为不符合的正是联邦宪法,则诉的客体不仅可以涉及联邦法律,也可以涉及俄罗斯联邦主体的法律。如果俄罗斯联邦主体的法律与宪法、俄罗斯联邦主体的宪章的一致性受到质疑,则俄罗斯联邦宪法法院不会研究该问题,而是将俄罗斯联邦主体的法律留给他们自己的法院来评价。

宪法学将"宪法申诉"概念用于自然人或者法人向宪法法院提出的申诉。向宪法法院提出申诉既可以是个人,也可以是团体。

至于普通法院向宪法法院的申诉,则俄罗斯联邦最高法院1995年10月31日全体会议《关于法院审判中适用俄罗斯联邦宪法若干问题》的决议(第2款)规定,当确信联邦法律与宪法不一致时,法院可以直接适用宪法。法院的这种自由裁量权并未取得宪法法院的支持。宪法法院于1998年6月16日就解释俄罗斯联邦宪法第125、126、127条案件所作的决议规定:如果法院得出法律违宪结论,则应向宪法法院提出咨询。因此,法律是否合宪问题属于宪法法院的特别管辖(顺便提一下,俄罗斯联邦最高法院全体会议因此没有取消其决议中的有关规定)。

自普通法院决定向宪法法院提出之时到宪法法院作出决议期间,中止对案件的审理或者对法院案件作出的判决的执行。

如果宪法法院认为具体案件适用的法律与俄罗斯联邦宪法不一致,该案应由主管机关按照普通程序重审。重要的是要指出,宪法法院的结论不仅及于具体事件,而且具有普遍的意义。

四、俄罗斯联邦宪法解释

根据宪法第5部分第125条,宪法法院根据总统、联邦委员会、国家杜马、政府、俄罗斯联邦主体的立法机关的咨询对俄罗斯联邦宪法作出解释。

何谓宪法解释？这是一个复杂的问题。简言之，可以定义解释为：宪法法院仅从解释行为考虑而对宪法规范的含义和内容作出的、决定该规范以后适用的解释。

解释可以被视为宪法法院的结论：

第一，有关宪法规范的某一内容问题，如果该内容本身直接从规范中看不出来，则其应当通过解释规范的途径推论出来。例如，宪法第10条规定，俄罗斯联邦国家权力实行分权原则。该原则的内容在宪法规范中没有具体规定，所以理解起来必须以宪法法院判决的解释条款为准。

第二，有关宪法规范实施中若干可行的方案中取其一问题。例如，宪法第102和103条有关联邦会议两院以其各自全体议员的多数通过各自决议的规定可以这样解释：(1) 宪法确定的一院全体成员的多数；(2) 实际组成一院议员的多数；(3) 一院参会议员的多数。宪法法院以自己于1995年4月12日决议中对俄罗斯联邦宪法一系列条文的解释明确，应当按照第一种解释理解。

第三，有关某一规则未被宪法规范吸收而作为独立规则实施问题。例如，在解释俄罗斯联邦宪法第136条关于以预先规定的通过联邦宪法性法律的程序通过宪法第3—8章修正案时，宪法法院规定，有关修正案的法令本身不是宪法性法律，其以这类法律的程序通过即可，但却是独立的俄罗斯联邦法令形式——即有关宪法修正案的俄罗斯联邦法律。

根据这种对解释的理解，宪法法院包含解释的判决往往具有规范意义并是法源，包括宪法法源。

联邦1994年宪法性法律规定，宪法法院对俄罗斯联邦宪法所作的解释是正式解释，并对所有国家权力的代表机关、行政机关和司法机关以及地方自治机关、企事业单位、组织、公职人员、公民及其联合组织具有强制性。

五、俄罗斯联邦宪法法院对指控俄罗斯联邦总统是否遵守法定程序所作的结论

根据俄罗斯联邦宪法和1995年联邦宪法性法律,宪法法院对指控俄罗斯联邦总统犯叛国罪或者其他重大犯罪是否遵守法定程序作出结论。该结论由宪法法院根据联邦委员会的要求作出。

没有该结论,联邦委员会就无权在其会议上审议指控总统问题。宪法法院不对指控进行实质性评价。根据俄罗斯联邦宪法第93条规定,总统的行为具有叛国或者其他重大犯罪的迹象,由最高法院的结论予以证明。宪法法院的任务是评价指控总统案件的提起程序和过程是否既不违反俄罗斯联邦宪法规范,也不违反相应的立法规范。

六、俄罗斯联邦宪法法院关于提交俄罗斯联邦全民进行公决符合俄罗斯联邦宪法的裁判

根据2004年联邦宪法性法律《俄罗斯联邦全民公决法》的规定,取得据其开始全民公决的文件后,总统将其交给宪法法院咨询,就提出的问题提交全民公决是否合宪。

宪法法院审议请求,作出裁判并交给总统。如果宪法法院认为提交全民进行公决符合宪法,则总统有权开始全民公决。虽然全民公决法并未对宪法法院的结论作出规定,而只规定了对提交全民公决的合宪性作出裁判,事实上这被视为宪法法院的结论。

七、俄罗斯联邦宪法法院立法提议权的履行

《就其管辖问题》的立法提议权属于宪法法院(俄罗斯联邦宪法第1

部分第104条）。

我们涉及的是关于国家最高司法机关在分权情况下有关俄罗斯联邦会议的立法动议问题。所以，这里没有必要重复。我们只需指出，宪法在法院管辖问题上对那些常常成为其审查对象并受法院权限制约的暗示。宪法法院极少运用其立法提议权。

八、俄罗斯联邦宪法法院向俄罗斯联邦联邦会议递交咨文

宪法法院能够向联邦会议递交这类咨文是俄罗斯联邦宪法规定的，而且应当由议会两院联席会议听取（第100条）。虽然俄罗斯联邦宪法第125条和联邦宪法性法律宪法法院法第3条并未专门就此作出规定，但在考察分析宪法法院权限时对其咨文权利总要专门讲到。咨文要在宪法法院全体会议上通过。

实践中宪法法院只在1993年向议会递交过一次咨文。从那时起宪法法院再未使用过该手段。这可能被解释为咨文的对象不明确。宪法法院的咨文大概首先用于两个问题：国家的社会关系的规范调整和特别立法调整的情况，必须填补该调整中的疏漏，即广义上的法律实施——国家的法治情况。

九、俄罗斯联邦宪法法院的其他权限

联邦宪法性法律俄罗斯联邦宪法法院法列举宪法法院职权时使用的是下列语言："行使俄罗斯联邦宪法、联邦条约和联邦宪法性法律授予的其他职权，在与其法律属性和宪法控制司法机关的使命不相抵触的情况下，还可以行使根据俄罗斯联邦宪法第11条缔结的有关划分俄罗斯联邦国家权力机关和俄罗斯联邦主体国家权力机关之间管辖范围和权限

的条约授予的权力。"

在这个表述中奠定了两点。

第一,允许用严格确定的法令形式规定的其他规范确认宪法法院的职权范围。宪法本身除上述外没有其他有关权限的规定。联邦条约起着微不足道的作用,其规范对宪法法院权限的补充未必切合实际。至于联邦宪法性法律,如果扩大的不是权限,至少扩大了活动范围,这里所指的是关于联邦全民公决的目的和有关俄罗斯联邦接受新的俄罗斯联邦主体的程序的合宪性(这先前谈过)。

第二,1994年联邦宪法性法律在要求国内条约赋予宪法法院职权时,并未规定宪法法院履行的义务,而是规定其可以运用这类条约授予的权力。所以,评价有关规范是否与该法院的法律属性相抵触的权力属于宪法法院。

联邦宪法性法律宪法法院法注定成为规定宪法法院职权的主要文献。2001年12月15日,该法规定职权的第3条有下列条款:"本条规定的俄罗斯联邦宪法法院的职权一定要通过收入本联邦宪法性法律的变更条款才能更改。"

第三节　俄罗斯联邦宪法法院法官职务的任命程序和地位

一、对俄罗斯联邦宪法法院法官职务候选人的要求

1994年联邦宪法性法律包含有对宪法法院法官职位候选人提出的要求(第8条)。为方便理解我们把这些要求归纳如下。

俄罗斯联邦公民具有下列条件的,可以被任命为宪法法院的法官:

(1)俄罗斯国籍。

(2)任命时年龄不低于40岁。

（3）名声清白。该要求一部分是基于道德（所以不总是确定的）标准，一部分是出于对法律的尊重（首先，没有犯罪前科）。

（4）受过高等法律教育。

（5）具有不少于15年的法律工作经历。

关于考查法律工作经历的问题受《有关确定联邦法院法官职位候选人的法律工作经历的程序规程》调整，该规程是1996年12月27日由俄罗斯联邦司法部长、俄罗斯联邦最高法院院长和俄罗斯联邦最高仲裁法院院长一起确立的。

根据规程，法律工作经历包括在立法（代表）、行政和司法等国家权力机关工作，也包括在任职要求受过高等或者中等法律教育的地方自治机关、工会和其他社会组织、企事业单位、任何所有制形式的组织工作。这些要求由立法或者主管部门的规范性法令加以规定。对未受过高等或者中等法律教育的人，在上述职位工作的整个时期，是被算作法律工作经历的。

法律工作经历还包括在其他岗位上从事与保护公民、法人的权利和合法利益、加强法治和法纪有直接关系的、要求具有某些方面的法律知识并善于在实践中运用这些知识的工作。其中人民陪审员履行区（市）法院法官职责的时间被算作法律工作经历。

在有争议的情况下，有关确定法律工作经历的最终决定由有关法官鉴定委员会作出，该鉴定委员会对推荐法官职位候选人的申请进行审议，并阐明所作决定的理由。

（6）具有法学领域公认的高级专业技能。该要求是最不确定的。实质上，专业程度应由俄罗斯联邦总统的行政管理部门从事挑选候选人的工作人员确定，最终由总统本人确定。

二、俄罗斯联邦宪法法院法官的任职程序

宪法法院法官的任命程序一般由下列构成。联邦委员会成员和国

家杜马代表以及俄罗斯联邦主体的立法（代表）机关、最高司法机关和联邦法律主管部门、全俄法律协调、法律科研院校均可向总统提出候选人建议。但这些建议对总统不具有拘束力，其有从提名候选人中挑选之一的自主权，也可以选择未经推荐的候选人。

需注意的是，在俄罗斯联邦总统下面有一个预先审议联邦法官候选人的委员会，它也向国家首脑提出候选人的推荐意见。

通常情况下，总统提出一位宪法法院法官的候选人。在联邦委员会未确定候选人的情况下，总统要重新提出候选人。重新提出的候选人可以是新的，也可以是原候选人。

联邦委员会应自收到俄罗斯联邦总统呈文之日起14日内审议关于任命宪法法院法官的问题。宪法法院的每位法官都由联邦委员会通过秘密投票的单独程序任命。获得联邦委员会全体成员多数票的人被认为得到了法官职位的任命。

组成宪法法院的法官退出时，总统应自发现空额之日起一个月内向联邦委员会递交任命他人为缺位法官的呈文。宪法法院任期届满的法官，在新法官任命前或者有其参与的案件作出最终裁判之前，继续履行其法官职责。

联邦委员会主席按照联邦委员会制定的程序，带领已被任命为宪法法院法官的人宣誓。法官宣誓的誓词如下："我宣誓，要忠诚并自愿地履行俄罗斯联邦宪法法院的法官职责，为此只服从俄罗斯联邦宪法，绝不屈从其他任何事或任何人。"

三、与俄罗斯联邦宪法法院法官职务不符的从业与行为

1994年联邦宪法性法律第11条列举了与宪法法院法院职位不符的从业与行为。法官不能成为联邦委员会的成员、国家杜马的代表、其他

代表机关的代表,或者为自己保留其他的国家或者社会职务,偶尔实践,从事经营或者其他有酬活动,教学、科研和其他创作性活动除外,但从事这类活动不得妨碍履行法官职责。如果未取得宪法法院的同意,缺席会议不能成为正当理由。

除法定代理外,宪法法院的法官无权在法院、仲裁法院或者其他机关实施保护或者代理,在获取权利或免除义务方面袒护任何人。

法官不能参加政党和社会活动、给其物质上的支持、参加政治行动、进行政治宣传和鼓动、参加国家权力机关和地方自治机关的选举活动、出席政党和社会活动的代表大会和代表会议、从事其他政治活动。其不能进入任何社会团体的领导层,即使不是出于政治目的。

宪法法院法官在报刊、其他大众媒体和在任何大庭广众之下,对可能成为宪法法院审理对象的问题以及宪法法院研究或者受理的问题,在对该问题作出裁判之前,无权公开发表自己的意见。

所列条件不能被视为对宪法法院法官通过选举和全民公决自由表达公民和选民意志的权利的限制。

四、俄罗斯联邦宪法法院法官的任期

宪法法院一般没有任期的限制,宪法或者法律未对其任期作出明确规定。至于宪法法院法官的任期,对这个问题的调整经过了一定的演变过程。1991年第一个宪法法院法根据当时有影响的一般规则规定:俄罗斯联邦的任何法官均无任期限制,年满65岁为终点。

1994年联邦宪法性法律最早规定,宪法法院的法官任期12年。2001年该任期增加到15年。法律未允许连任。2005年重新规定,俄罗斯联邦宪法法院的法官没有任期限制。法官留任的最高年龄为70岁。而且2005年该规则还适用于"第一批"法官。

俄罗斯联邦宪法法院的法官进行宣誓被视为就职开始。其权力终止于其年满70岁月份的最后一天。在参与审理的案件作出裁判之前或者在新法官被任命之前，宪法法院的法官要继续履行职责。

五、俄罗斯联邦宪法法院法官地位与活动的保障

法律为宪法法院法官的地位和活动提供各种保障，一般可以称之为法官独立性的保障。法官的独立性受下列保障：联邦宪法性法律规定的不可变动性、不受侵犯性、法官权利平等、暂停及终止法官权力的程序、退休的权利、确定宪法诉讼程序的职责、禁止对司法活动进行任何干扰、为法官提供的物质和社会保障、与其高地位相适应的安全保障等。

与其劳动报酬、年假、社会保障、住宅保障、社会服务保障、法官的生命和健康以及属于法官及其家庭成员财产的国家强制保险等有关的宪法法院法官独立性的物质保障与立法为其他最高联邦法院法官规定的有关保障相适合。如果其他法律法令对提高宪法法院法官的法律保护、物质和社会保障程度另有规定，则适用这些法令的规定。

法律强化了宪法法院法官的不可取代原则。法官的职权只能根据宪法法院法规定的程序和理由予以终止和暂停。

与此同时，法律保障宪法法院法官的不可侵犯性，包括任期终止之后、因在宪法法院审理案件时发表意见、该法官滥用职权所犯之罪未经法院生效判决确认，均不得追究其任何责任。

因违反纪律（违反联邦宪法性法律宪法法院法、联邦法律法官地位法的规范、全俄法官代表大会批准的司法道德准则的规定）对法官可以根据宪法法院的决定给予纪律处分：警告；终止权力。

以前已经部分提到，1992年俄罗斯联邦法官地位法（包括2007年及随后所进行的修改和补充）规定（第16条），任何法官的不受侵犯性包含人身不受侵犯，其居住和办公场所、使用的个人和公务交通工具、所属文件、行李和其他财产不受侵犯，通信和其他函件（电话交谈、邮政、电报、

其他电子的或别的法官收发的材料）秘密不受侵犯。当然，上述一切都与俄罗斯联邦宪法法院的法官有关。

除此之外，法律中有包括专门针对俄罗斯联邦宪法法院法官的直接性保障的命令。特别是法官地位法第16条第3款规定，对俄罗斯联邦宪法法院法官提起刑事案件或者作为其他案件的被告对其进行追究的问题，由俄罗斯联邦检察院侦察委员会主席根据俄罗斯联邦最高法院的三名法官组成的法官委员会对法官行为中是否有犯罪迹象作出的结论并经俄罗斯联邦宪法法院同意作出决定。但在2008年12月25日的修正案中，参与上述法官委员会程序的有关语言被删除了。因此，宪法法院同意，亦即就问题的实质作出决定，尽管其决定应当是有理由的。

而且在刑事案件侦查过程中，要改变对可能损害法官地位的犯罪构成的鉴定，只有经为作出有关针对法官提起的刑事案件或者其作为刑事案件的被告予以追究的裁判而确定的程序才能准许。

根据第16条第4款规定，对俄罗斯联邦宪法法院法官追究行政责任的决定，由俄罗斯联邦最高法院根据俄罗斯联邦总检察长推荐的三名法官组成的法官委员会在10日内作出。在此情形下，法律没有规定由俄罗斯联邦宪法法院作出决定。

因涉嫌犯罪或其他理由被捕或被强制拘禁在任何国家机关的法官，如果该法官的身份在被捕时未被了解，其身份被确定后，应当立即释放。个人检查法官不允许，但联邦法律为保障其他人安全而规定的情形除外。

对俄罗斯联邦宪法法院法官采取对法官的监禁强制措施的决定，由俄罗斯联邦最高法院根据俄罗斯联邦检察长附属侦查委员会主席提请的三名法官组成的法官委员会作出。拘禁法官要经俄罗斯联邦宪法法院同意进行。俄罗斯联邦检察长附属侦查委员会主席向俄罗斯联邦宪法法院提交相应的呈文。俄罗斯联邦宪法法院有关同意采取对法官的监禁强制措施的说明理由的决定，应在俄罗斯联邦检察长附属侦查委员会主席提交呈文和相应的司法裁判之日起5日内作出。

对俄罗斯联邦宪法法院法官采取侦查措施,以及与限制其公民权利或者与违反其俄罗斯联邦宪法、联邦宪法性法律和联邦法律规定的不可侵犯性有关的侦查行为(如果对法官未提起刑事案件或者其未作为刑事案件的被告予以追究),只允许根据俄罗斯联邦最高法院三名法官组成的法官委员会通过的决定进行。

法律增强宪法法院法官的权利平等原则。法官对宪法法院全体会议或其参与组成的所属厅室会议审议的所有问题都有决定性的投票权。

法官地位的保障规定,只有在宪法法院法严格规定的情形下才能暂停其职权。根据上述法律第17条规定,宪法法院法官的职权可以被暂停,如果:(1)对法官提起刑事案件或者在其他刑事案件中作为被告予以追究;(2)因健康状况法官暂时不能履职。根据宪法法院自发现暂停职权的事由之日起一个月内作出的决定暂停法官的职权。

宪法法院被暂停职权的法官无权参加法院会议,也无权向国家机关和组织、社会团体、公职人员和公民发送公文,以及要求他们提供任何文件和信息。

宪法法院暂停法官的职权,直到暂停职权的事由消失。对法官未能提起刑事诉讼或作为其他案件的被告予以追究的情况下,由宪法法院决定恢复法官职权。暂停法官的职权,并非意味着暂停其工资待遇,也不剥夺其所享有的现行联邦宪法性法律规定的保障。

六、俄罗斯联邦宪法法院法官权限的终止

1994年联邦宪法性法律明确规定了终止宪法法院法官职权的情形和事由(第18条)。终止职权由于:

(1)违反俄罗斯联邦宪法和上述联邦宪法性法律规定的宪法法院法官的任职程序;

（2）到了法官任职最高年龄；

（3）在达到上述年龄之前，个人书面申请辞职；

（4）丧失俄罗斯国籍（应当指出，2008年12月25日修订的法官地位法第14条规定，"俄罗斯联邦国籍的终止，取得外国国籍或者取得居留或其他证明俄罗斯联邦公民在外国有永久性居留权的证件"为终止俄罗斯法官职权的事由；当然这也适用于俄罗斯联邦宪法法院的法官，尽管宪法性法律在效力上要高于一般法律）；

（5）作出了对法官具有法律效力的定罪判决；

（6）实施了有损于法官荣誉和尊严的行为（法官地位法第14条第1款第9项规定，"实施损害法官荣誉和尊严或者损害司法权威的行为"是终止法官职权的事由。2001年12月15日该项从法律中删除了，然而，宪法法院法的类似规定则保留了效力）；

（7）尽管宪法法院有规定，法官继续从事或者实施与其职位不相符的行为；

（8）不参加宪法法院的会议或者无正当理由超过连续两次规避投票；

（9）产生法律效力的法院判决确认无行为能力；

（10）产生法律效力的法院判决确认失踪；

（11）产生法律效力的法院判决宣告死亡；

（12）法官死亡。

法官职权还可能由于其健康状况或者其他正当理由长时间（连续10个月以上）不能履行法官职责而终止。

宪法法院法官的职权根据法院的决定而终止，该决定同时报送总统、联邦委员会，且是有关空缺的正式通知。在违反其委任程序的情形下，法官的权力由联邦委员会根据宪法法院的建议予以终止。在实施损害法官荣誉或尊严行为的情形下，法官的职权也由联邦委员会根据宪法法院全体法官2/3以上的多数通过的建议终止。

该法规定了宪法法院法官的辞职,包括自愿的(退休)和非自愿的(强制退休)。如果法官在其任期届满、任期届满前自己书面申请辞职、承认法官不具有法院的裁判能力以及如果法官因健康状况或其他正当理由10个月以上不能履行其职权的情况下其权力被终止,则被认为是辞职或者强制辞职。

宪法法院具有不少于15名法官任职经历的法官退休,不考虑年龄,根据其选择,或者支付退休金,或者按宪法法院法官工资报酬的80%每月支付免税的赡养费。这样,以前从事法律职业工作的时间也算入有权每月领取赡养费的工作经历。

第四节 俄罗斯联邦宪法法院活动的组织和结构

宪法法院的宪法诉讼组织形式和内部结构是根据1994年联邦宪法性法律有关宪法法院全体会议和法院两院会议审理和裁判案件的规定设置的。

宪法法院由两院组成,分别包括10名法官和9名法官。两院的组成人员通过抽签的方式确定。

宪法法院的全体法官参加全体会议,组成各院的法官参加该院的会议。法院的院长和副院长不能成为同一分院的成员。各院的组成人员每隔3年改选一次。各院的主持由法官轮流担任。组成各院的法官履行各院会议主持职务的轮班由各院会议决定。

宪法法院全体会议有权审理该院权限范围内的任何问题。

宪法法院必须由全体会议审理的有关案件(该法第21条)如下:

(1)各共和国宪法与联邦各主体宪章是否符合俄罗斯联邦宪法;

（2）解释俄罗斯联邦宪法；

（3）对指控总统犯有叛国或者其他重罪是否遵守法定程序作出结论；

（4）通过宪法法院咨文；

（5）就管辖范围内的问题提出立法动议。

宪法法院全体会议：确定宪法法院两院的组成人员；通过宪法法院的规则并对其进行修改和补充；确定该院全体会议审理案件的次序，以及向两院分派案件；通过暂停或终止该院法官职权以及提前免除宪法法院院长、副院长职务的决定。

宪法法院两院会议审理宪法法院管辖的案件，也审理不属于必须由全体会议审理的案件。形象地说，尽管有这个多的总原则，1994年联邦宪法性法律仍然规定了两院审理的案件。

宪法法院两院会议：

有权履行抽象的规范监督的职能——裁判有关是否符合俄罗斯联邦宪法的案件：（1）联邦法律，总统、联邦委员会、国家杜马、政府的规范性法令；（2）俄罗斯联邦各主体颁布的法律和其他规范性法令；这些法律和法令涉及俄罗斯联邦国家权力机关的管辖范围以及俄罗斯联邦国家权力机关和俄罗斯联邦各主体国家权力机关的共同管辖范围的问题（即如我们所见，对各主体的宪法和宪章不能由两院进行评价）；（3）俄罗斯联邦国家权力机关和俄罗斯联邦各主体国家权力机关之间的条约，俄罗斯联邦各主体国家权力机关之间的条约；（4）尚未生效的俄罗斯联邦缔结的国际条约；

裁判所有上述有关国家权力机关之间的权限争议；

履行具体的规范监督职能——根据侵害公民宪法权利和自由之诉与法院的咨询，审查具体案件中适用或者应当适用的法律的合宪性。

宪法法院的院长和两个副院长——三个公职人员组织宪法法院的活动。我们已经不止一次地说过，2009年6月2日的法律取消了宪法法院书记官的职务，增加了副院长的第二职务。该法未规定他们领导宪法法院法官的活动,以及他们与法官之间存在着服从、从属关系。这不是偶然的。正如上述指出的那样,宪法法院法官的独立性原则也适用于职能,以及法官个人的地位。涉及法官的所有决定,包括对授权法官进行案件准备工作、报告法官任务的准备工作,等等,都由宪法法院执行。上述公职人员无权对法官发号施令,给他们纪律处分。他们的领导作用适用于对宪法法院两院的领导。

以前,法官们在宪法法院的全体会议上秘密投票,以全体法官的多数通过个别程序从其成员中选出法院的院长、副院长和书记官,任期3年;这些人任期届满可以连选连任。

如前所述,根据该法2006年6月2日修正案第23条规定,俄罗斯联邦宪法法院的院长由联邦委员会根据俄罗斯联邦总统从俄罗斯联邦宪法法院的法官中提名任命,任期6年。两位副院长由联邦委员会根据俄罗斯联邦总统从俄罗斯联邦宪法法院的法官中提名任命,任期6年。该法未规定,院长要向总统建议这些职位的候选人,或者告知总统自己的推荐(倾向性意见),但是,这类情况可能会在"幕后"发生。

院长和副院长任期届满后可被任命新一届任期。院长和副院长都可以自己书面申请放弃这些权力。是否允许放弃权力,由俄罗斯联邦宪法法院决定。

如果俄罗斯联邦宪法法院5名以上的法官认为俄罗斯联邦宪法法院的院长或者副院长履行其职责不适当或者滥用其职权,根据他们的动议,可以提出提前解除院长职务的问题。提前解除上述人员职务的决定,由俄罗斯联邦宪法法院以全体法官秘密投票不少于2/3的多数通过。

如果院长或者副院长的职位出现空缺,自出现空缺之日直至两个月内以同一程序任命宪法法院的院长或者副院长。院长或者副院长任期届满后,在新的俄罗斯联邦宪法法院的院长或者副院长被任命之前,要继续履行其职责。

根据联邦宪法性法律第24条规定,宪法法院院长:(1)领导法院全体会议的准备工作、召集并主持全体会议;(2)将应由全体会议和两院会议审理的问题提交全院讨论;(3)在与国家机关和组织、社会团体的关系中代表法院,根据法院的授权以其名义发表声明;(4)全面领导宪法法院两院的工作,将宪法法院两院领导候选人和书记官处以及俄罗斯联邦宪法法院书记官处的地位和两院的结构提交宪法法院审批;(5)根据现行联邦宪法性法律和宪法法院的规则履行其他职能。宪法法院院长发布命令和指示。

宪法法院副院长根据院长的授权独立行使职权,也履行俄罗斯联邦宪法法院院长交办的其他职责。

第五节　俄罗斯联邦宪法法院的一般诉讼规则

一、宪法诉讼原则

1994年联邦宪法性法律俄罗斯联邦宪法法院法强化了下列宪法诉讼原则:(1)独立原则;(2)合议原则;(3)公开原则;(4)言词辩论原则;(5)使用俄罗斯联邦国家语言进行诉讼原则;(6)庭审不间断原则;(7)当事人双方的对抗和平等原则。

诉讼的独立性意味着宪法法院的法官在行使其职权时独立,并只服从俄罗斯联邦宪法。法官在其活动中作为个人发表意见,不代表任何国家与社会机关、政党和运动,国家组织、社会组织、其他企业、事业和组织、公职人员、国家和地区的教育机构,民族、社会团体等。宪法法院的裁判和其他行为应反映法官与俄罗斯联邦宪法相一致的、不具有任何政治倾向的法律立场。宪法法院的法官应在其意志自由不受外界影响的条件下作出裁判。他们无权就法院预先研究通过的问题或者正在审理的问题征询或者获取任何人的旨意。禁止任何干预俄罗斯联邦宪法法院活动的行为,违者应负法律责任。

诉讼的合议制体现在宪法法院集体审理案件、研究问题或就其作出裁判等方面。裁判只能由那些参加法庭案件审理的法官作出。宪法法院有权在全体法官的2/3以上法官出席全体会议,组成法官的3/4以上法官出席两院会议的情况下作出决定。在确定法定人数时,被停止参加案件审理的法官和被暂停职务的法官除外。

诉讼的公开性意味着宪法法院的法庭公开审理案件。非公开庭审只有在联邦宪法性法律规定的情况下才能进行。无论是公开庭审还是非公开庭审作出的裁判,都要公开宣判。

言词辩论作为诉讼原则意味着,在案件审理过程中,宪法法院要听取双方当事人的陈述、鉴定人和证人的证词,宣读已有文件。在陈述时要进行文字和影像的程序记录。法院开庭时可以公布提交给法官和双方当事人了解的文件或者在该案开庭时陈述过的内容。

宪法诉讼的语言根据该法是作为俄罗斯联邦国家语言的俄语。保障不会俄语的诉讼参加人享有提供用其他语言解释和使用翻译服务的权利。

庭审不间断作为诉讼原则意味着,宪法法院每个案件的开庭要不间断地进行,休息时间或者诉讼参加人为准备进一步诉讼以及为消除阻碍开庭正常进行状况所必须的时间除外。在对案件作出裁判之前或者在推迟其听证之前,宪法法院或者两院不准开庭审理属于其管辖的其他案件。但是法院或者一院对案件的审理不妨碍在法院全体会议或者一院会议上对其他案件的审理。

当事人双方的对抗性和平等作为诉讼原则意味着,在宪法法院庭审中,双方享有在对抗基础上捍卫自己立场的平等的权利和机会。

二、向俄罗斯联邦宪法法院起诉

以咨询、请愿和申诉的形式向法院起诉是宪法法院审理案件的原因。

请愿是权限争议之诉。

申诉是由于公民的宪法性权利和自由受到侵害而引起的公民或者法人之诉。

咨询是因其余所有问题之诉。

根据1994年联邦宪法性法律第36条规定，有关法律、其他规范性法令、国家权力机关之间的条约、未生效的国际条约等是否符合俄罗斯联邦宪法的问题中表现出来的不确定性，或者当事人双方有关权限争议中的权利归属的立场上表现出来的对立性，或者在理解俄罗斯联邦宪法条款上表现出来的不确定性，或者国家杜马指控俄罗斯联邦总统犯叛国罪或者犯有其他重罪，都是审理案件的原由。

向宪法法院起诉要以书面形式并由被授权人（被授权人们）签名。在诉状中应当载明：(1)作为受诉机关的宪法法院；(2)申请人的名称（在公民的申诉中——姓、名、父称），地址和有关申请人的其他材料；(3)申请人的代理人的必要的材料及其权限，职务代理的情况除外；(4)应受审查法令的颁发国家机关或者参与权限争议的国家机关的名称；(5)赋予向宪法法院起诉权利的俄罗斯联邦宪法规范和联邦宪法性法律规范；(6)有关应受审查的法令、应予解释的俄罗斯联邦宪法条款的准确名称、编号、通过日期、颁布来源和其他材料；(7)联邦宪法性法律中明确的宪法法院审理诉求的具体依据；(8)申请人对所提问题的看法及其参考俄罗斯联邦宪法相应规范的法律根据；(9)与向宪法法院咨询、请愿、申诉有关的诉求；(10)诉状所附文件清单（第137条）。

向宪法法院递交诉状应附：应予审查的法令文本；或者应予解释的俄罗斯联邦宪法条款；确认代理人授权的保证书或者其他文件，依职务代理的情况除外；以及确认权利人在宪法法院行使代理权的文件副本；支付国家费用的文件；使用其他语言的所有文件和其他材料的俄文译文。诉状可以附有会被传唤到宪法法院出庭的证人和专家名单，以及其他文件和材料。一般要求：诉状及其所附文件和其他材料连同30份复印件一起提交给宪法法院。必要的文件连同3份复印件要送达给公民。

提交给宪法法院的诉状应当履行登记手续。如果明显不属于宪法法院管辖之诉、形式上不符合联邦宪法性法律的要求、来自不适当的机关或个人、未交国家费用，法院书记官处应告知申请人其诉状不符合法定要求。申请人对指出的缺陷做了弥补之后，有权再向宪法法院提起诉讼。如果明显不属于宪法法院管辖之诉，书记官处可以将其转送有权决定其所提问题的国家机关或组织。

宪法法院院长通过该院确定的程序授权一位或者几位法官对诉状进行初步研究，并应自登记之日起两个月内完成。由一位法官（几位法官）对诉状进行初步研究是宪法法院诉讼程序的必经阶段。根据对诉状初步研究的结果，一位法官（几位法官）得出的结论应向该院全体会议汇报。

宪法法院全体会议应自法官初步研究诉状完成之日起一个月内，就是否受理该诉进行审理问题作出决定。所以，随着3个月期满，一般复杂性中前景可见——或者该诉成为审理的对象，或者遭到该院拒绝。宪法法院作出的决定应当通知双方当事人。

根据一般规则，成为宪法法院评价对象的现行法令继续有效。但是该法规定，在紧急情况下，宪法法院可以向有关机关或公职人员建议暂停争议法令的效力、争议俄罗斯联邦国际条约生效程序，直到宪法法院结束案件审理。但是，这只是建议，是否采纳则由颁布该法令的机关自己决定。而且某些类型的法令，其暂停效力的程序一般不清楚，甚至不可能，例如这涉及到联邦法律的话。

宪法法院拒绝受理诉讼进行审理的一般理由包括：诉求问题的解决不归宪法法院管辖，该诉根据联邦宪法性法律宪法法院法不允许，宪法法院以前已就诉讼对象作过决议，其仍有效。如果合宪性受到争议的法令在案件审理开始前或过程中被取消或者丧失效力，宪法法院开始的诉讼程序可以终止,但该法令侵害公民宪法权利和自由的情况除外。在宪法法院庭审案件开始之前,申请人可以撤回向宪法法院提起的诉讼。撤诉情况下,案件的诉讼程序终止。

三、俄罗斯联邦宪法法院审理案件的一般程序规则

宪法法院全体会议由法院的院长召集,各院会议由各院的主持人召集。

有关案件分派给宪法法院全体会议听审还是各院会议听审的决定由宪法法院全体会议在受理起诉进行审理之后一个月内作出。决定中指明听审案件的排序。

为准备听审案件、制定宪法法院裁判方案以及在庭审中陈述材料,宪法法院指定一位或者几位法官—报告人。

在研究诉状和准备案件听审时,法官—报告人根据宪法法院的授权索求必要的文件和其他材料,指定审查、研究、鉴定程序,利用专家咨询,进行查询。法官—报告人和庭审主持人确定应当邀请和传唤到庭人的范围,发出有关开庭地点和时间的通知以及向诉讼参加人送达必要材料的指示。

宪法法院关于提供规范文本和其他法律法令文本、文件及其复印件、案情、信息和其他材料的要求;关于提供文件和规范法令文本的担保的要求;关于进行审查、研究和鉴定的要求;关于查明某些情况的要求;关于引用专家的要求;关于给予说明、解释和关于就审理的案件陈述专业意见的要求等,是其要求的一切机关、组织和个人必须履行的义务。对宪法法院要求的答复,应当在收到这些要求之日起一个月内送达宪法法院,宪法法院另有指定期限的除外。

有关宪法法院开庭的通知、诉状及其答辩状的复印件、被审查法令的复印件,以及必要时的其他文件都应在距开庭10日之前送达给法官和诉讼参加人。这样,诉讼答辩状只有在距开庭两周前收到的情况下,才能在指定的期限内送达。

双方当事人及其代理人、证人、鉴定人、翻译人被认为是宪法法院诉讼参加人。

宪法诉讼当事人是：(1)申请人——向宪法法院提出诉求的机关或者个人；(2)应受合宪性审查之法令的颁布或者签署机关或者公职人员；(3)权限受到争议的国家机关。

依职务可作为当事人代理人的有：签署向宪法法院递交的诉状的机关领导、颁布争议法令或者参与权限争议的机关领导、签署争议法令的公职人员、提出质询的联邦委员会的任何成员或者国家杜马的代表。当事人的代理人也可以是律师或者具有法律专业学术职称的人，其权限由相应的证书予以确认。每一方当事人的代理人不能超过3人。

宪法法院可以传唤掌握涉及案件审理问题的专业知识的人作为专家出庭。应由专家给出结论的问题由法官—报告人或者宪法法院确定。

必须研究应由宪法法院查明的事实情况时，可以传唤掌握有关这些情况的信息或材料的人作为证人出庭。

翻译是在诉讼中帮助法院和那些不能在庭上用诉讼的官方语言表达的人。

宪法法院的庭审公开进行，但宪法法院法另有规定的情况除外。在这种情况下，摄影、摄象、录象、电台直播以及电视台直播庭审，经宪法法院许可，都是允许的。在庭审现场的人应当尊重法院和法院的规则和程序，服从主持人有关遵守法庭秩序的指令。维护宪法法院法庭秩序是司法警察的职责，他们的要求，所有出席的人都必须遵守。

在有必要保守受法律保护的秘密、保障公民安全、保护社会道德的情况下，宪法法院应当指定非公开庭审。参加非公开庭审的是宪法法院法官、当事人及其代理人。其他诉讼参加人和直接保障庭审正常进行的宪法法院书记官处的工作人员出庭的可能性取决于主持人与法官们的协商。非公开庭审案件的审理遵循宪法诉讼的一般规则。

对宪法法院庭审案件实质的研究始于法官—报告人通知有关案件审

理的理由和根据、问题的实质、已有材料的内容和准备审理案件预先采取的措施。其他法官可以向法官—报告人提问。法官—报告人陈述结束时，宪法法院要听取双方当事人的主张并就案件问题的研究程序作出决定。

如果宪法法院认为问题准备不充分，需要补充研究，而该研究由于必须出庭的一方当事人、证人或者专家的缺席以及必须的材料没有提交而当庭不可能进行，案件可能被推迟审理。在这种情况下，法院应当指定延期开庭的期日。推迟审理的案件的庭审从头开始或者从其推迟的阶段开始。

根据宪法法院决定确认的程序，法庭主持可以建议当事人就审理问题的实质进行说明并提出法律根据以论证自己的观点。在一方当事人的观点被其几个代理人主张的情况下，其发表意见的顺序和内容由该当事人确定。当事人及其代理人无权将自己在宪法法院的陈述用于政治声明和宣言，也不应当允许辱骂国家机关、社会团体、诉讼参加人、公职人员和公民。

在宪法法院庭审中，根据法官提议或者当事人请求，文件可能被公布。但不应当公布真实性引起怀疑的文件。宪法法院研究过的文件，根据该院决定，以原件或以经核对无误的复印件的形式附卷。

司法研究结束时要听取双方当事人的最后陈述。宪法法院可以根据当事人的请求给其时间以准备最后陈述。

如果在庭审过程中要查明拒绝受理诉讼进行审理的理由，或者要确定其合宪性应当接受审查的法律、其他规范性法令、国家权力机关之间的条约或者尚未生效的俄罗斯联邦的国际条约允许的问题并未得到俄罗斯联邦宪法的允许或者就其性质和意义也不属于宪法性问题，宪法法院应终止案件的审理程序。

宪法法院在对涉案问题的研究完成之后，庭审主持宣布案件听审结束。

宪法法院对所审案件的总结性裁决要在非公开会议上作出。参加非公开会议的只有审理案件的法官。但保障记录和会议正常进行的宪法法院的工作人员可以坐在会议室里。会议进行时，法官有权自由发表自己对所讨论问题的看法，并请其他法官澄清他们的观点。在会上发言的人数和时长没有限制。在会议纪要中应以必要的形式记录下提交表决的问题以及表决的结果。纪要应由所有参会的法官签名，并且不能公示。参加非公开会议的法官和其他人员都无权透露讨论的内容和投票结果。

参考文献

  维列夏京阿:《俄罗斯法院中的反驳意见》,《比较宪法回顾》2006年第4期。

  达古耶夫阿·弗:《宪法诉讼的诉讼类型及其特点》,副博士论文,莫斯科,2009年。

  库罗赫京尤:《俄罗斯宪法诉讼中对抗原则的实现问题》,《俄罗斯司法》2007年第3期。

  拉伊科娃恩·斯:《宪法诉讼的特点》,弗·弗·沃罗维恰主编:《加强俄罗斯国体的法律问题》(第34部分),托姆斯克,2006年。

  苏茜妮娜伊·弗:《俄罗斯联邦宪法法院的决定对宪法诉讼的调整》,《宪法与市法》2008年第19期。

  昌逮科夫阿·弗:《宪法诉讼的起诉人：概念与类型(根据独联体和波罗的海国家的材料)》,《国家权力与地方自治》2007年第1期。

  昌逮科夫阿·弗:《俄罗斯联邦宪法法院起诉权的主体：理论与实践问题》,副博士论文,托姆斯克,2007年。

第六节　俄罗斯联邦宪法法院的判决：
形式、通过、法律效力

一、俄罗斯联邦宪法法院的判决类型

  1994年联邦宪法性法律用"裁决"这一概念含盖了宪法法院的各种

行为。此外，宪法法院的裁决不仅是在全体会议上作出的，而且是在该院两院会议上作出的（第71条）。

该法称为裁决的有以下类型：决议、结论、确认、裁判。

决议——是宪法法院对该法第1部分第3条第1、2、3和4项所列任何问题（即法令和条约的合宪性、权限争议、自然人和法人的申诉以及法院的咨询、宪法的解释等）的本质所作的总结性裁决。决议冠以俄罗斯联邦。

结论——是宪法法院对有关指控俄罗斯联邦总统犯有叛国罪或者犯有其他重罪是否遵守了法定程序的咨询的本质所作的总结性裁决。

确认——是宪法法院在进行宪法诉讼过程中所作的所有其他裁决。

宪法法院庭审中对其活动的组织问题也作出裁判。尽管这类行为不属于上述类型，但其无论是从本质上还是从形式上，仍被认为是裁决。

二、俄罗斯联邦宪法法院裁决的通过

任何宪法法院的裁决都以法官唱名公开投票的形式作出。主持在任何情况下都是最后一个投票。宪法法院的裁决被认为是在参加投票的法官多数对其投票的情况下通过的，如果宪法法院法未另作规定。

原则上"参加投票法官的多数"一词几乎用于所有种类的案件。而且如果这是对法令或者条约合宪性的评价，并且投票半对半，裁决会被认为是赞成其符合宪法而通过。而对于权限争议，投票半对半则行不通，在任何情况下裁决都要以投票多数来通过。解释俄罗斯联邦宪法裁决的通过要求的合格多数——要不少于法官总数的2/3。

宪法法院的法官无权逃避投票或者回避投票。

该法允许分院将案件移送全会审理：根据1994年法第73条规定，如果参加分院庭审的法官多数倾向于必须作出的裁决与宪法法院以前所作裁决表述的法律观点不一致的情况下，即将案件移送全会审理。

对宪法法院的裁决提出了一系列要求。根据1994年法第74条规定,这些要求应当以宪法法院研究的材料为基础。宪法法院对案件作出裁决的同时,不仅要对所审法令的字面意思,而且要对正式解释和其他解释或者积累的执法实践所赋予的意思以及根据其在法律法令体系中的地位进行评价。

宪法法院只就诉状中列出的对象,或仅仅针对诉状中合宪性受到怀疑的那部分法令或者机关权限作出决议与给出结论。在作出裁决时,宪法法院不受诉状中陈述的理由和论据的约束。

宪法法院的最终裁决由所有参与投票的法官签名。宪法法院法规定有诸如"法官的个别意见"这样的概念。根据该法第76条规定,宪法法院的法官不赞同该院裁决有权书面陈述自己的个别意见。该意见应附卷并应与宪法法院的裁决一起公布在《俄罗斯联邦宪法法院公报》上。

就宪法法院审理问题的实质投赞成票同意作出决议或者结论但在就其他某个问题或者就作出裁决的动机进行投票时又是处于少数的法官,有权书面陈述自己的有关不同意多数法官的意见。在这种情况下,法官的书面异议也要附卷并应公布在《俄罗斯联邦宪法法院公报》上。

俄罗斯一些研究人员认为,法官的个别意见对于宪法法院裁决的生效没有任何意义,只能"激发"政治和科学的社会性,也是帮助法官历史地"清洁自己良心"的手段。与此同时,在科学计划中,宪法法院法官的许多个别意见成了有关问题产生争议的源泉。

宪法法院的裁决在签名之后即应在该院公开开庭全文宣读。宪法法院的决议和结论应自签名之日起两周内送达:宪法法院的法官、双方当事人、总统、联邦委员会、国家杜马、政府、人权专员、最高法院、最高仲裁法院、总检察长、司法部长。宪法法院的裁决还可以送达其他国家机关和组织、社会团体、公职人员和公民。

宪法法院的决议和结论应当立即在《俄罗斯联邦立法汇编》《俄罗

斯报》、俄罗斯联邦和所作裁决与之有关的俄罗斯联邦主体的国家权力机关的正式出版物上公布。宪法法院的裁决还应在《俄罗斯联邦宪法法院公报》上公布，必要时还可在其他出版物上公布。

三、俄罗斯联邦宪法法院裁决的法律效力

宪法法院的裁决是最终裁决，不能上诉，并在其公布之后立即生效。

宪法法院的裁决直接生效并不需要其他机关和公职人员的确认。宪法法院认为法令不符合宪法的决议的法律效力不可能为该法令的再次通过所消除。

被认为不符合宪法的法令或者其个别条款失去效力；被认为与俄罗斯联邦宪法不一致的尚未生效的俄罗斯联邦国际条约不应当生效与实施。法院和其他机关基于被认为不符合宪法的法令作出的决定不应执行，并应当在联邦法律规定的情况下修订。

重要的是还应注意以下问题：认为法令不符合宪法会引起"连锁反应"，即不仅该法令会失效并废除，而且与其有联系或以其为条件的其他法令和条约都会失效并废除。如果说到俄罗斯联邦主体的规范性法令、俄罗斯联邦主体的条约，宪法法院的裁决则是通过法定程序废除其他主体类似法令和条约的根据。

如果宪法法院的裁决认为规范性法令完全或者部分不符合俄罗斯联邦宪法，或者宪法法院的裁决表示必须消除法律调整的空白等情况下，通过该规范性法令的国家机关或者公职人员，应当审查有关通过新的规范性法令问题，该新法令尤其应当包含有关废除被认为完全不符合俄罗斯联邦宪法的规范性法令的条款，或者有关必须修改和（或）补充其个别部分被认为不具合宪性的规范性法令的条款。在新的规范性法令通过之前，直接适用俄罗斯联邦宪法。

如果宪法法院的裁决认为规范性法令完全或者部分不符合俄罗斯

联邦宪法,或者法院的裁决表示必须消除法律调整的空白等情况下:

(1)政府应在宪法法院的裁决公布之后3个月内,将新的联邦宪法性法律、联邦法律草案,或者相互联系的法律系列草案或者有关修改和(或)补充被认为其个别部分不具合宪性法律的法律草案提交给国家杜马。国家杜马应优先审议上述法律草案;

(2)总统、政府应在宪法法院的裁决公布之后两个月内分别废除总统或者政府的规范性法令,通过新的规范性法令或者对个别部分被认为不具合宪性的规范性法令进行修改和(或)补充;

(3)俄罗斯联邦主体的国家权力立法(代表)机关应在宪法法院的裁决公布之后6个月内对该主体的宪法(宪章)进行必要的修改,废除被认为不具合宪性的主体法律,通过新的主体法律或者相互联系的系列法律,或者对其个别部分被认为不具合宪性的主体的法律进行修改和(或)补充。俄罗斯联邦主体的上述公职人员(主体的最高国家权力行政机关的领导)应在宪法法院的裁决公布之后两个月内,向俄罗斯联邦主体的国家权力立法(代表)机关提交相应的法律草案。如果在宪法法院的裁决公布之后6个月期满,俄罗斯联邦主体的国家权力立法(代表)机关未采取本款规定的与宪法法院裁决有关的措施,应启用联邦立法规定的责任机制;

(4)俄罗斯联邦主体的最高公职人员应在宪法法院的裁决公布之后两个月内废除被认为不具合宪性的规范性法令,通过新的规范性法令,或者对个别部分被认为不具合宪性的规范性法令进行修改和(或)补充。如果宪法法院的裁决公布后两个月期满,俄罗斯联邦主体的最高公职人员未采取本款规定的与宪法法院裁决有关的措施,应启用联邦立法规定的责任机制;

(5)缔结了被认为完全或者部分不符合俄罗斯联邦宪法的联邦国家权力机关和俄罗斯联邦主体的国家权力机关之间的条约、俄罗斯联邦主体的国家权力机关之间的条约的联邦国家权力机关、俄罗斯联邦主体的国家权力机关,应在宪法法院的裁决公布之后两个月内,对相应的条约进行修改和(或)补充,或者废除该条约的效力。

不执行、不当执行或者阻碍执行宪法法院的裁决应负联邦法律规定的责任。

正如我们所见,根据宪法法院的裁决,有关法令的条款会失效。但其正式废除要由通过该法令的机关进行。遗憾的是,俄罗斯立法者没有采用许多外国已有的方案,这些国家的宪法法院不仅要确认法令(规范)与国家宪法不一致,而且要予以废除。俄罗斯宪法法院多次表示其这种立场,其实质就在于宪法司法机关对法令(规范)进行评价,而由主管机关根据基本法正式执行。但是,产生了一些非正常状态,即根据宪法法院的裁决失去法律效力的法令(规范)在一段时间内会仍然正式有效。不仅如此,法律文件的缺乏或不足还可能会影响有关机关回避对自己的法令进行调整——为此防范,立法引入诸如解散俄罗斯联邦主体的立法机关,并由俄罗斯联邦总统免去俄罗斯联邦主体执行权力首脑的职务这类宪法—法律的制裁绝非偶然。

参考文献

巴伊京姆·伊:《论俄罗斯联邦宪法法院的法律效力》,《国家与法》2006年第1期。

巴尔纳霄夫阿·姆:《国际法规范与俄罗斯法规范在俄罗斯联邦宪法法院裁判中的相互作用》,弗·弗·沃罗维恰主编:《加强俄罗斯国体的法律问题》(第34部分),托姆斯克,2006年。

班达利恩·斯:《宪法法院裁判作为法源的规范性和理论性》,《俄罗斯法律杂志》2007年第1期。

班达利恩·斯:《作为特殊法律现象的宪法司法行为》,斯·尔·谢尔盖夫妮娜总主编:《宪法进程:法律调整与发展前景问题》,2006年11月29—30日科学实践研讨会资料,2007年。

加里牙克阿·姆:《宪法法院裁判的执行:理论与实践问题(以后社会主义国家

资料为基础）》，副博士论文，托姆斯克，2006年。

马洛科恩·阿：《论俄罗斯联邦宪法法院裁判的法律本质》，《俄罗斯法官》2006年第6期。

涅恰耶娃日·弗：《俄罗斯联邦宪法法院裁判的执行效果：理论与实践问题》，副博士论文，托姆斯克，2007年。

彼得洛夫阿·阿：《法律调整机制中的俄罗斯联邦宪法法院的裁判》，2007年。

彼得卢雪夫弗·阿：《俄罗斯联邦宪法法院解释俄罗斯联邦宪法决议的法律本质》，《宪法与市法》2007年第11期。

C. A. 阿瓦基扬：《宪法法院判决的规范意义》，《法律》2004年第4期。

巴格拉伊姆·弗：《俄罗斯联邦宪法诉讼》，埃里温，1999年。

别尔金阿·阿：《宪法保障：俄罗斯思想和实践的三个方向》，圣彼得堡，1996年。

勃朗杰那格里阿：《俄罗斯宪法法院的"幼年、童年、少年"》，莫斯科，1996年。

姆·斯·萨利科夫主编：《宪法诉讼程序》，莫斯科，2003年。

科利亚日科夫弗·阿、拉扎列夫尔·弗：《俄罗斯联邦宪法司法》，莫斯科，1998年。

科利亚日科夫奥·恩：《俄罗斯联邦宪法法院的法律地位：俄罗斯法院实现的理论基础与实践》，莫斯科，2006年。

拉扎列夫尔·弗：《俄罗斯宪法法院的法律地位》，莫斯科，2008年。

米秋科夫姆·阿、巴尔纳肖夫阿·姆：《宪法司法论纲，立法与司法实践的比较法研究》，托姆斯克，1999年。

涅斯米扬诺娃斯·埃：《俄罗斯联邦宪法司法》，叶卡捷琳堡，2000年。

涅斯米扬诺娃斯·埃：《俄罗斯联邦宪法司法控制：理论与实践问题》，叶卡捷琳堡，2004年。

涅斯米扬诺娃斯·埃：《俄罗斯联邦宪法法院的司法实践及评论》，莫斯科，2007年。

乌姆诺娃伊·阿：《俄罗斯的联邦制与宪法司法》，莫斯科，1999年。

恩·弗·维特鲁克、尔·弗·拉扎列夫、布·斯·埃博杰耶夫主编：《联邦宪法性法律"俄罗斯联邦宪法法院法"：注释》，莫斯科，1996年。

哈博里耶娃特·亚：《宪法的法律保障》，喀山，1995年。

哈博里耶娃特·亚：《俄罗斯联邦宪法解释：理论与实践》，莫斯科，1998年。

舒里然科尤·尔：《俄罗斯的宪法控制》，莫斯科，1995年。

舒里然科尤·尔：《俄罗斯联邦宪法监督制度》，莫斯科，1998年。

埃博杰耶夫布·斯：《宪法、法制国家》，莫斯科，1997年。

第十二编
俄罗斯联邦主体的国家权力机关

第三十七章
俄罗斯联邦主体国家权力机关体系的建立

第一节　俄罗斯地方权力机关体系形成简史

一、革命前的地方国家治理

沙皇俄国是单一制国家。如本书第五部分所指出的,革命前有78个省。其中49个省直辖于皇权,其余各省组成总督省。一些总督省还包括其他行政区域单位。

总督和省长由沙皇任命。总督的职级要高一些,并有直接向沙皇报告的权力。组成总督省的行政单位的首脑只能通过总督与中央联系。一般省的省长受内务部领导。总督可以直接接受沙皇的命令。所有与总督事务有关的新措施都要求总督事先签署。

省长在相应地区实质上代表着中央权力,是统一国家治理的象征,尽管是对省的治理,并且属于地方国家治理。在履行职能方面协助他的是省委员会——省长的执行机构、省长办公厅和特别授权的官员。省委员会是实行合议制的机构,有时对问题作出决定,但更多地是履行咨询职能。

省长是各种咨询单位——派出单位、各种委员会、咨询单位等的主席。这些单位履行的职能,更确切地说不是在进行管理,而是在相应的范围内进行监督,从而强化了省长的作用。派出、咨询等单位使其能够对地方和城市的自治机关、工厂事务（实际上，不仅工业，而且还有工人运动）、饮用水事务（国家预算的重要来源）、征兵工作、司法与治安机关的工作、确保东正教神职人员的权利等实施监督。从事省级行政管理事务的官员中，有许多不仅隶属于省长，而且还隶属于中央机构。省长在省里同时还代表内务部，是警察的最高行政长官，但同时还负责执行警察机关对其他机关和单位进行监督的职能。为了正确及时"执行有关社会行为端正、秩序和安全的法规"，省长可以发布具有约束力的决定。

省里没有由居民选举或者通过其他途径形成的作为省级权力机关的代表机关。这种状况的解释与其说从俄罗斯代表制度理论的薄弱发展中可见一斑（在科学计划中该问题得到俄罗斯研究人员阐述，特别是在19世纪下半叶和20世纪初），倒不如说人民代表制度的开始更多地是与或者基层、或者全国的水平相联系。由此，开始实行地方和城市自治，如居民选举的机构。后来建立了全国代表机关，形式为选举产生的国家杜马和国家委员会，开始是沙皇建立的，而杜马的出现，则部分是由民选产生的。而中层，省级被认为是国家行政的基础。所以，省里所有的只是代表制度的雏形，形式为各省贵族会议，而随着地方自治的出现——其在省级代表机构的形式为许多公职人员（其中包括主席和省地方自治机构的成员）和县地方会议选举产生的议员组成的省地方会议。

二、苏维埃时期

在俄罗斯苏维埃联邦社会主义共和国，苏维埃政权时期，各省一开始保留了分立。有一阶段存在着合并几个省的州。但这种领土组织未能流行起来。各省仍然分立，但到30年代，它们变成了州（为几个单位命名还使用了另一个词——边区）。

许多地方权力体系中可以看到以下重要的创新：

一是拒绝作为独立于国家权力之制度的当地（地方）自治思想。所有级别的苏维埃都宣称是统一的国家权力的一部分；

二是不仅将村苏维埃（以前的教区）和村镇、地区（以前的县）和城市，而且将州、边区都划入建立地方国家权力机关的行政区域单位；

三是广泛引进了两种地方机关——代表与执行。

这样，与革命前的俄罗斯不同，当时省是国家官僚机关的基层，在苏维埃时期，虽然在正式计划中，州和边区建立了代表机关——边区、州的工人、红军和农民代表苏维埃代表大会（由下级苏维埃代表大会选举的代表组成），而代表大会选举的执行委员会（由自身成员组成的执行委员会主席团）成为其执行机关——地方国家管理机关同时也是全国管理体系的一部分。

1936年苏联宪法通过以后，苏维埃代表大会被相应的劳动人民代表苏维埃广泛取代，代表开始通过直接选举产生。边区、州的苏维埃从其自身的代表中选出执行委员会（简称执委会），由在编制基础上工作的主席、副主席、执委会秘书以及执委会成员组成，执委会成员以社会为基础履行自己的职责（但是，他们中的许多人是执委会部门和办事处——部门管理机关的领导）。

"苏维埃——执行委员会"体系原则上保持到20世纪80—90年代改革前。其实，代表们完全取决于执委会，而边区、州苏维埃的执委会主席实际上也是苏维埃主席，虽然不存在这样的职位记载。反过来，执委会、苏维埃一般又完全取决于同级执政党的机关。

提高苏维埃作用、代表们独立的希望促使改革的组织者们在20世纪80—90年代产生了一些从组织上使苏维埃与执委会分离的思想，为此设置了苏维埃主席的职位与执委会主席的职位并存。代表的整体作用有了一些提高，但也不过是党为使同级党的机关第一秘书"坐到"地方苏维埃主席的位子上做些努力而已，对在民主大潮中进入苏维埃的新的政治家们完全没有安排——他们的目的不是要加强而是要削弱苏联共产党。

三、20世纪90年代俄罗斯的改革

这一时期俄罗斯联邦采取的大部分措施都是致力于建立独立于苏联中央权力的新的地方权力体系。

第一，俄罗斯恢复地方自治的思想。地区的、城市的、乡镇的和农村的苏维埃，即地方国家权力机关体系的基层，从国家机关体系中撤出，宣布为地方自治机关。

第二，发生了苏维埃和党的机关职位"稀释"现象。俄罗斯苏维埃联邦社会主义共和国人民代表苏维埃的决定、之后俄罗斯第一任总统的法令都禁止党（任何党）的领导人成为苏维埃的领导。

第三，改革了联邦制度。不仅考虑国家民族标志的单位——自治共和国（后来——就是组成俄罗斯联邦的共和国）、自治州和自治区，而且连领地单位——边区、州、直辖市都成了俄罗斯联邦主体。随着这些单位宣告成为俄罗斯联邦主体，其所有机关的地位原则上都发生了改变——它们不再是地方国家权力机关。现在是俄罗斯联邦主体的国家权力机关。至于形成这些机关的方式和程序，国家经历了复杂的改革，但是，直到现在也不能认为这些过程已经结束。

我们还记得，在1991年，选出第一任俄罗斯联邦总统时，边区、州都有人民代表苏维埃及其选出的执委会。根据形成的秩序，这些机关正式自治并独立于中央。实质上，俄罗斯联邦总统也没有自己的直系权力。在与苏联领导关系复杂的情况下，后者完全可以实行自己针对边区、州权力机关的政策，将其拉向自己一边，反对俄罗斯联邦总统。

所以，当苏联部分领导为了不使苏联解体于1991年8月19日宣布成立国家紧急状态委员会，而第一任俄罗斯联邦总统强烈反对并取得胜利时，如在本书俄罗斯联邦总统一章中已经部分叙述的、建立并加强垂直行政权力便成为其在俄罗斯联邦内的第一步。

通过俄罗斯苏维埃联邦社会主义共和国最高苏维埃1991年8月21日"关于补充授权俄罗斯苏维埃联邦社会主义共和国总统保障人民代表苏维埃在消除苏联国家变革后果的条件下进行活动"的决议,在边区、州、自治州、自治区采用了成为执行委员会继任者的行政首脑的职位,这些公职人员职位的任免权则给了俄罗斯苏维埃联邦社会主义共和国总统。总统本人也在加强垂直性并在其1991年8月22日"关于俄罗斯苏维埃联邦社会主义共和国执行权力机关活动的若干问题"的法令中宣布,所有他们(从下到上)都要进入统一的服从于他的执行权力体系。

总统非常努力地保持自己在俄罗斯联邦各主体执行权力体系中的决定地位。1991年10月24日通过了俄罗斯联邦《行政首脑选举法》,规定边区、州、自治州、自治区行政管理机关的首脑和地区、城市、乡镇、农村居民点的地方行政首脑的选举,由俄罗斯苏维埃联邦社会主义共和国公民在一般选举权的基础上进行。但是,俄罗斯苏维埃联邦社会主义共和国第五届人民代表大会1991年11月1日通过了"关于彻底经济改革时期执行权组织"的决议,认为行政首脑的选举是不合理的,所以1992年12月1日之前的整个时期都要禁止举行。行政首脑通过任命赴职。在代表大会的决议中反映了俄罗斯苏维埃联邦社会主义共和国总统1991年11月25日发布的法令(包括1992年1月10日的补充),其中规定,边区、州、自治州、自治区的行政首脑,和这些主体的行政中心首脑一样,由总统将候选人介绍给相应的苏维埃进行协商后任命。

俄罗斯苏维埃联邦社会主义共和国1991年12月5日的法律《关于边区、州人民代表苏维埃活动的法律调整的若干问题》规定,这些苏维埃应从其成员中选出所谓的小苏维埃。其成员数额不得超过为边区、州苏维埃确定的人民代表数额的1/5。小苏维埃履行苏维埃的所有职权,但有一些例外。

1992年3月5日通过了俄罗斯联邦关于边区、州人民代表苏维埃和边区、州的行政机关法。该法规定边区、州的苏维埃作为边区、州的国家权力的代表机关,而边区、州的行政机关——则作为边区、州的国家权力的执行机关(国家管理机关)。边区、州苏维埃的代表和边区、州的行政机关首脑由居民选举产生。但是,关于选举首脑的规范"从第一次选举行政首脑被批准时"生效。该法律也适用于其他俄罗斯联邦主体。

如何将该法适用于部分苏维埃与上述关于小苏维埃法令的关系?这里别的问题没有——只是在定期选举中,选入边区、州苏维埃的代表不超过选入小苏维埃的代表。所以,俄罗斯联邦最高苏维埃1992年4月15日的一项决议允许在边区、州苏维埃选举之前适用新法律和以前的法律。

俄罗斯联邦各主体的行政首脑实际上是由俄罗斯联邦总统任命的。但他不急于选举。此外还强化了首脑与自己的独立性。特别是,1992年8月7日的法令批准了行政首脑纪律责任条例。其中规定,对提及的人员可以采取诸如记过、警告任职不合格、免职等纪律措施。对边区、州、直辖市、自治州、自治区的行政首脑由总统采取上述措施(共和国的首脑他没"触及")。

没有俄罗斯联邦第七届人民代表大会主席的动议,1992年12月10日就不会通过《关于行政首脑》的决议,其中认为,在新一届苏维埃代表选举前对这些首脑进行普选没有意义。

1993年4月1日通过了俄罗斯联邦法律《边区、州、自治州、自治区、直辖市、区,城市的市区、乡镇、农村行政首脑职务任免程序》法。该法规定,通过该法规定的程序任命要在相应的苏维埃向总统、上级行政机关的首脑提出任命行政机关首脑建议的条件下进行。总统要就俄罗斯联邦边区、州等主体的行政机关首脑职位的一个或几个候选人与该边区、州等的人民代表苏维埃协商一致。苏维埃要把自己同意的候选人告知总统,而当其意见相左时,有权向总统建议把其他候选人提交苏维埃审议或者苏维埃作出进行首脑选举的决定。如果苏维埃在一个月期限内未对建议的候选人进行审议,总统有权自行任命行政首脑。

1993年秋,与俄罗斯联邦主体国家立法权和执行权机关组成有关的事件,开始了新的发展阶段。在反对人民代表苏维埃和俄罗斯最高苏维埃过程中,包括由于俄罗斯联邦新宪法的制定和通过,正如本书第2章所述,总统并非总是取得俄罗斯联邦各主体立法机关的支持,他们更多的时候是支持代表大会和最高苏维埃。而行政首脑,多数是由总统任命的,更多的时候则是站在总统一边。

1993年9月21日,俄罗斯联邦总统用自己的第1400号法令禁止俄罗斯联邦代表大会和最高苏维埃活动时,许多俄罗斯联邦主体的人民代表苏维埃不仅没有支持总统,而且认为他的行为是违反宪法的。他们试图撤销支持总统的行政首脑的职务。

总统通过1993年9月27日法令《关于俄罗斯联邦宪法政治分期改革时期行政权力机关的作用》规定,根据俄罗斯联邦与各主体共同管辖的客体,各主体行政权力机关归入统一的俄罗斯联邦行政权力体系,服从部长委员会——俄罗斯联邦政府。联邦会议开始工作以前,边区、州等行政首脑不能被免职,除非根据总统决定,该阶段也不就行政首脑的选举和他们的召回进行投票。随后总统解散了俄罗斯联邦各主体的一些苏维埃;许多苏维埃被各主体的行政首脑解散;个别苏维埃作出决定自行解决。这时,总统作出了停止地区和城市、乡镇和农村人民代表苏维埃活动的决定。

1993年10月9日颁布了"关于改革俄罗斯联邦权力代表机关和地方自治机关"的法令。在边区、州、自治州、自治区、直辖市由居民选出了由15—50个常设工作代表组成的代表权力机关(会议、杜马等)。在新的代表权力机关和地方自治机关选举和开始工作之前,苏维埃之后的俄罗斯联邦立法确认的行政执行职能由主体的行政机关履行;预算由苏维埃经俄罗斯联邦相应主体的行政首脑同意批准;地方预算经地方行政机关同意批准。法令规定,禁止城市的区,地区的城市、乡镇、农村的人民代表苏维埃开展活动，其职能由地方行政机关履行。

在苏维埃自行解散或者由于缺乏必要的代表权力机关职能要求的法定人数的苏维埃不能履行自己职权的情况下，相应的行政机关临时履行其权力。

1993年10月22日颁布了俄罗斯联邦总统《关于俄罗斯联邦各主体国家权力组织的基本原则》的法令，批准了关于宪法政治分期改革时期俄罗斯联邦边区、州、直辖市、自治州、自治区的国家权力机关的组织和活动基本原则的条例。关于边区、州苏维埃和边区、州行政机关的法律、其他法律法规与该法令不相抵触的部分得以通过，而上述单位国家权力代表（立法）机关的选举定在1993年12月—1994年3月期间。

根据该法令，选举产生的俄罗斯联邦主体国家权力代表（立法）机关由不超过50个议员（代表）组成，即底限被取消。机关的名称及其议员（代表）的数额包括全职带薪的工作人员由俄罗斯联邦主体基于历史、民族与其他条件以及传统等考虑自主决定（1993年12月22日的法令补充规定——全职工作的不能超过议员总数的2/5）。机关的选举期限为两年。

在其权力范围内社会关系的法律（立法）调整属于代表机关管辖。但是，法规由主体的行政（政府）首脑签署并颁布。代表机关审议并批准俄罗斯联邦主体行政机关（政府）报告的主体预算，对其通过的法律（立法）法规的执行情况、预算的执行情况和对属于俄罗斯联邦主体所有的财产的处理（处置）情况进行控制。

边区、州、直辖市、自治州、自治区的执行权机关是其行政机关（政府）。领导其活动的是相应的行政（政府）首脑。机关的名称（行政机关、政府等）及其首脑由俄罗斯联邦代表机关基于历史、民族和其他条件以及传统等考虑予以确定。行政机关（政府）由首脑组阁。

俄罗斯联邦继续努力加强自己对俄罗斯联邦主体执行权的地位。为此目的，1994年10月3日通过了《关于加强统一的俄罗斯联邦执行权力体系》的法令。从此以后一直到决定实现俄罗斯联邦新宪法第77条机制的联邦法律和俄罗斯联邦各主体的法律通过,必须确定组成俄罗斯联邦各主体国家权力机关的原则和制度。法令规定,主体的执行权首脑独立于任命或者选举他们的人,享有一切相应的规范性法律确定的权力,并应一样地要为实施这些权力承担责任。

根据法令任免边区、州、直辖市、自治州、自治区的行政首脑,对他们采取追究纪律责任,都应按照总统根据政府主席的报告颁发的法令进行。

在其他制度还不能通过联邦立法确定时,总统为自己保留了关于边区、州等行政首脑选举的指定问题。

关于俄罗斯联邦边区、州、直辖市、自治州、自治区行政首脑的条例获得法令批准。其中规定,行政首脑是边区、州、直辖市、自治州、自治区的最高公职人员,并领导该俄罗斯联邦主体的执行权机关。他应当与该主体的权力代表机关互相配合。

行政首脑组成该主体的执行权机关,任免城市和地区行政首脑的职务,还决定对他们采取追究纪律责任的措施,如果通过俄罗斯联邦立法规定的程序,他们不属于地方自治机关。

行政首脑拥有广泛的活动和地位保障。但服从俄罗斯联邦总统的规则才是关键。许多首脑希望更多的自主性,并将其与居民直接选举联系起来。渐渐地,总统总算是允许了边区、州等行政首脑的直接选举,甚至连其他主体的首脑——共和国总统由居民根据共和国自己的决定进行选举,并未为此需要总统的正式同意。

1995—1996年,经总统同意,许多俄罗斯联邦主体进行了行政首脑(省长)的直接选举。1996年关于直接选举的问题得到了俄罗斯联邦宪法法院由于对阿尔塔边区宪章的一系列条款进行评价所作决议的许可。特别是在宪章中规定了由边区立法会议选举边区的行政首脑。宪法法院赞成居民直接选举。直接选举成了一般规则并且反映在1996年10月

6日《关于俄罗斯联邦各主体国家权力立法(代表)和执行机关组织的一般原则》这一联邦法律中。

参考文献

C.A.阿瓦基扬主编:《莫斯科的国家权力与地方自治》,教学参考资料,莫斯科,2001年。

果舒利亚克弗·弗:《俄罗斯联邦各主体的国家权力机关体系》,莫斯科,1999年。

德罗兹多夫阿·姆:《北高加索地区俄罗斯联邦各主体的国家权力机关(比较法研究)》,参考资料汇编,2001年。

《俄罗斯联邦各主体的宪法与宪章法院、立法与司法实践的比较研究、规范性法规》,莫斯科,1999年。

科里亚什柯夫弗·阿:《俄罗斯联邦各主体的宪法司法(法律基础与实践)》,莫斯科,1999年。

列别捷夫弗·阿:《俄罗斯联邦各主体的立法权与行政权的组织与活动问题》,莫斯科,2000年。

马雷伊阿·弗:《州的国家权力机关:组织问题》,阿尔汉格尔斯克,1999年。

梅尔库洛夫耶·斯:《俄罗斯联邦各主体的国家权力机关体系(宪法性法律研究)》,副博士论文,叶卡捷琳堡,2007年。

霍夫斯皮安日·伊:《俄罗斯联邦宪法与宪章法院的决议(1999—2000年)》,莫斯科,2001年。

苏尔科夫德·尔:《俄罗斯联邦各主体的立法权与行政权(比较法研究)》,伊尔库茨克,1999年。

特哈毕希莫娃尔·阿:《俄罗斯区域性国家权力的组织制度和法律形式》,顿河畔罗斯托夫,2007年。

特哈毕希莫娃尔·阿:《俄罗斯国家权力制度的区域组织制度:政治法律分析》,博士论文,法律科学,顿河畔罗斯托夫,2007年。

切尔科夫阿·恩:《对联邦法律〈关于俄罗斯联邦主体国家权力立法(代表)与执行机关组织的一般原则〉的评注》,莫斯科,2006年。

沙拉富琳娜埃·特:《现阶段俄罗斯联邦各主体国家权力组织的法律调整之完善》,副博士论文,莫斯科,2007年。

第二节　俄罗斯联邦各主体国家权力机关的现行体系、规范性法律原则、对组织与活动的一般要求

俄罗斯联邦宪法包含俄罗斯联邦各主体国家权力机关的条款不多，但却很重要。

第一，俄罗斯联邦各主体有自己的国家权力，其由该主体们组成。根据第11条第2款："俄罗斯联邦各主体的国家权力由其组成的国家权力机关行使。"各主体的国家权力应当采用分权原则，这源于俄罗斯联邦宪法第10条。

第二，俄罗斯联邦宪法规定，虽然（联邦）主体在组成其机构方面有自主性，但俄罗斯联邦国家权力机关的实质是统一。这从联邦宪法的一系列规范中可以看出。其第77条第1款规定："共和国、边区、州、直辖市、自治州、自治区的国家权力机关体系，由俄罗斯联邦主体根据俄罗斯联邦宪法制度和联邦法律确定的国家权力代表机关和执行机关的一般组织原则自主确定。"在规定俄罗斯联邦制原则的第5条第3款中规定，俄罗斯联邦的联邦结构奠定在国家权力体系的统一、俄罗斯联邦与其主体的国家权力机关之间的管辖范畴和权力划分上。宪法第1条确定的共和政体决定了国家选举所有公权力机关包括俄罗斯联邦主体的机关。

确定俄罗斯联邦主体国家权力组织原则的专门联邦法令是上述1999年10月6日的联邦法律《关于俄罗斯联邦主体国家权力立法（代表）与执行机关的一般组织原则》（据笔者估计，之后又通过了44部关于对该法的修改和补充的联邦法律，其最新版本出自2009年7月18日）。

每一个俄罗斯联邦主体拥有自己的宪法、宪章，它们规定了本主体国家权力机关的地位、权限、结构和工作组织的特点。许多主体都有国

家权力代表机关法、主体的行政首脑法与由其负责的执行权合议机关（政府——行政）法。

从法律规范与实践的整体布局上看，俄罗斯联邦主体的国家权力立法（代表）与执行机关的制度呈现为：

（1）俄罗斯联邦主体国家权力的立法（代表）机关；

（2）俄罗斯联邦主体国家权力的最高合议执行机关——政府，行政；

（3）负责上述合议执行机关同时在国家机关体系中具有独立身份和地位的俄罗斯联邦主体的最高行政长官；

（4）俄罗斯联邦主体国家权力的部门执行机关；

（5）每一个俄罗斯联邦主体必须有国家权力立法与执行机关。

联邦立法机关和俄罗斯联邦各主体选择了主体的国家权力组织的概念，其中居于首要地位的是立法权，其后是执行权。这不仅反映在机关的特征中，而且反映在控制的序列中。无论在1999年的联邦法律中，还是在俄罗斯联邦各主体的宪法、宪章中，头几章都是关于立法权的规范，之后的几章则是关于执行权的规范。甚至在有相当于最高级别官员——共和国总统的地方，有关他们的规范都规定在执行权章节或单独设章中，放在关于立法权的章节之后（与联邦一级不同，其有关总统的一章放在联邦会议一章之前）。

根据俄罗斯联邦宪法和1996年联邦宪法性法律《俄罗斯联邦法院体系法》，一般管辖权法院和仲裁法院构成统一的联邦体系。所以，这不是各主体的法院，而是联邦法院。相应的法院组织系统位于俄罗斯联邦各主体的领域内，但这仅仅意味着它们活动的地域范围。它们并非转为俄罗斯联邦主体的法院，虽然在裁判案件时不只适用联邦法律，而且也考虑地方规范性法律的规定。

1996年联邦宪法性法律允许治安法官属于俄罗斯联邦主体法院，但这更多地是涉及他们的组织（创建）和部分财政支持。根据活动内容和适用的法律，治安法官几乎与联邦法官无异，而且通常是由联邦预算支付经费。

但有一种法院即在立法中称之为俄罗斯联邦主体的法院——主体的宪法（宪章）法院。它们根据主体自己的决定设立（现在为数不多的主体有16个）；该类法院的主要任务是对主体的法律和其他规范性法律文件是否符合俄罗斯联邦主体的宪法（宪章）进行评价。这些法院适用在俄罗斯联邦中任何法院都必须遵守的一般原则和规则，但这些原则和规则应当在主体的宪法（宪章）法院法中得到反映。这样，俄罗斯联邦主体的宪法（宪章）法院既是俄罗斯联邦统一法院体系中的一部分，同时也可以作为俄罗斯联邦主体司法权机关的表现形式。

根据1999年10月6日的联邦法律（第1条），俄罗斯联邦主体国家权力机关的活动根据下列原则进行：

（1）俄罗斯联邦国家和领土完整；

（2）俄罗斯联邦主权及于其全部领土；

（3）俄罗斯联邦整个领土上俄罗斯联邦宪法和联邦法律至上；

（4）国家权力体系统一；

（5）国家权力划分为立法权、行政权和司法权以保障权力平衡并排除一切权力或者大部分权力集中于一个国家权力机关或者官员管辖；

（6）划分俄罗斯联邦国家权力机关与俄罗斯联邦主体国家权力机关之间的管辖范围与权限；

（7）俄罗斯联邦主体国家权力机关独立履行其所属职权；

（8）地方自治机关独立履行自己的职权。

俄罗斯联邦主体的国家权力机关应当保障实现公民直接以及通过自己的代理人参与管理国家事务的权利，促进主体领域内地方自治的发展。

联邦不仅调整主体权力机关地位的一般原则，而且调整它们的权限。主体的国家权力机关的权力由俄罗斯联邦宪法、1999年联邦法律、其他联邦法律（即联邦最高级别的法令）、俄罗斯联邦主体的宪法（宪章）

和法律确定，且可能的修改只能通过：对俄罗斯联邦宪法的相应修订与（或）重审其条款；对1999年联邦法律的修改与补充；通过新的联邦法律、俄罗斯联邦主体的宪法（宪章）和法律；对上述有效的法令的相应修改与（或）补充。

在对俄罗斯联邦国家权力机关与俄罗斯联邦主体国家权力机关之间的管辖范围与权限的划分中，考虑到了不仅俄罗斯联邦宪法和联邦法律而且联邦国家权力机关与俄罗斯联邦主体国家权力机关之间签署的有关这种划分的国内条约所实施的调整。但是，与此同时，俄罗斯联邦宪法确定的俄罗斯联邦的管辖权限、俄罗斯联邦与其主体共同管辖的权限，以及俄罗斯联邦主体的管辖权限不能转让、排除或者以其他方式重新分配。

俄罗斯联邦主体的法律与其他规范性法律文件不能与有关俄罗斯联邦管辖权限与共同管辖权限的联邦法律相抵触。当联邦法律与在俄罗斯联邦颁布的其他法令之间发生抵触时，联邦法律有效。任何争议都要通过确定的程序包括司法程序解决。

俄罗斯联邦主体国家权力机关要对违反俄罗斯联邦宪法、联邦宪法性法律和联邦法律承担责任，并要保障其正在（已经）通过的共和国的宪法和法律、边区、州、直辖市、自治州、自治区的宪章、法律以及其他规范性法律文件及其进行的活动与俄罗斯联邦宪法、联邦宪法性法律和联邦法律保持一致。

至于在俄罗斯联邦主体领域内活动的联邦国家机关的单位，则立法授予各主体与联邦机构协调相应官员候选人的权利。

这样，俄罗斯联邦主体的检察长由俄罗斯联邦总检察长经与俄罗斯联邦主体协调一致后任命（俄罗斯联邦宪法第129条）。通常情况下，要与主体的立法（代表）权力机关、行政首脑进行协调。如果每一方对候选人的态度表示是积极的，则认为取得了协调一致。

联邦法院（在俄罗斯联邦主体领域内活动）的法官由俄罗斯联邦总

统根据相应的俄罗斯联邦最高法院院长在这些法院的法官专业协会所作结论的基础上考虑俄罗斯联邦主体立法（代表）权力机关的建议所作的提名任命。为任命这些法院的院长和副院长，需要俄罗斯联邦最高法官专业协会作出结论，其他的程序一样。

关于联邦行政权力机关的部门领导，1993年5月27日的俄罗斯联邦政府决议批准了关于俄罗斯联邦部、委的地方机构建立与活动程序的建议。建议规定地方机关领导职务由相应的中央行政机关根据俄罗斯联邦主体的行政管理任免，俄罗斯联邦立法另有规定的除外（第4款）。

1999年10月6日的联邦法律（第25条第1款）允许俄罗斯联邦主体的代表机关在联邦法律规定的情况下参与协调任命联邦执行权力机关的地方机构的领导。宪法法院在评价该规范时认为，如果俄罗斯联邦在俄罗斯联邦与其各主体共同管辖方面的权力委托给联邦机构的相应的地方机关行使，与俄罗斯联邦宪法并不抵触。

实践中，较常见的这类协调不是与代表机关进行，而是与行政首脑或者主体的最高合议执行机关进行。通常情况下，有关协调的规范规定在关于联邦行政机关的法规中。但并非所有的关于地方单位体系的联邦法令都有关于任命这些单位领导的协调规范。

该问题在2005年7月2日俄罗斯联邦总统令"俄罗斯联邦主体行政机关与联邦行政机关的地方机构活动的相互作用与协调问题"中得到了原则解决。该法令授权俄罗斯联邦主体的行政首脑对相应的俄罗斯联邦主体的行政机关与所有那些俄罗斯联邦政府实施领导的联邦行政机关的地方机构活动的相互作用与协调进行组织（该问题也可参见第39章第2节）。

参考文献

C.A.阿瓦基扬：《苏维埃活动的法律调整（宪法基础、理论、实践）》，莫斯科，

1980年。

阿佐夫京城伊·阿:《权力机关体系中的地方苏维埃》,莫斯科,1971年。

嘎博里奇博杰布·恩:《地方苏维埃的管理机构》,莫斯科,1971年。

嘎博里奇博杰布·恩:《苏联的地方国家管理机关》,博士论文,莫斯科,1972年。

果舒利亚克弗·弗:《俄罗斯联邦各主体的国家权力机关体系》,莫斯科,1999年。

格里戈良尔·阿:《权力机关与人民自治》,莫斯科,1965年。

埃里斯里夫布·普:《俄罗斯的省制:传统与现实》,莫斯科,1997年。

戈·弗·巴拉巴舍夫主编:《人民代表地方苏维埃的执行委员会、法律地位、组织与活动原则》,莫斯科,1983年。

科留什耶·伊:《社会主义国家的地方人民代表机关》,莫斯科,1984年。

库利科娃戈·布:《发达的社会主义社会地方苏维埃活动的民主基础》,莫斯科,1978年。

库塔芬奥·耶、舍列梅特克·弗:《地方苏维埃的权限》,莫斯科,1986年。

列别捷夫弗·阿:《俄罗斯联邦各主体的立法权与行政权的组织与活动问题》,莫斯科,2000年。

马雷伊阿·弗:《作为俄罗斯联邦主体的州的国家权力机关的组织》,博士论文,莫斯科,2000年。

马尔解米扬诺夫弗·斯:《作为法人的地方苏维埃及其执行机关》,莫斯科,1975年。

《俄罗斯联邦主体的国家权力机关》,莫斯科,1998年。

彼尔特奇克弗·阿:《苏联的地方自治问题》,伊尔库茨克,1963年。

《劳动人民代表苏维埃与社会主义民主的发展》,莫斯科,1976年。

苏尔科夫德·尔:《俄罗斯联邦各主体的立法权与行政权(比较法研究)》,伊尔库茨克,1999年。

第三十八章
俄罗斯联邦主体的国家立法（代表）机关

第一节 俄罗斯联邦主体国家权力立法(代表)机关的地位、形式、结构的一般原则

一、一般原则

俄罗斯联邦宪法、联邦法律、俄罗斯联邦主体的宪法与宪章利用读者已经熟悉的词——俄罗斯联邦主体国家权力的立法（代表）机关，以表述这些机关的一般特征。

"立法"一词在该称谓中表述那种被授权通过俄罗斯联邦主体的法律的实体的特征。"代表"一词是指同时规定了该机关并要代表和体现俄罗斯联邦主体的人民的利益，因为它是通过选举由选出的代表组成的且是俄罗斯联邦主体人民、选民的代表。

在科学使用与日常使用中，允许一起使用两个术语——"立法（代表）机关"和分别使用其中之一。说"立法机关""代表机关""权力立法机关""立法权力机关""权力代表机关""代表权力机关"是不会错的。本文为了简便，在相同意义上使用"立法机关""代表机关"。

俄罗斯联邦主体立法（代表）权力机关的地位、组织与活动的规范性法律依据在联邦一级有为数不多的俄罗斯联邦宪法规范，而在1999年联邦法律中则有相当详细的调整。每一个俄罗斯联邦主体中，俄罗斯联邦

主体的宪法、宪章有不少条款是规定立法(代表)机关的地位、组成程序、工作职权和组织的。许多俄罗斯联邦主体(但远不是全部)随之有了专门的关于主体立法(代表)权力机关法。通过这种法律或者用宪法、宪章规范加以限制——是各俄罗斯联邦主体作为基础的调整概念问题。乌德穆尔特共和国既有关于国家委员会——共和国的权力代表机关的宪法一章,也有2007年12月5日生效的法律《关于乌德穆尔特共和国国家委员会法》。在卡巴尔达—巴尔干共和国(КБР)也有类似的情况——宪法中有关于议会的一章,同时2003年12月10日(2009年修改)还通过了法律《关于卡巴尔达—巴尔干共和国议会法》。尽管如此,所有的俄罗斯联邦主体都制定了立法(代表)机关规则,关于这一权力机关代表地位的法律。

能否将俄罗斯联邦主体的立法(代表)机关称为议会?这是有根据的。许多主体的宪法、宪章还直接将自己的立法(代表)机关作为议会表征,甚至就(仅仅)称其议会,就像所引之例卡巴尔达尔卡尔共和国(КБР)一样,或者对其有双重称谓——正如卡拉恰伊切尔克斯共和国宪法和1999年2月12日(2009年修改)的卡拉恰伊切尔克斯共和国的法律《关于卡拉恰伊切尔克斯共和国人民会议(议会)法》规定的那样。允许表述为议会是由于代表机关活动的持续性,全部或者部分代表到该机关做空缺工作,领取报酬,该机关履行的是反映议会特点的一系列职能,其中包括制定法律和监督其他国家机关。

根据1999年12月6日联邦法律第4条规定,俄罗斯联邦主体国家权力的立法(代表)机关是俄罗斯联邦主体的最高的、唯一的常设立法权力机关。

确定该机关为最高的、唯一的立法权机关是经常性的。"最高"意味着该机关在国家机关体系中的地位最高,并可能影响其他环节。确定该机关为"唯一"的立法权机关排除了其他机关履行立法职能。无论是最高的执行权合议机关,还是负责这个机关的主体的最高公职人员,都无权进行立法活动。

常设机关的描述可以这样理解,即从其权力以法定程序合法建立至其终止一直行使该权力。这说的不是代表机关的所有代表必须免去其他职权而转到该机关工作。可能有各种选择：所有的人都免去以前从事的事务,成为一段时间的专职代表;谁也不脱离工作岗位,大家只是在开会时定期集中;一部分人调到俄罗斯联邦主体的代表机关工作,其他的人只是来参加全体会议和委员会会议。总之该机关发挥职能作用是经常不间断的。

二、俄罗斯联邦主体立法(代表)权力机关的名称

立法(代表)权力机关的名称由俄罗斯联邦主体的宪法(宪章)考虑主体的历史、民族和其他传统确定。

目前在俄罗斯联邦各主体内,国家权力的立法(代表)机关有以下名称：

立法会议(卡累利阿共和国;阿尔泰边区,克拉斯诺达尔边区,克拉斯诺亚尔斯克边区;弗拉基米尔州,沃洛格达州,伊万诺沃州,伊尔库茨克州,卡卢加州,堪察加半岛州,克麦罗沃州,列宁格勒州,下诺夫哥罗德州,鄂木斯克州,奥伦堡州,奔萨州,彼尔姆州,罗斯托夫州,斯维尔德洛夫斯克州,特维尔州,乌里扬诺夫斯克州,车里雅宾斯克州;犹太自治州,圣彼得堡市,科米-彼尔姆自治区);

人民会议(达吉斯坦共和国,卡拉恰伊切尔克斯共和国议会——人民会议,印古什共和国);

国家会议(马里,埃尔共和国,莫尔多瓦共和国,巴什科尔托斯坦的库鲁尔塔伊共和国——国家会议,阿尔泰的埃尔库鲁塔尔伊共和国——国家会议,萨哈(雅库特)的(伊尔图门)共和国的国家会议);

国家委员会(鞑靼斯坦共和国,乌德穆尔特共和国,科米共和国,楚

瓦什共和国,阿迪格的何塞共和国——国家委员会);

人民呼拉尔(布里亚特共和国,卡尔梅克共和国(议会)——人民呼拉尔);

图瓦共和国的伟大呼拉尔;

议会(北奥塞梯-阿兰共和国,卡巴尔达巴尔卡尔共和国,车臣共和国);

哈卡斯共和国的最高苏维埃;

杜马——滨海边疆区,哈巴罗夫斯克地区州,别尔哥罗德州,布良斯克州,伏尔加格勒州,沃罗涅日州,加里宁格勒州,基洛夫州,科斯特罗马州,库尔干州,库尔斯克州,马加丹州,莫斯科州,摩尔曼斯克州,诺夫哥罗德州,梁赞州,萨拉托夫州,萨哈林州,斯摩棱斯克州,坦波夫州,图拉州,秋明州,赤塔州,莫斯科市,萨马拉省杜马,汉特-曼西斯克杜马,楚科奇自治区;

国家杜马——斯塔夫罗波尔边区,托木斯克州,雅罗斯拉夫尔州,亚马尔-涅涅茨自治区;

人民代表苏维埃——阿穆尔州,奥廖尔州;

代表苏维埃——新西伯利亚州;

代表会议——阿尔汉格尔斯克州,利佩茨克州,普斯科夫州,涅涅茨自治区;

代表会议——阿斯特拉罕州;

鄂温克自治区的立法苏格兰。

三、俄罗斯联邦主体立法(代表)权力机关的代表(议员):数量与基础地位

俄罗斯联邦主体的立法(代表)权力机关代表的数量由主体的宪法(宪章)确定。而且代表人数很少与居民的数量、其他客观标准有关系,实际上取决于地方的自由裁量(例如,莫斯科有 1 000 万居民,城市杜马

由35名代表组成；卡累利阿共和国的立法会议由50名代表组成，鞑靼斯坦共和国的国家委员会由100名代表组成；达吉斯坦共和国的人民会议开始时由121名代表组成，现在由72名代表组成）。

以下规则对代表的地位非常重要。通常情况下，选为俄罗斯联邦主体代表机关代表的年龄是21岁，虽然标准偏低时有例外（例如，达到20岁可以成为图瓦共和国的伟大呼拉尔任一院的代表——该共和国宪法第97条）。

俄罗斯联邦主体立法机关的代表在自己任职期间不能成为国家杜马的代表、联邦委员会的成员、法官，不能担任俄罗斯联邦和俄罗斯联邦主体的其他国家公职、联邦国家服务的公职、俄罗斯联邦主体的国家公务员的职务以及市政公职和市政服务公职，联邦法律另有规定的除外。

在本书选举制度一章中，我们已经讲过，现在俄罗斯联邦主体立法机关50%的代表（在两院制的机关中——两院之一不少于50%的代表）是根据代表团即政党提出的名单选出的。从这样的名单组成中选出的代表进入建立在俄罗斯联邦主体立法机关中的相应的党团。可以进入党团的也有按照单议员或者多议员选区选出的代表和组成活动已被停止的政党候选人名单的代表。但这类代表只能是他们决定进入其党团的那个政党的成员。换句话说，法律的最后规定意味着，该党成员——按照选区选出的代表可以自由进入党团，而其他早先不是该党成员的代表由于有进入党团的愿望而加入该党。因此，活动被停止的党的代表在自己加入党团的愿望下应当先加入该党。

既然在俄罗斯联邦主体立法机关一级按照单议员和多议员选区选举仍然是可能的，2008年法增补部分允许通过这种途径选举的代表"组织非党派的议员社团"。

党团的活动程序和其他议员社团的建立与活动程序由俄罗斯联邦主体的法律和（或）俄罗斯联邦主体立法机关的规定或者其他法令确定。

应当说，该法通过2006年及之后2008年的增补部分，加强了俄罗斯联邦主体立法机关的代表与其党及其党团的联系与依赖性。规定,从名单中选出的代表无权退出其组成的党团。该代表只能是其选自候选人名单的政党成员。所以规定,从停止自己活动的政党候选人名单中选出的、加入在俄罗斯联邦主体立法机关中具有党团的政党的代表,进入该党团即无权退出。

如不遵守上述规定将导致提前终止代表的权力。

联邦法律规定,俄罗斯联邦主体立法机关的代表可以专职、长期地履行自己的职权。每一主体的立法机关可以自主决定有多少这样的代表。

对这些代表来说,1999年联邦法律的要求是强制性的。特别是如果代表的活动要专职、长期地进行,该代表则不能从事其他付薪活动,教学、科研和其他创作活动除外,俄罗斯联邦立法另有规定的除外。特别是这种教学、科研和其他创作活动不能利用外国、国际组织和外国组织、外国公民和无国籍人的资助,俄罗斯联邦国际条约或者俄罗斯联邦立法另有规定的除外。

任何代表不得利用自己的地位从事与行使代表职权无关的活动。

代表丧失俄罗斯国籍、取得外国国籍或者取得居留证或其他证明俄罗斯公民在外国有长期居留权的证件,都构成提前终止代表权力的理由。

代表无权进入外国非营利的非政府组织及其在俄罗斯联邦领土上活动的分支机构的管理机构、理事会或者监事会的机构、其他机构,俄罗斯联邦国际条约或者俄罗斯联邦立法另有规定的除外。

如果议员的活动是在常设专职基础上进行的,则该议员不能作为民事或者刑事案件或者行政违法案件的辩护人或者代理人(法定代表人除外)。

根据1999年联邦法律第13条规定,在追究俄罗斯联邦主体立法机关的议员刑事或者行政责任时,对其拘留、逮捕、搜查、审问、进行其他刑事诉讼或者行政诉讼行为,针对议员及其行李、个人或者公务用车、通信、其使用的通信方式、其所属文件等采取搜查措施,以及在其住宅和工作地点采取搜查措施时,适用联邦法律规定的刑事或者行政案件的特别诉讼程序。

议员不因表决时所发表的意见、观点和其他与议员地位有关的行为,包括其任职届满,而被追究刑事或者行政责任。这一规定不适用于对议员进行的公开侮辱、诽谤或其他违法情形,由此而引起的责任由联邦法律规定。

四、俄罗斯联邦主体权威代议机关的结构

就代表机构的结构而言,大多数俄罗斯联邦主体倾向于建立一院制。而且从这个问题中可以看出某种演变。一些共和国开始时引入了两院制议会——卡累利阿、巴什科尔托斯坦、卡巴尔达-巴尔卡尔、阿迪格共和国。现在,他们已经放弃了两院制结构,赞成代表机构一院制。

但也有采权威代表机关两院制的主体。例如,斯维尔德洛夫斯克州的宪章还在1994年时就成立了由两院组成的立法议会:州杜马(从一开始根据选举协会的名单选举代表);众议院(根据相对多数选举制度原则按选区选出代表);立法过程中上、下院原则很明显;每院都有自己的权力;两院讨论许多问题并在联合会议上作出决定。

在其他共和国放弃两院期间,图瓦共和国作出了相反决定——2001年宪法中确立了国家权力立法(代表)机关——伟大的呼拉尔由两院组成:众议院——130名代表和立法院——32名代表。两院代表通过直接选举产生。众议院的代表按单一选区选举产生。立法院的代表有16名是按单一选区选举产生的,另外16名代表按共和国选区根据选举协会的名单选举产生(比例制)。由此可以看到在立法程序中上、下两院的原则:立法院制定法律,众议院批准法律。除此之外,每院都有自己的权

力,从中可以感觉到联邦委员会和国家杜马之间分权的影响。

五、俄罗斯联邦主体权力代表机关代表的
　　任期和常设代表的数额

一届俄罗斯联邦主体权力代表机关代表的任期由俄罗斯联邦主体的宪法(宪章)确定,且不得超过5年。俄罗斯联邦主体代表机关的立法机构一般任期为4或5年。

1999年10月6日联邦法律第9条规定了提前终止俄罗斯联邦主体权力代表机关权力的情况:

(1)由该机关作出关于以俄罗斯联邦主体宪法(宪章)或者法律规定的方式解散的决定。

(2)由俄罗斯联邦主体的最高官员根据该法规定的理由解散该机关。在这一点上该法第9条第2款作出了以下规定:该官员有权作出提前终止权力代表机关权力的决定,如果该机关通过的俄罗斯联邦主体宪法(宪章)和法律、其他规范性法律文件与俄罗斯联邦宪法、根据俄罗斯联邦管辖范围和俄罗斯联邦与各主体共同管辖范围制定的联邦法律、俄罗斯联邦主体的宪法(宪章)相抵触。条件是——如果这些抵触被相应的法院予以确认,而权力代表机关在法院裁判生效之日起6个月内未将其废除。

2007年6月18日又引入另一个原则:俄罗斯联邦主体行政首脑有权决定提前终止立法机关的权力,如果有关法院的生效裁判认定,选出的作为权力组成部分的俄罗斯联邦主体立法机关在选出后3个月内或者连续3个月未召开会议(形象地说,我们现在谈论的是立法机关的"不作为")。此外,行政首脑也可以自有关法院裁判生效之日起3个月内作出这种决定。

(3)俄罗斯联邦主体的一般管辖权法院的生效裁判,认定权力代表

机关的该代表组成无权限,其中包括代表们放弃自己的权力。

(4)俄罗斯联邦总统按程序或根据法律规定的理由解散该机关。

此处的一个理由即是权力代表机关通过的法案与联邦宪法、法律相抵触,且为有关法院的裁判查明。如果所有的措施包括总统以其命令形式发出的警告没有任何效果,而且该机关在警告后3个月内也没有采取措施履行法院的裁判,总统有权将俄罗斯联邦主体的该机关予以解散。

根据总统决定提前终止俄罗斯联邦主体立法权代表机关权力的另一个理由是,以新方式取代俄罗斯联邦主体行政权首脑的职位。现在该职位的候选人由俄罗斯联邦总统提议,由俄罗斯联邦主体的权力代表机关作出有关赋予俄罗斯联邦公民俄罗斯联邦主体最高公职权力的决定。

如果俄罗斯联邦主体权力代表机关没有就俄罗斯联邦总统代表的候选人在法律规定的期限内(自提出建议之日起14日)作出拒绝或者授予该提名候选人俄罗斯联邦主体最高公职权力的决定,就再次提出候选人。如果第二次努力也未获得成功,俄罗斯联邦总统应在第二次不利决定作出之日起1个月内与俄罗斯联邦主体的代表机关就俄罗斯联邦主体最高公职候选人进行相应的协商。该1个月期限届满,并且考虑协商的结果,总统有权执行下列操作之一:(1)第三次提出最高公职人员候选人;(2)解散俄罗斯联邦主体的立法机关,任命俄罗斯联邦主体最高公职人员职责的临时执行人。

因此,两次尝试依法提议候选人是法定义务。第二次不成功的尝试之后可能随之解散,如果变得明显起来,与俄罗斯联邦主体立法机关的谈判也不会成功。

如果第三次提出候选人之后,俄罗斯联邦主体的立法机关作出拒绝的决定或者没有作出拒绝或者赋予该候选人俄罗斯联邦主体最高公职权力的决定,俄罗斯联邦总统有权解散俄罗斯联邦主体的立法机关。

俄罗斯联邦总统关于任命俄罗斯联邦主体最高公职职责的临时执行人的决定,以及解散主体立法机关的决定,均以命令的方式作出。

提前终止权力代表机关的权力时，要进行特别选举，根据联邦法律、俄罗斯联邦主体的宪法（宪章）和（或者）法律，特别选举应在提前终止权力的决定生效之日起120天内进行。

主体通过自己的法律规定多少代表从事专职常任的工作，也就是说，离开原来的工作职位，调到立法机关，领取议员工作的报酬。如上所述，在一些俄罗斯联邦主体（少数）中，所有的议员都从事常任专职的工作（例如，莫斯科市杜马的所有35名议员）。立法机关的领导（主席及其副主席）、委员会的领导和一些议员更多的时候是在脱产的基础上工作。其余的议员主要是在立法机关、其委员会开会期间以及俄罗斯联邦主体立法规定的其他场合停止其主要活动。

如果俄罗斯联邦主体权力立法（代表）机关由选举不少于确定议员数的2/3所组成，则其是有效的。俄罗斯联邦主体法律规定，立法机关的会议在有该人数的议员参加时才有效。

第二节　俄罗斯联邦主体权力立法（代表）机关的主要权力

主体国家权力立法（代表）机关的权力详细规定在1999年联邦法律中，规定在有关主体的宪法、宪章中。

为便于阅读，主体国家权力立法（代表）机关的权力总体上可以划分如下：

立法；预算和经济；关于国家建设问题；人员编制；监督；自己的组织和活动范围。

（1）描述立法权力时，我们首先注意到立法（代表）权力机关制定俄罗斯联邦主体宪法及其修正案，如果宪法没有其他规定，也制定联邦主体宪章及其修正案。只有制定宪章是立法机关的权限,而在宪法方面是有但书"如果"的。可以说,边区、州等的地位是由立法(代表)机关制定的俄罗斯联邦宪法和相应俄罗斯联邦主体的宪章决定的——这意味着其不能付诸联邦主体进行全民公决。在66条第一部分写道:"共和国的地位决定于俄罗斯联邦宪法和共和国宪法。"也就是说,这里没有该条第二部分包含的但书,所以,其议会有权制定共和国宪法,也可将草案提交共和国全民公决。采取哪种机制,由共和国决定。

除此之外,立法(代表)权力机关对联邦主体管辖事项和俄罗斯联邦与俄罗斯联邦主体对联邦主体权限范围内共同管辖的事项进行立法监管。

(2)说到预算和其他经济权力,我们注意到,根据联邦1999年10月6日的法律,俄罗斯联邦主体的法律批准上述官员提交的联邦主体的预算及其执行报告以及联邦主体的社会经济发展计划;批准属于联邦主体管辖的税费及其征收程序;批准联邦主体的国家领土上预算外资金的预算及其执行报告;建立联邦主体管理和处分财产包括其在资本经营公司、协会和其他法律组织形式的企业中的股份(股票、股份)的程序。因此,联邦立法者由此得出,联邦主体法律对相应问题的调整一方面强调其重要性,另一方面强调权力代表机关在作出必要决定中的重要作用。

(3)俄罗斯联邦主体权力代表机关确定联邦主体行政区划的建立及其变更程序的一系列权力属于国家建设领域。这些权限体现在联邦主体的宪法、宪章以及联邦主体行政区划法中。俄罗斯联邦宪法规定俄罗斯联邦主体之间边界变更的批准权属于联邦委员会(第102条第1款第1项)。这意味着,边界变更先由联邦主体自行谈判,然后将达成的合意决定提交联邦委员会。俄罗斯联邦主体边界变更协议由权力代表机关的决议批准。

在联邦法律规定的权限内,权力代表机关确定俄罗斯联邦主体地域内选举国家权力机关和地方自治机关的程序;俄罗斯联邦主体的任命和进行全民公决的程序,进行地方(市)全民公决的一般规则;决定选举其代表以及联邦主体最高官员的日期。它也决定联邦主体的全民公决。

有关联邦主体国家权力机关结构的一般规则包括在其宪法、宪章中,但执行机关的结构由代表机关确定。

联邦立法与联邦主体自己的法令都允许联邦主体与联邦和其他联邦主体的权力机关缔结条约。联邦主体的权力代表机关批准联邦主体条约的缔结和终止。俄罗斯联邦宪法允许俄罗斯联邦主体权力机关与联邦权力机关就职权管辖范围的划分达成协议。权限划分的协议草案由代表机关的决议批准。

(4)权力代表机关的人事管理权以多种方式实现:

首先,联邦主体的个别官员由其任命就职和解除职务——例如,联邦主体宪法、宪章法院的法官、联邦主体选举委员会的部分成员、俄罗斯联邦主体会计室的审计师。

其次,权力代表机关应对一些官员的任命表示同意或者发表自己的意见,如果俄罗斯联邦宪法、联邦法律和联邦主体的宪法(宪章)对这种程序作出了规定。这可能是俄罗斯联邦主体的行政官员;很少有官员进入联邦执行权力机关设在联邦主体地域的下级机构(这种权限经常赋予联邦主体的行政长官);联邦主体检察长;设在联邦主体地域的联邦普通(一般管辖权)法院和仲裁法院的法官。

再次,权力代表机关表示对联邦主体行政长官以及代表机关根据联邦主体宪法(宪章)参与其职务任命的那些联邦主体行政(执行权力)机关的领导们不信任(信任)权也属于众所周知的其对人事权制约的一部分(1999年法律第5条第3款第5项)。

(5)联邦主体权力代表机关的监督权由其任命和功能所决定。一般情况下与该机关对联邦主体法律的遵守和执行进行监督有关,目的是对联邦主体预算的执行情况、对联邦主体的国家领域的预算外资金的预算执行情况、对法定的联邦主体财产的分配方式的遵守情况进行监督。

本书第8章说道,在国家杜马和联邦委员会的规定和实践中通行议会质询,一院整体进行的质询,或者个别议员的质询。类似的机会被俄罗斯联邦主体的立法授权给了议会和议员。

联邦法律《联邦会议2005年议会调查法》出台之后,一些俄罗斯联邦主体制定了类似的法律(特别是2006年通过了卡拉恰伊-切尔克斯共和国人民会议(议会)的议会调查法;萨哈(雅库特)共和国国家会议(伊尔图门)2005年6月15日的决议(2008年修改)批准了"议员调查条例")。许多联邦主体都对联邦代表权力机构法或者对这些机构的规程作了加强代表监督的有关补充(例如,巴什科尔斯托斯坦共和国2002年国家会议——巴什科尔斯托斯坦共和国代表大会法于2005年补充了关于议会调查、国家会议监督巴什科尔斯托斯坦共和国法律的履行条款,而2008年又补充了关于议会调查和议会听证程序一章;对国家会议——阿迪格共和国议会章程2006年补充了议会调查一章,2008年又进行了修订;卡尔梅克共和国人民呼拉尔(议会)规章中,2008年修订版,也有关于准备与接受议会质询、议会调查结果总结报告的程序一章)。

(6)联邦主体代表权力机构在其组织和活动范围内的权力首先包括该机构的规程制定权。除此之外,其活动的内部程序问题也由其决定。

第三节　俄罗斯联邦主体代表机构的
内部组织与活动

大多数俄罗斯联邦主体的代表机构是一院制,个别的有两院结构。我们注意到一院制代表机构的内部自身组织的主要因素。

首先这是一个会议制的机构,负责并直接行使上述权力。与此同时，联邦主体的代表机构还是为保障机构本身工作与参与工作以及结构性细胞在机构的功能轨道中独立活动而设计的各种结构的综合体。

俄罗斯联邦各主体一般规定会议为代表机构活动的主要形式。"会议"这一概念涵盖着代表机构的会议、各委员会以及党团和其他代表协会的会议和其他工作，代表在地区议会内或者到选区去进行的个别活动。因此，会议被认为即地区议会本身或其内部机构工作的一段时间。但不能只限于各委员会的工作；前边已经说过——如果连续3个月没有举行立法（代表）机构会议，这可能会成为其解散的理由。

代表机构设一名主席主持工作，几名副主席协助主席工作。主席履行下列职责：

（1）全面领导议会工作的组织实施；

（2）在与联邦主体执行权的相互关系中，与俄罗斯联邦内部的其他国家机构的相互关系中，必要时与国外的国家机构的相互关系中代表该机构；

（3）主持议会会议；

（4）对议会机关进行全面领导，在这方面对于机构的工作（公职）人员来讲是最高公职人员。

但是，主席对于联邦主体议会的议员来讲不是上级公职人员；不具有对议员的处分权，无权对其工作进行监督；在有必要影响议员时，主席应借助于议会，有时是借助于该代表机构的有关议员协会（党派）。在议会开会时，主席只履行主持会议职能，引导发言、控制发言的时间、会场秩序等；可以对偏离议程的、使用不当表达方式等的议员进行提示；但他无权对发言进行评注，在其有必要发言时应在会议结束之前将主持会议的职能交给副主席。

委员会与常委会由该代表机构的议员组建。各委员会的形式和数量，进入各委员会的议员数量完全取决于代表机构的决定。通常其责成议会的所有议员组成各委员会，主席和副主席除外。通常议员都是一个委员会的成员,虽然有些联邦主体允许议员进入两个委员会作为例外。往往允许议员在进入委员会的同时,进入代表机构的常委会。就业务与特殊问题可以设立临时委员会(其中包括为了议员调查的进行)。

俄罗斯联邦各主体的代表权力机构中的议员协会是党团和其他议员联盟(团体)。由议员自己自发组建。因此,地区议会的议员一半以上是根据议员联盟占优势的党的名单选出的,这些议员是既按名单也按选区从相应的政党中选出的。这尤其是在那些只根据各政党名单形成的议会中有地位。

议员协会为某个党的利益或者社会观念呼吁团结议员而努力和行动。他们协调议员的活动,就讨论的问题拟订协调一致的立场。除此之外,议会协会还努力影响议会对人事问题的决定,包括选举议会主席、副主席、各委员会的领导和成员。

俄罗斯联邦主体权力代表机构的活动重点是立法程序。正如在其他任何立法机构,这里也被认为是履行立法创制权。

联邦1999年10月6日法律(第6条)规定,俄罗斯联邦主体国家权力立法(代表)机构的立法创制权属于议员、联邦主体最高公职人员、地方自治的代表机构。因此,对这三个立法创制权主体,俄罗斯联邦主体没有裁处权——其也有责任在自己的立法中提到他们。就在联邦法律那个条款中继而规定,立法创制权可能通过俄罗斯联邦主体的宪法(宪章)授予给其他机构、社会团体,以及生活在该主体领土上的公民。当然,在后一种情况指的不是公民个人,而是其团体人数不少于联邦主体法定人数(我们所说的是人民的法律倡议)。2008年3月29日法律的新增部分规定,立法倡议权可以从该俄罗斯联邦主体授予给联邦委员会的成员。所以,这些问题留给俄罗斯联邦主体自己决定。

所列的一些俄罗斯联邦主体的权力代表机关的立法动议权利主体不是全部。在许多情况下,立法动议权补充授予:法院(指明"根据自己管辖事项"或者没有此类限制)——宪法(宪章)法院,一般管辖权最高法院和设在联邦主体领域内的仲裁法院；联邦主体检察长；联邦主体选举委员会；联邦主体人权专员。已经明确的是，公民以实施人民立法倡议的形式享有这种权利。

联邦主体最高公职人员提出的立法草案根据其建议优先审议。关于设立或取消税收、免缴、改变联邦主体的财政义务的立法草案，提供联邦主体预算所涵盖费用的其他法案，由联邦主体立法机构根据联邦主体最高公职人员的呈文或者在有该人员的结论时审议。呈交该结论的期限由联邦主体自己在其宪法（宪章）中确定，但不能少于20个公历日。

俄罗斯联邦主体国家权力立法（代表）机构制定法律和其他规范性法律文件的程序与其他议会类似程序的区别甚少。1999年联邦法律规定，俄罗斯联邦主体的立法草案由联邦主体的立法机构进行审议不少于二读。通过或者否决法律草案以及通过法律的决定以机构决议的形式作出。

实践中经常采用三读法律草案的程序。一读时报告和讨论法律草案的主要立场（条款）。在完善法律草案时考虑来自议员和其他立法倡议权利主体、社会团体、专家、公民的意见和建议。二读法律草案的准备工作包括详细讨论并对条文、章节和总体进行表决。然后法律草案准备三读，最终通过或者否决。

1999年联邦法律规定（第7条），俄罗斯联邦主体的宪法（宪章）、宪法（宪章）修正案以法定代表人数的2/3多数赞成通过。俄罗斯联邦主体的法律，以法定代表人数的多数赞成通过，法律本身另有规定的除外。代表机构的决议以选出代表人数的多数赞成通过，法律另有规定的除外。

对于俄罗斯联邦主体的两院制议会来说，规定了下院与上院的上述工作原则：一院通过的俄罗斯联邦主体的法律，要求另一院以该院法定成员人数的半数以上赞成。在一院通过的法律被否决的情况下，如果通过法律的一院再次表决时，仍以全体代表成员的2/3以上赞成，则俄罗斯联邦主体的法律即被认为已经通过。

通过的俄罗斯联邦主体法律由立法权力机构在联邦主体宪法(宪章)或法律规定的期限内交由联邦主体最高公职人员公布。该联邦主体的公职人员应当公布联邦主体的法律,通过其签署或者发布一项特别法令以证实法律的公布,或者在联邦主体宪法(宪章)和法律规定的限期内并自该法提交之时不应超过14个公历日否决法律。公布联邦主体宪法(宪章)、法律的方式由联邦主体的宪法(宪章)和法律规定。在否决的情况下,法律发回立法机构时应当说明否决的理由或者对其修改和补充的建议。该法以前通过的版本可能获得法定代表人数2/3以上多数赞成。联邦主体最高公职人员不得再次否决,法律应当在联邦主体宪法(宪章)和法律规定的期限内予以公布。联邦主体宪法(宪章)和法律经正式公布后生效。联邦主体保障人与公民权利与自由的法律及其他规范性法律文件应在其正式公布之日起10日后生效。

参考文献

安德烈耶夫阿·弗:《俄罗斯联邦主体的代表权》,副博士论文,叶卡捷琳堡,2003年。

鲍罗廷耶·克:《俄罗斯联邦主体的国家立法(代表)机关的建立与运行的法律和组织问题》,副博士论文,莫斯科,2004年。

格兰金伊·弗:《俄罗斯联邦主体的立法权力机关》,莫斯科,1998年。

柯夫舒罗尤·德:《俄罗斯联邦主体国家权力立法(代表)机关代表的法律地位》,副博士论文,莫斯科,2004年。

昆塔尔丘克姆·斯:《俄罗斯联邦主体立法(代表)权力机关的宪法法律地位:比较法分析》,副博士论文,莫斯科,2005年。

库尔曼诺夫姆·姆:《国家机关体系中的共和国的国家权力立法(代表)机关(权限、相互作用、责任)》,副博士论文,喀山,2003年。

列别捷夫弗·阿:《俄罗斯联邦主体的立法权与执行权的组织与活动问题》,莫斯科,2000年。

马雷伊阿·弗、格梅林姆·阿:《州议会的组织》,阿尔汉格尔斯克,2001年。

努德涅恩柯尔·阿:《俄罗斯联邦国家权力立法机关代表的宪法法律地位》,2004年。

奥库利奇伊·普:《俄罗斯联邦主体国家权力立法(代表)机关代表的法律地位问题》,车里雅宾斯克,2003年。

斯塔尔采娃尔·伊:《俄罗斯联邦各主体——各州立法程序的宪法法律调整》,副博士论文,莫斯科,2002年。

苏尔科夫德·尔:《俄罗斯联邦主体的立法权与执行权(比较法研究)》,伊尔库茨克,1999年。

察利耶夫阿·姆:《俄罗斯联邦主体的权力机关与立法:现状与实现问题》,莫斯科,2007年。

亚尔娃尔·姆:《联邦主体国家权力的两院立法(代表)机关:比较法研究》,副博士论文,车里雅宾斯克,2007年。

第三十九章
俄罗斯联邦主体的行政权力机关

第一节 一般原则

在1999年10月6日联邦法律(第17、18条等)基础上,俄罗斯联邦主体行政权力机构体系看起来就像下列链条的总合:联邦主体的最高公职人员(联邦主体最高国家权力执行机构的领导);联邦主体最高国家权力执行机关;联邦主体部门国家权力执行机关;联邦主体地域国家权力执行机关。

如果严格根据联邦法律规范,最高公职人员领导最高委员制行政权力机关。实际上,该人是联邦主体作为相应机构总和的整个行政权力的首脑。取代法律中采用的复杂词组——"俄罗斯联邦主体的最高公职人员"(俄罗斯联邦主体最高国家权力行政机关的领导),为使用方便,我们使用词组:"俄罗斯联邦主体最高公职人员",或者"俄罗斯联邦主体行政权力首脑"。

俄罗斯联邦主体最高国家权力执行机关是其政府或者行政机关,即由部长、司局等管理部门领导组成的委员制机关。

俄罗斯联邦主体部门国家权力执行机关是部、司、管理局等。

建立俄罗斯联邦主体地域国家权力执行机关作为联邦主体行政权首脑、政府、行政机关在联邦主体领土部分的"代理机构"(例如,莫斯科划分为若干行政区,其首脑是各行政长官,这些行政职位组成市政府)。

所列机构是相应联邦主体的国家权力机构。同时，俄罗斯联邦宪法第77条第2部分规定，1999年联邦法律（第17条第3款）重复这个规定：在俄罗斯联邦与其各主体共同管辖事项的管辖和权限范围内，联邦行政权力机关与各主体行政权力机关构成统一的俄罗斯联邦行政权力体系。

联邦1999年法律规定，俄罗斯联邦主体国家权力执行机关的结构由联邦主体最高公职人员根据联邦主体的宪法（宪章）决定。

第二节　俄罗斯联邦主体的最高公职人员

一、地位的基础、职称

1999年10月6日联邦法律制定以前，俄罗斯联邦各主体有关其国家权力组织的规范性文件有许多各自的特点，首先表现在，许多主体在执行权方面模仿联邦模式。有作为国家首脑的俄罗斯联邦总统和作为领导行政权的机关的联邦政府。联邦各主体也规定了作为联邦主体代表（"小总统"）的首脑和以政府领导（小总理）率领的联邦主体政府。

联邦立法不赞成这种模式，不支持独立的联邦主体首脑职位的思想。设置两个职位是没有道理的，且从实际的观点出发——在代表功能人数相对较少而对联邦主体的经济和社会福祉的关注则很广泛的情况下，联邦主体首脑最好是亲自领导政府。

所以，联邦1999年法律拒绝了联邦主体首脑作为一个专门机构的模式。当然，词组"俄罗斯联邦主体的最高公职人员"也说明其在联邦主体所有权力，而不仅仅是行政机构体系中不寻常的地位。该法通过之后，大多数俄罗斯联邦主体取消了独立的政府首脑职位，政府直接由联邦主体最高公职人员领导。许多俄罗斯联邦的共和国忽视了联邦1999年法律的规定，仍旧设有共和国首脑（总统）职位并同时设有政府总理

（内阁首脑）的职位。

我们再一次强调：俄罗斯联邦及其各主体的立法允许把最高公职人员理解为联邦主体的代表、最高委员制机关的领导，同时还是联邦主体整个行政权力体系的领导。

对地位的态度也反映职位的名称上。根据联邦1999年的法律（第18条第6款）规定，联邦主体的最高公职人员（最高国家权力执行机构的领导）职位的名称由俄罗斯联邦主体的宪法（宪章）考虑其历史、民族和其他传统确定。坦率地说，该问题中的某种"传统"并不清晰，因为这是管理俄罗斯联邦各主体组织中的新职位。总之，俄罗斯联邦各主体在各自的立法中规定了下列该职位的名称：

共和国总统；共和国元首；政府总理；总督；行政首脑；市长。

鞑靼斯坦、巴什科尔托斯坦、卡巴尔达—巴尔卡尔等诸多共和国规定了总统职位。个别共和国采用了"共和国首脑"名称。近几年在各自宪法改革时，各共和国在保留总统、首脑职位的同时，考虑联邦1999年法律的规定，规定其作为最高公职人员领导最高权力执行机构。但反映该人作为国家首脑、宪法保障、许多共和国宪法规定的公民权利与自由保障的作用终究能够感觉得到。例如，乌德穆尔特共和国宪法（2007年版本）中规定，总统是宪法、人与公民权利和自由的保障，确保法制和秩序（第44条）。根据巴什科尔托斯坦共和国2002年新宪法（第82、91条）规定，总统是共和国元首，也是最高公职人员，领导政府。但宪法中也规定了由总统经共和国国家会议同意任命的政府总理的职位（第87条第4款）。根据2002年萨哈（雅库特）共和国新宪法规定，其总统是共和国元首，最高公职人员，领导共和国行政权（第65条）。但有政府（第79条），由总统经共和国国家会议同意任命就职的主席领导（第70条第7款）。

个别共和国或者一般来说没有设置总统职位或者拒绝总统职位。但是他们没有拒绝地位高的公职人员。这个人成了共和国政府总理，过去由居民通过直接选举方式产生，现在由俄罗斯联邦主体议会决定授权。根据权力的地位和特点,政府总理与共和国总统和元首相差无几。图瓦共和国就是一例。根据2001年宪法2007年修正案(第109—110条)规定,在共和国建立以政府为首的行政权力机关体系,该政府由是共和国最高公职人员的总理领导。

俄罗斯联邦各主体——国家领土的组成部分(边区、州)和国家民族的组成部分(自治州、自治区)——对自己最高人员的职位不称呼"总统"。第一阶段,由于总统命令使这些主体设置了执行机构——行政管理,其领导就叫做"行政首长"。当领导通过直接选举产生时,它开始被称为总督。现在最常用的名称是"总督",在许多联邦主体也保留着"行政首长"的称呼。在圣彼得堡开始有市长,现在是总督。俄罗斯联邦唯一的主体——莫斯科市行政权力长官叫市长。

二、职位继承方式

直到最近联邦1999年法律宣称,上述人员由在俄罗斯联邦主体领土居住的俄罗斯联邦公民直接选举产生。的确,该法中也作了规定——下列情况除外,即现行联邦法律生效之日俄罗斯联邦主体的宪法(宪章)规定授予通过专门召开代表会议选出的公民最高公职人员权力。后者规定主要是针对达吉斯坦,其联邦主体首脑由专门召开的宪法会议选举。但是,当规定在达吉斯坦设立总统由居民选举产生时,这一规范一般会变得不现实。

如前所述,根据联邦1999年法律(2004年修正案)规定,俄罗斯联邦主体最高公职人员候选人由俄罗斯联邦总统推荐,且俄罗斯联邦公民通过联邦主体国家权力立法(代表)机关的决定被授予联邦主体最高公职人员(联邦主体最高国家权力执行机关首脑)的权力。

当俄罗斯联邦总统提到新的行政首长更替方式的想法时,他说要由俄罗斯联邦主体立法权力机关选举产生。选举能够提供可供选择的候选人、讨论、考虑少数人的意见、立场等,比较合理。鉴于这些考虑,选举方案已经得到许多人的赞同，其中包括笔者。早在1996年，俄罗斯联邦宪法法院就由于观点不同争论过阿尔泰边区的宪章，也由于其规定了边区总督由边区立法会议选举产生。我们坚持能够这样进行职位的更替。但是宪法法院那时赞同直接选举产生联邦主体行政首长。当然，2004年出现选举方式时，也没有理由否决它。

但是在公布法律修正案草案时，出现了上述提法——"授权"。它引起混乱并不仅受到实务界包括国家杜马代表而且受到学术界的一致公开的批评。措辞不明确，法律上也存在很大缺陷，甚至没有至少还能理解的批准任命。"授权"使有关人员非常依赖于授予其委任状的人，特别是——如从法律文本中看到的且以后将要展示的——依赖于俄罗斯联邦总统。

法律规定了提出俄罗斯联邦主体行政首长职位候选人的具体程序。该法律规范是在2004年12月27日俄罗斯联邦总统令（2006年2月11日修订）批准制定的关于审议俄罗斯联邦主体最高公职人员（最高国家权力执行机关领导人）职位候选人的实施条例中制定的。

但是，如今在该条例中却可以看到与2009年4月5日修订的联邦政党法规范不一致的地方。根据该条例规定，候选人由行政首脑向俄罗斯联邦总统进行提议。反过来，有关候选人的建议由总统在相应的联邦地区的全权代表提交给俄罗斯联邦总统的行政首脑。政党也参与候选人提名过程。在审议政党的资格时我们在本书第三部分已经注意到，在俄罗斯联邦主体立法机关中取得多数代表席位的政党在最后的选举中，有权向俄罗斯联邦总统提出自己的俄罗斯联邦主体领导岗位的候选人。对联邦2001年政党法2009年4月5日进行的修正规定（第26.1条）：这样的政党应向俄罗斯联邦总统提出不少于3位候选人的建议。而且如果该党利用了自己的权利，则只审议其提出的候选人，不审议其他人（我们应注意，根据上述条例应提出不少于两位候选人的建议）。

有关候选人的建议应在与俄罗斯联邦总统协商后提出。如果没有一位候选人得到俄罗斯联邦总统的赞同，该党有权再次向俄罗斯联邦总统提出其以前没有审查过的不少于3位的候选人。如果第二次审查后仍没有一位候选人得到俄罗斯联邦总统的赞同，其应当与该政党和俄罗斯联邦主体的立法机关进行协商。考虑协商的结果，该政党可以向俄罗斯联邦总统提出俄罗斯联邦总统以前没有审查过的不少于3位候选人的建议（即第三次）。

只有当该政党未利用自己向俄罗斯联邦总统提出候选人建议的权利或者利用了部分权利并且没有第二次提出候选人的建议或者提出候选人的建议违反了立法的要求时，俄罗斯联邦总统才应向俄罗斯联邦主体的立法机关推荐"自己"的候选人。

在提出候选人建议时应当考虑他们的权威和事业上的声望，公共（国家和社会）活动的经验，列入联邦管理干部储备，等等。根据联邦1999年法律（第18条第3款）规定，年满30岁，不具有外国国籍或者居留权或者其他证明俄罗斯联邦公民在外国永久居留权证件的俄罗斯联邦公民可以成为俄罗斯联邦主体的最高公职人员。2009年4月5日的补充还规定，俄罗斯联邦公民有下列情形者不能被推荐为候选人：(1)具有未消除或者注销的犯罪记录；(2)经法院判决被羁押监禁；(3)根据俄罗斯联邦刑事诉讼立法被控犯罪；(4)因民族主义或者极端主义倾向实施行政违法行为受到行政处罚；(5)被法院认定为无行为能力人或者限制行为能力人；(6)拒绝办理获取国家和其他联邦法律保护的秘密情报的手续。

俄罗斯联邦主体最高公职人员不得同时兼任国家杜马议员、联邦会议成员、法官、其他俄罗斯联邦国家公职、联邦公共服务的国家公职、俄罗斯联邦该主体的其他国家公职或者俄罗斯联邦主体公共服务的国家公职以及选举的市政公职和市政服务的市政公职、不得从事有报酬的其他活动，教学、科研及其他创作活动除外，俄罗斯联邦立法另有规定的除外。这种情况下，教学、科研和其他创作活动不能全由外国、国际组织和外国组织、外国公民和无国籍人资助，俄罗斯联邦国际条约或者俄罗斯联邦立法另有规定的除外。该法在涉及联邦公共服务国家公职替代部分规定的限制不适用于俄罗斯联邦总统命令规定的情形。

这种限制也出现于：俄罗斯联邦主体最高公职人员无权进入外国非营利的非政府组织及其在俄罗斯联邦境内活动的派出机构的管理机构、理事会或者监事会、其他机构，俄罗斯联邦国际条约或者俄罗斯联邦立法另有规定的除外。

俄罗斯联邦公民可被授予俄罗斯联邦主体最高公职人员（联邦主体最高国家权力执行机关首脑）的权力，任期不超过5年。不要忘了，早些时候，该公职人员任职不得超过两届。现在这个限制已从该法中删除。

俄罗斯联邦主体最高公职人员的权力因下列情形提前终止（该法第19条）：

（1）死亡；

（2）由于俄罗斯联邦主体国家权力立法（代表）机关对其表示不信任而被总统免职；

（3）自愿退休；

（4）因不适当地履行其职责以及联邦法律规定的其他情形而失去总统的信任被总统免职；

（5）被法院确认为无行为能力或者限制行为能力人；

（6）被法院确认为失踪或者死亡；

（7）法院对其作出的有罪判决发生法律效力；

（8）到俄罗斯联邦境外永久居留；

（9）丧失俄罗斯联邦国籍，取得外国国籍或者取得居留许可或者其他证明俄罗斯联邦公民在外国领土上的永久居留权的证件。

联邦1999年法律第19条，2004年发生了许多受俄罗斯联邦主体行政首脑职位更替新方式制约的改变。首先我们要提及的是其中的"к"款，该款规定了当俄罗斯联邦主体选民罢撤他时提前终止首脑权力。当然，如果没有选民选举首脑，也就不会有通过他们的投票来罢免他。

后来，该法在修改前（第19条第5款）规定：俄罗斯联邦主体国家权力立法(代表)机关对俄罗斯联邦主体最高公职人员的不信任决定引起其与以其为首的俄罗斯联邦主体最高国家权力执行机关立即辞职。现在不信任决定提交总统审查,以决定解除俄罗斯联邦主体行政首脑职务问题。俄罗斯联邦总统可能与立法机关一致,也可能不一致。当然,新版规范大大削弱了立法机关与联邦主体最高公职人员的关系。

该法允许总统"因失去俄罗斯联邦总统的信任"而终止首脑的权力,且其自由裁量权不受限制。除此之外,该法还规定,总统有可能"因其不适当地履行职责"而免去行政首脑职务,而这一用法也很广泛。结果是,俄罗斯联邦主体的最高公职人员完全由俄罗斯联邦总统决定。

此外,提前终止俄罗斯联邦主体最高公职人员权力的决定应由俄罗斯联邦总统呈报联邦主体立法权力机关通过,总统自己通过自己的命令免去最高公职人员职务的情形除外。

俄罗斯联邦总统有关免去俄罗斯联邦主体最高公职人员职务的决定将引起以该人员为首的联邦主体最高国家权力执行机关的辞职。但在新的机关组成之前该机关应当继续活动。

被授予联邦主体最高公职人员权力的人就任之前,临时履行俄罗斯联邦主体最高公职人员职责的人由俄罗斯联邦总统任命。

三、俄罗斯联邦主体最高公职人员的主要职能、活动方针、权限与行为

联邦1999年法律、俄罗斯联邦主体的宪法、宪章、许多联邦主体制定的最高公职人员法都允许概括性地规定其职能、活动方针和权限。

(1)该人员代表俄罗斯联邦主体履行职能和任务。行政首脑在与联邦国家权力机关、其他联邦主体国家权力机关、在联邦主体本土内的其他国家权力机关、地方自治机关的关系中代表联邦主体。此外,该人员在俄罗斯联邦境外代表联邦主体。

在实施对外经济联系时,他有权以俄罗斯联邦主体的名义签署条约和协定。

联邦主体行政首脑在履行代表任务时,可以咨询俄罗斯联邦总统、联邦会议两院、俄罗斯联邦政府与个别联邦行政机关,也可以向俄罗斯联邦宪法法院咨询。在一定程度上代表任务可以与参加实施国家职能相结合:我们记得,联邦主体最高公职人员按职务是俄罗斯联邦国家委员;通过他在联邦委员会的代表或者在联邦主体对国家杜马有立法创意权的立法权力机关的支持下,可以启动提交联邦法律草案;有权向总统、政府、总统设在有关联邦地区的代表提出任何国家范围内的或区域间的问题。

(2) 该人不可避免地被要求对联邦主体的事务负责,这实际上是联邦主体国家政策的领导人(他可以对具体的事务与联邦主体的议会一起决定),在联邦主体境内的政治关系和一般社会关系中地位巩固的人。联邦主体最高公职人员履行某些担保人的任务——他是联邦主体宪法、宪章的保证人,旨在关注其实施与遵守。他也是公民权利与自由的保证人——自然,不能取代联邦主体境内的各种国家机构,但应考虑结合各方的努力以保护公民的权益。

同样,许多联邦主体授予首脑向联邦主体议会提交联邦主体有关情况的年度报告、向联邦主体人民(居民)提交咨文的权力(或职责)。

(3) 行政首脑负责联邦主体境内的国民经济和社会文化建设管理。这以各种方式实现:组织管辖范围内的管理设施;为联邦主体的利益协调企业和联邦所有、个人所有的组织范围内的活动;对位于境内的任何公职人员、企业和事业单位的行为是否遵守法律和联邦主体的合法利益进行监督。

首脑还负责起草并提交联邦主体议会审议联邦主体的预算草案、联邦主体的社会经济发展纲要及其实施报告。

(4) 该人领导俄罗斯联邦主体的整个行政体系。他有权根据联邦主体的宪法、宪章并在他的权限范围内决定行政权力结构，创建或取消有关机构，任命或免去联邦主体行政机关的领导职务。首脑可以通过他的规范性文件确定联邦主体行政部门的权限和活动方式。

行政首脑组成联邦主体的国家最高权力执行机关且在多数联邦主体中是国家最高权力执行机关的领导（虽然根据1999年法律规定每个联邦主体都应由其领导该机关）。

通常联邦主体在立法中授予首脑不只有对个人的解雇权，而且有对整个最高执行权力机关的解职权或者接受其辞职的权力。

行政首脑可以向联邦和其他机关委派自己的代表或者俄罗斯联邦主体的代表。

此外，首脑可以参与在联邦主体境内的其他国家机构的组成。特别是他有权任命50%的联邦主体选举委员会的成员。如果联邦各主体有宪法（宪章）法院，其组成的候选人，最高公职人员可以建议联邦主体代表机构任命。

（5）行政首脑对位于俄罗斯联邦主体境内的联邦国家机关的部门具有某种功能。以前需要与联邦主体协商特定机构职务候选人（例如，联邦主体检察长、在联邦主体境内的组成联邦法院的法官、联邦执行权力机关某些部门的领导等），首脑组织与上述机构和人员进行合作。根据俄罗斯联邦总统2005年7月2日命令《俄罗斯联邦各主体执行权力机构与联邦行政机构的地域机构活动的相互作用和协调问题》，首脑的功能确实扩大了，他被授权组织俄罗斯联邦有关主体的行政机构与俄罗斯内务部、紧急情况部、司法部、联邦执行处罚服务机构、联邦注册局、联邦监管服务局、联邦各部和其他由俄罗斯联邦政府实施领导的联邦执行权力机构，以及这些部属联邦服务局和联邦代办处的地方当局活动的互动与协调（第1款）。命令还规定，联邦部长在有关联邦执行权力机构的地方当局领导职务候选人的问题解决之前应当与俄罗斯联邦主体的最高公职人员协商候选人。

（6）在参加俄罗斯联邦主体代表权力机关活动和立法程序的同时，联邦主体最高公职人员：

有立法创议权。在提交立法草案时他可以标明其要优先审议，而联邦主体立法机关将尽快予以审议；

有权参加联邦主体议会的活动，并有发言权。这表明，他可以参加议事日程上任何问题的讨论并发言。在联邦主体代表机构开会的礼堂里为行政首脑设置专席。通常行政首脑在联邦主体的议会也派有自己的全权代表，也可以委派自己的代表参加审议各种立法草案；

有权要求召开联邦主体机关的特别会议，也可以召集重新选举的联邦主体代表机关在联邦主体宪法（宪章）为此规定的期限之前召开第一次会议；

颁布联邦主体的法律，通过签署法律或者发布专门的规范性文件以证明法律的颁布，或者拒绝联邦主体立法机构通过的法律。

（7）最高公职人员的地位也体现在其对公民的权能上，即授奖的权力：授予国家奖章，授予联邦主体的荣誉称号，呈报俄罗斯联邦的国家奖励。俄罗斯联邦总统赦免公民需要得到他的支持。首脑可以求助于俄罗斯联邦总统接受一个对俄罗斯有功的人加入俄罗斯国籍。

俄罗斯联邦主体最高公职人员根据俄罗斯联邦宪法、联邦法律、总统的规范性文件、政府决定、联邦主体的宪法（宪章）和法律发布联邦主体内必须执行的命令（决定）和指示。

第三节　俄罗斯联邦主体最高国家权力执行机构的活动原则

俄罗斯联邦主体最高国家权力执行机关是一种行政权力的常设机

关。俄罗斯联邦各主体中该机关最常见的名称是政府、内阁、行政机关。机关及其内部机构的名称、形成方式由联邦主体的宪法（宪章）和法律并考虑历史、民族和其他传统加以确定。

在俄罗斯联邦主体对该机关结构的解释中有两种方法——狭义和广义。狭义的实质在于执行机构被认为仅仅是作为组成最高公职人员总和的政府本身或内阁。广义的解释中，政府、行政机关被认为是整个执行权力机构的总和，即除领导机构之外，还包括各部、各委员会、管理局、各司局、各部门。

俄罗斯联邦主体最高国家权力执行机关保障俄罗斯联邦宪法、联邦法律和其他俄罗斯联邦规范性法律文件、俄罗斯联邦主体的宪法（宪章）、法律和其他规范性法律文件在联邦主体境内的实施。

最高国家权力执行机关的活动与权力的主要方向受其对俄罗斯联邦主体的经济、社会和文化建设的责任制约。正是该机关为行政首脑后来能向联邦主体立法（代表）机关提交而制定联邦主体的预算草案和社会经济发展纲要草案。也是该机关保障联邦主体预算的执行，实施上述纲要，准备之后由行政首脑提交联邦主体代表机关审议的预备执行、纲要实施的报告。

最高行政机关管理和处置联邦主体的财产，以及联邦交由联邦主体根据联邦法律和其他俄罗斯联邦规范性法律文件管理的财产。他应当促进联邦主体境内其他所有制形式的发展，为单一市场在各种所有制形式相结合并取消经济垄断基础上发挥作用创造条件。

该机关参与了联邦主体在卫生、社会福利、文化、科学、教育、生态、环境保护等领域的联邦政策和任务的实施。

该机关在其职权范围内可实施执行、保障或保护公民的权利和自由，维护社会治安和打击犯罪的各项措施。

联邦主体最高行政机关直接领导确保经济和联邦主体与联邦机构、其他联邦主体、国际合作伙伴的其他商务联系的工作。该机关在与他们互相协作时，可与他们签订协议。

该机关还应保障俄罗斯联邦主体的整个行政权力体系的形成。此外，他应与地方自治机关互相协作，特别是在编制和执行预算、在经济活动中，应给予他们必要的帮助。

如上所述，大多数俄罗斯联邦主体的最高公职人员——总统、州长、政府首脑是最高委员会制执行权力机关的首脑。有些联邦主体有专门的最高行政机关首脑的职务——通常是政府主席、总理。在这种情况下，该机关及其领导与联邦主体行政首脑的关系正如俄罗斯联邦总理与总统的关系。

如果联邦主体的最高行政机关被政府、内阁代表，那么它也具有自己方式的法律行为——决议和指令。如果使用俄罗斯联邦"主体的行政机关"概念，那么相应的行为来自领导它的联邦主体的最高公职人员。

联邦主体的最高国家权力执行机关具有法人权利，有一个印有国徽的印章。

参考文献

叶利谢耶夫布·普：《俄罗斯州长研究所：传统与现代的现实》，莫斯科，1997年。

伊格纳秋克恩·阿：《俄罗斯联邦主体行政权力机构的职权范围》，莫斯科，1999年。

约诺娃耶·弗：《俄罗斯联邦各主体行政权力机构的宪法法律地位》，副博士论文，车里雅宾斯克，2007年。

孔吉娜伊·伊：《俄罗斯联邦各主体首脑权力引入的新机制：问题与质疑》，《宪法与市政法》2005年第3期。

马利恩科埃·弗：《俄罗斯联邦边区、州的行政权力机构的法律地位》，副博士论文，莫斯科，1999年。

马尔沙洛娃弗·阿：《俄罗斯联邦组成中的共和国总统宪法法律地位的演进》，副博士论文，喀山，2007年。

梅谢里亚科夫阿·恩：《俄罗斯联邦组成中的各共和国的总统研究所》，副博士论文，莫斯科，2002年。

奥夫谢皮扬日·伊：《论俄罗斯联邦各主体国家权力执行机构一般组织原则联邦立法调整的完善（立法活动的建议）》，《宪法与市政法》2007年第1期。

佩尔申娜耶·阿：《俄罗斯州长研究所的宪法法律基础（以联邦南方区为例）》，副博士论文，莫斯科，2008年。

罗曼诺夫斯基戈·布、罗曼诺夫斯卡娅奥·弗：《俄罗斯联邦各主体的行政权、立法解释与司法实践》，奔萨，2007年。

萨夫连科夫阿·阿：《俄罗斯联邦主体最高公职人员在俄罗斯宪法性法律和立法中的法律地位》，副博士论文，参考资料汇编，2005年。

辛季扬金恩·恩：《俄罗斯联邦主体最高公职人员研究所：概念、结构、内容（以莫尔多瓦共和国为例）》，副博士论文，萨拉托夫，2004年。

海列季诺夫尔·德：《论俄罗斯联邦主体最高公职人员地位变化的宪法性问题》，《宪法与市政法》2005年第3期。

切尔科夫阿·恩：《论实现俄罗斯总统就俄罗斯联邦各主体最高公职人员职位继承方式改变问题倡议的路径》，《法律与政治》2004年第11期。

舒姆科夫德·弗：《俄罗斯联邦各主体——各共和国行政权力机构的体制》，副博士论文，莫斯科，1999年。

第四十章
俄罗斯联邦各主体的宪法（宪章）法院

第一节　地位和权力范围的基础

联邦宪法性法律1996年《俄罗斯联邦司法制度法》为俄罗斯联邦各主体建立自己的宪法司法机关提供了机会。解决这一问题——建立或不建立这种法院——联邦主体具有自主性。如前所述，现在有16个联邦主体建立了这种法院。同时，有26个俄罗斯联邦主体制定了宪法（宪章）法院法（在有些俄罗斯联邦主体，这是宪法性法律——雅库特、车臣）。

法院的名称与俄罗斯联邦主体类型有关。在各共和国该法院叫宪法法院，因为其主要规范性文件是宪法。相应地，在主要规范性文件中宪章的其他联邦主体，则叫宪章法院。宪法法院与宪章法院之间的地位、权限和活动没有什么区别。

俄罗斯联邦各主体宪法司法机构的形成始于1994年。几乎在建立这种机构的地方，它们分别叫做宪法法院、宪章法院。最初个别主体计划建立宪法监察机构或者所谓准司法机构（总而言之，具有某种司法职能）。后来它们被法院所取代。虽然也有不同的解决方案：例如，莫尔多瓦共和国1994年取消了宪法法院；伊尔库次克州承认借口用宪章法院取而代之而取消宪章院是权宜之计，但这一过程被拖延多年，迄今尚未完成。许多联邦主体在其主要规范性文件中规定了建立宪法司法机构，但实际上他们迄今都没有建立（例如，莫斯科市、莫斯科州）。

宪法、宪章法院地位的基础、权限、组织与活动的主要规则由俄罗斯联邦主体的宪法、宪章规定。然而可以看出，联邦主体还要进行有关这类法院的专门立法。

俄罗斯联邦主体宪法（宪章）法院的本质，原则上与俄罗斯联邦宪法法院的本质类似。这是通过宪法诉讼——俄罗斯联邦宪法第118条规定的那种诉讼形式——独立行使司法权的宪法监察司法机关。

类似的——按照外部设计——是宪法（宪章）法院的主要权限、活动方针和组织。该类法院可以被授权进行司法规范性监督，解决权限争议，评价联邦主体国内条约的争端，解释联邦主体的宪法、宪章。

俄罗斯联邦主体的宪法（宪章）法院不隶属于俄罗斯联邦宪法法院，不与其共同构成两级垂直宪法诉讼。许多学者和实务界人士建议建立这种垂直制度：在俄罗斯联邦宪法法院对有争议的联邦主体宪法、宪章法院的裁决进行裁决。这一建议的动机源于这些法院作出裁决的根据经常是联邦宪法规范和规范性文件；相应地联邦宪法法院能够纠正实务或"更正"宪法（宪章）法院。然而建立垂直宪法诉讼的问题暂时还停留在辩论阶段。当然，俄罗斯联邦宪法法院与上述法院是合作的，联邦机构正在努力总结一种通用的方法来评价立法和联邦主体法院的组织工作。

俄罗斯联邦不同主体的宪法（宪章）法院的职权范围各有其特殊性：

第一，宪法（宪章）法院审理是否符合俄罗斯联邦主体宪法、宪章的案件：联邦主体的法律；联邦主体立法机关规范性法律文件、联邦主体最高公职人员、最高国家权力执行机关、地方自治机关。与俄罗斯联邦宪法法院相比，联邦主体法院进行宪法规范监督的客体范围增加了地方自治机构的规范性法律文件。在有些联邦主体，还增加了联邦主体部门行政机关的规范性法律文件。在个别联邦主体，对具体案件中适用的或者应当适用的法律的具体司法规范监督也属于宪法司法机关管辖。

第二，在个别联邦主体，宪法（宪章）法院被授权把联邦主体的条约是否符合其基本法律作为评价客体：与外国的领土单位签订的；与其他联邦主体签订的；与该主体的地方自治机关签订的。

第三，在俄罗斯联邦的个别主体，宪法（宪章）法院可以审理权限争议：联邦主体国家权力机关之间的；这些机关与地方自治机关之间的；地方自治机关之间的。

第四，对联邦主体宪法、宪章的解释属上述（许多联邦主体的）法院管辖。同时要考虑到俄罗斯联邦宪法的有关规定，以及俄罗斯联邦宪法法院作出的解释其类似规范的行为。例如，如果在联邦主体的基本法律中有重复联邦宪法有关分权的规范，联邦主体宪法司法机关未必可以对其作出解释。

第五，许多联邦主体的宪法（宪章）法院可以提出立法创议——通常是就其管辖内的问题。

除上述俄罗斯联邦许多主体的规范中提到的权力外，在个别联邦主体中也可以发现宪法（宪章）法院权限的特殊性。例如，根据萨哈（雅库特）共和国宪法2002年修正案，其宪法法院在上述权限之外还审理有关任命与进行共和国全民公决是否符合宪法的案件；宪法法院应审查萨哈（雅库特）共和国行政机关执法行为的合宪性。其应作出结论：关于在作出有关提前终止萨哈（雅库特）共和国国家会议（伊尔图门）权力的决定时是否违反共和国宪法；关于在表示对共和国最高公职人员和行政机关领导不信任时是否违反宪法；关于是否存在进行共和国总统、人民代表选举的障碍；关于萨哈（雅库特）共和国的法律和其他规范性文件是否符合俄罗斯联邦宪法和联邦条约；关于共和国的联邦内部条约是否符合共和国宪法、俄罗斯联邦宪法。宪法法院还从制定立法程序的角度对萨哈（雅库特）共和国有关修改和补充共和国宪法的法律实施初步监督。其参与审理萨哈（雅库特）共和国与俄罗斯联邦之间的宪法性法律争议。所列上述中有趣的是共和国宪法法院在评价行政机关执法实践、对与修改和补充共和国宪法有关的行为初步规范监督、作出结论特别是参与解决与俄罗斯联邦的争端中的权力。

第二节 组成与组织活动

俄罗斯联邦主体宪法、宪章法院法官人数很少由基本法律作出规定,经常是由联邦主体有关该法院的法律规定。通常是任命5—9名法官组成法院(例如,达吉斯坦5名,鞑靼斯坦共和国6名,雅库特7名,汉特—曼西自治区9名),任职期限从5年、8年、10年、12年至无限期。可被任命为法官的年龄由联邦主体立法规定,最低年龄不等——25岁、30岁、35岁。根据联邦主体不同规定,宪法(宪章)法院任职的限制年龄分别为60岁、65岁或者70岁。一些规定具体期限的联邦主体不允许成为下一任期的法官,其他联邦主体不包含这方面的限制。

俄罗斯联邦各主体的立法为填补宪法(宪章)法院法官的职位包含许多补充的专门条件——无懈可击的声誉、受过高等法学教育、从事法律专业工作不少于法定年限(5—10年)、在法律领域被认为有较高水平。

法官不得从事政治活动;不从属于一个政党或者社会运动;不从事其他有报酬的活动,教学、科研或者其他创作性活动除外。

宪法、宪章法院法官的任命由俄罗斯联邦主体国家权力立法(代表)机关实施。通常法官岗位候选人由联邦主体最高公职人员提出。联邦主体代表机关的代表、地方自治的代表机关、该联邦主体的一般管辖权法院和仲裁法院、该联邦主体的司法机关、联邦主体的检察长、法学教育科研单位、法律职业协会都可以向他提出有关建议。个别联邦主体提出候选人有自己的特殊性,主要是部分候选人由行政首脑建议,部分候选人由权力代表机关建议。

宪法（宪章）法院的活动由法院院长、副院长（该职务不是都有规定）和法院秘书长（也不是都有规定）领导。上述人员通过不同方式当选任职：在一些联邦主体，由法院自己选举；而在另一些联邦主体，是由联邦主体权力代表机关根据行政首脑的推荐或者该法院法官的建议选举。

俄罗斯联邦各主体的有关法院的法律强化了宪法（宪章）法院法官地位和不可侵犯以及法院独立自主履行其职权的必要保障。

在宪法（宪章）法院进行诉讼的主要规则与俄罗斯联邦宪法法院现存的类似规则类似。宪法（宪章）法院在解决案件时的行为叫决议，在作出结论时相应地叫结论，在其余场合叫裁定。在法院会议上可以就工作的组织问题作出决定，以备忘录的形式记载下来。

参考文献

阿卜杜拉希多娃兹·阿：《俄罗斯联邦宪法（宪章）法院：组织与活动的宪法法律分析》，副博士论文，莫斯科，2007年。

博布罗娃弗·克：《俄罗斯联邦各主体宪法司法的进一步发展》，谢尔盖夫妮娜斯·尔总编：《宪法程序：法律调整与发展前景问题》，科学实践讨论材料，2006年9月29—30日，参考资料汇编，2007年。

博布罗娃弗·克、米秋科夫姆·阿：《俄罗斯联邦各主体的宪法（宪章）》（第1部分），莫斯科，2003年；第2部分，莫斯科，2004年。

勃列日涅夫奥·弗：《俄罗斯联邦各主体宪法司法监督的组织与实施问题》，库尔斯克，2005年。

博罗娃伊·尔：《俄罗斯联邦宪法（宪章）法院组织的理论—法律方面》，副博士论文，莫斯科，2004年。

加夫留索夫尤·弗：《俄罗斯联邦各主体建立宪法司法的问题》，瑟克特夫卡尔，2005年。

加陶林阿·戈：《鞑靼斯坦共和国的宪法司法》，喀山，2008年。

加陶林阿·戈：《俄罗斯联邦各主体宪法司法监督的理论与组织法律基础》，博士论文，萨拉托夫，2009年。

叶尔莫洛夫伊·阿：《俄罗斯联邦各共和国宪法法院在实施宪法监督中的作

用》，副博士论文，莫斯科，2002年。

热列布佐夫耶·耶：《俄罗斯联邦各主体的宪法（宪章）法院的职权范围》，副博士论文，莫斯科，2003年。

约费弗·姆：《俄罗斯联邦各主体宪法（宪章）法院的权力》，副博士论文，莫斯科，2006年。

《俄罗斯联邦各主体宪法或宪章法院：立法与司法实践的比较研究》，莫斯科，1999年。

科里亚什柯夫弗·阿：《俄罗斯联邦各主体的宪法司法（法律基础与实践）》，莫斯科，1999年。

科里亚什柯夫弗：《俄罗斯联邦中地方的宪法司法：现状与发展路径》，《比较违宪审查》2007年第3期。

米秋科夫姆·阿：《地方宪法司法发展的现代趋势（社会学解释的尝试）》，《宪法与市政法》2007年第14期。

涅斯梅亚诺夫斯·埃：《俄罗斯联邦各主体宪法监督机构的形成与发展问题》，车里雅宾斯克，2003年。

帕夫利科夫斯·戈：《俄罗斯联邦各主体宪法（宪章）法院地位的法律调整的完善》，《宪法与市政法》2007年第3期。

彼得连科德·斯：《俄罗斯联邦各主体中的宪法（宪章）司法（现代法律问题与前景）》，副博士论文，莫斯科，2007年。

斯捷潘诺娃阿·阿：《俄罗斯联邦司法制度中的宪法（宪章）法院》，《宪法与市政法》2008年第4期。

什科拉斯·恩：《俄罗斯联邦各主体中的宪法司法：理论与历史—法律分析》，副博士论文，克拉斯诺达尔，2007年。

第十三编

俄罗斯联邦地方自治的宪法原则

第四十一章
俄罗斯联邦地方自治的形成与发展概要

第一节 地方自治概念

地方自治应被视为一个在组织管理国家领土和公共意义上的各项事务中的结构性因素。在全国范围内,这种管理的组织工作是由国家主管部门进行的。在由国家划分的高级区域单位,考虑其单一制或联邦制结构,分别由行政区域单位或联邦主体的国家机构进行管理。在以下级别的区域构成中(自上而下的)公共管理的问题由地方自治解决。

在这方面,地方自治是最接近居民管理公共事务的形式。在这种管理形式下相当部分的地方事务可以由居民自己决定,为解释其余问题其组成地方自治机关。这些事务本身也因此而被视为是地方性的,直接涉及居民的日常生活问题。在理论与立法中它们可以被称为地方问题。

不同国家对待地方自治的态度不同——从承认并作为宪法法律制度,同时以各种形式和与国家权力的关系予以强化,到否定它。一般来说,对待地方自治的态度可以分为以下几种:

(1)承认地方自治为一个独立的、与国家关联的但组织上仍然脱离国家的居民公共管理形式;这种方式下,地方自治机关不包括在国家权力机构体系中,而是与它们分别存在;

（2）不承认地方自治作为一个在地方活动的机关的现象、形式，作为一国权力的一部分，其基层的一部分；

（3）赋予地方机关双重性质，即其被同时认为既是统一的地方国家权力机关，也是地方自治机关；

（4）一方面，根据结合地方自治的原则编制地方事务的管理，其种类结合地方国家管理——是另一方面。

地方自治的概念产生于具有国家管理的中央集权且常常是官僚体制的国家（德国、英国等），基于以下目的：形成由居民（各阶层）建立承担某些管理地方或者与被授权的国家机关与官员一起参与这类管理任务的地方机构的可能性；摆脱中央权力在有关地方的代表（代理人）的控制或者至少缓解这种状况；吸引居民参与决定地方事务；利用吸引居民及其建立的地方自治机构的组织形式以使地方的意见（观点）上达中央与其在该地方的代表。

在俄罗斯历史上可以找到下面我们将要说的这些方法的每一个表现。

第二节　革命前俄罗斯的地方国家管理、地方与城市自治

俄罗斯走过了相当长的道路形成了地方国家管理和自治制度。16世纪以前采取的是通过代理人和州长管理的地方制度。在县代表大会中从贵族或者大贵族子弟中选出的邑长（或者头人）到莫斯科获得批准和授权。他主要履行行政管理和执法护法任务，从事税收，用其中一部分维持（这种管理得名为"供养制度"）。

从16世纪中叶起，供养制度被废除，引入在邑框架内活动的地方机

构——地方头人，在其之下是书记和所谓最好的人们（地方法官命名的地方官）。建立了等级代表选举机构。财政和税收职能由地方机关、警察——邑县机关履行。在城市中由城市听差实施管理。从17世纪起地方引入军事官吏管理制度，上述机关听命于军事中央任命的负责行政、警察和军事职能的人。

之后，在18—19世纪，管理国家及其组成部分的官僚制度不断加强，但仍与其结合使用一些早期的等级选举制。强国划分为各省，由上级任命的省长执政，同时加强各阶层占据相当部分省级、县级与司法行政职位、管理等级需求的权力。形成了省级和县级贵族会议制度、省级和县级首席贵族职位。在省级机构（机关）中各部在各阶层代表的参与下解决问题。

各城市建立了市杜马大会作为根据6种城市常住居民选出的代表机关。常驻市的管理机构是市参议会——杜马大会选出的6议员杜马，但也有上级委任的行政人员——市长，警察局长；各县的贵族选出县警察局局长（或者警察局长），他主持地方法院，包括县贵族选出的两名陪审员。同时县里还有国家行政机关：警区、县财政部、兵役署、农民事务署、学校委员会。

1864年和1870年农村和城市进行的改革使俄罗斯在实行地方（地方）自治方面取得长足的发展。1964年1月1日的《省级县级机构》条例取消了此前掌管地方捐税、公益慈善、国家粮食等事务的机构（公寓委员会，道路委员会，全国食品委员会，医疗委员会）。由于贵族自我管理，所有与省、县地方经济有关的事务都停止了。建立了地方机构体系：地方选举代表大会，每3年选举一次地方议员（选出地方会议成员）；地方会议；地方参议会。县、市、省级建立了地方机关，乡级没有。

县地方代表大会由拥有土地资格、不动产或者年资本周转资格的人组成。市选举代表大会由有经商执照的人、拥有不低于6 000卢布营业额工商业作坊与某些房地产的业主组成。农村社区的选举由在农村集会上农民选出的复选代表进行。

所列地方自治会应当管理的事务相当广泛：主管地方自治会的财产、资本和货币储备；主管地方慈善机构；照顾国家食品、地方贸易和工业的发展；管理相互的地方财产保险；参与（在经济方面）照管国民教育和国民健康；分摊国家货币储备，其运转委托给地方自治会；地方税的收缴与支出。

每年10月之前县地方会议召开，会期不超过10天。其任职人员有国有资产管理主任、县城市长及其他人员。省地方会议每年12月之前召开，会期不超过20天。除议员外，其组成人员按职务还包括各县首席贵族、各地国有资产管理人员等。

县和省的地方参议会也属于地方机构。其组成人员在相应地方会议的第一次会议上选出。而且地方公共管理部门（当地国库，县财政部）的官员以及神职人员被剥夺了选为其组成人员的权利。参议会由地方会议的议员和其他用于议员选举的积极选举权的人组成。参议会是地方执行机构。县参议会由主席和两个成员组成；主席由省长批准。省参议会由两个成员（他们的人数经内务部审批可以增至6人）和主席组成，其候选人由该部批准；参议会3年选举一次，其职能是日常管理、代表地方自治会的利益、召集地方会议、审理对县参议会的控告。

1870年城市条例规定了以下城市自治：城市选举会议，每3年召开一次选举议员；城市杜马是善于管理的机构；城市参议会是执行机构。城市杜马由主席——市长、议员以及县地方参议会主席和神职部门的代表组成。参议会的全体成员由杜马选举。市长（他也是参议会主席）在省辖市由内务部批准，在其他城市由省长批准，而两个首都的省长由皇帝批准。

国家对地方机关的监督由省长实施。行政监督的专门机构是省地方和城市事务署。其组成有省首席贵族、掌管国库的副省长、地区法院的检察长、省地方参议会主席、省辖市市长以及省地方会议从议员中选出的一个成员。省长有一些重要的权力：许多自治行为需要与他协商；此外，他有权对上述机关动机违法和不切实际的行为提出异议。反过来，地方自治会可以向执政枢密院控告上述机关的决定。

在乡和个别庄村一级活动着农民自治机关。村民组成村社，其机构就是农村大会和村长。村民大会决定的首先是涉及土地所有权、土地在家庭间的分配等经济事务。村民大会上选出乡村干部（村长、税官、面包商店老板、村书记等），安排劳役和税费。

乡是行政单位，由一个或者几个村社组成。平均一乡有2万余人。乡管理机关是乡民大会、乡管委会、乡长、乡书记、乡村警察、甲长及其他干部。乡民大会由从每个村社按每十户一人选出的农民组成。由乡长和全体村社的村长组成的乡管委会是附属于乡长的咨询机构。乡村警察、甲长是警察局的官员。乡长是上述所有权力的执行机构。监督村机关的机构是地方长官。他由内务部长根据省长和省首席贵族的举荐任命。地方长官批准乡长，解除所有村、乡干部的职务，因不执行其合法要求而有权对农民实施3日以内的拘留和罚款，对村和乡管委会的干部有权实施7日以内的拘留和罚款。

虽然公共行政管理对地方自治的影响相当明显，19世纪60—70年代的地方改革仍然建立了某种程度的独立自主的地方政权。一方面，改革为解决村庄、城镇的经济问题（不要忘记这是农民从农奴制解放出来在国内发展资本主义关系的最初几十年）以及教育居民作了不少工作。另一方面，不仅有产阶级而且连普通农民、城镇居民都感觉到了亲自参与实行作为地方公共政权的地方自治的成果。

应当说，因新的居民对参与政权的自觉意识与地方自治会试图摆脱国家行政监管导致了19世纪90年代加强地方自治机关对国家机器的隶属关系与对地方自治会权力的限制。但一般来说地方自治维持到1917年。

1917年2月革命以后，临时政府原则上计划在俄罗斯保留地方自治作为在地方的政权机关。

第三节　苏联时期的地方权力组织

但是1917年十月革命以后,苏维埃政权拒绝当地(地方)自治的概念;连地方政权机构从国家独立并分离的问题也被取消。

新的政权机构普遍地都成了工农兵(红军)代表苏维埃。苏维埃政权实质上正如列宁所言,是地方苏维埃联合起来成为一个统一的以联盟支撑的全国范围的苏维埃政权。

因此,所有的包括村、镇的苏维埃都成了国家统一的国家权力代表机构体系。居民有权参与地方国家权力机构的选举。所有这些机构均在居民中产生。

然而,不仅在名义上而且在选举的方式上都实行社会阶级原则。城市选举代表的数额少于农村,以选举更多的工人进入苏维埃。城市中代表的选举主要按工厂进行,在居民点主要是无工作的居民投票。那些被归于剥削和反革命分子的人口不准参加选举;选举权不是秘密的——不过,正如地方自治会时——代表是在选举人会议上以公开投票的形式选出,秘密投票只是到1936年苏联宪法制定时;全国采取的是所谓的间接选举制度。在该制度下,居民通过直接选举的形式只选出各村庄的农村苏维埃的代表和各城市的城市苏维埃的代表。在随后的所有环节中选出的已经不是议员,而是通过下级苏维埃或者苏维埃代表大会从该苏维埃议员和代表和其他相应公民中选出的苏维埃代表大会的代表。这样的程序,一方面,方便选举,使其更为容易和便宜。在全国范围进行直接选举比较困难。另一方面,间接选举是其组成的过滤方式。弗·伊·列宁曾经直截了当地说过,它们使每一个连续阶段能够有效地阻止可能渗透到苏维埃并从政权内部进行破坏的剥削分子和其他敌对分子参加苏维埃政权。

地方一级政权适合行政区域划分并根据其变化而变化。开始时区域制度的环节有：村—乡—县—省—俄罗斯苏维埃联邦社会主义共和国，后来是村—乡—区—州—俄罗斯苏维埃联邦社会主义共和国。30年代由于改革行政区划，在农村地区村苏维埃取代了乡的建制。

根据组织结构图使用的模式是：苏维埃代表大会——由代表大会选出的执行委员会（执委会）——由执委会选出的执行委员会主席团。城市中直接选举代表时采取的模式是：苏维埃和苏维埃主席团，以及苏维埃主席。

1936年宪法实行直接选举和统一的国家权力机构体系。地方在三个环节（从上而下）：州（或与其相应的）苏维埃；区、市的苏维埃；村（镇）的劳动人民代表苏维埃。

"劳动人民代表苏维埃"取代"工兵和农民代表苏维埃"应当表明，社会的社会性变得更加单一，只由劳动分子组成，无论是直接的敌人还是剥削的敌人都不再有。相应地实行了普遍选举权和直接选举。

苏维埃执行机构体系进行调整——在地方地方苏维埃执行委员会普遍成为这样的机构，它们只从代表中选出，从5—6人到15—17人数不等（考虑级别）。执委会决定所有属于地方苏维埃管辖的问题，苏维埃本身能够决定的问题除外（所谓苏维埃专属管辖权，其问题的范围非常窄）。执行委员会实行双重身份制度：既是相应苏维埃的机构，同时也是国家执行和管理机构。它们作为国家管理机构纳入执行管理机构体系。

苏维埃及其执委会属于垂直的国家政权。上级苏维埃领导下级苏维埃，指导它们的活动。同时它们有权撤销下级苏维埃的决定，而且所根据的理由不仅仅违法，还包括不合理。苏维埃本身对上级苏维埃的决定既不享有异议权也无上诉权。这同样适用于执行委员会。

1977年苏联宪法原则上保留了同样的制度。现在权力机关称为人民代表苏维埃。这不仅强调了其作为人民政权机关的性质，而且强调了该政权的社会基础是由友好的阶层——工人、农民和知识分子所组成的苏联人民全体。

事实上，苏联政权的几十年，地方苏维埃是正式的全权的、全国统一政权的一部分，同时也是薄弱的机构，正如所有其他苏维埃一样。原因是多方面的。其中主要的原因：第一，苏维埃很快变得依赖于行政机关。20年代初期就有一些学者写道，苏维埃执行委员会取代了工农兵代表苏维埃。第二，苏维埃、执委会都依赖于相应的时常代替苏维埃政权机构或预先制定其决定内容的党委。第三，有一种所谓上级任命工作人员形成苏维埃的程序，即党的机构在每次选举之前先推出代表工人、农民等的代表候选人，保证他们在别无选择的基础上被选入苏维埃，很少考虑这些人在多大程度上适合代表工作。总之，他们顺从地听命于党领导的意志。而且代表们并不总是与自己的选民有联系，由于他们是劳动集体推荐的，而居民是按照自己的居住地进行选举（代表在一个小区工作，在另一个小区生活，而被第三个小区选为代表是常有的事）。第四，苏维埃并不经常开会，2、3、4个月一次，其余时间代表们在自己的劳动集体，在权力代表机关没有必需的工作技能。第五，苏维埃决定的问题范围很窄，起主要作用的是执委会。物质基础往往是薄弱的，位于苏维埃领域上的企业可以解决相当多的问题，部分满足居民的需求。

定期作出党的决议或者党与国家机关联合作出的关于提高苏维埃作用的决议。但在现实中并没有多大改变。

戈尔巴乔夫和他的支持者开始改革，试图直接加强苏维埃的地位。为此，设置了苏维埃主席职位，与现有的执行委员会主席并存。但是这并未产生显著的效果。在改革的浪潮中，苏维埃进了许多新人，他们想改变这个国家，并认为这可以通过苏维埃作为代表机关来实现。总之，苏维埃开始取代执行机构，干涉其业务活动。因此，形成了地方政权组织内的复杂关系。需要寻找新的出路。

第四节　向地方自治制度的过渡

在这种形式下，又重新产生了恢复地方自治的思想，作为最基层区域单位的公共政权组织的原则方案。

需要解决几个问题：

（1）或者将地方苏维埃称为地方自治机关，但保留其国家权力机构的性质，这些机构是全国统一制度的一部分；或者把地方自治机关与国家权力分离并使其脱离国家机构体系；

（2）或者保留苏维埃之间的领导、指导活动、监督和从属关系，即其分为上下级；或者规定国家权力机关与地方自治机关之间不存在这种关系并在自己的权力和职责范围内地方自治机关独立自主，他们的关系应该建成为一种合作关系。原则上地方自治机关活动的某种配合是可以的，但应在法律的范围内。监督只能针对交给地方自治机关的国家权力的行使，与转交给地方预算的公共资金的使用；

（3）那么原则上解决了这一问题：按苏联时期的模式上级苏维埃有权撤销下级地方苏维埃的决定；在地方自治条件下国家权力机构只能提出撤销这类行为的问题，如果这不是自愿所为，那么应当通过司法程序达到撤销行为的目的；

（4）按苏联时期的模式是单一的国家所有制，该所有制的部分交由地方苏维埃支配。按地方自治模式还存在着个体所有制形式——市政府所有制。其与国家权力分离，处于地方自治机关的掌握、使用和支配之下；

（5）按苏联时期的模式执行委员会是隶属于苏维埃和上级国家管理机构的国家管理机构。在向地方自治模式过渡时，很明显，将由合议制的执行机构过渡到地方自治的个人领导，且在法律上独立于上级权力。但要从法律上取代执行委员会对苏维埃明确负责制，在地方自治条件下，产生了领导与城市构成的代表机构的复杂关系；

（6）在苏维埃时期执委会的在编工作人员是具有全部应有权利义务的国家公务人员。按地方自治模式相应的人员是城市公务人员。

在这条道路上的第一步实践是1990年4月9日通过的苏联法律《苏联地方自治和地方经济一般原则法》。其中地方苏维埃体现了两个原则——国家权力机构和地方（人民）自治。这种做法也反映在1990年12月修改的苏联宪法中。其中保留了有关在区域单位内相应的人民代表苏维埃是国家权力机关（第145条）的规定。与此同时，在地方自治体制中，除地方人民代表苏维埃之外，能够发挥作用的还有领域内的社会自治机构、公民会议、其他直接民主的形式。换句话说，既有将国家权力与自治原则结合起来的主要制度环节，也有纯粹社会性的环节。

但是在俄罗斯联邦实现脱离国家权力的地方自治的思想坚定不移地为自己打通了道路。它经历了几个宪法巩固的阶段。

1991年5月24日宪法改革时，其第七篇标题"俄罗斯苏维埃联邦社会主义共和国地方国家权力与管理机构"进行了补充，改为"地方自治"。可在该篇第一章的名称中——第17章"地方人民代表苏维埃"却增补为"与区域社会自治机构"。宪法第137条中，第17章从其开始，在罗列地方国家权力机构时已不再称为区、市、市辖区、镇、村苏维埃。虽然根据宪法一般条款（第85条）所有苏维埃都是国家权力代表机构的统一体系，宪法第138条第1款仍明确规定了地方自治："区、市、镇、村居民点由居民通过相应的地方人民代表苏维埃作为地方自治体制的主要环节，区域社会自治机构，以及地方公投、会议、公民集会、直接民主的其他形式实行地方自治"。1991年7月6日通过的俄罗斯苏维埃联邦社会主义共和国法律《俄罗斯苏维埃联邦社会主义共和国地方自治法》中，地方苏维埃被称为权力代表机构——没有"国家"一词。

在1991年5月24日宪法改革时，取代地方苏维埃执委会的是"地方行政机构"概念。它对地方苏维埃和上级执行与管理机关负责。但原则上的创新在于地方行政机构已经不是相应的地方苏维埃机构了。

接下来的重要一步是1992年4月21日宪法改革时迈出的。这一次地方自治机构从国家权力机构中排除。这次改革中反映了俄罗斯联邦的联邦性质，共和国、区、州、直辖市、自治州、自治区被称为联邦主体。相应的联邦主体权力机构，所有的级别，共和国除外，以前被认为是地方国家权力机构，只不过现在成了俄罗斯联邦主体的国家权力机构。反过来，宪法中反映出，区、市、市辖区、镇的苏维埃是地方苏维埃，它们包括在地方自治体系中。这样，在宪法层面上，正式形成了俄罗斯联邦国家权力与地方自治的完全分离。

地方自治体系内部的发展并非十分顺利。特别是没有感觉到居民参与实行地方自治。更重要的是，没有看到地方自治代表机构与行政首脑的相互理解。不仅如此，权力的上层——人民代表大会、俄罗斯联邦最高苏维埃与俄罗斯联邦总统之间的斗争也在地方自治机构层面显露出来。看到自己在权力执行机构、地方行政机构的支持，俄罗斯联邦总统加强了执行的垂直性——地方行政机构也是其中一部分。1993年秋的紧张事件中，俄罗斯联邦总统10月9日和10月26日发布法令停止各区、市、镇和农村苏维埃的活动，其职能改由相应的地方行政机构履行。

1993年10月26日的总统法令批准了俄罗斯联邦渐进式宪法改革时期以地方自治组织为基础的条例。其中确定了下列地方自治体系概况：在5 000以下人口的城市和农村居民点：会议、公民集会和当选的地方自治负责人；5万以下人口：代表的选举会议和当选的地方自治负责人（行政首长）；5万以上人口：代表的选举会议和上级任命或者居民选举的地方自治负责人；在农村地区：地方自治负责人（行政首长），没有指明是选举还是任命，可以形成由包括在居民区的地方自治机构的代表组成的地方自治机构；在村苏维埃区域：地方自治负责人（行政首长）也没有指明是选举还是任命，可以形成由农村居民点地方自治机构的代表组成的地方自治机构。

1993年俄罗斯联邦宪法包括第1章第12条和第8章"地方自治"。第12条在俄罗斯联邦宪法制度一章中，所以，地方自治的存在是目前俄罗斯制度的特色之一。此外，第12条增加了地方自治在自己权限范围内的自主性，地方自治机构不包括在国家权力机构体系中——这意味着组织上与其分离。

1995年8月28日的联邦法律《俄罗斯联邦地方自治组织的一般原则法》反映了宪法规定。起草该法时有过几个草案，为首的是议会和总统的。对许多问题展开了激烈的争议。特别是总统的法案建立在"地方共同体"这一概念之上。从表面上看，这种想法是有吸引力的：如果我们生活在某一区域，我们就是一个共同体（社区），其特点是地域统一，对共同事务由集体管理。然而也有危险性：共同体可能成为独立的单位，像一种公司，封闭的系统——不是每个人都可以成为共同体的成员，不排除像录取进入共同体那种程序。那么不接受进入共同体（社区）也是可能的，根据"外籍"特征、不属于该阶层等拒绝"外人"。1995年联邦法律拒绝了"地方（区域）共同体"的概念。为发展宪法，它赋予了居民即所有在相应区域内生活的人参加地方自治的权利。

法律加强了地方自治的地域基础，规定其存在于城市和农村的居民点——市镇构成中。问题在于，将有多少级地方自治和市政结构，留给联邦主体定夺。地方自治机构体系中，该法规定了地方自治的代表机构和各市政当局负责人，其可能或由居民或由市政当局代表机构选举产生。该法加强了地方自治的经济和财政基础。

参考文献

С.А.阿瓦基扬：《地方自治的俄罗斯模式的特殊性与其完善途径》，《莫斯科大学学报》2008年第2期、第3期。

С.А.阿瓦基扬：《俄罗斯联邦地方自治的宪法基础：15年发展的总结、现状》，

《宪法公报》2008年第1期。

  阿佐夫金伊·阿:《权力机构体系中的地方委员会》,莫斯科,1971年。

  韦利霍夫尔·阿:《城市经济的基础》,莫斯科,1928年。

  格拉西缅科戈·阿:《俄罗斯的地方自治》,莫斯科,1990年。

《革命前俄罗斯的地方与城市自治》,莫斯科,1996年。

  拉普捷娃耶·耶:《俄罗斯的地方机关》,莫斯科,1993年。

《俄罗斯的地方自治:现状、问题与前景》,莫斯科,1994年。

  佩尔齐克弗·阿:《苏联地方自治问题》,伊尔库茨克,1963年。

  波斯托沃伊恩·弗:《地方自治:历史、理论、实践》,莫斯科,1995年。

  切尔尼克伊·德:《地方自治的基础理论:产生与发展》,莫斯科,1996年。

第四十二章
俄罗斯联邦地方自治

　　1995年8月28日联邦法律《俄罗斯联邦地方自治组织的一般原则法》对于巩固和发展地方自治起到了积极的作用。然而,在该法实施过程中产生了许多问题。首先,并非所有的城市和农村居民点都建立了地方自治。而建立了地方自治的地方,认为作为地区形式的同一水平比较好,没有形成各乡镇和农村地区的市政单位,因此,地方自治距居民不是很近而是远离他们。由此产生了地方自治的代表机构与市政机构领导之间的复杂关系。后者往往成为不仅仅独立于代表机构,而且同时占据着国家杜马、委员会等主席的职位,实际上是使代表机构归自己领导。地方自治的物质—财政基础仍然很弱。地方自治与国家权力的关系是复杂的,而且在各个方面:根据与地方自治组织分离的因素,国家权力对其不予帮助或幕后(有时直接)干预地方自治的活动。同时,地方自治有时感到自己不受监督,可能发生作为国家预算扣款的财政资金的不正当支出,而国家权力却无法对地方自治产生影响。

　　为了进一步改革地方自治,2003年10月6日通过了《俄罗斯联邦地方自治组织的一般原则法》。它完全应该从2006年开始运行,但后来推至2009年。在这段时间里,通过了42个有关修改和补充该法律的联邦法律,而且现在因其实施仍然产生不少问题。不过,俄罗斯联邦宪法以及该法律的规范是审查俄罗斯联邦地方自治目前状态的基础。

第一节　地方自治组织的本质和基础

一、地方自治的概念

俄罗斯联邦宪法与2003年联邦法律对地方自治的本质和内容作出以下解释：俄罗斯联邦的地方自治是人民在俄罗斯联邦宪法、联邦法律确定的范围内保障实现自己权力的形式，在联邦法律——俄罗斯联邦主体法律规定的条件下，居民从本身的利益出发，考虑历史与其他地方传统，独立自主并负责任地直接和（或）通过地方自治机构解决地方问题。

理解这一定义，得出地方自治的下列要点：

（1）俄罗斯联邦宪法制度的组成部分。当地政府的存在是俄罗斯组织所有政治社会关系的主要支柱之一。所以有关"俄罗斯联邦承认并保障地方自治"的条款规定包含在规定宪法政治制度基础的俄罗斯联邦宪法第1章中；

（2）俄罗斯联邦人民的公权力形式之一。在加强民主原则的俄罗斯联邦宪法第3条中规定，人民直接实现自己的权力，也可通过国家权力机构和地方自治机构实现自己的权力；

（3）人民根据其责任决定地方问题即对于相应居民生存区域重要的问题的权利。此外，也应当承认居民通过地方自治制度就市政机构是其组成部分的较大范围的区域生活以及国家整个生活问题表达自己意见的权利。对该意见应当在准备与制定相应的国家决定时予以考虑；

（4）居民直接管理与其组成机构管理相结合。如果居民不亲自参与实现其任务、解决地方问题，便没有地方自治。但是地方自治不能只限于直接民主制度。借助于这些制度居民形成选举出来的地方自治机构（而它们反过来又可能会形成其他地方机构），为其利益活动并解决地方问题；

（5）地方自治与国家权力分离。俄罗斯联邦人民的一切权力说明"公权力"的范围。它分为这么几种（方面），诸如国家权力、社会权力和地方自治权力。因此，地方自治与国家权力一并实现。而且俄罗斯联邦宪法第12条反映出，地方自治在其权限范围内独立自主，也就是说，它在民间社会是独立自主的，独立于政党、其他社会团体等。特别是——在与国家权力机构的关系中的独立自主性。根据宪法第12条，地方自治机构不包括在国家权力机构体系中；

（6）以公民实行地方自治的宪法权利为基础的组织。这一权利同时是个人和集体的权利。俄罗斯联邦宪法第130条和2003年联邦法律第3条宣称，俄罗斯联邦公民通过参加地方全民公决、市政选举，通过其他直接表达意志的形式以及通过地方自治的选举机构和其他机构实行地方自治。公民可以亲自实现该权利。同时很显然，结果往往是通过集体的努力实现的。公民享有各种实行地方自治的权利，不分性别、种族、民族、语言、出身、财产和职位、对宗教的态度、信仰、所属社会团体等。

法律宣称，经常或主要居住在市镇构成区域的外国公民，根据俄罗斯联邦国际条约和联邦法律在实行地方自治时享有权利。这意味着外国人可以被赋予地方自治机构的选举权和被选举权，利用其他机会，如果：（1）俄罗斯与其他国家签署了条约并在其中反映有相应的规定；（2）为此法律反映了外国人参与实行地方自治的权利；（3）外国人经常或者主要居住在他想实现自己利益的市镇构成的区域。

二、地方自治与国家的相互关系

国家不领导地方自治，如果领导理解为：（1）形成地方自治；（2）给其指令；（3）经常监督并监管其活动；（4）撤销其行为。

同时地方自治的独立自主性及其机构与国家权力机构的分离并未

提供得出地方自治独立于国家结论的理由。地方自治与国家的相互关系建立在以下基点上。

第一，国家在宪法和法律中宣布实行地方自治，其独立自主，同时详细规定了地方自治的组织。地方自治在国家法律的框架内享有独立自主性。地方自治在其章程和其他规范性法律文件的范围内调整其活动的权利也受国家保护。而这些法律文件本身则不得超越授权的范围。

第二，国家不仅可以限制自己与地方自治的管辖范围，而且可以使地方自治参与实现国家职能。在这种情况下地方自治机构是以国家的名义作为并参与行使国家权力——此时，地方自治同时作为社会和国家权力而具有双重性质。该相互关系的特殊性反映在宪法第132条第2款："地方自治机构可以被法律授予独立的国家权力并授予为其实现所必要的物质与财政资源。授权的执行情况受国家监督。"

第三，国家的目的是支持地方自治。俄罗斯联邦宪法确认的地方自治机构与国家权力机构分离应当仅在一个意义上理解——为了保障地方自治的独立自主性。但不应因此，国家及其机构就可以对地方自治说：你是自由的，独立于我们，所以随心所欲吧。没有国家的帮助地方自治是不能胜任其任务的。

国家对地方自治的支持主要表现在以下方面：

（1）从国家预算拨款填补地方预算的财政资金；补偿国家权力机构作出的决定引起的额外费用；提供补贴、津贴及其他形式的财政援助；

（2）支持地方自治的日常运作；

（3）组织与地方自治机构、市政构成的合作项目；

（4）承担起那些地方自治没有能力或者很难解决但与其利益有直接关系的任务（能源、公用设施、道路、通讯等）；

（5）保护地方自治的利益，包括试图限制其权利；

（6）为地方自治提供司法保护其利益的权利；

（7）总结与传播地方自治的先进经验。

第四，国家及其机构都有权监督地方自治运行中对国家的利益和法律规范的维护。地方自治必须遵守国家法律，有机构对此进行控制和监督，且他们正为地方自治遵守这一规则而努力。2003年联邦法律规定，地方自治对国家负有遵守立法的职责，且地方自治应当撤销与法律相抵触的行为。

监控地方自治活动是否符合国家利益——不言自明。不幸的是，有时地方自治的独立性过大，这在国内是存在的，被视为不受管理的实体。这是不行的。国家有权控制地方自治的活动，不仅从合法的角度，也符合国家的利益，即使没有正式违法。当然，这时产生有所谓的合理因素，例如，地方自治机构有权为某些目的而直接资助，而国家机构看到另一种使用它们的方式。有国家机关对地方自治进行细微而经常监管的危险。但是这要求的不是拒绝国家要求在地方自治中考虑全国利益的权力，而是从法律上澄清体现国家利益的问题（财务、领土变更、公共秩序、公民权利等），地方自治机构与国家机构就决定草案取得一致、解决冲突机制的程序。

第五，国家没有对地方自治行为的行政撤销权。如果事先协商一致并没有致使发布相应法案的机构本身将其撤销，则任何有关地方自治相应法案合法性的争议应通过司法程序解决。对于地方自治的某些种类的行为，除法院外，认为其无效的其他途径一般不可行，如当地公民投票的决定。

三、地方自治的区域组织

在整个俄罗斯联邦被称为市镇的区域单位中实行地方自治。市镇依法是指：(1)城市居民点；(2)农村居民点；(3)市辖区；(4)市区；(5)直辖市市区。

2003年联邦法律规定了所谓的两级制地方自治。但是级别的存在不以彼此从属为条件——一般对地方自治的关系不作从属的规定。起初立法者将分级与其他因素联系起来,其中被认为较高的可被授予某些国家权力;该级别被叫做市辖区和市区。的确,对2006年12月29日法律的补充将能够行使某些国家权力确认为基层——村和市居民点所有,使这种划分级别的标准不再具有决定性。所以,最好把地方自治的级别叫做第一级和第二级。

第一级地方自治,如果"从下而上"的话,指下列市镇:农村居民点、城市居民点、直辖市市区。

农村居民点是由居民直接与(或)通过地方自治选举机构和其他机构实施地方自治的一个或者几个总面积合并的农村居民点(镇、大村落、农村、田庄、村庄、山村和其他农村居民点)。

城市居民点是由居民直接与(或)通过地方自治选举机构和其他机构实施地方自治的城市或村镇与毗邻的领土(在城市居民点的构成中也可能有根据2003年联邦法律与俄罗斯联邦主体的法律不是农村居民点的农村居民点)。

直辖市市区是直辖市领土的一部分,在其范围内由居民直接与(或)通过地方自治选举机构和其他机构实施地方自治。不要忘记,莫斯科和圣彼得堡是直辖市,所以,对于其他内部分为区或县的城市,根据新法没有规定地方自治。

第二级,也是较高一级的地方自治,代表是如市辖区、市区那种市镇构成。

市辖区是几个居民点或者居民点与总面积合并的村际区域,为了解决具有地方意义的镇际性问题,由居民直接与(或)通过地方自治选举机构和其他机构实行地方自治,这些机构能够行使某些联邦法律和俄罗斯联邦主体法律授予地方自治机构的国家权力。

市区是不属于市辖区组成的城市居民点,其地方自治机构行使权力决定现行联邦法律规定的居民点具有地方意义的问题和市辖区具有地方意义的问题，也可以行使某些联邦法律和俄罗斯联邦主体法律授予地方自治机构的国家权力。

市辖区是唯一的包括其他市镇构成——农村居民点和城市居民点的市镇构成形式。此外，市辖区包括居民点和所谓的村际区域——居民点边界之外的区域。

市镇构成的地域界限由俄罗斯联邦主体的法律确定和变更。在这种情况下应当遵守2003年联邦法律确定的一系列规则。特别是，俄罗斯联邦主体整个领域，除了低人口密度地区，在居民点——即第一级市镇构成之间划出界限，其反过来又构成市辖区（因此，市辖区之外留下的只有市区）。

定居点的地域有历史上形成的居民点土地，相邻的共用地，相应定居点居民传统上自然利用的区域，休闲用地，居民点发展用地；这时组成居民点区域的土地不论其所有制形式和用途如何。

城市居民点境内可有一个城市或者一个村镇及毗邻区域，以及不是市镇构成的农村居民点。而在农村居民点境内可有一个农村定居点，人口数一般为1 000人以上（高人口密度区域为3 000人以上）和（或）几个总面积合并的农村定居点，人口数每1 000人不到（高人口密度区域为每3 000人不到）。某些例外是允许的并得到俄罗斯联邦主体法律的确认。

居民点区域的规模考虑其人口数确定。在确定农村居民点的边界时，考虑所谓的步行可达因素——如果其中包括几个定居点，应当使每个居民都能在一个工作日内到达农村居民点的行政中心并返回。对市辖区法律则推出了交通可达标准——到区行政中心并返回，每一居民点的居民应当在一个工作日内能够"往返"。

作为市镇构成的市区由俄罗斯联邦主体的法律建立，通过转型为城市居民点或者市辖区的市镇单位。条件是具备已经形成的、对于城市居民点地方自治机构独立自主地解决市区具有地方意义的问题与行使联邦法律和俄罗斯联邦主体的法律授予上述机构的某些国家权力所必须的社会、交通和其他基础设施。

边界的变化以及市镇构成的转型（合并、分立以及由于赋予其市区地位或者取消其市区地位引起的城市居民点地位的改变）由俄罗斯联邦主体的法律根据居民、地方自治机构、俄罗斯联邦主体国家权力机构、联邦国家权力机构的提议进行。某些类型的改革需要得到居民同意，通过投票或者公民集会表达，或者居民的意见能够由相应的市镇代表机构表达。

市镇构成根据联邦立法和徽章规则有权确定反映历史、文化、民族和其他地方传统与特殊性的官方标志。官方标志及其使用方式由市镇章程和（或）市镇代表机构的规范性法律文件规定。

第二节　市政机构的权限

市镇的权限范围在两个相互联系的概念中被揭示出来——管辖的对象与职权。管辖的对象是地方自治与其机构活动中的公共生活领域；职权是地方自治与其机构履行其职能的权利与责任。

市镇的权限范围在俄罗斯联邦宪法和联邦立法中通过"具有地方意义的问题"这一范畴揭示出来。2003年联邦法律将其定义为"市镇居民生活活动的直接保障问题，由居民和（或）地方自治机构独立自主地根据俄罗斯联邦宪法和现行联邦法律解决"。

据此，划分"具有地方意义问题"范畴的基础应当不是在俄罗斯联邦主体一级的问题或者联邦整体所具有的独立中看到。在大多数情况下，情况正好相反——地方问题是国家问题的延续。对地方问题的选择标准如下：(1)对该区域及其居民的生计非常重要；(2)居民或者地方自治机构在解决这些问题中的独立性。

2003年10月6日联邦法律《俄罗斯联邦地方自治组织一般原则法》明确了居民点（即农村与城市居民点共同的）、市辖区和市区的地方问题。事实上，法律文本特别经常地将同样的表达方式用于指称市镇的地方问题。这并不奇怪，因为地方自治原则上处理所有级别的同样问题。

我们列出一个属于多数市镇管辖的地方问题概括性的一览表：

（1）制定、批准、执行市镇预算并监督该预算的执行；

（2）设立、变更、取消市镇的地方税、费；

（3）占有、使用、配置市镇的市属财产；

（4）组织市镇范围内的电力、热力、燃气、居民供水、排水、居民供暖；

（5）在定居点范围内对地方车道有关的道路活动，以及根据俄罗斯联邦立法行使车道使用权及实施道路活动；

（6）为居住在居民点且需要改善住房条件的低收入公民提供住所，组织建设和维持城市住房基金，为住房建设创造条件；

（7）为向居民提供运输服务并组织居民交通服务创建条件；

（8）参与预防恐怖主义和极端主义，以及尽量减少并（或）消除在居民点范围内出现的恐怖主义和极端主义的后果；

（9）参与预防和消除市镇辖区内紧急情况的后果；

（10）保障定居点内消防安全的初级措施；

（11）为向居民提供通信、公共饮食业、商业和日常生活服务创造条件；

（12）组织居民的图书馆服务，充实并保障市镇图书馆馆藏图书完好保存；

（13）为组织休闲和向居民点居民提供文化组织服务创造条件；

（14）保护、利用和推广市镇所属的文化遗产（历史和文化古迹），保护当地（市镇）的文化遗产（历史和文化古迹）；

（15）为发展当地传统民间艺术创作创造条件，参与保护、恢复和发展民间手工艺术；

（16）为在市镇区域发展体育和群众体育运动提供条件，在该区域组织进行正式的体育健身和体育活动；

（17）为大规模的居民休闲创造条件并组织安排大规模的居民休闲场所；

（18）组织收集和处理日常生活的废物和垃圾；

（19）组织市镇区域的美化和绿化，利用、维护、保护城市森林、市镇定居点范围内的特别自然保护区的森林的再生；

（20）批准市镇的总体规划，土地利用和建筑规则，批准以总体规划为基础制定的用地规划文件，颁发建筑许可证、居民点区域实施建设、改造、大修基本建设项目时项目启动许可证，批准城建设计的地方标准，为市镇需要储备土地与没收包括赎卖地段，对使用土地实施土地管制；

（21）组织街道照明并安装街道名称与门牌号码标识；

（22）组织礼仪服务，维护墓地；

（23）民防的组织与实施，保护居民和区域避免发生自然与人为的紧急情况；

（24）在市镇区域创建、维持并组织紧急救援服务事业与（或）紧急救援队；

（25）组织并实施动员培训市镇企业和机关的措施；

（26）执行确保人们在水工程项目中的安全、保护人民生命与健康的各项措施；

（27）创建、发展并保障地方的医疗卫生保健地和疗养院；

（28）协助发展农业生产，为发展中小型企业创造条件；

（29）组织和执行居民点儿童和青少年工作的措施；

（30）在俄罗斯联邦水法确定的范围内行使水体所有者的权力，向居民提供其使用限制的信息；

（31）实施市级森林管控和监督；

（32）为居民保护公共秩序自愿组织的活动创造条件。

地方问题对市镇来说具有共同性时,不同级别有其自身的特点。上级预设组织任务是为了整个地区和下级市镇的利益,这在定义地方问题与配置给相应级别时都应考虑到。例如,每级地方自治编制并通过自己的预算。同时,市辖区包括的居民点用其预算资金对预算保障水平的补偿被列入市辖区管辖范围。组织定居点的电力和天然气公用事业被列入市辖区管辖范围,而居民使用这些及其他资源直接服务则是居民点的任务。为低收入的人们提供住房与住房服务是居民点的活动范围,其中区的地方问题这里没有提及。

市辖区管辖范围包括根据普通教育基础纲要组织提供大众化的和免费的普通小学、普通基础、(全日制)普通中学教育,教育过程的财政保障权力除外,这属于俄罗斯联邦主体国家权力机构的权力;在市辖区领域内组织提供更多的教育和大众化的免费学前教育,以及组织儿童们在假期的休息。居民点的地方自治机构可以协助有关任务的落实。

居民的公共图书馆服务是居民点的任务。而市辖区则负责组织村际图书馆为居民提供图书馆服务,配套并保障图书馆馆藏的完善保存。

市辖区负责组织提供救护车(卫生航空除外)、门诊和医院机构的初级医疗卫生保健。居民点协助解决相应的问题,特别是这直接反映在它们对居民的服务上。

市辖区公安局组织维护市辖区区域的社会治安是市辖区的地方问题。居民点参与解决该问题。

居民点负责收集与处理生活废物和垃圾,市辖区组织生活和工业废物的有效利用与重新加工。

2003年联邦法律在规定不同类型市镇地方问题范围的同时,从一开始就允许地方自治机构也解决其他一些问题,如果它们不属于某些市政单位或者其他国家权力机构管辖。对这一问题的调整通过2006年12月29日的补充得到了解决,2003年法律列入了某些有关居民点、市辖区与市区地方自治机构解决不属于相应级别地方问题之问题的权力的条款。

第一，规定居民点、市辖区和市区的地方自治机构有权：建立市镇博物馆；参加组织并资助本辖区为遭遇就业困难的公民以及14—18岁的未成年人的临时就业进行的社会工作；参加实施监护与慈善救济的活动；为在本辖区开展与实现地方民族文化自治权有关的活动创造条件；促进俄罗斯联邦各民族的民族文化发展和国际关系领域的措施在本辖区内实施；参与组织和实施动员培训位于居民点区域的市属企业和单位的措施；为旅游业发展创造条件。

此外，居民点的机构取得了以下权力：在居民点没有公证人的情况下进行法定的公证活动；在2005年3月1日前实施资金筹措和共同筹资修缮市镇的住宅（这一权力也被授予市区地方自治机构）。市辖区、市区的地方自治机构为了在其区域提供初级的医疗卫生救护，有权在医疗单位结构内创建紧急医疗救护服务。市区地方自治机构被授权建立高等专业教育的市镇教育部门。

第二，保留并扩大了对某些部分的调整，即居民点、市辖区、市区的地方自治机构有权参与实施其他的根据法律未授予它们的国家权力，如果联邦法律规定了这一参与，以及决定不属于其他市镇地方自治机构、国家权力机构权限范围且未被联邦法律和俄罗斯联邦主体的法律从其权限范围中排除的其他问题——但做这一切只能利用地方预算本身的收入（联邦预算和俄罗斯联邦主体预算提供的补助和补贴除外）。

此外，个别居民点地方自治机构有权与市辖区地方自治机构签署有关将自己的部分利用补助金的职权的执行授予它们的协议，该补助金是从这些居民点预算提供给市辖区预算的；市辖区地方自治机构反过来有权与个别居民点的地方自治机关签署有关将自己的部分利用补助金的职权的执行授予它们的协议，该补助金是从市辖区预算提供给有关居民点预算的。

2003年联邦法律授予居民点、市辖区和市区的地方自治机构下列职权：

（1）制定市镇章程并对其进行修改和补充,颁发市属法律文件；

（2）确定市镇官方象征；

（3）建立市属企业和单位,筹措市属单位资金,形成和安排市政采购；

（4）确定市属企业和单位提供服务的税率,联邦法律另有规定的除外；

（5）组织筹备与进行市政选举,就罢免代表、地方自治机构选任成员、地方自治选任的公职人员进行地方公决、投票,就市镇区域变更、市镇改革问题进行投票,并给予物质技术上的保障；

（6）制定并组织执行市镇综合社会经济发展规划和纲要,并组织收集表明市镇经济与社会领域状况的统计指标,通过俄罗斯联邦政府确定的程序向国家权力机构提供上述数据；

（7）建立公布市级法律文件、其他官方信息的大众传媒刊物；

（8）根据联邦法律实行国际和对外经济联系。

（9）组织培训、轮训、提高地方自治民选公职人员、地方自治民选机构成员、市镇代表机构代表的技能,并组织对市镇雇员和市级单位的工作人员的专业培训、轮训与提高技能；

（10）地方自治机构根据该联邦法律、市镇章程也可以享有其他职权。

如前所述,地方自治机构可被授予某些国家权力。这产生一个问题:什么是"某些国家权力",且通过什么程序授权给地方自治机构？

2003年联邦法律第19条采取这样一种态度:如果地方自治机构的权力由联邦法律与俄罗斯联邦主体的法律规定并涉及该联邦法律不认为是地方问题的问题,则其即为实施而授予地方自治机构的某些国家权力。为了进行适当的调整,可以使用的只能是法律(联邦或者俄罗斯联邦主体的法律)形式,通过其他规范性法律文件授予地方自治机构某些国家权力是不允许的。

地方自治机构可以被无限期地授予某些国家权力,或者授予某些国家权力在这些权力的有效期内行使,如果这些权力具有某种有效期的话。

某些授予给地方自治机构的国家权力的财政保障只能利用从有关

预算提供给地方预算的补贴中加以实现。地方自治机构有权继续使用他们自己的物质资源与财政资金——在市镇章程规定及实施交给它们的某些国家权力的情况下。

就地方自治机构行使某些国家权力的问题,在联邦法律与俄罗斯联邦主体法律规定的情况下,联邦行政机构和俄罗斯联邦主体的行政机构有权在自己的权限范围内颁发具有执行约束力的规范性法律文件并对其执行实施监督。

地方自治机构负责在市镇为此目的划拨的物质资源和财政资金的范围内行使某些国家权力。

国家权力机构负责对地方自治机构行使某些国家权力以及对为此目的所提供的物质资源和财政资金的使用进行监督。地方自治机构与地方自治公职人员应当向授权的国家机构提供与行使某些国家权力有关的文件。当出现违反法律就地方自治机构或者地方自治公职人员行使某些国家权力的问题规定的要求时,被授权的国家机构有权发出地方自治机构及其公职人员执行必须遵行的消除此类违法的书面指示。可以对上述指示提起司法诉讼。

第三节 居民直接实行地方自治与参与地方自治的形式

2003年10月6日联邦法律《俄罗斯联邦地方自治组织的一般原则法》规定了一套地方自治中采取并允许居民参加决定地方问题的直接民主制度。据此,在本书第三编给出了直接民主制度的特点。

第一,地方公决。其为居民直接决定地方问题而进行并应当覆盖市镇的整个区域。

关于安排地方公决的决定由市镇代表机构根据倡议作出，倡议的提出由：(1)有权参加地方公决的俄罗斯联邦公民（应当收集能够参加当地公决的不少于5%公民的签名）；(2)其章程规定参加选举与（或）公决并在联邦法律规定的程序和期限内登记注册的选举协会、其他社会团体；(3)市镇代表机构联合地方行政首脑。

市镇代表机构应当自收到提出进行地方公决的倡议文件之日起30日内安排地方公决。居住地位于市镇境内的俄罗斯联邦公民有权参加地方公决。

地方公民投票通过的决定在市镇区域内必须得到执行，且无需任何国家权力机构、其公职人员或者地方自治机构的批准。

举行地方公决的决定以及公民投票通过的决定可能被公民、地方自治机构、检察长、联邦法律授权的国家权力机构诉诸司法程序。

第二，市政选举。这类选举是为了选举代表、地方自治选举机构的成员，选任地方自治公职人员在普遍平等和直接选举权的基础上以无记名投票的方式进行。它们由市镇代表机构在市镇宪章规定的期限内指定。在联邦法律有规定的情况下，市政选举由市镇有关选举委员会或者法院指定。

进行市政选举时公民选举权利的保障、任用、培训、实施和统计市政选举结果由联邦法律和据其制定的俄罗斯联邦主体的法律规定。

市政选举的结果应当正式公布（颁布）。

第三，表决罢免代表和地方自治选举机构的成员。有关地方自治的立法规定，居民选举出来的代表和地方自治公职人员的权力可能由于他们的罢免而提前终止。

2003年联邦法律规定，表决罢免代表、地方自治选举机构的成员、选任的地方自治机构公职人员。罢免有关人员的理由只能是其经司法程序确认情形下的具体违法决定或者作为（不作为）。罢免程序必须给被罢免的人提供一个机会向选民解释作为罢免理由而提出的各种情况。

如果赞成罢免的投票不少于市镇（选区）登记选民的一半，则认为代表、地方自治选举机构的成员、地方自治选任公职人员已被罢免。

第四，关于市镇边界变更与改革问题的表决。根据2003年联邦法律，为了取得居民的同意，在市镇边界变更、市镇改革时应就该问题进行投票。在市镇整个区域或者部分区域内进行这种投票。

表决由市镇代表机构指定并按照联邦法律与据其制定的俄罗斯联邦主体的法律为进行地方公决考虑该联邦法律规定的特点而规定的方式进行。这种表决时，首先，允许国家机构、地方自治机构、公职人员进行宣传；其次，这种情况下，投票能够表达居民的意愿，但有关变更市镇边界或者改革的决定则应由俄罗斯联邦主体的法律予以确认。

如果享有选举权的市镇或者部分市镇居民半数以上参与了投票，关于变更市镇边界或改革的表决应视为有效。如果赞同变更市镇边界、市镇改革的投票超过参加表决的市镇或者部分市镇居民半数以上，则被视为已经取得居民的同意。

第五，公民集会。2003年联邦法律规定，在享有选举权的居民数量不少于100人的定居点，要决定地方问题应当举行公民集会。定居点享有选举权的居民半数以上参加公民集会即为有效。公民集会行使市镇代表机构的权力，包括市镇代表机构的专属权限。

公民集会可由市镇首脑自主召集或者根据定居点10人以上的居民提议召集。公民集会的举行受到地方行政首脑保障。地方自治选举人必须参加公民集会。市镇首脑或者其他公民集会选出的人主持公民集会。

如果超过集会参加者半数以上投票赞同，公民集会的决定即被视为通过。公民集会通过的决定在定居点区域必须得到执行。

第六，公民的立法倡议。立法倡议的实质在于公民提出本市应由地方自治的有权机构或者公职人员审议的法律文件草案。享有选举权的公民可以市镇代表机构的规范性法律文件（没有该文件时，则根据2003年联邦法律）规定的方式提出立法倡议。倡议公民的最少人数由上述规范性文件规定,但不得高于享有选举权的市镇居民人数的3%。

提出的本市法律文件草案自其提出之日起3个月内必须经有权制定法规的地方自治机构或者公职人员审议。应当保障提出倡议的公民代表在审议该草案时有陈述其观点的机会。

根据审议以实现公民立法倡议方式提出的法律草案结果通过的有理由的决议,应当正式以书面形式送达告知提出该草案倡议的那些公民。

第七,区域社会自治。区域社会自治被理解为公民在居民点部分区域按其居住地为独立自主地并自己负责地实施自己有关地方问题主张的自我组织。实行区域社会自治的区域边界由居民点的代表机构根据居住在该区域的居民建议予以确定。

在居民点由居民通过召开公民会议和公民大会以及通过建立自治机构直接实行区域社会自治。实行区域社会自治的区域可以是:公寓通道、公寓、居住区、居民小区、不是定居点的农村居民点、其他公民居住区域。

区域社会自治机构由居住在相应区域的公民会议或者公民大会选举(一般是委员会)。

区域社会自治形成于就其组织与实施问题而召开的公民会议或公民大会。区域社会自治自其经有关定居点的地方自治授权机构注册其章程之日视为成立。区域社会自治章程的注册程序由市镇章程和(或)市镇代表机构的规范性法律文件规定。

区域社会自治据其章程可以是法人且应以非营利组织的组织法律形式进行国家注册。

属于实行区域社会自治的公民会议、公民大会特别权力的有:确定其机构的结构;制定、修改及补充章程;选举机构;规定活动的基本方针;批准收入与支出的预算及其执行情况的报告;审议和批准各机构的工作报告。

区域社会自治机构代表居住在相应区域的居民的利益,保障公民会议和公民大会作出的决定的执行。他们可以从事住房基金方面的经济活动、美化区域及其他活动,不仅利用公民的资金,而且也基于区域社会自治机构与地方自治机构之间使用地方预算的条约。

第八,公开听证会。为了市镇代表机构能在市镇居民参加下对本市有关地方问题的法律草案进行讨论,市镇首脑可以举行公开听证会。这类听证会的发起者可以是居民、代表机构或者市镇首脑。

应当举行公开听证会的有:市镇章程草案;地方预算草案及其执行情况的报告;全市发展计划和纲要草案及其改革问题。

公开听证会的组织与进行程序由市镇章程和(或)市镇代表机构的规范性法律文件规定。

第九,公民会议。为讨论地方问题、使居民了解有关地方自治机构及其公职人员的活动,在市镇部分区域实行区域社会自治,可以召开公民会议。

根据居民、市镇代表机构、市镇首脑的倡议以及在区域社会自治章程规定的情况下召开公民会议。公民会议可以向地方自治机构及公职人员提出请求,或者选出受委托的人在与地方自治机构及公职人员的相互关系中代表公民会议。公民会议提出的请求须经地方自治有权机关及公职人员审议,并作出书面答复。

指定及召开公民会议的程序,以及公民会议的权力,由2003年联邦法律、市镇章程和(或)市镇代表机构的规范性法律文件、区域社会自治章程规定。

第十,公民大会(代表会议)。2003年联邦法律规定,在市镇章程和(或)市镇代表机构规范性法律文件、区域社会自治章程规定的情况下,公民会议的权力可以由公民大会(代表会议)行使。

指定及召开公民大会(代表会议)、选举代表的程序由市镇章程和(或)市镇代表机构规范性法律文件、区域社会自治章程规定。

第十一,公民调查。这是2003年联邦法律为地方自治而规定的一个相对较新的直接民主制度。在地方自治机构与公职人员以及国家权力机构作出决定时，为了弄清居民的意见及其考虑，调查应在整个市镇区域或者部分区域进行。

调查结果带有咨询性质。享有选举权的市民有权参加公民调查。根据市镇代表机构或者市镇首脑的倡议——就地方问题、俄罗斯联邦主体国家权力机构的问题——为因地区与地区间的工程而作出改变市镇土地用途的决定时考虑公民的意见应进行公民调查。

指定与进行公民调查的程序由市镇章程及（或）其代表机构的规范性法律文件规定。

指定公民调查的决定由市镇代表机构作出。代表机构关于指定公民调查的规范性法律文件应规定：进行调查的日期和期限；进行调查时建议问题（若干问题）的表达方式；调查方法；问卷形式；本市居民参与调查的最低人数。应当在进行公民调查10天之前将有关信息告知全市居民。

第十二，公民对地方自治机构的请求。公民个人和集体的诉权是俄罗斯联邦宪法规定的，其可以在地方自治一级实现。根据2003年联邦法律，地方自治的公职人员应当在1个月内就公民请求作出书面答复。

审议公民对地方自治机构请求的程序和期限由俄罗斯联邦主体的法律及据其制定的市镇代表机构的规范性法律文件规定。

第四节　地方自治的机构与公职人员

2003年10月6日的联邦法律《俄罗斯联邦地方自治组织的一般原则法》使用了"地方自治机构的结构"这一概念。根据第34条地方自治机构的结构由市镇代表机构、市镇首脑、地方行政（市镇执行—管理机构）、市镇监督机构、市镇宪章规定的享有自己决定地方问题权力的其他地方自治机构。

上述机构的结构中市镇代表机构、市镇首脑、地方行政（市镇执行—管理机构）是必需的，该法另有规定的除外。所以，市镇没有选择，其应当设置这些机构。的确，所列其他地方自治机构中，该法称之为市镇监督机构和选举委员会。非常令人怀疑的是，选举委员会是否是一个全权委托的机构，尤其是2002年联邦法律《俄罗斯联邦公民选举权与参加全民公决权利基本保障法》在其他通过必要程序建立的选举委员会中也提到了它。2005年对2003年法律进行了修改：上述选举委员会是不进入地方自治机构结构中的市政机构。因此，2003年联邦法律中直接提到的地方自治机构中仍然有实际上尚未普遍建立的市镇监督机构。该法规定有可能建立的地方自治的"其他机构"，我们不知道。

2003年联邦法律规定，地方自治机构的形成程序、权力、任期、问责、受监督性，以及这些机构的其他组织与活动问题，由市镇宪章规定。这意味着：无论该法本身以及俄罗斯联邦主体的法律对地方自治如何规定，对于特定的市镇来说，有关机构只能由其宪章规定。但市镇只在这一个问题——名称上没有裁量权。2003年联邦法律规定：代表机构、市镇首脑、地方行政（市镇执行—管理机构）的名称由俄罗斯联邦主体的法律确定，同时考虑历史及其他地方传统。

如前所述，根据俄罗斯联邦宪法，地方自治机构不属于国家权力机构体系的一部分。因此，根据一般规则，国家权力机构及其公职人员不得参与地方自治机构、地方自治公职人员职务的任免，并且只能在联邦法律规定的情形下以联邦法律规定的方式获得允许。

一、市政机构的代表机构

在居民点，代表机构由在市政选举中当选的代表组成。它可以在法定代表人数2/3以上选举的情况下行使其权力。但是，如果居民点享有选举权的居民人数少于100人，居民点的代表机构就没有形成。在这种情况下,代表机构的权力由公民集会行使。

市区代表机构也是由居民选举的代表组成。

就进入市辖区代表机构的人来讲,2003年联邦法律未作例外规定,因此他们也被称为代表。但是法律允许使用构成市辖区代表机构的两种方式之一。根据第35条规定,该机构可以:

(1) 由组成市辖区的居民点的领导和该居民点代表机构的代表组成,不论居民点人数多少、根据该条规定的程序确定的代表平等标准,这些代表由居民点代表机构从自己的组成中选出(这个方案可以称为形成);

(2) 在以普遍平等和直接选举权无记名投票为基础的市政选举中选出。这时从一个居民点选举的代表数量不得超过市辖区代表机构法定人数的2/5(这个方案相应地可以称为选择)。

如果自有关倡议提出之日起一年内得到2/3以上组成市辖区的居民点的代表机构的支持(通过相应的决定),则使用由居民点代表形成的方案。决定中指明了居民点代表机构的代表在市辖区代表机构中的代表权的拟议规则,以及根据相应程序形成的市辖区代表机构的工作开始日。如果前任区代表机构是由居民选举的,新形成的机构工作开始日不得早于其任期届满之日。如果机构最初就是居民选举的,其应至少工作两年。

居民点包括市区代表机构的代表名额由市镇宪章规定,并不得少于:

7人——居民人口不足1 000人;

10人——居民人口在1 000—10 000人;

15人——居民人口在1万—3万人;

20人——居民人口在3万—10万人;

25人——居民人口在10万—50万人;

35人——居民人口在50万人以上。

市辖区代表机构代表的名额由市辖区宪章规定,并不得少于15人。

直辖市的市内地区代表机构的代表名额由市镇章程规定,并不得少于10人。

市镇代表机构具有法律人格。

代表机构可以审议属于有关市镇管辖范围的地方问题。与此同时,2003年联邦法律也指出了属于市镇代表机构特别权限范围的问题,即它们只能由其审议和决定:

(1)制定市镇宪章并对其修改和补充;

(2)批准地方预算及其执行情况的报告;

(3)根据俄罗斯联邦有关税费的立法设立、变更和取消地方税费;

(4)制定市镇发展计划和纲要,批准其执行情况的报告;

(5)规定管理和配置市镇财产的程序;

(6)规定有关建立、改组与撤销市属企业和事业单位以及有关确定市属企业和事业单位服务税决定的通过程序;

(7)规定市镇参加城市间合作组织的程序;

(8)规定地方自治机构活动的物质技术与组织保障制度;

(9)监督地方自治机构与地方公职人员行使职权解决地方问题的情况;

(10)作出有关市镇首脑离职决定(第10点由2009年5月7日联邦法规定)。

市镇代表机构的其他权力由联邦法律及据其制定的俄罗斯联邦主体的宪法(宪章)、法律、市镇宪章规定。

规定地方税费、地方预算资金支出的市镇代表机构的规范性法律文件只能根据地方行政首脑的倡议或者在由其签署的情况下交由代表机构审议。

市镇代表机构制定的规范性法律文件交由市镇首脑签署与公布。地方行政领导的市镇首脑有权拒绝市镇代表机构通过的规范性法律文件。在这种情况下,应当在10日之内将上述规范性法律文件返还市镇代表机构并说明拒绝的理由或者提出对其进行修改和补充的建议。如果市镇首脑拒绝规范性法律文件,其由市镇代表机构重新审议。如果第二次审议时上述规范性法律文件以前通过的版本得到市镇代表机构代表的法定人数的2/3以上赞同,则其应由市镇首脑在7日内签署并公布。

二、市镇首脑

根据2003年联邦法律第36条规定,市镇首脑是市镇最高公职人员并被市镇宪章根据该条授予决定地方问题的专有权力。

该法律规定了选举市镇首脑的两种方案。其中之一反映在市镇自己的宪章中。或者在市政选举中或者由市镇代表机构从其成员中选举首脑。

市政选举中选举首脑时市镇宪章规定:首脑或者成为有决定投票权的市镇代表机构的组成部分并行使其主席的权力,或者领导地方行政。

代表机构选举市镇首脑时没有选择——他是该代表机构的主席。

因此,市镇首脑同时是代表机构的主席;市镇首脑同时是行政领导。直到最近有了限制:市镇首脑不能同时行使市镇代表机构主席的权力和地方行政领导的权力。

但是上述自2005年的限制并未适用于农村居民点,而从2008年才适用于市辖市市内的市镇,市辖市规定了由履行市政代表机构主席职责的市镇首脑领导的执行管理机构的形成(该法第36条第3款)。因此,这里市镇首脑同时是居民点代表机构的主席和地方行政的领导。

在建立市辖区代表机构的市辖区内市镇首脑即是代表机构的主席。

市镇首脑职责:

(1)在与其他市镇地方自治机构、国家权力机构、公民和组织的关系中代表市镇,以市镇的名义从事无授权书的活动;

(2)按照市镇宪章规定的方式签署并公布市镇代表机构制定的规范性法律文件；

(3)在其职权范围内发布法律文件；

(4)有权要求召开市镇代表机构的特别会议。

市镇首脑对市民和市镇代表机构负责，受其监督。

2009年5月7日的补充规定，市镇首脑向市镇代表机构提交其活动结果的年度报告，在市镇首脑领导地方行政的情况下，提交地方行政及其他下属地方自治机构活动结果的年度报告，其中包括对市镇代表机构所提问题的解决。

该法规定了许多提前终止市镇首脑权力的理由，包括退休、出境定居、法院判决有罪（不一定与剥夺自由有关）、撤销市镇、由选民撤回等。对各级公权力的限制也适用于市镇首脑——出现下列情形其权力终止，如丧失俄罗斯联邦国籍、丧失外国—俄罗斯联邦国际条约参加国（据其外国公民有当选为地方自治机构的权利）国籍、取得外国国籍、或者取得居留证或其他确认俄罗斯联邦公民在不是俄罗斯联邦国际条约（据其有外国国籍的俄罗斯联邦公民有当选为地方自治机构的权利）参加国的外国永久居留权的文件等。

俄罗斯联邦总统在2008年11月5日给联邦会议的咨文中加强了市代表机构对市镇首脑的监督。因此，2009年5月7日对2003年联邦法律作了补充，出现了诸如使"市镇首脑辞职"这样的措施。根据第74.1条规定，市镇代表机构根据现行联邦法律有权根据市镇代表机构代表的提议或者俄罗斯联邦主体最高公职人员的提议使市镇首脑辞职。使市镇首脑辞职的理由有：(1)市镇首脑的决定、作为(不作为)导致(造成)出现法律规定的财政的负面影响；(2)在3个月或者3个月以上未履行其解决地方问题、由地方自治机构实施受委托权力的职责；(3)市镇代表机构根据市镇首脑向市镇代表机构所作的年度报告结果对其活动连续两次评价不合格。

审议代表或者俄罗斯联邦主体最高公职人员辞职的倡议由市镇代表机构自有关请求提出之日起一个月内进行。代表机构的决议如果以该机构法定人数的2/3以上投票赞同就视为通过。

三、地方行政机关

地方行政(市镇执行——管理机构)由市镇宪章授予决定地方问题的权力和行使某些联邦法律与俄罗斯联邦主体法律授予地方自治机构的国家权力的权力。

地方行政首脑根据一长制原则领导地方自治。市镇首脑或根据市镇宪章规定的权力期间取代该职位的竞争结果缔结的合同任命担任地方行政首脑的人是地方行政首脑。市镇代表机构从竞争委员会根据竞争结果提出的候选人中任命一人担任地方行政首脑。市镇首脑签署与地方行政首脑的合同。

2009年5月7日的补充规定中加强了市代表机构对地方行政首脑的监督并强化了首脑对地方行政决定地方问题与被授予国家权力的责任。明确规定,在合同基础上行使自己权力的地方行政首脑:(1)受市镇代表机构监督,对市镇代表机构负责;(2)向市镇代表机构提交其活动与地方行政活动结果的年度报告,包括对市镇代表机构所提问题的处理;(3)确保地方行政行使决定地方问题的权力及履行某些联邦法律与俄罗斯联邦主体法律授予地方自治机构的国家权力。

2003年法律规定了一系列提前终止行政首脑权力的限制和理由。特别是首脑无权从事经营以及其他付酬活动,教学、科研及其他创造性活动除外。在这种情况下,教学、研究及其他创造性活动不得利用外国、国际组织和外国组织、外国公民和无国籍公民的资金,俄罗斯联邦的国际条约和俄罗斯联邦立法另有规定的除外。地方行政首脑无权担任管理机构、监护或监测委员会、其他外国非营利、非政府组织机构及其驻俄罗斯联邦境内的分支机构的职务，俄罗斯联邦的国际条约或俄罗斯联邦立法另有规定的除外。

上述市镇首脑特征下有关丧失俄罗斯联邦国籍、取得外国国籍、取得境外永久居留权证、取得俄罗斯联邦境外的经常居住地权证的要求——也适用于地方行政首脑。

地方行政首脑无权从事经营以及其他付酬活动，教学、科研及其他创造性活动除外。

解除与地方行政首脑的合同可以根据双方合意或者通过诉讼程序，根据声明：

（1）市镇代表机构或者市镇首脑的——由于违反合同与解决地方问题有关的那部分条款；

（2）俄罗斯联邦主体的最高公职人员的——由于违反合同与履行联邦法律和俄罗斯联邦主体法律授予地方自治机构的某些国家权力有关的那部分条款；

（3）地方行政首脑的——由于地方自治机构和（或）俄罗斯联邦主体的国家权力机构违反合同的条款。

地方行政享有法人的权利。地方行政的结构由市镇代表机构根据地方行政首脑的提案确定。这种结构可能包括地方行政的部门（职能）和区域机构。

四、市政机构的监督机构

市镇监督机构（监察—审计院、审计委员会等）的建立是为了监督执行地方预算、遵守制定和审议地方预算草案及其执行报告的法定程序，也是为了监督遵守管理和处置市属财产的法定程序。

市镇监督机构通过市政选举产生或者由市镇代表机构根据市镇宪章组建。

市镇监督机构实施的检查结果应当公开（公布）。地方自治机构及其公职人员根据市镇监督机构的要求必须就与自己职权有关的问题向其提交必要的信息和文件。

五、市镇选举委员会

市镇选举委员会组织准备并举行市政选举，地方公决，就召回代表、地方自治选举机构的成员、选举产生的地方自治公职人员进行投票，就市镇边界的变更、市镇改革问题进行投票。

第五节　地方自治的经济基础

根据2003年10月6日联邦法律《俄罗斯联邦地方自治组织的一般原则法》第49条，地方自治的经济基础由市政所属的财产、地方预算资金以及市镇的财产权组成。

市政财产服务于市镇职权的行使，因此在一定程度上取决于它的形式。原则上可能由市镇支配的财产有（2003年法律第50条）：

（1）用于电力、热力、燃气和居民供水、排水、居民的燃料供应、居民点街道照明的财产；

（2）居民点的定居点境内的地方道路以及用于养护这类道路的财产；

（3）客运及其他用于居民交通服务的财产；

（4）用于预防和消除区域内紧急情况后果的财产；

（5）用于保障灭火主要措施的工程项目以及消防设施和装备；

（6）市镇图书馆财产；

(7)用于组织居民休闲并提供文化组织服务的财产;

(8)文化遗产(历史文化古迹),不论其历史—文化种类,根据俄罗斯联邦立法;

(9)用于发展市镇区域内的体育和群众性体育活动的财产;

(10)用于组织区域美化和绿化的财产,包括用于公共场所和居民大众休闲场所设备安装的财产;

(11)用于收集和运出生活废物与垃圾的财产;

(12)用于组织礼仪服务和墓地维护的财产,包括地段;

(13)用于官方公开(公布)市政法律文件、其他官方信息的财产;

(14)根据联邦法律属于市镇的市政所有的部分土地;

(15)用于市镇区域内建立、发展和保障医疗——保健区与地方疗养院的财产;

(16)用于组织保护居民和区域免受自然与人为紧急情况影响的财产;

(17)用于保障人们在水上工程中的安全、保护其生命与健康的财产;

(18)用于发展居民点的中小型企业,包括形成和发展支持中小型企业主体的基础设施的财产。

当然,各个层面都有自己的财产类型。例如,在居民点、市区有用于社会的住房基金,目的是为住在居民点且需要改善住房条件的低收入公民提供符合社会就业合同规定的住房,以及维持市住房储备所必需的财产;居民点区域蓄水的池塘。在市辖区和市区支配下:有用于保障大众化的免费学前教育、初级普通教育、基础普通教育、中学(全日制)普通教育,以及提供额外教育和组织儿童休假期间娱乐的财产;用于为该区域提供救护车服务(卫生航空除外),门诊部、住院部和医疗机构的初级医疗卫生服务,为妇女在怀孕期间、生产和产后提供医疗服务的财产;用于有效利用与加工生活和工业废物的财产;档案基金,其中包括土地规划和城市建设文献资料集，以及用于保存这些基金的财产；用于促进中小型企业在市辖区发展，包括形成和发展支持中小型企业主体的基础设施的财产。市辖区：有包括用于市辖区内维护居民点之间墓地和组织礼仪服务地段的财产；居民点之间的图书馆财产；位于两个或两个以上居民点区域或者位于市辖区的村际间区域的蓄水池塘；用于为构成市辖区的居民点提供组织休闲服务和组织文化服务的财产。

重要的是，根据2003年法律第50条，市镇不仅可拥有上述所列财产，而且可拥有包括用于履行某些在联邦法律和俄罗斯联邦主体法律规定的情况下授予地方自治机构的国家权力的财产，以及用于履行某些以缔结市际协议方式交由地方自治机构的权力的财产。除此之外，属于市政所属的还有为解决那些其决定权由联邦法律授予地方自治机构且不属于地方的问题所必需的财产。上述意味着，随着进入地方自治机构管辖范围，该财产取得了具有因此而产生的一切法律后果的市政所有权制度。

每个市镇都有自己的预算（地方预算）。

市辖区的预算和组成市辖区的居民点的预算总汇构成市辖区的长期预算。作为该定居点预算的一部分可能包括不是居民点的个别居住点的收支预算。该预算的制定、批准和执行程序由有关居民点的地方自治机构独立自主地决定。

地方自治机构应保障地方预算的平衡并遵守联邦法律对调整预算法律关系、实施预算过程、地方预算的赤字规模、市政债务水平和组成、各市预算和债务的履行等所规定的要求。

地方预算的形成、审批、执行及对其执行的监督由地方自治机构自行实施，遵守由俄罗斯联邦预算法和2003年联邦法以及根据这些法律制定的俄罗斯联邦各主体的法律所规定的要求。

地方自治机构按照联邦法律和其他根据这些法律制定的俄罗斯联邦规范性法律文件所规定的方式向联邦国家权力机构和（或）俄罗斯联

邦各主体的国家权力机构提交地方预算的执行报告。

地方预算中分别规定了针对地方自治机构行使解决地方问题之权力的收入，为确保地方自治机构行使某些联邦法律和俄罗斯联邦各主体法律授予它们的国家权力所给予的补助，以及用这些收入和补助实施的地方预算的有关支出。

地方预算的支出根据俄罗斯联邦预算法规定的形式实施。地方自治机构根据俄罗斯联邦预算法的要求以市镇代表机构决议确定的方式对市镇的支出业务进行登记。

地方自治机构及其授权的市政服务机构可以充当与解决地方问题和行使某些联邦法律与俄罗斯联邦各主体的法律授予地方自治机构之国家权力有关的货物、工程、服务的采购人。

货物、工程、服务的市政采购用地方预算支付。该市政采购安排在竞争的基础上进行，安排市政采购通过对货物、工程和服务询价的方式进行的情况或者向单一供应商采购货物、工程和服务的情况除外。

地方财政预算的自有收入包括：公民自愿捐献的资金；来自地方税、费的收入；来自区域税、费的收入和来自联邦税、费的收入；从其他预算中的无偿划拨，包括平衡各市财政能力的补贴、来自其他预算的财政援助手段和其他无偿转让；市政所有的财产收入；市政企业缴纳税、费并按市镇权力机构的规范性法律文件规定的数额执行了其他必须缴纳的款项后留下的部分利润和地方自治机构与市政单位提供有偿服务缴纳税、费后留下的部分收入；根据联邦法律规定属于地方自治机构权限范围的罚款；捐赠；符合联邦法律、俄罗斯联邦各主体的法律和地方自治机构决定的收益。

代表机构由各居民点代表组成的市辖区预算的自有收入，包括组成市辖区的居民点的预算为解决市际性的地方问题提供的补助金。这些补助金的数额由市辖区的地方自治代表机构按照所有组成该市辖区居民点统一的标准决定，按照相应居民点预算服务的每个居民或者消费者人均计算。

用于地方自治机构行使某些联邦法律和俄罗斯联邦各主体的法律授予其行使的国家权力之补贴算为地方预算的收入。

2003年联邦法律规定了一系列平衡各市预算能力的措施。

为了这一平衡各居民点的目的，俄罗斯联邦主体的预算中建立了居民点的金融支持区域基金，而在市辖区预算的支出中包括居民点的金融支持区域基金。居民点预算能力的均衡化以这些基金提供补贴的途径实现。

为居民点预算而规定的联邦和区域税、费的额外缴纳定额可以完全或部分用来替代上述补贴。

该法规定，在一个财政报告年度，如果居民点计算的预算经费水平按该俄罗斯联邦主体的平均水平人均提高了两倍或两倍以上，该居民点就得"分家"：俄罗斯联邦主体的下一财政年度预算法可能会规定补助从该居民点的预算转移到各居民点的财政支持区域基金；如果居民点未完成这一法律要求，对其上缴联邦和区域税、费的标准就会降低，而以这种方式取得的资金将归入到各居民点的财政支持区域基金中。

为了在俄罗斯联邦主体平衡各市辖区（市区）的预算保障水平设有市辖区（市区）的财政支持区域基金，用于补贴区（县）。

上述补贴可以完全或者部分用市辖区（市区）预算的联邦和区域税、费的额外缴纳定额来替代。

对于市辖区（市区）使用这种平衡规则，如上述居民点所述：如果在一个财政报告年度人均水平的预算经费按该俄罗斯联邦主体的平均水平提高了两倍或两倍以上，联邦主体的下一财政年度预算法可能会规定补助从该市辖区（市区）的预算转移到各市辖区（市区）的财政支持区域基金；如果市镇未完成联邦主体的这一法律要求，对其上缴联邦和区域税、费的标准就会降低，而形成的资金则会归入到各市辖区（市区）的财政支持区域基金中。

为了资助地方预算,进行发展各市镇公共基础设施的投资计划和项目的股权融资,俄罗斯联邦主体的预算支出组成中可以建立市立发展基金。

为了资助市政预算,进行各市预算中具有社会重要意义的优先支出的股权融资,俄罗斯联邦主体的预算支出组成中可以建立社会开支共筹基金。

联邦预算和俄罗斯联邦主体预算向地方预算提供补贴用于地方自治机构行使某些国家权力,其金额由有关联邦下一财政年度预算的联邦法律和有关俄罗斯联邦主体下一财政年度预算的俄罗斯联邦主体的法律分别按照每一国家权力规定。补贴是用于上述目的的专用资金,不得挪作它用。

用俄罗斯联邦主体预算创建的权力区域基金向地方预算提供补贴,用于地方自治机构行使某些授予它们的国家权力。该基金的形成是由:(1)联邦权力基金用于地方自治机构行使联邦法律授予它们的国家权力的补贴;(2)地方自治机构行使俄罗斯联邦主体法律授予它们的某些国家权力所必需的俄罗斯联邦主体预算的其他收入。

市镇有权吸引借资,包括通过以地方自治代表机构根据联邦法律和联邦国家权力机构的其他规范性法律文件规定的方式发行市政债券。

第六节 城市间的合作

2003年10月6日联邦法律《俄罗斯联邦地方自治组织的一般原则法》规定了完整的城市间合作体系,包括俄罗斯联邦主体一级和联邦一级。

每个俄罗斯联邦主体都组建了俄罗斯联邦主体的市镇委员会。这些委员会的组织与活动根据1996年1月12日联邦法律《非营利组织法》适用于协会的要求进行。

俄罗斯联邦主体的各市委员会代表大会（成员会议）：批准委员会章程；规定缴纳用于委员会活动与维持其管理机构的会费数额和方式；选举委员会的管理机构；行使俄罗斯联邦主体各市委员会章程规定的其他权力。联邦主体的各市委员会无权干涉各市的活动、限制各市的活动。

俄罗斯联邦主体的各市委员会可以组建市镇统一全俄联盟。如果有2/3以上联邦主体的市镇委员会加入，其即被视为已经建立。其他市镇团体都可以加入市镇统一全俄联盟。

市镇全俄统一联盟以俄罗斯联邦总统规定的方式提交有关组成俄罗斯联邦在欧洲地方与区域权力代表大会地方权力院代表候选人和有关组成俄罗斯联邦参加欧洲地方与区域权力代表大会代表团成员候选人的建议。

市镇全俄统一联盟无权干涉俄罗斯联邦主体的各市、各市委员会、各市其他团体的活动，限制它们的活动。

新的市镇全俄统一联盟——市镇全俄代表大会成立于2006年7月7日。根据代表大会章程其领导机构是：代表大会成员包括俄罗斯联邦主体各市委员会和协会代表的全体会议；代表大会主席——由全体会议选出任期3年且是代表大会的唯一执行机构；代表大会主席团——由全体会议组成任期3年且在全体会议闭会期间领导全俄代表大会的活动。主席团由15人组成，包括按职位应当进入主席团的代表大会主席。在各市全俄代表大会的主要活动中最主要的是：以跟踪地方自治利益为目的的联邦立法监察与参与联邦立法过程；在代表地方自治利益部分组织与联邦国家权力机构相互配合；协商方式和组织上协助俄罗斯联邦主体各市委员会的活动，确保其与俄罗斯联邦各主体国家权力机构的互动；促进地方自治机构干部培训制度的建立；依法定程序实施国际活动。各市代表机构为共同解决地方问题，可以决定以封闭式股份公司和有限责任公司的形式建立市际经济公司。它们根据俄罗斯联邦民法典和其他联邦法律从事活动。

各市代表机构可以决定建立自主非营利组织和基金会形式的非营利组织。它们根据俄罗斯联邦民法典、联邦非经营性组织法、其他联邦法律从事活动。

第七节 地方自治机构与公职人员的责任

根据2003年10月6日联邦法律《俄罗斯联邦地方自治组织一般原则法》，地方自治机构和公职人员根据联邦法律对全市居民、国家、自然人和法人负责。

代表、地方自治选举机构成员、地方自治的选任公职人员应对居民负责。追究其对居民责任的理由和解决有关问题的程序由市镇宪章根据该联邦法律规定。全市居民有权召回代表、市镇选举机构的成员、市镇的选任公职人员。

对地方自治机构与公职人员来说存在着对国家的责任。其会成为有关法院在有关机构和人员违反俄罗斯联邦宪法、联邦宪法性法律、联邦法律，俄罗斯联邦主体的宪法（宪章）、法律、市镇宪章时，以及在上述机构和公职人员应当行使授予他们的某些国家权力时所作判决的理由。

具体到市代表机构对国家的责任适用以下程序：

（1）有关法院认定，代表机构制定了与上述所列某个文件相抵触的规范性法律文件；

（2）代表机构自法院判决生效之日起3个月内或者法院判决决定的其他期限内未在自己权限内采取执行法院判决的措施，包括未废除有关规范性法律文件；

(3)法院重新认定未履行以前作出的司法判决的事实；

(4)然后俄罗斯联邦主体的最高公职人员在法院认定未履行该判决事实的判决生效之后一个月内向联邦主体国家权力立法(代表)机构提出联邦主体关于解散市镇代表机构的法律草案；

(5)市镇代表机构的权力在俄罗斯联邦主体有关其解散的法律生效之日终止；

(6)对俄罗斯联邦主体关于解散市镇代表机构的法律可以自其生效之日起10日内向法院提起诉讼；法院应当审理投诉并自收到起诉之日起10日内作出判决。

2003年法律2007年6月18日修正案还提出一个解散市镇权力机构的理由，即俄罗斯联邦主体通过法案，该法案的草案由联邦主体最高公职人员提出——如果法院认定，权力组成中当选的代表机构在当选之后3个月内或者在其他时间连续3个月未召开职能会议。

有关市镇首脑和地方行政首脑对国家的责任由俄罗斯联邦主体最高公职人员追究——他在下列情形下颁布解除有关首脑职务的法令：

(1)该地方自治公职人员发布了与一个上面所列法令相抵触的规范性法律文件，如果这些抵触被有关法院认定，而这个公职人员自法院判决生效之日起2个月内或者法院判决决定的其他期限内未在自己权限内采取执行法院判决的措施；

(2)地方自治公职人员实施了包括发布不带规范性的法律文件，导致侵害人与公民权利和自由，威胁俄罗斯联邦的统一和领土完整、国家安全与防务、法律和经济领域的统一，滥用来自联邦预算或者俄罗斯联邦主体预算的补助金等行为，如果这被法院认定，而该公职人员没有在其权限内采取执行法院判决的措施。

采取免职的期限自法院最终判决生效之日起不得少于1个月，但自法院判决生效之日起不得超过6个月。

俄罗斯联邦主体最高公职人员对其作出免职法令的自治首脑有权

自其正式公布之日起10日内对该法令向法院提起诉讼。法院应当审理该诉并在收到该诉之日起10日内作出判决。

在说到地方自治首脑的责任时，我们再一次提醒，根据市代表机构的决定，对首脑可以适用使其离职这种责任措施。

2003年联邦法律采用了像由国家权力机构暂时行使某些地方自治机构权力这种措施。根据该法第75条规定，地方自治机构的某些权力可以暂时由俄罗斯联邦主体的国家权力机构行使，如果：

（1）由于自然灾害、灾难、其他紧急状态，没有且（或）未能组建市镇代表机构和地方行政；

（2）由于地方自治机构的决定、作为（不作为），产生了市镇履行其债券和（或）预算债务方面的拖欠，该拖欠是以俄罗斯联邦预算法确定的方式决定的，超过一个报告财政年度市镇预算的个人收入的30%，且（或）在履行联邦预算和俄罗斯联邦各主体的预算对上述各市预算的预算债务时，市镇履行其预算债务方面的拖欠，超过一个报告财政年度预算经费的40%；

（3）在地方自治机构使用提供给地方预算的补助金行使某些授予的国家权力时，被相应法院认定滥用预算经费或者违反俄罗斯联邦宪法、联邦法律、其他规范性法律文件。

有关俄罗斯联邦主体国家权力执行机构暂时行使有关地方自治机构权力的决定由联邦主体的最高公职人员在地方自治代表机构决议或者联邦主体国家权力立法（代表）机构以法定代表人数投票的2/3以上多数通过决议的基础上作出。但是俄罗斯联邦主体国家权力机构不能暂行地方自治机构制定市镇章程、修改补充章程、确定地方自治机构的结构、变更市镇区域边界、市镇改革等权力。

当涉及到上述一市金融债务时，在该市根据俄罗斯联邦主体最高公职人员和（或）市镇代表机构、市镇首脑的请求，俄罗斯联邦主体仲裁法院的判决会提出长达一年期的临时财务管理。为了恢复市镇的偿付能力，临时财政管理根据联邦法律应采取重新结构化市镇拖欠债务的措施，对其当前的财年预算进行修改补充，制订下一财年的预算草案，提交市代表机构进行审查和批准，在联邦法律规定的情形下，提交俄罗斯联邦主体最高国家权力执行机构以求联邦主体法律批准，保障对全市预算执行的监督。

在联邦法律规定的方式和情形之下，地方自治机构的某些权力可能会暂时由联邦国家权力机构行使。

地方自治机构和公职人员对自然人和法人的责任按照联邦法律规定的程序追究。

对公民直接投票通过的决定，对地方自治机构和公职人员的决定、行为（不作为）可依法定程序向法院或者仲裁法院提起诉讼。

参考文献

阿夫托诺莫夫阿·斯：《公民社会和地方自治的起源（纲要）》，莫斯科，2002年。
阿夫托诺莫夫阿·斯：《俄罗斯联邦自治的法律与财政基础》，莫斯科，2002年。
阿克马洛娃阿·阿：《地方自治模式》，莫斯科，2001年。
阿克马洛娃阿·阿：《俄罗斯联邦地方自治的特征、问题的理论与法律调整实践》，莫斯科，2002年。
阿克马洛娃阿·阿：《俄罗斯的市政法》，教科书，莫斯科，2002年。
阿克马洛娃阿·阿：《俄罗斯联邦地方自治组织与法律调整中一般与特殊关系的研究方法学》，莫斯科，2003年。
巴热诺娃奥·伊：《作为权利主体的市镇（理论法律问题）》，副博士论文，莫斯科，2009年。
比亚尔基娜特·姆：《地方自治的权限：理论与法律调整问题》，沃罗涅日，2006年。
布钦斯基弗·弗：《俄罗斯联邦制度中的地方自治：宪法法律问题》，副博士论文，莫斯科，2007年。
瓦西里耶夫弗·伊：《地方自治，教学与科学实践资料》，莫斯科，1999年。
瓦西里耶夫弗·伊：《市政改革的立法基础》，莫斯科，2005年。
瓦西里耶夫弗·伊：《市政法》，莫斯科，2008年。

杰缅季耶夫阿·恩、卢科亚诺夫恩·伊:《俄罗斯地方自治的改革问题(1990—2006年)》,莫斯科,2006年。

阿·弗·伊万琴科编:《俄罗斯联邦地方自治的宪法与立法基础》,莫斯科,2004年。

科柳申耶·伊:《俄罗斯的市政法》,莫斯科,2008年。

库塔芬奥·耶、法捷耶夫弗·伊:《俄罗斯联邦市政法》,莫斯科,2006年。

莫科雷伊弗·斯:《俄罗斯的地方自治,改革的宪法法律基础与路径》,萨马拉,2003年。

恩·斯·邦达里编:《俄罗斯联邦的市政法》,莫斯科,2002年。

奥夫钦尼科夫伊·伊、皮萨列夫阿恩:《俄罗斯市政法》,莫斯科,2007年。

奥夫钦尼科夫伊·伊:《民主制度中的地方自治》,莫斯科,1999年。

别申恩·尔:《俄罗斯的国家权力与地方自治:宪法法律模式的发展问题》,莫斯科,2007年。

伊·尤·尤尔根斯主编:《俄罗斯的地方自治:现状与发展路径》,实地研究结果综合报告(2008年6—12月),莫斯科,2009年。

谢尔盖耶夫阿·阿:《作为俄罗斯民主制度的联邦主义与地方自治》,莫斯科,2005年。

谢尔盖耶夫阿·阿:《俄罗斯联邦的地方自治:法律调整问题》,莫斯科,2006年。

谢尔盖耶夫阿·阿:《俄罗斯联邦地方自治组织与实施的宪法法律问题》,博士论文,莫斯科,2007年。

季莫费耶夫恩:《斯俄罗斯联邦地方自治的区域界限》,莫斯科,2007年。

季莫费耶夫恩:《斯论形成地方自治限制的一些思想与科学理论问题》,《宪法与市政法》2007年第10期。

季莫费耶夫恩:《斯地方自治的内在限制》,《宪法与市政法》2008年第9期。

季莫费耶夫恩:《斯俄罗斯的地方自治:基础与限制(宪法法律问题)》,博士论文,莫斯科,2008年。

舒戈里娜耶·斯:《地方自治实施中的权力监督、责任及其他法律保障》(第2版),莫斯科,2008年。

《俄罗斯宪法(第1卷)》目录

第一编 作为部门法与科学的俄罗斯宪法

第一章 作为部门法的俄罗斯宪法的概念与对象

宪法的对象 宪法法律关系及其主体 部门法名称和对象的争论 宪法法律调整的方法及特点 作为部门法的俄罗斯宪法的渊源 俄罗斯宪法法律的结构、宪法法律规范 宪法法律责任 宪法法律在俄罗斯联邦法律体系中的地位和在当代条件下宪法法律中的前景与作用

第二章 作为科学的俄罗斯宪法法律

科学的任务 俄罗斯宪法法律科学的发展 当代俄罗斯宪法法律科学

第二编 宪法学说和俄罗斯宪法

第三章 宪法学说的基本理论

概述 宪法的作用 新宪法产生的原因 宪法调整的对象和范围与宪法的内容和结构 宪法的主要特征 宪法的法律属性

第四章 俄罗斯宪法发展简史

1917年10月前具有宪法意义的法案 1917年十月革命后社会主义初期宪法新体系的形成 1918年俄罗斯苏维埃联邦社会主义共和国宪法 1924年苏维埃社会主义共和国联盟宪法、1925年俄罗斯苏维埃联邦社会主义共和国宪法 1936年苏维埃社会主义共和国联盟宪法、1937年俄罗斯苏维埃联邦社会主义共和国宪法 1977年苏维埃社会主义共和国联盟宪法、1978年俄罗斯苏维埃联邦社会主义共和国宪法

第五章 1988—1992年俄罗斯宪法改革

前提条件 1988—1989年苏联宪法改革 1989—1990年苏联宪法改革 1991年苏联宪法改革 1992年苏联宪法改革 总结和概括

第六章 1993年俄罗斯联邦宪法的制定和通过

导言 宪法委员会提出的草案 可供选择的几部草案 1992—1993年宪法起草的基本过程

第七章 1993年宪法内容的基本特点、效力及修改

1993年宪法内容的基本特点 俄罗斯联邦宪法的效力及其与其他规范性文件的关系 俄罗斯联邦宪法的重新审议和修改问题 新俄罗斯联邦宪法的通过方式

《俄罗斯宪法(第2卷)》目录

第三编　俄罗斯宪法制度基础

第八章　宪法制度的概念
基本概述　宪法制度、社会结构、社会制度、国体　宪法制度的基本特征

第九章　人民权力(人民主权)作为俄罗斯宪法体制的基础
总体特点　国家权力　社会权力　地方自治权力　人民主权和国家主权、民族主权

第十章　俄罗斯国家——全体人民的组织、宪法制度的基础
民主国家　联邦主权国家　法治国家　共和政体　分权原则　福利国家　世俗国家

第十一章　俄罗斯联邦宪法制度中的直接民主制和代议民主制
直接民主的概念和制度　直接民主制中的全民公决　作为直接民主制的选举　召回代表和当选的公职人员　民意测验(咨询性公决)　全民讨论　听证会　公民对社会问题的集体诉求(请愿)　人民的立法倡议　选民委托　居住地的公民大会　代议民主的概念及制度

第十二章　俄罗斯宪法制度中的公民社会制度
公民社会问题是宪法制度的组成部分　俄罗斯宪法制度中的意识形态多样性和政治多元化　俄罗斯联邦的社会院　社会团体地位的宪法基础　宪法调整政党地位的特点　作为公民社会成员的公民个人——社会和职业联系的制度化

第十三章　宪法对俄罗斯联邦经济活动原则和财产形式的规定
宪法规定的俄罗斯联邦多种所有制形式　俄罗斯联邦经济活动的宪法基础

第四编　俄罗斯联邦个人的宪法地位

第十四章　俄罗斯联邦人和公民宪法地位的基础与原则
现有的规定　俄罗斯联邦人和公民的宪法地位之原则

第十五章　俄罗斯联邦国籍
一般原则　俄罗斯国籍的取得：总则、新旧规定、进程　根据出生取得俄罗斯联邦国籍　加入俄罗斯联邦国籍的普通程序　加入俄罗斯联邦国籍的简易程序　俄罗斯联邦国籍的恢复　驳回加入国籍申请和恢复俄罗斯联邦国籍申请的理由　俄罗斯联邦边界改变时国籍的选择(选择国籍)　俄罗斯联邦国籍的终止　有关国籍问题决定的撤销　国籍、婚姻、子女　俄罗斯联邦国籍事务的有权管辖机构　关于国籍问题的

决定：形式、期限和日期、执行、申诉
第十六章　俄罗斯联邦公民的基本权利、自由与义务
综述　基本的个人权利与自由　基本的政治权利和自由　基本的经济、社会和文化权利　保护公民其他权利和自由的基本权利　公民的基本义务　对权利、自由和义务进行限制的问题　公民的基本权利与自由实现及义务履行的保障和保护
第十七章　对国内外因冲突受害的俄罗斯联邦公民，以及在国外的俄罗斯同胞政策的宪法基础
被迫移民　国外的俄罗斯同胞
第十八章　俄罗斯联邦外国公民和无国籍人地位的宪法基础
俄罗斯联邦外国公民和无国籍人地位的一般原则　俄罗斯联邦部分外国人状况的特点

《俄罗斯宪法（第3卷）》目录

第五编　俄罗斯联邦国家结构
第十九章　国家结构的一般特征
国家结构的概念　国家结构形式的特点　同国家结构有关的中央集权和中央分权问题　联盟　国家主权问题
第二十章　俄罗斯国家结构简史
革命前（俄罗斯帝国）　对19—20世纪初俄罗斯国家结构形式的一些看法　俄罗斯苏维埃联邦社会主义共和国的建立　苏联的创建和发展及苏俄在苏联中的地位　1989—1993年的改革
第二十一章　现代条件下俄罗斯联邦的宪法地位
概述　联邦结构的原则　作为联邦制国家的俄罗斯联邦的主要特征　俄罗斯联邦各主体的地位　俄罗斯联邦的自治问题　俄罗斯联邦和联邦各主体的管辖范围　俄罗斯联邦和其各主体相互作用的形式　俄罗斯联邦各主体的地方行政结构　俄罗斯联邦民族和区域政策的宪法法律基础

第六编　俄罗斯联邦选举制度
第二十二章　俄罗斯联邦选举制度的概念、规范性法律基础和原则
基本概念和规范性法律基础　选举制度的原则
第二十三章　选举的举行
选举的确定　选区　投票点　选民名单　选举委员会　候选人及候

选人名单的提出　候选人及候选人名单的登记　候选人的保障及限制　选举资讯和竞选宣传　投票　计票、确定投票结果和选举结果　第二轮投票、重新选举、补选　保障合法选举

第七编　俄罗斯联邦总统

第二十四章　俄罗斯联邦总统职位的确立

总统职位确立的原因　总统职位确立后俄罗斯苏维埃联邦社会主义共和国总统的地位　1991—1993年的俄罗斯联邦总统　俄罗斯联邦副总统

第二十五章　1993年宪法规定的俄罗斯联邦总统

地位基础　俄罗斯联邦总统的职权　俄罗斯联邦总统文件　俄罗斯联邦总统职权的不可侵犯性及其终止　俄罗斯联邦总统下设机关和俄罗斯联邦总统办公厅

图书在版编目（CIP）数据

俄罗斯宪法. 第4卷 /（俄罗斯）C.A.阿瓦基扬著；王雅琴译. — 上海 : 上海社会科学院出版社，2023
　ISBN 978-7-5520-3491-2

Ⅰ.①俄… Ⅱ.①C…②王… Ⅲ.①宪法—研究—俄罗斯 Ⅳ.①D951.21

中国国家版本馆CIP数据核字（2023）第074242号

上海市版权局著作权合同登记号：图字09-2021-0079

Конституционное право России. Учебный курс.
© by Авакьян Сурен Адибекович

俄罗斯宪法（第4卷）

著　　者：[俄] C.A.阿瓦基扬
译　　者：王雅琴
责任编辑：董汉玲
封面设计：周清华
出版发行：上海社会科学院出版社
　　　　　上海顺昌路622号　邮编200025
　　　　　电话总机021-63315947　销售热线021-53063735
　　　　　http://www.sassp.cn　E-mail: sassp@sassp.cn
排　　版：南京展望文化发展有限公司
印　　刷：苏州市古得堡数码印刷有限公司
开　　本：710毫米×1010毫米 1/16
印　　张：28.5
字　　数：378千
版　　次：2023年6月第1版　2023年6月第1次印刷

ISBN 978-7-5520-3491-2/D·685　　　　定价：135.00元

版权所有　翻印必究